Joseph Fouché

Erinnerungen

Über dieses Buch

Joseph Fouché gilt als Inbegriff für Opportunismus, weil er es schaffte, über Jahrzehnte den gegensätzlichsten Regierungen in Frankreich zu dienen.

„Allen französischen Geschichtsschreibern, ob royalistisch, republikanisch oder bonapartistisch, läuft sofort Galle in die Feder, sobald sie nur seinen Namen hinschreiben. Geborener Verräter, armseliger Intrigant, glatte Reptiliennatur, gewerbsmäßiger Überläufer, niedrige Polizeiseele, erbärmlicher Immoralist – kein verächtliches Schimpfwort wird an ihm gespart."

Stefan Zweig (1929)

„Als Seehofer in den Neunzigerjahren Gesundheitsminister war, kaufte er sich eine große Kiste des biografischen Romans ‚Joseph Fouché' von Stefan Zweig, versah die Exemplare mit einer Widmung und verschenkte sie an Kollegen und Journalisten. Seehofer war fasziniert von Fouché, dem opportunistischen Genie, das nach der Französischen Revolution schnell die Seite wechselte … Fouché war ein Mann ohne Freunde, den mit anderen Menschen nichts verband als Zweckbündnisse auf Zeit. So sieht sich Seehofer bis heute."

Der Spiegel (2018)

Stefan Zweigs Roman ist bis heute in mehreren Sprachen erhältlich, aber die erstmals 1920 erschienene deutsche Übersetzung von Fouchés „Erinnerungen" geriet merkwürdigerweise in Vergessenheit. Dabei ermöglichen diese „Erinnerungen", ungefiltert seiner Darstellung von Ereignissen und Personen, seinen Auslassungen unbequemer Tatsachen und seinen dreisten Verdrehungen zu folgen und dabei seine Schlagfertigkeit und sein sprachliches Vermögen kennen zu lernen.

Joseph Fouché

Erinnerungen

Übersetzt von Paul Aretz

Comino Verlag

Die französische Originalausgabe erschien 1824 unter dem Titel
„Memoires de Joseph Fouché, Duc d'Otrante"
im Verlag Le Rouge, Paris.

Der Text dieser Ausgabe folgt der deutschen Ausgabe, die 1920 im
Verlag von Julius Hoffmann in Stuttgart erschien:
„Erinnerungen von Joseph Fouché – Polizeiminister Napoleons I."
Übersetzt und herausgegeben von Paul Aretz

Neu herausgegeben und mit Erläuterungen versehen von Paul Seeliger

Umschlag unter Verwendung eines zeitgenössischen Stichs

comino-verlag.de
info@comino-verlag.de
ISBN 978-3-945831-23-6

Auch als E-Book (ISBN 978-3-945831-24-3) erhältlich

Inhalt

Vorwort zur Neuausgabe

Joseph Fouché schaffte es, über Jahrzehnte den gegensätzlichsten Regierungen zu dienen. Während der Französische Revolution verbreitete er Schrecken unter den Königstreuen, als Polizeiminister Napoleons hielt er dessen Gegner in Schach und nach Napoleons Sturz sicherte er die Macht des Bourbonenkönigs Ludwig XVIII. Wer etwas über das Leben und Wirken von Fouché erfahren will, dem bleibt fast als einzige Quelle der biographische Roman von Stefan Zweig „Joseph Fouché. Bildnis eines politischen Menschen", der bereits 1929 erschien und noch heute das Bild dieses Politikers nachhaltig prägt.

Über Horst Seehofer, der seit seinem 22. Lebensjahr in der CSU Politik macht, schon zahlreiche Ämter bekleidete, seit März 2018 Bundesminister des Innern, für Bau und Heimat ist, kolportiert *Der Spiegel*: „Als Seehofer in den Neunzigerjahren Gesundheitsminister war, kaufte er sich eine große Kiste des biografischen Romans ‚Joseph Fouché' von Stefan Zweig, versah die Exemplare mit einer Widmung und verschenkte sie an Kollegen und Journalisten."[1]

Der Spiegel schließt daraus, dass Seehofer fasziniert war von dem „opportunistischen Genie", dem „Mann ohne Freunde, den mit anderen Menschen nichts verband als Zweckbündnisse auf Zeit". So sehe er sich bis heute, behauptet *Der Spiegel.*

Für Stefan Zweig war Fouché „einer der mächtigsten Männer seiner Zeit, einer der merkwürdigsten aller Zeiten", dessen komplizierte Persönlichkeit er mit einem psychologischen Ansatz versucht zu erklären.

Fouché dagegen erklärt sich selbst in seinen „Erinnerungen", die 1824, vier Jahre nach seinem Tod, erschienen. Bereits ein

---

1 DER SPIEGEL Nr. 38/15.9.2018, Titelgeschichte „Der Gefährder – Wie Horst Seehofer persönliche Krisen zu Regierungskrisen macht", S. 16 ff.

Jahr nach ihrem Erscheinen in Frankreich wurde eine deutsche Übersetzung[2] gedruckt und fand reißenden Absatz, obwohl – oder weil – die Echtheit[3] von Fouchés Erben in Zweifel gezogen wurde.[4]

Trotz des anhaltenden Interesses an Fouché – Stefan Zweigs Roman ist bis heute in mehreren Sprachen erhältlich – ist die vorliegende, erstmals 1920 erschienene deutsche Übersetzung

---

2 „Denkwürdigkeiten von Joseph Fouché. Herzog von Otranto, ehemaligem Polizeiminister in Frankreich." Verlag C. W. Leske, Darmstadt 1825.

3 In einer „Schlußbemerkung" vermerkt der namentlich nicht genannte Übersetzer der Ausgabe von 1825: „Man hat die Echtheit dieser Denkwürdigkeiten in Zweifel gezogen und es ist sogar gegen den Herausgeber derselben ein Rechtsstreit darüber zu Paris anhängig. Daß die Söhne des Herzogs von Otranto dieses Werk nicht als ein Erzeugnis ihres Vaters anerkennen wollen, läßt sich aus ganz natürlichen Ursachen erklären. Dergleichen öffentliche Ableugnungen sind schon öfters bei Erscheinung von Memoiren vorgekommen, die zu einer Zeit bekannt gemacht wurden, in der noch mehre Menschen auf dem Schauplatz standen, deren in den Memoiren gedacht war: die Folgezeit hat aber nicht selten solche Werke als echt anerkannt, was denn später wohl auch bei diesen Denkwürdigkeiten der Fall seyn dürfte. So wenig indeß der Übersetzer daran denkt, seine Überzeugung – für die er selbst einige namhafte Staatsmänner als Gewährleister anführen könnte – irgend jemand aufdringen zu wollen, so wird man ihm beim Schlusse des ersten Bandes wenigstens folgende Bemerkung erlauben. Er glaubt nämlich, daß jeder Leser, der die wichtige Epoche mit durchgelebt und mit scharfem Blicke beobachtet hat, von welcher diese Denkwürdigkeiten handeln, auch wenn er an der Vaterschaft des Polizeiministers zu diesem Kinde zweifeln sollte, wenigsten so viel eingestehen müsse: daß nur ein sehr geistreicher, unterrichteter und praktischer Kopf sich so ganz in die individuelle Denkart und Handlungsweise des, durch alle Krisen der Revolution, des Kaiserregiments und selbst bis über die Restauration hinaus sich so geschmeidig durchgewundenen, Fouché habe hinein denken können, um in dieser Form diese Denkwürdigkeiten zusammenzutragen, in welchen die eigenthümlichen Grundsätze und Ansichten, selbst die Schwächen, Eitelkeiten, Bemäntelungen, kurz, das ganze Thun und Treiben des, in seiner Art gewiß ausgezeichneten, Polizeiministers sich auf jedem Blatt so treulich abspiegeln." (1. Band, S. 371 f.)

4 Mehr zur Frage der Authentizität im Vorwort von Paul Aretz.

merkwürdigerweise in Vergessenheit geraten und – bis auf einen Privatdruck – nicht wieder aufgelegt worden.

Diese „Erinnerungen" bieten die Möglichkeit, Fouchés Darstellung der Ereignisse und Personen ungefiltert kennen zu lernen und seiner Argumentation mit dreisten Verdrehungen und Weglassen unbequemer Tatsachen unmittelbar zu folgen. Dabei blitzt seine Schlagfertigkeit und sein sprachliches Vermögen auf.

Die Entführung eines Bourbonenprinzen aus dem deutschen Exil nach Frankreich im Auftrag Napoleons und dessen Hinrichtung löste im Ausland Empörung und diplomatische Verwicklungen aus. Die Urheberschaft für den berühmt gewordenen Kommentar „Das war mehr als ein Verbrechen, es war ein Fehler!", die meist Talleyrand zugeschrieben wird, beansprucht Fouché in seinen Erinnerungen für sich, wohlwissend um den darin zum Ausdruck kommenden Zynismus.

Der liegt auch seinem Konzept als Polizeiminister zugrunde, mit dem er sich fast unersetzlich machte: „Wenn nur drei Männer zusammenkommen, um in unbesonnener Weise über politische Dinge zu reden, so muss es der Polizeiminister am nächsten Tage wissen. (...) Selbstverständlich besaß ich in allen Ständen besoldete Spione, und zwar beiderlei Geschlechts, die je nach ihrer Wichtigkeit und ihren Dienstleistungen mit tausend bis zweitausend Franken monatlich bezahlt wurden." Diese kostspielige Polizeiarbeit finanzierte er „insgeheim durch Besteuerung" von Glücksspiel und Prostitution.

Auf den Vorwurf, im Revolutionsjahr 1793 in Lyon ein Massaker angeordnet zu haben, geht er nicht konkret ein. 2 000 Menschen waren dort in drei Wochen vor den Toren der Stadt mit Geschützen und Gewehren auf seinen Befehl hin und zeitweise in seiner Anwesenheit hingerichtet worden, was ihm den Titel „Mitrailleur de Lyon" (Schlächter von Lyon) einbrachte. Dazu schreibt er: „Es gibt keine Übertreibungen, Frevel oder

Verbrechen in der Geschichte, die mir meine Feinde nicht zur Last gelegt hätten! Sie haben meine Worte zu Handlungen gestempelt und meine, durch die Umstände bedingten Reden für Grundsätze erklärt. Sie zogen weder die Zeit, noch den Ort, noch die jeweilige katastrophale Lage in Betracht. Sie vergaßen absichtlich, dass zwanzig Millionen Franzosen in einem allgemeinen Wahn, im Fieber republikanischer Ideen lebten."

Andererseits beschreibt er mit sentimentalem Pathos, wie er zwei Jahrzehnte später einem Abgesandten Ludwigs XVIII. erklärte, warum er im Konvent seinerzeit für die Hinrichtung seines Bruders Ludwig XVI. stimmte: „Ich erschloss ihm mein Herz und legte ihm meine innersten Gefühle so offen dar, wie ich es nie für möglich gehalten hätte. In meinem ganzen Leben hatte ich mich nicht durch meine innere Bewegung dermaßen fortreißen lassen; nie war meine Sprache so überzeugend und mein Mitgefühl so tief, als in dem Augenblick, da ich die Umstände berichtete, durch die ich unglücklicherweise genötigt gewesen war, für den Tod Ludwigs XVI. zu stimmen. (...) Selbst jetzt noch bin ich bewegt, wenn ich daran denke, wie der edle Herzog, ein echter Vertreter des alten französischen Adels ohne Falsch, dabei Tränen vergoss."

Stefan Zweig erklärt im Vorwort seines Buches, wie sein Interesse an Fouché geweckt wurde: „Allen französischen Geschichtsschreibern, ob royalistisch, republikanisch oder bonapartistisch, läuft sofort Galle in die Feder, sobald sie nur seinen Namen hinschreiben. Geborener Verräter, armseliger Intrigant, glatte Reptiliennatur, gewerbsmäßiger Überläufer, niedrige Polizeiseele, erbärmlicher Immoralist – kein verächtliches Schimpfwort wird an ihm gespart." Nur Balzac habe „Fouché als den psychologisch interessantesten Charakter seines Jahrhunderts erkannt" und in dem Roman „Une ténébreuse affaire"[5] sich „gerade diesen einen verachtetsten,

5 dt. Eine dunkle Affäre, auch: Eine dunkle Geschichte.

geschmähtesten Menschen der Revolution und der Kaiserzeit aus seiner beabsichtigten Verschattung geholt". Stefan Zweig zitiert Balzac ausführlich: „Dieser Mann mit dem blassen Gesicht, unter klösterlicher Zucht aufgewachsen, welcher alle Geheimnisse der Bergpartei kannte, der er anfangs angehörte, und ebenso die der Royalisten, zu denen er schließlich überging, dieser Mann hatte die Menschen, die Dinge und die Praktiken des politischen Schauplatzes langsam und schweigsam studiert; er durchschaute Bonapartes Geheimnisse, gab ihm nützliche Ratschläge und kostbare Auskünfte; ... weder seine neuen noch seine ehemaligen Kollegen ahnten in diesem Augenblick den Umfang seines Genies, das im Wesentlichen ein Regierungsgenie war: treffend in allen seinen Prophezeiungen und von unglaublichem Scharfblick."

Diese Huldigung habe ihn auf Fouché aufmerksam gemacht.

Heute ist das Interesse von Forschung und Medien an Fouché kaum noch vorhanden. Die maßgebliche Biographie von Louis Madelin, auf die sich Stefan Zweig ausdrücklich stützte, erschien 1901.[6] Im April 2010 gründete der Historiker Julien Sapori mit einem Dutzend Kollegen die „Société d'Études sur Fouché et son temps". Ihr Ziel sei es, die Legenden um Fouché aufzuklären, indem sie sein Handeln in einen Kontext stellen. Dazu gehöre auch, ein „Dictionnaire Fouché" mit allen Aspekten des Lebens und dieser Zeit zu erstellen und im Internet abrufbar zu machen.[7] Dies erfolgte aber bisher nur in Ansätzen. Ansonsten gibt es kaum Veröffentlichungen.

---

6 Im Frankfurter Societäts-Verlag erschien 1970 die deutsche Übersetzung der im Jahr zuvor in Frankreich veröffentlichten erheblich gekürzten Fassung der Fouché-Biographie. Während die sehr erfolgreiche, mehrmals neu aufgelegte Originalausgabe von 1901 zwei Bände mit jeweils über 500 Seiten umfasst und zahlreiche Fußnoten mit den Quellenvermerken enthält, kommt die deutsche Ausgabe von 1970 mit 374 Seiten und ohne Fußnoten aus. *P.S.*

7 https://josephfoucheetsontemps.com

In Filmen über die Französische Revolution und die Zeit danach kommt Fouché zwar oft vor, aber er steht nie im Mittelpunkt. Lediglich das ZDF hat ihn 1970 in einem 90-minütigen Fernsehfilm porträtiert.[8]

Der vorliegenden Neuausgabe liegt das Buch „Erinnerungen von Joseph Fouché – Polizeiminister Napoleons I." zugrunde, erschienen 1920 im Verlag Julius Hoffmann in Stuttgart, übersetzt und herausgegeben von Paul Aretz, der in seinem Vorwort auch ausführlich die Diskussion um die Authentizität der Memoiren wiedergibt. Er fügte noch ein Nachwort hinzu, in dem er hervorhebt, nur eine „umfassende Biographie" könne die Fouché-Frage, das Rätsel seiner Persönlichkeit, lösen und kündigte an, als nächste Aufgabe, diese Biographie zu schreiben. Dazu kam es nicht.

Paul Aretz (1890–1949) war ein Kenner der napoleonischen Ära. Er publizierte – wie seine Frau Gertrude – Biographien und Romane über diese Zeit. In Dresden gründete er 1921 den Paul-Aretz-Verlag, in dem u. a. die populär gehaltenen Bücher seiner Frau erschienen.[9] 1934 druckte sein Verlag noch eine „Kulturgeschichte Griechenlands", Aretz hatte „sein Tätigkeitsfeld allerdings bereits nach Österreich und in die Schweiz verlagert"[10] – wie andere von den Nationalsozialisten verfolgte Buchhändler, Verleger und Autoren. 1949 starb er im

---

8 „Der Polizeiminister Joseph Fouché", ZDF (1970), Regie: Günter Gräwert

9 Der Verlag firmierte im Untertitel als „Verlag für Sitten- und Kulturgeschichte" und publizierte auch Erotika wie das sittengeschichtliche Werk von Herbert Lewandowski „Das Sexualproblem in der modernen Literatur und Kunst", das seinerzeit großes Aufsehen erregte und den Verleger so bekannt machte, dass er einen Eintrag erhielt im „Reichshandbuch der deutschen Gesellschaft. Das Handbuch der Persönlichkeiten in Wort und Bild". Berlin 1930, S. 34

10 Ernst Fischer: Verleger, Buchhändler & Antiquare aus Deutschland und Österreich in der Emigration nach 1933. Ein biographisches Handbuch, hrsg. vom Verband deutscher Antiquare e.V., Elbingen 2011, S. 15 f.

Alter von 59 Jahren in Bern.[11] Die in New York erscheinende deutsch-jüdischen Zeitschrift „Aufbau" schrieb in einem kurzen Nachruf: „Nachdem ihm in der Schweiz, wie üblich, ‚lange Zeit behördliche Fesseln auferlegt waren', schreibt der Berner ‚Bund', leitete er zuletzt den Dephi-Verlag in Olten und Bern. Seine zahlreichen Freunde in aller Welt betrauern in ihm einen überzeugten Idealisten und vornehmen Charakter."

Nach 1920 sind in Deutschland Fouchés Erinnerungen nur noch einmal im Jahr 1969 als unverkäuflicher, bibliophil ausgestatteter Privatdruck erschienen. Die Papierfabrik Schoeller & Hoesch GmbH in Gernsbach, Spezialist für Seiden-, Dünndruck-, Teebeutel- und Zigarettenpapier, ließ die Fraktur-Ausgabe von 1920 neu setzen und auf ihrem Persia-Dünndruckpapier mit der Widmung drucken: „Den Freunden unseres Hauses – Weihnachten 1969".[12]

Berlin, im Januar 2020 Paul Seeliger

---

11 Aufbau, New York, Ausgabe vom 9.12.1949, S. 16

12 Joseph Fouché: „Memoiren", Gernsbach 1969. (Teilausgabe, ohne das Vorwort von Paul Aretz und mit weniger Fußnoten).
Von 1954 bis 1974 brachte die Papierfabrik jeweils zu Weihnachten ein besonderes, gut ausgestattetes Buch in einer Auflage von bis zu 2 000 Exemplaren heraus. Die Auswahl der Titel oblag dem Enkel von Rainer Maria Rilke, Christoph Sieber-Rilke, der für die Papierfabrik tätig war, und seiner Frau Hella. So bekamen die Kunden der Papierfabrik u. a. die „Lebenserinnerungen" von Carl Schurz geschenkt und Briefe von Metternich an die Gräfin Dorothea Lieven. Drei Jahre nach Fouchés „Erinnerungen" erschien ein Band mit Auszügen aus den bei Fouché erwähnten „Memoiren" der Herzogin Laure Junot d'Abrantès. 1974 wurde die Reihe aus Kostengründen eingestellt. 1998 übernahm die amerikanische Glatfelter Company das Unternehmen, das seit 2005 unter Glatfelter Gernsbach GmbH firmiert.

Editorische Notiz

Rechtschreibung und Zeichensetzung haben wir behutsam den heutigen Lesegewohnheiten und Regeln angepasst. Auch einige veraltete Begriffe und Ausdrucksweisen haben wir zur Verbesserung der Lesbarkeit redigiert. Setzfehler in der Ausgabe von 1920 haben wir stillschweigend korrigiert.

Von den 21 Abbildungen haben wir nur Fouchés Porträt, einen zeitgenössischen Stich, für den Umschlag übernommen.

Die zahlreichen Fußnoten der Ausgabe von 1920 haben wir übernommen. Darin erläutert der Herausgeber Paul Aretz einige Hintergründe und nimmt dabei Wertungen vor, die wir unverändert lassen.

Darüberhinaus erklären wir vorgenommene Änderungen – wie z. B. Schreibweisen von Namen – sowie Begriffe, Personen und Anspielungen, die den Lesern heute nicht mehr so geläufig sind wie den Lesern vor 100 Jahren. Diese zusätzlichen Fußnoten und Ergänzungen sind mit [… *P.S.*] gekennzeichnet.

Vorwort
von Paul Aretz zur Ausgabe von 1920

Joseph Fouché, der Mensch und sein Werk

Unter der großen Menge der bedeutenden Persönlichkeiten der französischen Revolution und des Kaiserreichs nimmt Joseph Fouché eine ganz besondere Stellung ein. Man rechnet ihn, was Fähigkeiten anlangt, zu den hervorragendsten Männern seiner Zeit. In dem gleichen Maße jedoch, wie man seine glänzenden Eigenschaften hervorhebt, betont man das vollständige Fehlen höherer moralischer Eigenschaften, und es ist daher vollkommen erklärlich, warum das Urteil über den Menschen Fouché durchaus absprechend, ja in vielen Fällen vernichtend lautet. Dem Historiker ziemt es jedoch, sich von Vorurteilen frei zu machen und sich nicht von Stimmungen und überlieferten Legenden leiten zu lassen. Bei Fouché ist das keine kleine Aufgabe, denn es erscheint fast unmöglich, die sich widersprechenden Aussagen der Zeitgenossen und die Urteile der Historiker aller Parteien und Länder zu einem einheitlichen Charakterbild zusammenzufassen. Das Studium der Persönlichkeit Fouchés aber nach seinen Reden und Taten trägt zunächst eher dazu bei, diese Aufgabe zu erschweren als zu erleichtern. Dieser Mensch spottet jeder Analyse, und es erscheint nahezu unmöglich, seinen Charakter auch nur einigermaßen festzulegen.

Wie hat nun Fouché auf seine Zeitgenossen, wie auf Historiker, Dichter und auf das Volk gewirkt? Seine glänzenden Fähigkeiten, sein Genie, das mit einer diabolischen Gewissenlosigkeit Hand in Hand ging, brachten auf alle Kreise jene eigenartige Doppelwirkung hervor: die der Bewunderung und des Hasses, ja der Verachtung. In einem Punkte aber sind sich alle einig: in dem ungewöhnlichen Interesse für diese komplizierte Persönlichkeit. Dem Volke gilt Fouché schlechtweg als der Typus des Verräters, als der Judas der napoleonischen Epoche, aber seine Eigenschaft als Polizeiminister hebt ihn aus dem Rahmen des Alltäglichen heraus, und so kommt es, dass die Menge, die stets die kühnen Intriganten liebte, auch heute noch den Mann bewundert, den sie als Verräter gebrandmarkt hat. Niemand aber wird es wundernehmen, dass sich die Dichter, und gerade einer der größten unter ihnen, von diesem gewaltigen Stoff angezogen fühlten. Balzac vergleicht ihn mit den berüchtigtsten Missetätern der Geschichte, mit Tiberius und Cäsar Borgia. Andere Schriftsteller haben ihn zum Gegenstand spannender Romane und Dramen gemacht und je nach den Umständen seinen Charakter dargestellt. Im Allgemeinen sind ihm die Dichter früher gerecht geworden als die Geschichtsschreiber, die noch lange unter dem Einfluss der Legende standen. Überhaupt haben sich die Historiker erst in neuerer Zeit eingehender mit dem Stoff beschäftigt, der die höchsten Anforderungen an Kenntnisse und historisches Einfühlen stellt. Aber auch andere Zweige der Wissenschaft können durch das Studium dieser vielseitigen und mysteriösen Persönlichkeit eine Bereicherung erfahren. Auf dem Gebiete der Kriminalistik z. B. bietet Fouché ein wertvolles Arbeitsfeld, und es ist daher wohl kaum ein Zufall, dass im vorigen Jahre eine Studie kriminal-historischen Inhalts erschien[13]. Es deutet vielmehr darauf hin, dass auch diese Wissenschaft sich des interessanten Gegenstandes bemächtigt hat.

Wer sich je mit Fouché beschäftigte, hat sich sicher die Frage vorgelegt, wie es möglich war, dass der gewandte Polizeiminister es fertig brachte, zwanzig Jahre lang Frankreich, ja ganz Europa, hinters Licht zu führen, die Revolution mit Napoleon, den Kaiser

13 Dr. Hans von Hentig: Fouché. Ein Beitrag zur Technik der politischen Polizei in nachrevolutionären Perioden. Tübingen 1919.

mit Ludwig XVIII., und den Bourbonen mit dem Korsen zu betrügen. Wie war es möglich, dass der Schreckensmann und Königsmörder Fouché Minister des Direktoriums, des Konsulats, des Kaiserreichs, der Hundert Tage und der Restauration werden konnte? Das Rätsel erscheint auf den ersten Augenblick ebenso unlösbar wie das Rätsel des Fouchéschen Charakters. Und doch dürfte die richtige Lösung zu erbringen sein.

Die Zeitgenossen Fouchés haben sich dieselbe Frage gestellt und eine Erklärung der seltsamen Umstände gesucht. Es nimmt daher niemand wunder, dass man sich die Memoiren des Polizeiministers, die wenige Jahre nach seinem Tode erschienen, förmlich aus der Hand riss, um endlich Aufklärung zu erhalten und die geheimsten Vorgänge aus dem Leben dieses Mannes und der Geschichte jener so ereignisreichen Jahre zu erfahren. Aber es schien, als ob der geriebene Polizeiminister seine Mitmenschen selbst im Grabe noch hinters Licht führen wollte: die Memoiren, die einen ganz ungeheuren Erfolg hatten, wurden nämlich gerichtlich für unecht erklärt und der Verleger von der Familie Fouché wegen Betrugs verklagt.

Seitdem ist das Interesse für den großen Intriganten nur noch größer geworden. Die im Laufe der Zeit erschienenen Memoiren, Briefe und übrigen Dokumente der Zeitgenossen über die Epoche der Resolution und des Kaiserreichs brachten zwar immer neue Enthüllungen, aber sie vermochten das geheimnisvolle Dunkel, das über den Handlungen des schlauen Politikers ruhte, nicht aufzuklären. Als sich jedoch eine immer größere Übereinstimmung zwischen den als falsch verschrienen Memoiren Fouchés und den Aussagen seiner Zeitgenossen erwies, kam man zu der Überzeugung, es müsse sich hierbei um eine doppelte Mystifikation handeln und Fouché doch der Urheber des Memoirenwerkes sein.

Wer das Leben des Polizeiministers in einer Beschreibung liest, die die inneren Zusammenhänge der Ereignisse unberücksichtigt lässt, könnte glauben, einen Detektivroman vor sich zu haben, dessen Autor an die Spannkraft der Nerven seiner Leser allzu große Anforderungen stellt, so unwahrscheinlich wirkt alles in dem außerordentlichen Lebensgange dieses eigenartigen Menschen. Wie ist die Laufbahn, die dieser Mann durcheilte, möglich gewesen? Wie war es nur denkbar, dass ein Mensch so oft betrügen, täuschen und verraten konnte, ohne selbst entlarvt zu werden?

Das große Geheimnis dieser Umstände liegt im Charakter Fouchés begründet, in seiner außerordentlichen Geschmeidigkeit, seiner geradezu fabelhaften Geschicklichkeit und seiner ungeheuren Menschenkenntnis. Während er unter der Schreckensherrschaft gegen die Adeligen und Priester wütete, war er anderseits doch der Vertraute derselben adligen Gesellschaft, die er so unerbittlich verfolgte. Als unter dem Konsulat der Polizeiminister die Ausrottung der Jakobiner leitete, galt er nichtsdestoweniger bei der verfolgten Partei als der einzige Republikaner in der Regierung. Selbst seine mit so großem Geschick geleitete Unterdrückung der royalistischen Aufstände in den verschiedenen Provinzen Frankreichs, wodurch er tatsächlich die Rückkehr der Bourbonen verhinderte, verscherzte ihm nicht das Vertrauen der Anhänger des Ancien Regime. Ja, der Minister, der der Sache Ludwigs XVIII. und der Emigranten den empfindlichsten Schlag versetzt hatte, wurde lange Zeit hindurch von ihnen für den Mann gehalten, der am geeignetsten sei, die Wiedereinsetzung der Bourbonen in die Wege zu leiten. Er, der für den Tod Ludwigs XVI. gestimmt hatte, erfreute sich während der ganzen Dauer seiner Amtszeit unter Napoleon der besonderen Wertschätzung der Royalisten, weil man ihm allein den Mut zutraute, ernstlich den Anordnungen und Gewalttaten des „Usurpators“ Widerstand entgegenzusetzen. Und wie gleichzeitig die Republikaner aller Schattierungen und die Royalisten, von den Ultras bis zu den Liberalen, in

Fouché ihren Mann sahen, so betrachtete auch die bonapartistische Partei ihn als den besten Bürgen für die Sicherheit der neuen Dynastie.

Die Wahrheit ist, dass Fouché zu keiner Partei gehörte. Mit dieser Erklärung löst man indes keineswegs das Rätsel, dass dieser Mann, der im Laufe seiner politischen Tätigkeit alle Parteien verraten und im Stich gelassen hatte, von denselben Parteien dennoch als ihr Vertrauensmann angesehen wurde und sich infolgedessen einer ungeheuren Beliebtheit erfreute, einer Popularität, wie sie Napoleon selbst in den schönsten Jahren seines Aufstiegs nicht zu verzeichnen hatte. Wie aber erklärt sich wiederum nach Fouchés Sturz der wahnsinnige Hass gegen ihn, der fast ein ganzes Jahrhundert andauerte?

Die Memoiren, so ausführlich und relativ ehrlich sie in dieser Hinsicht auch sind, geben darüber keine Auskunft. Wer wollte auch von einem Menschen, dessen Charakter so ungemein kompliziert war wie der Fouchés, eine Selbstanalyse verlangen, die schon aus dem Grunde nicht unparteiisch ausfallen könnte, weil der Selbstbiograph bei aller angestrebten Objektivität niemals seinen eigenen Charakter verleugnen kann. Fouchés Charakter aber spiegelt sich ungewollt mit einer verblüffenden Genauigkeit in seinen Memoiren wider, und da sein Hauptcharakterzug die Doppelzüngigkeit war, so ist es nur selbstverständlich, dass seine Erinnerungen bisweilen in seinem Interesse gefärbt sind und infolgedessen an manchen Stellen eines Kommentars bedürfen. Das Rätsel der Fouchéschen Natur und damit seiner ganzen Politik in der Zeit von 1793–1815 löst sich, wenn man die Laufbahn Fouchés aufmerksam verfolgt und jene Epochen in seinem Leben besonders genau prüft, die er in seinen Memoiren vernachlässigt oder vielmehr sorgfältig umgangen hat.

Für sein ganzes Leben, für seine ausgedehnte Laufbahn, ja schließlich auch für seinen Sturz ausschlaggebend war die Zeit zwischen dem 21. Januar 1793, dem Todestag Ludwigs XVI., und dem 9. Thermidor (27. Juli 1794), als das Haupt des Diktators Robespierre auf dem Schafott fiel. Es ist die Tätigkeit des Kommunisten Fouché, die ihn in eine bestimmte Laufbahn gezwungen hat.

Für uns, die wir heute selbst in einer Zeit großer sozialer Umwälzungen stehen, bildet dieser Abschnitt aus dem Leben Fouchés in mehr als einer Hinsicht ein wertvolles und wichtiges Dokument: es ist einer der interessantesten Beiträge zur Geschichte des Kommunismus. Man hat diese Epoche Fouchés seine politischen Flegeljahre genannt. Jedenfalls steht fest, dass er in späteren Jahren sowohl aus persönlichem Gefühl als auch aus politischer Klugheit ein Feind jeder Gewalttat war. Seine späteren Handlungen als Polizeiminister oder Staatsmann sind jedoch trotz allem mehr oder weniger Wiederholungen von dem gewesen, was er während seiner Praxis als Schreckensmann getan hat, mit dem eben erwähnten Unterschied, dass er in der Wahl der Mittel gemäßigter geworden war. Fouché selbst ist nämlich immer der gleiche geblieben, ob er nun Kommunist, Minister des despotischsten Kaisers oder des allerchristlichsten Königs war. Nur die Ereignisse und die Zeit änderten sich; der Mensch blieb, der er war.

In seinen politischen Lehrjahren betätigte Fouché zum ersten Mal sein glänzendes Talent, Wandlungen, Änderungen und Strömungen in der Politik vorauszusehen und ihnen durch geschickte Maßnahmen zuvorzukommen. Meist schwamm er mit dem Strome, wenn er auch bisweilen im gegebenen Augenblick mutig einer ganzen Welt zu trotzen vermochte. So war er immer der Mann des Tages, und es dauerte lange, unverständlich lange, ehe die Zeitgenossen merkten, dass sie alle von ihm angeführt worden waren.

Nach einem ruhigen Leben im Kreise der Priester des Oratoriums Jesu, wo er in mehreren Städten Frankreichs als angesehener Lehrer der Mathematik und Naturwissenschaft tätig war, betrat Fouché zum ersten Mal in seiner Vaterstadt Nantes die politische Laufbahn. Er wurde im Jahre 1792 von seinen Mitbürgern als Abgeordneter in den Konvent gewählt. Höher und höher gingen die Wogen der Revolution. Von Tag zu Tag übten die Radikalen, die Jakobiner, eine strengere Diktatur über die Gemäßigten aus. Dem schlauen Fouché entging diese Bewegung nicht. Geschickt schloss er sich den Jakobinern an und stimmte für den Tod Ludwigs XVI., obgleich er noch am Tage vor der Abstimmung gegen die Hinrichtung gewesen war. Dieses Ereignis bildet einen Markstein im Leben des zukünftigen Ministers des Bruders Ludwigs XVI. Je mehr die Radikalen im Konvent Boden gewannen, desto enger schloss Fouché sich ihnen an.

Seine ersten Missionen in Nantes, Troyes und Dijon führte er noch verhältnismäßig menschlich aus, ja er gefiel sich sogar ganz besonders in gemäßigten und menschenfreundlichen Anordnungen. Aber die Tatsache, dass die kommunistische Partei der Hébertisten im Konvent die Oberhand gewann, genügte für ihn, eine ganz entgegengesetzte Politik einzuschlagen. Er, der als ehemaliger Kleriker und Mitglied der besitzenden Klasse doppelt verdächtig war, musste sich der neuen herrschenden Partei bemerkbar machen und in der nun eingeschlagenen Richtung bahnbrechend vorgehen. Das aber konnte nur durch eine vollkommene Durchführung der Revolution geschehen: „la révolution intégrale“, wie man damals sagte. Sein Ziel war daher: völlige Sozialisierung des Besitzes, Kampf bis aufs Messer den Adligen, Priestern und Gemäßigten, Vernichtung der Kirche!

Es mutet wie ein Witz der Weltgeschichte an, wenn man die Maßnahmen zur Sozialisierung aus der Feder des ehemaligen Lehrers der Oratorianer liest, der später Minister eines despotisch regierten Staates, Herzog von Otranto, Besitzer eines

Riesenvermögens und der erste Grundbesitzer Frankreichs werden sollte. Er ordnete sich eben den Umständen unter und hätte mit derselben Kaltblütigkeit die Armen zugunsten der Reichen beraubt, wenn das gerade das Ziel der herrschenden Partei gewesen wäre. Sein persönlicher Ehrgeiz beherrschte ihn vollkommen. In den Departements Nièvre und Allier, wohin Fouché in Mission gesandt worden war, führte er als erster den Plan einer vollkommenen Sozialisierung im Sinne Héberts durch. Ein „philanthropisches Komitee" befasste sich damit, von den Besitzenden unsinnig hohe Steuern zu erheben. Fouché selbst herrschte als unumschränkter Diktator. Er verfügte über die erhobenen Steuern, ohne jemand Rechenschaft darüber abzugeben, verurteilte zum Tode oder zu langen Freiheitsstrafen, begnadigte nach Gutdünken, ließ Haussuchungen und Beschlagnahmen von Geld und Lebensmitteln vornehmen, hob eine Revolutionsarmee aus und maßte sich sogar das Recht an, Ehescheidungen auszusprechen. Unter dem Einfluss des extremen Chaumette entwickelte sich Fouché als wahrer Schreckensmann. Seine Befehle und Anordnungen erschienen zwar auf dem Papier sehr menschenfreundlich, – wie übrigens alle kommunistischen Bestrebungen – aber in die Wirklichkeit umgesetzt erzielten sie gerade das Gegenteil. So veranlasste er z. B. die Unterstützung der Arbeitsunfähigen, der Arbeitslosen; er ließ ferner ein Einheitsbrot herstellen, das pro Pfund 3 Sous kostete, und verbot den Bäckern, für die Reichen ganz weißes Brot zu backen. Er setzte auch eine Kontrolle über die unrechtmäßig erworbenen Vermögen ein und traf Maßnahmen, dass die unbebauten Felder von Unbemittelten zu ihrem eigenen Gewinn bebaut werden konnten.

Auf diesem Wege blieb er jedoch nicht stehen. Sein Bestreben war die vollkommene Abschaffung des Besitzes. In einer Verordnung hatte er die Bevölkerung wissen lassen, „dass die Reichtümer, die die einzelnen Personen besäßen, nur als ein

Depot anzusehen wären, über das die Nation frei verfügen könne". Ein weiterer Befehl seinerseits ordnete die Ablieferung alles Bargeldes und sämtlicher Gegenstände aus Gold oder Silber an. Die Reichen wurden ihres Geldes, ihres kostbaren Geschirrs, die Kirchen ihrer Weihgefäße und Schätze enthoben. Große Teile des so erworbenen Gutes sandte Fouché an den Konvent, denn er selbst bereicherte sich nicht daran.

Aber es zeigte sich auch diesmal, dass die in der Theorie so schöne Idee des Kommunismus in der Verwirklichung heller Wahnsinn war und Zustände zur Folge hatte, wie sie selbst im schlimmsten Despotenstaat nicht vorkommen. Die Beschlagnahme der Vermögen bildete bald nur noch einen Vorwand zum Plündern, die Anordnungen zugunsten der wirtschaftlich Schwachen erwiesen sich als Maßnahmen einer wilden Unterdrückung, die einige Wenige dazu benutzten, um sich in der schamlosesten Weise zu bereichern. Die zahlreichen Haussuchungen, die Hinrichtungen, Verdächtigungen und Verhaftungen setzten das ganze Land in Schrecken und Verzweiflung. Jeder machte Jagd auf die Reichen, und die Folge war, dass das Geld vollkommen verschwand. Nun begann das schwärzeste Elend, das das Volk umso mehr empörte, als die Trabanten Fouchés selbst im Überfluss lebten und große Vermögen erwarben[14].

Und wie Fouché gegen die Besitzenden wütete, so wandte er sich auch mit derselben Heftigkeit gegen die Priester, seine ehemaligen Kollegen und Freunde. Ein Dekret von seiner Hand verbot jede religiöse Zeremonie außerhalb der Kirche. Die Priester wurden angewiesen, sich innerhalb eines Monats zu verheiraten oder ein Kind zu adoptieren. Was jedoch die Bevölkerung am meisten aufbrachte, war Fouchés Vorgehen gegen

14 Aus den zahlreichen zeitgenössischen Karikaturen ersieht man, dass der „Revolutions- und Kriegsgewinnler" damals schon eine häufige Erscheinung war.

die Zeichen, Kruzifixe und anderen Symbole des Glaubens, die den Gläubigen heilig waren. Er ließ alle äußeren Merkmale der katholischen Religion, wie Kreuze, Heiligenbilder, ja sogar die Gewänder der Geistlichen, Mönche und Nonnen vernichten oder verbrennen und entflammte dadurch aufs Höchste die Wut des tiefgläubigen Volkes.

Auch in einem anderen Punkt wollte Fouché der von Paris ausgehenden Bewegung in der Provinz zuvorkommen, nämlich in der Verkündung des Kultus der Vernunft. Zu diesem Zwecke erließ er ein berühmtes Dekret, das in der Tat dem Konvent zur Verbreitung des Atheismus als das geeignetste erschien. In einem einzigen Satze fasste Fouché sein materialistisches Glaubensbekenntnis zusammen: „Der Tod ist ein ewiger Schlaf." Das Ergebnis der kommunistischen Tätigkeit Fouchés war erschreckend. Das Land war völlig verarmt, nur eine verhältnismäßig geringe Anzahl von Spekulanten hatte Riesenvermögen angehäuft. Die Lebensmittel wurden zu Wucherzwecken zurückgehalten, und, was das Schlimmste war: niemand arbeitete mehr, denn Schmuggel, Spiel und Raub brachten schnelleren Gewinn als ehrliche Arbeit. Es war eine moralische Katastrophe, denn mit der Arbeitsunlust sank auch das Familienleben in die primitivsten Formen zurück. Fouché hatte dem Volke seine Religion und damit seine moralische Stütze genommen, ohne ihm dafür ein anderes Ideal zu geben, das ihm zu einem befriedigenden und geordneten Leben verhelfen konnte. Erst später sah er ein, dass die vollkommene Freiheit nur Eigentum der geistig Hochstehenden, nie aber der Masse sein könne, und er machte sein Unrecht dadurch teilweise wieder gut, dass er am eifrigsten am Wiederaufbau alles Verlorenen teilnahm.

Der Mann, der so eifrig die Sache der Revolution verfocht, musste der kommunistischen Partei des Konvents angenehm sein. Er war der Liebling der Radikalen geworden. Eine Haltung, wie sie Fouché bewiesen, durfte nicht unbelohnt bleiben, und es verstand sich von selbst, dass diese Belohnung in der Verleihung einer wichtigen Mission bestehen würde. Dieser Auftrag wurde Fouché zuteil, als seine Tätigkeit in Paris gebührende Würdigung gefunden hatte.

Später hat Fouché alles Menschenmögliche getan, um diesen „ehrenvollen" Auftrag in der Welt vergessen zu machen, knüpften sich doch an diese Mission die entsetzlichsten Gräuel der Revolutionsepoche. Die Stadt Lyon hatte sich der revolutionären Regierung widersetzt; nach hartnäckiger Verteidigung war sie unter dem Angriff der Belagerer zusammengebrochen. Ein furchtbares Schicksal stand ihr bevor. „Lyon a fait la guerre à la République, Lyon n'est plus", hatte Collot d'Herbois in einem Dekret geschrieben, und dieser wahnsinnige Beschluss, der die zweite Stadt Frankreichs von der Erde vertilgen, einfach ausrotten sollte, war angenommen worden. Die Pariser Machthaber übertragen Collot d'Herbois und Fouché die Ausführung des kannibalischen Auftrags. Eine Zeitlang wütete in Lyon der furchtbarste Schrecken. Ein großer Teil der Stadt wurde systematisch zerstört; Tausende von Bürgern bevölkerten die Gefängnisse und ließen ihr Leben auf dem Schafott. Und als das Mordinstrument der Revolution die entsetzliche Arbeit nicht schnell genug bewältigen konnte, ordneten die beiden Schreckensmänner jene furchtbaren Massenhinrichtungen durch Geschütze und Gewehre an, die unter dem Namen der „Mitrailladen von Lyon" mit flammenden Lettern in der Geschichte geschrieben stehen. Fouché hat sich durch diese Handlung für immer in der Meinung der Menschen entehrt. Selbst als er bereits lange die hohe und einflussreiche Stellung eines Ministers innehatte, als das Andenken an jene furchtbare Zeit längst verwischt schien, erinnerte man ihn bisweilen in kritischen Momenten an seine Handlungen während der Revolution.

Fouchés Haltung erscheint uns dadurch doppelt verächtlich und abscheulich, dass er nie mit seinem Herzen dabei war, sondern kalt und berechnend tat, was die Umstände erheischten, was sein Vorteil und sein maßloser Ehrgeiz ihm vorschrieben. Er war kein Grundsätzefanatiker, wie so viele andere Männer der Revolution, die wirklich glaubten, nach Vernichtung aller Gegner der Revolution würde ein paradiesisches Zeitalter der Freiheit anbrechen. Er war indes auch kein Bluthund, der sich an seiner Macht berauschte. Im Innern dachte er viel ruhiger und gemäßigter, als er nach außen hin handelte, aber leider ließ er sein Inneres nur sprechen, wenn er damit seinen Plänen nicht schadete. Es darf zur Kenntnis seines Charakters, jedoch nicht zu seiner Rechtfertigung, nicht unerwähnt bleiben, dass er selbst in der Schreckenszeit viel Gutes getan hat, indem er viele Opfer der Bluthеrrschaft ihren Henkern entriss und überhaupt oft mäßigend eingriff. Das kann ihm jedoch nicht als edle Tat angerechnet werden, denn nie tat er etwas Gutes, wenn es seinem Ehrgeiz und seinen Absichten entgegen war. Aber es erklärt den Umstand, dass Fouché in vielen Kreisen, selbst unter den Verfolgten, zahlreiche Freunde hatte und von ihnen zu den Gemäßigten gerechnet wurde. Schon in diesen Jahren also begann er das schlaue Spiel, sich bei allen Parteien beliebt zu machen und dabei doch für die herrschende Partei als der unentbehrliche Mann zu erscheinen. So allein gelang es ihm, während zwanzig Jahren von einer Partei zur anderen überzugehen, ohne dabei wesentlich seine Überzeugung ändern zu müssen. Er blieb anscheinend der über den Dingen stehende Mensch, dessen Grundsätze unerschütterlich waren, während man um ihn herum beständig schwankte und von Revolution zu Revolution schritt.

Mit dem Sturz Héberts und Genossen hatte jedenfalls die Schreckensherrschaft ihren Höhepunkt erreicht, denn selbst der rücksichtslose Diktator Robespierre war im Vergleich zu diesen radikalen Kommunisten ein Gemäßigter. Nach all den schrecklichen Bluttaten begann sich immer mehr die Reaktion fühlbar zu machen; Fouchés furchtbarster Gegner, Maximilien Robespierre, herrschte unumschränkt in Frankreich. Bisher hatte es niemand gewagt, ihm die Stirne zu bieten; sie mussten es alle mit dem Tode auf dem Schafott büßen. Nun sollte auch Fouché an die Reihe kommen. Ein Vorwand brauchte nicht lange gesucht zu werden. Die Taten Fouchés in Lyon boten eine genügende Handhabe, um seinen Kopf unter die Guillotine zu bringen, denn Robespierre war der heftigste Gegner der wahnwitzigen Mission gegen Lyon gewesen. Fouché wurde zur Verantwortung nach Paris gerufen, und nun entspann sich zwischen den beiden Feinden ein Kampf auf Leben und Tod.

Die Macht der Intrige siegte über die brutale Kraft. Fouché zog den geheimen Kampf dem offenen vor, denn er wusste nur zu gut, dass er seinem Gegner auf der Rednerbühne nicht gewachsen war. Er bediente sich eines sehr einfachen, aber äußerst wirksamen Mittels, um sich den Gewaltigen vom Halse zu schaffen. Fouché erschien nicht mehr in der Öffentlichkeit, suchte hingegen alle Feinde des Diktators, sowie alle, die von ihm bedroht waren, im Geheimen auf, erzählte ihnen, dass sie auf der Proskriptionsliste ständen und binnen kurzem ihr Leben auf dem Schafott enden würden. So ließ er die Opposition und den Hass gegen Robespierre immer mehr anschwellen, bis man soweit war, dass zur Tat geschritten werden konnte. Der 9. Thermidor entschied das Schicksal des Diktators; der Kopf Robespierres fiel unter dem Beil des Henkers, und damit war Fouché gerettet.

Es kann hier nicht die Rede davon sein, die Haltung Fouchés bis zu seinem endgültigen Sturze im Jahre 1815 zu beleuchten. Ohne die Kenntnis seiner revolutionären Tätigkeit wäre jedoch die Laufbahn des Polizeiministers selbst dem Leser der Memoiren nicht voll und ganz verständlich. Fouché selbst verschweigt nämlich, dass seine Wirksamkeit als Schreckensmann, vor allem aber seine Stellungnahme im Prozess Ludwigs XVI. ihm die Haltung für sein ganzes politisches Leben vorschrieben. Der Königsmörder Fouché de Nantes, der Verfolger der Adligen und Geistlichen, überhaupt der besitzenden Klasse, hatte ein ganz persönliches Interesse daran, dass diese Leute nicht wieder zur Herrschaft kamen. Daher galt sein ganzer Kampf während der langen Dauer seines Ministeriums unter Napoleon im Grunde genommen niemandem anders als Ludwig XVIII. Gleichzeitig verschaffte ihm seine Eigenschaft als „Königsmörder" das Vertrauen des Ersten Konsuls und Kaisers, der einen Verrat Fouchés zugunsten des Bruders Ludwigs XVI. für unmöglich hielt. Aber sowohl Napoleon als auch Fouché verrechneten sich dabei, dieser allerdings das einzige Mal in seinem Leben. Der „Königsmord" entschied Fouchés Schicksal und führte seinen endgültigen Sturz herbei.

Je tiefer man so in das Leben dieses Mannes eindringt, desto schärfer umrissen erscheint sein Charakter. Die meisten Historiker des 19. Jahrhunderts haben sich damit begnügt, ihn als den gemeinen Verräter zu kennzeichnen, der Europa auf die erstaunlichste Weise hinters Licht geführt hatte. Mit dieser Beurteilung kann man jedoch nie einem Staatsmann, am allerwenigsten einem solchen wie Fouché gerecht werden.

Es lohnt daher der Mühe, den M e n s c h e n Fouché einer eingehenden Prüfung zu unterziehen. Die zeitgenössischen Schilderungen seiner Persönlichkeit stimmen vollkommen mit dem Bilde überein, das uns die zahlreichen Porträts von Fouché hinterlassen haben. Es ist daher nicht schwer, diese Aussagen an der Hand der dem Buche beigegebenen Abbildung nachzuprüfen. Im Großen und Ganzen entsprach das Äußere des Polizeiministers ganz und gar seinem Charakter. Seine Erscheinung würde, wenn man sie lebensgetreu auf die Bühne brächte, den Typus des Intriganten und Verräters glänzend wiedergeben. Seinem kalten, berechnenden Innern entsprach ein ebenso kaltes, trockenes und undurchdringliches Äußere. Fouché war von erschreckender Hässlichkeit. Seine große, hagere und knochige Gestalt verlieh ihm etwas Gespenstisches, und dieser erste ungünstige und unvorteilhafte Eindruck wurde noch durch die peinliche Wirkung verstärkt, die das blasse, fahle und runzlige Gesicht mit den grauen, kalten Augen auf den Beschauer ausübte. Die spärlichen blonden Haare aber, die dünnen zusammengekniffenen Lippen und besonders die fast fehlenden farblosen Augenbrauen verliehen den Zügen dieses Mannes etwas teuflisch Gemeines und Hinterlistiges. Die absolute Gleichgültigkeit und Kälte, die in den gefährlichsten Situationen zur Schau getragene Ruhe gaben diesem Menschen, der mehr einer Maske als einem Wesen von Fleisch und Blut glich, eine geradezu fabelhafte Überlegenheit über seinesgleichen. In den Räten und politischen Versammlungen saß er anscheinend teilnahmslos da, sprach kein Wort, während er in Wahrheit unmerklich die ganze Versammlung beherrschte. Wer Feinde angriff, musste sich seiner selbst völlig sicher fühlen. Auf alle Fälle konnte er damit rechnen, sich einen gefährlichen Gegner zugezogen zu haben, der die erste Blöße seines Widersachers benützte, um zuzuschlagen.

Im Allgemeinen scheute Fouché den offenen Angriff. Er liebte die Intrige, den Kampf hinter den Kulissen. Während er sich anscheinend um nichts kümmerte, arbeitete er fieberhaft im Geheimen, um schließlich mit einem verblüffenden Ergebnis an die Öffentlichkeit zu treten. Diese Enthüllungen brachte er stets auf die sensationellste Weise vor. Er liebte es, sich gegen hohe Persönlichkeiten, besonders gegen Napoleon selbst, die größten Freiheiten, ja ungeheure Zumutungen zu gestatten, aber stets nur, wenn er vorgearbeitet hatte, also seiner Sache sicher war. Dadurch, dass er sich selten irrte, dass die Ereignisse ihm immer recht gaben, gewann seine Persönlichkeit einen ungeheuren Einfluss. Fouché schien alles zu wissen; er war unfehlbar.

So sehr aber Fouché die Intrige liebte, so konnte er es doch nicht immer vermeiden, den offenen Kampf aufzunehmen. Dann aber ging es stets auf Leben und Tod. In diesen tragischen Momenten wuchs seine Gestalt ins Riesenhafte. Er persönlich kannte keine Furcht. Sowohl während der Revolution als auch unter Napoleon und Ludwig XVIII. war sein Leben oft in Gefahr. Napoleon betonte auf Sankt Helena immer wieder, einer seiner größten Fehler sei gewesen, dass er Fouché nicht habe erschießen oder hängen lassen. Vielleicht war der Kaiser oft nahe genug daran, diese Absicht auszuführen, aber der gewandte Polizeiminister wusste sich immer wieder aus der Schlinge zu ziehen, wenn es auch nur durch ein geschicktes Wort war. Napoleon schätzte diesen Mut, diese glänzende Schlagfertigkeit und unterlag mehr als ein anderer der Geschmeidigkeit dieses Staatsmannes. Die Anekdotenchronik des Kaiserreichs enthält mehr als einen Beitrag aus dem Munde Fouchés, und gerade seine unerhört dreisten Antworten gehören zu den charakteristischsten der historischen Anekdoten überhaupt. Seine verblüffende Frechheit musste in jedem, der Sinn für Geist und dreisten Mut hatte, Bewunderung erregen. Napoleon war der letzte, der ihm diese Bewunderung versagte.

Fouché war in der Tat jedem Angriff gewachsen. Als Napoleon einmal, in allerdings wenig feinfühlender Weise erwähnte, dass Fouché für den Tod Ludwigs XVI. gestimmt habe, antwortete der Minister kalt: „Ja, und das war der erste Dienst, den ich Eurer Majestät erwies.“ Selbst bei den heftigsten Ausfällen des Kaisers verlor Fouché seine Kaltblütigkeit nicht, ja er vermochte sogar meist den Drohungen Napoleons eine ironische, wenn nicht lächerliche Wendung zu geben. Mehr als einmal geschah es, dass Napoleon sich in höchster Wut mit den Worten an ihn wandte: „Sie verraten mich, Herr Herzog von Otranto; ich habe Beweise dafür …, es liegt nur an mir, Sie erschießen zu lassen.“ Selbst die Strafe des Galgens schien dem Kaiser für seinen Minister nicht zu schlecht, denn er bedrohte ihn einmal mit den Worten: „Sie sind ein Verräter, Fouché; ich sollte Sie hängen lassen“, worauf der schlaue Staatsmann kalt antwortete: „Sire, ich bin nicht der Meinung Eurer Majestät.“

Der Umstand jedoch, dass der Polizeiminister Napoleons und der Bourbonen nahezu ein halbes Menschenalter am Ruder bleiben konnte, erklärt sich nur durch die Tatsache, dass er wirklich über ganz hervorragende Kenntnisse und Klarheit verfügte, die ihn unentbehrlich machten und in allen kritischen Zeiten auf den wichtigsten Posten des Staates stellten. Fouché war ein glänzender Organisator. Ihm gebührt vor allem das Verdienst, eine vollkommen sicher arbeitende Polizei geschaffen zu haben, die nicht nur für Ruhe im Lande sorgte, sondern die immer wieder von neuem auflodernden Aufstände im Keime erstickte. Gleichzeitig ist er auch der Schöpfer der politischen Polizei. Ohne Übertreibung kann man behaupten, dass er seinen Ruhm mehr der Tätigkeit als Polizeiminister denn als Staatsmann verdankt, da seine staatsmännischen Eigenschaften gerade in seinem „Polizeigenie“ liegen. Das Interesse der Menge wendet sich daher auch eher dem schlauen Intriganten, man könnte fast sagen, dem Detektiv Fouché zu, und dieses Interesse geht so weit, dass sich um ihn bereits eine Legende gewoben hat.

Vor allem erregt die geheime Polizei Fouchés das größte Interesse. Man hat allerdings darüber sehr viel Übertriebenes berichtet, immerhin aber bleibt es erwiesen, dass sie ein Muster der Geheimpolizei war. Fouché, dem Polizeiminister Napoleons, gebührt der Ruhm, diese Einrichtung geschaffen zu haben, deren Leistungen bisweilen ans Wunderbare grenzten. Er hatte darauf hingewirkt, dass die Polizei geheim, also Verbrechen verhindernd, tätig sein sollte und nicht wie früher, nur um begangene Verbrechen zu sühnen. Und darin lag die große Macht der Fouchéschen Polizei.

Der äußerst begabte Polizeiminister verdankte seine Erfolge vor allem einem raffiniert ersonnenen Überwachungssystem. Ein dichtes Netz von Polizeiorganen überspannte nicht nur Frankreich, sondern nach den napoleonischen Eroberungskriegen auch halb Europa. Die straffste Organisation bewirkte eine überaus schnelle Verbindung aller Organe jener Institution, deren Fäden alle im Polizeiministerium in Paris zusammenliefen. Diese genaue Überwachung wurde durch eine sehr sinnreiche Einrichtung erleichtert, wodurch einmal gemachte Beobachtungen nie wieder verloren gehen konnten. Fouché nannte sie seine „Topographie“ und „Biographie Chouannique“. Die „Topographie“ enthielt die genauesten Angaben über alle Orte, die von politischen Verschwörern und Verbrechern zu Schlupfwinkeln benutzt werden konnten und benutzt wurden. Die „Biographie“ bestand in einem Album politischer Verbrecher.

Ganz besonders verstand es Fouché, Menschen aller Klassen und Berufe zu Mitarbeitern der Geheimpolizei heranzuziehen. Seine Geheimpolizisten waren nicht, wie es heute der Fall ist, auf den ersten Blick als solche zu erkennen. Vielleicht war ein auf den Stufen des Eingangs zum Theater kauernder Krüppel, dem jedermann ein Almosen gab, im Dienste der Polizei Fouchés. In vornehmen Familien wurden die Dienstboten bestochen, ja selbst die diplomatischen Kuriere verrieten ihm gegen Goldeslohn ihre Geheimnisse, denn wie kein anderer verstand es Fouché, die Großmacht Geld in den Dienst seiner Polizei zu stellen.

Mehr und mehr wuchs mit der sorgfältigen Überwachung die Sicherheit im Staate. Die Aufstände nahmen ab, da sie meist gleich von vornherein im Keime erstickt wurden. Es kam dem Polizeiminister auch gar nicht darauf an, zur Not in einer rebellischen Provinz eine größere Truppe aufzubieten und ein wahres

Kesseltreiben auf politische Verbrecher zu veranstalten. Und so gebührt zweifellos dem geschickten Polizeiminister ein großer Teil des dem Ersten Konsul allein zugeschriebenen Verdienstes der Pazifikation Frankreichs.

Ferner hatte es Fouché verstanden, einen bedeutenden Nachrichtendienst einzurichten, der es ihm ermöglichte, über alles, was im In- und Auslande vorging, als erster unterrichtet zu sein. Daher blieb er stets der Unentbehrliche. Aber das machte ihn auch zu dem gefürchtetsten Mann im Staate. Es ist also durchaus falsch, anzunehmen, Napoleon oder gar Ludwig XVIII. hätten ihn aus reiner Vorliebe für seine Person zum Minister gewählt. Sie fürchteten ihn noch mehr außerhalb seines Ministeriums als im Amte selbst.

In diesem Ministerportefeuille ruht das große Geheimnis der Fouchéschen Politik. Er kannte nur *ein* Streben, nur *einen* Ehrgeiz: Macht und Größe zu erlangen! Und mit diesem krankhaften Ehrgeiz Fouchés lässt sich nur der unersättliche Machthunger Napoleons selbst vergleichen. Fouché beurteilte Parteien, Dinge und Menschen einzig und allein danach, ob sie ihm in seinem Streben förderlich oder hinderlich waren. Eine wahre politische Überzeugung besaß er nicht. Wenn man das weiß, erscheint der Charakter dieses Mannes weniger kompliziert, als man zuerst annahm. Wie er den grausamen Hinrichtungen in Lyon im Grunde seines Herzens teilnahmslos, ja vielleicht sogar missbilligend gegenüberstand, so war es ihm auch gleichgültig, ob die Revolution, das Kaiserreich oder die Bourbonen triumphierten, wenn nur er dabei eine Hauptrolle spielte. Seine lange Anhängerschaft an die Revolution erklärt sich nur dadurch, dass er sich persönlich durch die Revolution bloßgestellt wusste und von den Bourbonen keine Vorteile zu erwarten hatte. Aber es traf sich bisweilen, dass die Interessen Frankreichs mit den Interessen Fouchés Hand in Hand gingen, und zwar geschah dies öfter als z. B. bei

Napoleon. Man braucht nur ein Beispiel anzuführen: Fouché war stets ein Gegner des Kriegs gewesen und hatte sich dadurch sowohl beim französischen Volke als auch in Europa ebenso beliebt wie Napoleon durch seinen Schlachtendurst unbeliebt gemacht. Das hinderte jedoch Fouché durchaus nicht, gelegentlich auch einmal auf den Krieg hinzuarbeiten, wenn es seinen Zwecken dienlich war.

Erscheint so das Bild des Staatsmannes Fouché wesentlich anders als es die Überlieferung will, so ist die Überraschung noch größer, wenn wir den Privatmann Fouché betrachten. Ganz im Gegenteil zu seinem offiziellen intriganten Wesen war er im Privatleben ein außerordentlich angenehmer Mensch, ein Mustergatte und idealer Familienvater. Dieses neue Porträt macht aus ihm tatsächlich einen Mann mit zehn Gesichtern. Es erklärt ferner, warum die Aussagen über die so viel umstrittene Persönlichkeit Fouchés so sehr verschieden sind. Es kam eben immer darauf an, in welcher Lebenslage und welchem Milieu der jeweilige Memoirenschreiber ihn kennen lernte. Im persönlichen Verkehr konnte der Polizeiminister äußerst liebenswürdig sein. Dann erschien er durchaus gutmütig, einfach und aufrichtig. Er kannte als Privatmann keinerlei Leidenschaften, weder für Frauen, Wein, Spiel und Jagd, noch für Bücher oder Sammlungen. In seinem Äußern war er einfach und anspruchslos, oft bis zur Nachlässigkeit. An seiner ersten Frau hing er mit zärtlicher, aufopfernder Liebe, und man behauptete, dass auch seine zweite Ehe sehr glücklich gewesen sei. Sein größtes Lebensglück aber bildeten seine Kinder, die er geradezu abgöttisch liebte. Auch für Freundschaft war Fouché sehr empfänglich. Die zahlreichen freundschaftlichen Beziehungen, die er zu allen Kreisen der Bevölkerung und zu Leuten aller Parteien unterhielt, haben ihm in seiner politischen Laufbahn außerordentlich viel genützt. Fouché war nicht rachsüchtig, wenn ihn ein Freund im Stich ließ, aber es kam ihm ebenfalls nicht darauf an, seine Freunde zu opfern, wenn es seine Politik erforderte. Er stand scheinbar über den Dingen.

So wenig er auf äußeren Glanz und persönliche Genüsse Wert legte, so vergaß er doch nicht seine hohe Stellung zu benützen, um sich ein Machtmittel zu verschaffen, das in der Welt ebenso wichtig ist als Ämter und Würden: das Geld! Der eifrige Kommunist, der während der Revolution den großzügigsten Versuch machte, alles zu sozialisieren und zu enteignen, wurde unter Napoleon einer der reichsten Männer Frankreichs. Er hinterließ seinen Erben ein Vermögen von 15 Millionen, also weit mehr als selbst die Reichsten der von ihm verfolgten Grundbesitzer des Ancien Régime besessen hatten.

Auf welche Weise ist jedoch Fouché zu diesem großen Vermögen gekommen? Man kann nicht behaupten, dass er es durch Unterschlagungen erworben hat. Der größte Teil stammt wahrscheinlich aus seiner Tätigkeit als Armeelieferant und aus den Erträgen der Spielfonds[15]. Außerdem vermehrte der Minister sein Vermögen durch geschickte Börsenspekulationen, ferner durch sein bedeutendes Einkommen und die Dotationen, die er vom Kaiser erhielt.

Selbst dem geschicktesten Historiker wird es mit aller Kraft der Überzeugung nie gelingen, Fouchés Verhalten während seiner Laufbahn zu rechtfertigen. Immerhin muss zugestanden werden, dass der Polizeiminister seine Verbrechen unter der Revolution durch viele gute Handlungen in späteren Jahren sühnte. Man mag es dahingestellt sein lassen, ob Fouché in seiner Tätigkeit als Volksvertreter der Suggestion der Schreckensherrschaft unterlegen ist, – wie viele hochstehende Männer sind

---

15 Nach der Revolution herrschte in ganz Frankreich eine furchtbare Spielwut in allen Kreisen der Bevölkerung. Überall taten sich Spielklubs auf, die jedoch unter polizeilicher Aufsicht standen. Daraus erwuchsen der Polizei große Einnahmen, und der Polizeiminister erhielt des Öfteren bedeutende Summen von Leuten, die seine Gunst gewinnen wollten.

in unserer Zeit der Suggestion des Krieges erlegen! – oder ob er tatsächlich nur seinem eigenen Egoismus folgte. Jedenfalls steht es fest, dass Fouchés soziale und politische Tätigkeit für sein Land im Großen und Ganzen von Vorteil war, und das ist entscheidend für seine Beurteilung als Staatsmann. Aber auch sein Verhalten den Regierungen gegenüber, die er aufrichten und stürzen half, kann von verschiedenen Standpunkten aus beurteilt werden. Es zeigt sich immer mehr, dass Fouché in den Fällen, wo er Verrat übte, eigentlich mehr unaufhaltsamen Ereignissen zuvorkam, als den Lauf der Geschichte beeinflusste. Viele moderne Forscher rechnen es ihm heute als Verdienst an, dass er durch seine „Verrätereien" Frankreich schwere kriegerische Umwälzungen ersparte. Ohne Fouché rechtfertigen zu wollen, darf man ruhig die Frage aufwerfen, ob die politische Treue von einer Regierung gefordert werden kann, die selbst die dem Volke gemachten Versprechungen nicht hielt, wie das sowohl bei der republikanischen, der napoleonischen als auch der bourbonischen Regierung der Fall war. Aus all diesen Erwägungen ergibt sich, wie ungemein schwer es ist, über Fouché ein abschließendes Urteil zu fällen. Es ist daher zu erwarten, dass sich die Geschichte und die Wissenschaft immer mehr mit diesem außerordentlichen Manne und seiner Zeit beschäftigen wird, und es wäre zu wünschen, wenn die Erfahrungen der damaligen Epoche in unserer so schwierigen Zeit verwertet werden könnten. Das würde uns manche nutzlose Umwälzung und manche kostspieligen Experimente ersparen.

Die Memoiren des ehemaligen Polizeiministers Napoleons waren lange Zeit der Gegenstand einer seltsamen Mystifikation und galten für zweifelhaft. Erst die neuere Forschung hat etwas Licht in dieses Dunkel gebracht.

Der mächtige Minister war bereits im September 1815 durch die ultraroyalistische Partei gestürzt worden. Ein Befehl Ludwigs XVIII. rief ihn an den Hof nach Dresden, wo Fouché den französischen König als Gesandter vertreten sollte. Er ahnte jedoch, dass sein endgültiger Sturz nicht mehr fern war und traf alle Vorsichtsmaßregeln, um diesen Schlag zu parieren. Er sollte sich auch diesmal nicht geirrt haben. Auf die Ungnade folgte die endgültige Verbannung, und das bald darauf erscheinende „Amnestiegesetz", das die „Königsmörder" traf, verbot Fouché für immer die Rückkehr nach Frankreich.

Jeder, der den Charakter des Polizeiministers nur einigermaßen kennt, kann sich denken, dass er auch jetzt noch nicht an seinem guten Stern verzweifelte. Er glaubte wirklich an eine Rückkehr auf seinen Ministerposten. Bereits in Dresden begann er einen Feldzug zu seiner Verteidigung. Und als er nach Prag und einige Jahre später nach Triest übersiedelte, nahm er von weitem regen Anteil an der Politik. Während dieser Zeit seiner Verbannung veröffentlichte er eine ganze Reihe anonymer oder pseudonymer Flugschriften, die er durch seine Agenten verbreiten ließ. Darin versuchte er seine politische Haltung zu rechtfertigen und sich so die Wege für die Zukunft zu ebnen. Ferner kündete er der Welt in hochtönenden Worten das Erscheinen seiner Memoiren an. Dadurch erreichte er, was er wollte: man fürchtete seine Enthüllungen und vor allen Dingen, man sprach von ihm! Auf diese Weise verhinderte er zunächst, dass er vergessen wurde, was das Allerschlimmste ist, das einem Staatsmann passieren kann. Es verbreitete sich das Gerücht, dass der verbannte Minister von morgens bis abends damit beschäftigt sei, seine Erinnerungen zu schreiben. Das Werk sollte sehr bald erscheinen; man nannte sogar den Namen des Verlegers: Brockhaus in Leipzig.

Aber die Memoiren erschienen nicht. Es lag nur zu klar auf der Hand, dass Fouché ein schlaues Spiel trieb. Erschienen seine Erinnerungen wahrheitsgetreu, so schaffte er sich damit von neuem tödliche Feinde, und an eine Rückkehr nach Frankreich war nie mehr zu denken. Viele, die den Minister genau kannten, sprachen von Anfang an von einer listigen Mystifikation, und sie sollten Recht behalten. Am 26. Dezember 1820 starb Fouché in Triest, ohne Memoiren veröffentlicht und ohne ein Manuskript seinen Erben übergeben zu haben.

Das Erstaunen der Welt war daher nicht gering, als der Verleger Le Rouge in Paris im September 1824 den ersten Band der „Memoires de Joseph Fouché, Duc d'Otrante" veröffentlichte. Man riss sich die ersten Exemplare förmlich aus der Hand, und die Lektüre des so interessanten und viele Enthüllungen enthaltenden Werkes ließ kaum den Gedanken aufkommen, dass es sich um eine Fälschung handeln könne. Die Zeitung „Oriflamme" schrieb, dass sie trotz ihres Misstrauens gegen die in letzter Zeit über die napoleonische Epoche veröffentlichten Memoiren dieses Werk unbedingt für echt hielt. Andere Zeitschriften von Rang, wie die berühmte „Edinburgh Review", sprachen sich ebenfalls für die unbedingte Echtheit der Memoiren Fouchés aus. „Man könnte", sagte diese Zeitschrift im April 1825, „bei der Lektüre denken, eine französische Übersetzung des Tacitus vor sich zu haben, würde man nicht durch die modernen Namen beständig daran erinnert, dass es die Geschichte einer zeitgenössischen Regierung ist. Auch am Hofe Napoleons begegnen wir all den Intrigen, geheimen Beschuldigungen, dem Misstrauen, der Angst und, in gewissem Grade, auch den Grausamkeiten und Ausschweifungen des Hofes des Tiberius. Selbst die Siege, die den glorreichsten Teil der Regierung Napoleons bilden, sind in den Aufzeichnungen des Exministers ihres Zaubers beraubt, denn wir sehen daraus, dass das Gold mehr Niederlagen seiner Feinde bewirkte als alle Talente und Fähigkeiten des Generals oder die Tapferkeit der Soldaten. Die österreichischen Armeen waren nicht weniger bestechlich wie die spanischen Heerführer ..."

Man stelle sich daher das Aufsehen vor, als die Erben Fouchés erklärten, die Memoiren seien eine ganz gewöhnliche Fälschung, und das Erstaunen wuchs, als sie gegen den Verleger Le Rouge einen Prozess auf 50 000 Francs Schadenersatz anstrengten. Am 18. Oktober 1824 begannen die Verhandlungen, die damit endeten, dass die Memoiren des Polizeiministers Fouché für gefälscht erklärt und der Verleger dazu verurteilt wurde, sämtliche Exemplare und die Druckformen zur Vernichtung abzuliefern. Als Le Rouge Berufung einlegte, bestätigte das neue Gericht das ursprüngliche Urteil, und da der Verleger in dieser Gerichtssitzung zugegeben hatte, dass der Schriftsteller Alphonse de Beauchamp der Bearbeiter der Memoiren sei, schloss sich die öffentliche Meinung dem Urteil des Gerichtshofes an. Die Memoiren galten für gefälscht.

Aber trotz des richterlichen Spruches aus jener Zeit hat sich die moderne Forschung nicht abhalten lassen, der Wahrheit auf den Grund zu gehen, und man kann jetzt mit Sicherheit annehmen, dass die Memoiren des Polizeiministers Anspruch auf Echtheit machen können. Den Beweis dafür verdanken wir hauptsächlich dem französischen Forscher Louis Madelin, dessen umfassende Biographie Fouchés zu den besten Werken moderner Geschichtsforschung gehört.[16] Ein genauer Vergleich der Memoiren mit anderen bedeutenden zeitgenössischen Aufzeichnungen ergibt nämlich, dass der größte Teil des Fouchéschen Werkes bis ins kleinste Detail mit so außerordentlicher Genauigkeit ausgearbeitet ist, wie es nur ein Mann vermochte, der mitten in den Ereignissen selbst stand und die Fäden der Macht und Intrige, die er schildert, in Händen hatte. Bereits die Kritiker von 1825 erkannten, dass nur einer, der selbst an den

---

16 Louis Madelin: Fouché 1759–1820. 8°. (Thése de Paris.) Paris 1900. Plon, Nourrit et Cie. Vgl. auch: La Révolution française, Revue d'histoire moderne et contemporaine. Janvier–juin 1898: Louis Madelin, Le portefeuille de Fouché; sowie dieselbe Zeitschrift, juillet–décembre 1900: Louis Madelin, Les Mémoires de Fouché. Die übrigen Quellen findet man in F. M. Kircheisen, Bibliographie des Napoleonischen Zeitalters. Berlin 1908 ff., Ernst Siegfried Mittler und Sohn.

großen Umwälzungen beteiligt gewesen war, diese Memoiren schreiben konnte. Das aber traf weder hinsichtlich Alphonse de Beauchamps noch Jullians, eines Agenten Fouchés, zu, dem man ebenfalls die Autorschaft an dem Werke zuschrieb. Beide spielten während der Revolution und des Kaiserreichs nur eine sehr unbedeutende Rolle. Gegen diese Annahme spricht ferner die Tatsache, dass in den Memoiren Fouchés besonders jene Zeitabschnitte ausführlich bearbeitet sind, die den mutmaßlichen Verfassern am wenigsten bekannt sein mussten, da sie an den Ereignissen, die diese Kapitel betreffen, unbeteiligt waren.

Aus dem allen geht zum mindesten mit Sicherheit hervor, dass es sich um ein Werk handelt, das auf Grund echter Dokumente geschrieben wurde. Verschiedene Gründe lassen außerdem noch die Vermutung zu, dass diese Dokumente so zahlreich waren, dass man schon mehr von einer Art Selbstbiographie Fouchés sprechen kann. Als die Memoiren im Jahre 1824 erschienen, glaubte man an die Echtheit besonders aus dem Grunde, weil das Werk Einzelheiten aus dem Leben des Ministers, überhaupt aus der ganzen Zeit brachte, die bis dahin unbekannt waren. Und diese Mitteilungen wurden durch später erscheinende Dokumente und Memoiren der Epoche bestätigt. Aber es sprechen noch viele andere Merkmale für die Echtheit des Werkes: zunächst der Stil! Gleich der erste Satz der Aufzeichnungen trägt vollkommen das Gepräge Fouchéscher Eigenart in der Schreibweise. Ferner die verschiedene Behandlung der vorkommenden Personen! Die, welche dem Minister angenehm waren, sind mit allen möglichen guten Eigenschaften ausgestattet, ihm weniger angenehme mit Schmähungen überhäuft oder mit Verachtung behandelt. Ein Vergleich mit den Briefen und Polizeiberichten Fouchés ergibt eine überraschende Übereinstimmung mit seinen Memoiren.

Manche Kritiker, die die Echtheit der Memoiren anzweifelten, haben als Begründung ihrer Auffassung den Zynismus angeführt, mit dem Fouché seine verräterischen Handlungen eingesteht. Aber gerade dieser Zynismus war eine Grundeigenschaft des Charakters Fouchés. Madelin nennt den Polizeiminister mit Recht einen „fanfaron de trahisons“[17].

Es bleibt nun noch die Frage zu erwägen, wann Fouché seine Memoiren geschrieben hat und wie sie in die Hände der Herausgeber kamen. Zunächst ist es offensichtlich, dass ein solches Werk, das eine der schwierigsten und ereignisreichsten Epochen der Weltgeschichte behandelt, nicht aus dem Gedächtnis niedergeschrieben werden konnte. Fouché muss also Dokumente zur Verfügung gehabt haben. Es ist übrigens allgemein bekannt, dass der Polizeiminister alle wichtigen Papiere seines Ministeriums, die ihm einmal von Nutzen sein konnten, gesammelt und aufbewahrt hat. War doch eben dieses Zurückhalten der Papiere die Ursache zu dem heftigen Streit zwischen Fouché und Napoleon, der im Jahre 1810 bei dem Minister eine Haussuchung vornehmen ließ, um seine an ihn gerichteten Briefe beschlagnahmen zu lassen. Allerdings ließ Fouché in gefährlichen Momenten, z. B. jedes Mal, wenn er in Ungnade fiel, eine große Anzahl kompromittierender Papiere vernichten, vor allem im Jahr 1815, als er seinen endgültigen Sturz voraussah, aber er übergab auch verschiedene Pakete mit geheimen Dokumenten einigen vertrauten Freunden, u. a. dem bekannten Gaillard, dessen Papiere dank der Nachforschungen Madelins veröffentlicht werden konnten[18]. Ferner wissen wir,

---

17 [Jemand, der mit dem Verrat prahlt. Madelin schreibt: „Fouché etait un fanfaron de trahison qui, preferant certainement l'épithète de traître à celle de maladroit, cherchait volontiers à dissimuler ses échecs sous l'apparence de profonds et, s'il le fallait, d'assez déshonorants calculs.“ (Bd. 2, S. 277) *P.S.*]

18 Gaillard war der Privatsekretär Fouchés. Man hat ihm eine Zeitlang die Memoiren Fouchés ohne jede Berechtigung zugeschrieben. Die von Fouché übergebenen Dokumente veröffentlichte Lumbroso unter dem Titel: „Le duc d'Otrante et son portefeuille inédit. Rom 1905.

dass der sterbende Fouché noch einen riesigen Stoß von Dokumenten in seinem Zimmer verbrennen ließ.

Es steht also fest, dass er zur Abfassung seiner Memoiren genügend Unterlagen hatte. Wir wissen auch, dass die zahlreichen biographischen Notizen, die er im Exil veröffentlichte, auf Grund dieser Quellen geschrieben worden sind. Die neueste Ansicht lautet nun dahin, dass Fouché wahrscheinlich ein unvollständiges und lückenhaftes Memoirenwerk, eine Art Entwurf hinterlassen hat, das von dem Herausgeber Alphonse de Beauchamp überarbeitet wurde. Die Tatsache, dass sich in den Memoiren einige Stellen finden, die fast wörtlich aus anderen Memoirenwerken der Zeit genommen sind, deutet darauf hin, dass hier de Beauchamp die Lücken ausgefüllt hat, die sich im Manuskript Fouchés befanden[19]. Wir können daher nur mit der Ansicht Madelins, die übrigens von hervorragenden Napoleonforschern wie Henry Houssaye, F. M. Kircheisen u. a. geteilt wird, übereinstimmen, dass „sich hinter dem Bearbeiter der Memoiren ein Mann befand, der so mit dem Geheimnis der Ereignisse, und zwar mit den unbekanntesten, vertraut war, der das Leben Fouchés so genau kannte, dass dieser Zeuge nur Fouché selbst sein konnte". Diese Überzeugung hat ihren Ausdruck darin gefunden, dass die Memoiren des Polizeiministers von neuem für die ernste Geschichtsforschung herangezogen wurden. Es mag daher schon aus diesem Grunde angebracht sein, dem deutschen Lesepublikum eine deutsche Ausgabe der höchst fesselnden Denkwürdigkeiten einer so interessanten Persönlichkeit wie Fouché zu bieten, umso mehr, als die verblüffende Analogie der ehemaligen und gegenwärtigen Weltereignisse dem Werke doppeltes Interesse und erhöhten Reiz

---

19 Besonders im Anfang des 2. Bandes der Originalausgabe. Übrigens haben fast alle Memoirenschreiber Teile ihrer Memoiren anderen Werken entnommen, so dass die Memoiren Fouchés in dieser Beziehung keine Ausnahme bilden.

verleihen. Gleichzeitig werden die Memoiren dem denkenden Menschen, der mit Aufmerksamkeit die politischen und sozialen Umwälzungen beobachtet, viel Neues bieten und stets neue Anregung zum Studium der geheimnisvollsten und kompliziertesten Persönlichkeit geben, die im letzten Jahrhundert auf der politischen Bühne auftrat.

Ich habe es für nötig befunden, einige Stellen der Memoiren, die heute von geringerer Bedeutung sind, gekürzt wiederzugeben. Diese Bearbeitung wird der deutschen Ausgabe nur von Nutzen sein, denn Fouché hat sich öfters in weitschweifigen Schilderungen verloren, die dem modernen Leser die Lektüre nur erschweren. Hingegen habe ich zur Erklärung manches Unverständlichen oder Unklaren dem Werke zahlreiche Anmerkungen beigefügt, die die Memoiren des Ministers ergänzen.

Paul Aretz

1. Kapitel

Vom Ausbruch der Revolution bis zum Ende der Schreckensherrschaft

Der Mann, der in der Zeit der Wirren und Umwälzungen alle Ehren, seine Stellung und schließlich sein ungeheures Vermögen einzig und allein seiner Klugheit und seinen Fähigkeiten verdankte, der Volksvertreter und nach Rückkehr der Ordnung Gesandter, dreimal Minister, Senator, Herzog und einer der hervorragendsten Organisatoren des Staates war, dieser Mann würde sich erniedrigen, wollte er sich zu einer Verteidigungsschrift oder zu spitzfindigen Widerlegungen herablassen, um verleumderische Schriften zurückzuweisen. Er bedarf anderer Waffen! Ich selbst bin dieser Mann! Die Revolution hat mich groß gemacht, und nur durch eine Gegenrevolution wurde ich von meiner Höhe herabgestürzt. Ich sah sie voraus und hätte sie abwenden können, aber im Augenblick der Krise stand ich machtlos da. Mein Sturz setzte mich wehrlos den Anklagen der Gegner und den Beleidigungen Undankbarer aus. Und gerade ich hatte lange Zeit über eine geheime und furchtbare Macht verfügt, aber mich ihrer stets nur bedient, um die Leidenschaften zu dämpfen, Parteien zu sprengen und Verschwörungen zu verhindern. Unablässig hatte ich mich bemüht, die Gewalt abzuschwächen, zu mildern und die entgegengesetzten Elemente und Interessen, die Frankreich entzweiten, zu versöhnen oder zu verschmelzen.

Niemand wird es zu leugnen wagen, dass ich mich so verhalten habe, so lange ich irgendwelchen Einfluss in der Verwaltung oder in den Räten hatte. Was kann ich in der Verbannung meinen wütenden Gegnern, jenem rasenden Haufen entgegensetzen, der mich am liebsten in Stücke reißen möchte, nachdem er mir bettelnd zu Füßen gelegen hat? Soll ich ihnen mit kalten Worten, akademischen und gedrechselten Phrasen antworten?

Nein, gewiss nicht! Ich werde sie dadurch beschämen, dass ich ihnen Tatsachen und Beweise in Form eines wahrheitsgetreuen Berichts meiner Tätigkeit und meiner Gedanken, sowohl als Minister als auch als Staatsmann, entgegenhalte. Durch die getreue Wiedergabe der politischen Ereignisse, der seltsamen Vorfälle, die sich abspielten, als ich während der heftigsten Stürme das Ruder in Händen hielt, will ich sie überführen. Das soll meine Aufgabe sein.

Ich glaube nicht, dass mir die Wahrheit in irgendeiner Beziehung schaden kann. Und wäre es der Fall, so würde ich sie dennoch sagen. Der Augenblick ist gekommen, wo sie gesagt werden muss. Nichts will ich verhehlen, koste es, was es wolle! Während die irdische Hülle meines Leibes im Grabe ruht, soll mein Name dem Urteil der Geschichte überliefert werden. Indes ist es nur recht und billig, dass ich mit der vorliegenden Schrift in der Hand vor diesen Gerichtshof hintrete.

Vor allem aber mache man mich nicht für die Revolution verantwortlich, weder für ihre Verirrungen, noch für ihre Diktatur. Ich war nichts, ich besaß nicht den geringsten Einfluss, als die ersten Stöße, die in Frankreich die Umwälzung herbeiführten, den Boden Europas erbeben ließen. Was ist übrigens die Revolution? Es steht fest, dass die Monarchie bereits vor dem Jahre 1789 durch die Prophezeiung von einer Zerstörung der Reiche beunruhigt wurde. Die Staaten sind durchaus nicht von dem allgemeinen Gesetz befreit, das alles auf Erden der Veränderung und der Auflösung unterwirft. Gab es je Staaten, deren historische Dauer länger als eine gewisse Anzahl von Jahrhunderten währte? Bemisst man das Alter der Reiche auf zwölf- bis fünfzehnhundert Jahre, so ist damit sicher die äußerste Grenze ihres Bestehens erreicht. Daraus kann man den Schluss ziehen, dass eine Monarchie, die innerhalb eines Zeitraums von dreizehn Jahrhunderten nicht ein einziges Mal tödlich getroffen wurde, nicht weit von einer Katastrophe sein musste.

Wer verursachte nun die Revolution, und in welchen Kreisen haben wir sie zuerst auftauchen sehen? In den Salons der Großen oder in den Kabinetten der Minister? Sie wurde von den Parlamenten und der Umgebung des Königs gewünscht und herbeigeführt, von jungen Obersten und Damen des Hofes, und schließlich auch von pensionierten Schriftstellern, die in den Herzoginnen ihre Beschützerinnen und Verteidigerinnen fanden. Ich war Zeuge, wie das Volk sich der Verderbtheit der hohen Klassen, der Ausschweifungen der Geistlichkeit, der unsinnigen Verirrungen der Minister, kurz, der ganzen empörenden Auflösung des neuen Babylons schämte.

Waren sie es nicht, die man als die Elite Frankreichs betrachtete, welche vierzig Jahre lang den Kultus Voltaires und Rousseaus betrieben? Entstand nicht gerade in den oberen Klassen jene Sucht nach demokratischer Unabhängigkeit, die von den Vereinigten Staaten nach Frankreich verpflanzt worden war? Man erträumte die Republik, während in der Monarchie die Korruption auf dem Gipfel angelangt war. Selbst das Beispiel eines sittenstrengen Monarchen vermochte den Strom nicht aufzuhalten.

Wer aber brachte das Pulverfass zur Explosion? Gehörten etwa der Erzbischof von Sens, der Genfer Necker, Mirabeau, Lafayette, Orléans, Adrien Duport, Choderlos de Laclos, die Staël, Larochefoucauld, Beauveau, Montmorency, Noailles, Lameth, La Tour-du-Pin, Lefranc de Pompignan und alle, die im Jahre 1789 über die königliche Gewalt den Sieg davontrugen, dem dritten Stande an? Besenval[20] war eine Kreatur der Königin. Im entscheidenden Augenblick zog er sich, trotz des ausdrücklichen Befehls des Königs, zurück, anstatt gegen die Aufstän-

20 Pierre de Besenval, Generalleutnant und Generalinspektor der Schweizer Garden. Er hat interessante Memoiren über den Hof Ludwig XVI. hinterlassen.

dischen vorzugehen. Der Marschall von Broglie[21] wurde sogar von seinem Generalstab in seinen Entschlüssen vollkommen gelähmt. Diese Tatsachen können nicht bestritten werden.

Jedermann weiß, durch welchen Einfluss die Menge aufgewiegelt wurde. Nur infolge des Abfalls der Armee und des Hofes war es möglich, die Volksherrschaft zu verkünden. Ist es daher ein Wunder, dass sich die Aufständischen und Rädelsführer der Revolution bemächtigten? Die Begeisterung für das Neue und die Gereiztheit der Gemüter taten das übrige.

Ein Fürst hatte alles in Flammen gesetzt. Er hatte den Brand durch einen Wechsel in der Dynastie löschen können: seine Feigheit war schuld, dass die Revolution kein Ziel mehr hatte. In diesem gewaltigen Aufruhr glaubten einige Edelgesinnte, einige kühne und kluge Männer mit voller Überzeugung, dass man zu einer sozialen Wiedergeburt gelangen könne. Und sie gingen sofort ans Werk, denn sie schenkten den Erklärungen und Beteuerungen Glauben.

Um jene Zeit wurden wir, die wir unbekannte Männer des dritten Standes und der Provinz waren, durch den Freiheitstraum und die berauschende Idee der Neugeburt des Staates verführt und mit fortgerissen. Zwar folgten wir einer Wahnidee, als wir das Wohl des ganzen Volkes zu erlangen suchten, aber damals wurden wir weder von irgendeinem Hintergedanken, noch von Ehrgeiz oder schmutziger Habgier getrieben. Bald jedoch entfachte der Widerstand die Leidenschaften, und der Parteigeist schürte den wildesten Hass. Alles wurde auf die Spitze getrieben, und die Masse war überall die handelnde Partei. Mit derselben Berechtigung wie Ludwig XIV. gesagt hatte: „Der Staat bin ich!" so sagte auch jetzt das Volk: „Der Herrscher bin ich! Das Volk ist der Staat!"

---

21 Einer der tüchtigsten Feldherren Frankreichs. Er wurde zu Beginn der Revolution zum Kriegsminister ernannt und befehligte die zum Schutz des Königs zusammengezogenen Truppen.

An dieser Stelle möchte ich eine Tatsache erwähnen, die zum Verständnis des Folgenden dient, denn jene Ereignisse grenzen ans Wunderbare. Da die andersdenkenden Royalisten, die Gegenrevolutionäre, nicht genügend Kräfte zur Verfügung hatten, um den Bürgerkrieg zu führen, so nahmen sie ihre Zuflucht zur Auswanderung, dem Hilfsmittel der Schwachen. Sie, die im Lande selbst keine Unterstützung fanden, suchten sie nun außerhalb. Daraufhin wollte das Volk, nach dem Beispiel anderer Nationen in ähnlichen Fällen, die Besitztümer der Emigranten mit Beschlag belegen, weil diese gegen Frankreich die Waffen ergriffen und Europa zum Kriege aufzurufen gedachten. Wie aber war es möglich, an dem Eigentumsrecht, der Grundlage der Monarchie zu rütteln, ohne das eigene Fundament zu untergraben? Und von der Beschlagnahme gelangte man zur Plünderung. Von diesem Augenblick an aber brach alles zusammen, denn der Wechsel des Besitzes ist gleichbedeutend mit dem Umsturz der bestehenden Ordnung.

Die Revolution war heftig in ihrem Verlauf, ja sogar grausam. All das ist ja bekannt. Übrigens ist sie auch nicht der Gegenstand meiner Schrift. Ich will von mir sprechen, oder vielmehr von den Ereignissen, an denen ich als Minister teilgenommen habe. Dazu ist es nicht zu umgehen, die Zeit zu beleuchten. Der Leser soll indes nicht denken, dass ich in langweiliger Weise mein Privatleben, die Erlebnisse eines unbekannten Bürgers, schildern werde. Was haben überdies die ersten Schritte in meiner Laufbahn für die Öffentlichkeit zu bedeuten?

Es ist von geringer Wichtigkeit, dass ich der Sohn eines Kaperkapitäns[22] war, und dass man mich anfangs für den Beruf

22 [Bis Mitte des 19. Jahrhunderts war es üblich, dass Staaten zur Unterstützung ihrer Seestreitkräfte in Kriegszeiten private Seefahrer beauftragten, unter ihrer Flagge feindliche Schiffe, insbesondere Handelsschiffe zu kapern, also anzugreifen und zu plündern. Diese Kaperei bzw. Freibeuterei ist zu unterscheiden von Piraterie, da Piraten ohne staatlichen Auf-

eines Seemanns bestimmte. Meine Familie war sehr geachtet. Ebenso wenig wissenswert ist es, dass ich bei den Oratorianern[23] erzogen wurde und selbst Oratorianer war; ferner, dass ich mich dem Lehramt gewidmet und bei Ausbruch der Revolution die Stelle eines Vorstehers des Gymnasiums in Nantes innehatte. Zum mindesten aber geht daraus hervor, dass ich weder ein Ignorant noch ein Dummkopf war. Übrigens ist die Behauptung grundfalsch, ich sei je Priester gewesen oder habe irgendeinem Orden angehört. Ich bemerke das an dieser Stelle nur, um zu zeigen, dass es mir wohl erlaubt war, Freigeist und Philosoph zu sein, ohne meinen ursprünglichen Beruf zu verleugnen[24]. Jedenfalls steht es fest, dass ich das Oratorium verließ, bevor ich eine Stellung in der Öffentlichkeit einnahm. Ferner verheiratete ich mich in Nantes gesetzlich mit der Absicht, den Beruf eines Advokaten auszuüben, der mehr meinen Neigungen und dem Bedürfnis der Gesellschaft entsprach. In moralischer Beziehung war ich damals ein Kind meines Jahrhunderts, mit dem vorteilhaften Unterschied, dass ich dazu nicht aus Nachäffung und Vorurteil, sondern aus Charakter und infolge reifen Nachdenkens gekommen bin. Warum sollte ich mich bei derartigen Grundsätzen nicht geehrt fühlen, dass mich meine Mitbürger zu ihrem Vertreter im Konvent ernannten? Ich hatte ja diese Berufung nicht infolge von Intrigen erlangt.

---

trag auf eigene Faust handeln. Erst mit der Pariser Seerechtsdeklaration von 1856 wurde Kaperei allmählich international geächtet. *P.S.*]

23 [Katholische Priestervereinigung, die fast als einzige Institution Schulen für höhere Bildung anbot und durch etwas weniger dogmatische Grundsätze in Konkurrenz stand zu den papsttreuen Jesuiten, die 1764 ausgewiesen wurden. Mehr als zwanzig Jahre verbrachte Fouché in den Reihen der Oratorianer. Im Alter von neun Jahren begann er 1768 die höhere Schulbildung und unterrichte danach an verschiedenen Kollegs des Ordens Mathematik und Physik bis dieser sich 1792 in den Wirren der Revolution auflöste. *P.S.*]

24 Man hat Fouché lange ohne Grund vorgeworfen, er sei eidbrüchiger Priester gewesen.

Aber in diesem Engpass lauern die Abtrünnigen aus meinen Vorzimmern auf mich. Es gibt keine Übertreibungen, Frevel oder Verbrechen in der Geschichte, die mir meine Feinde nicht zur Last gelegt hätten!

Sie haben meine Worte zu Handlungen gestempelt und meine, durch die Umstände bedingten Reden für Grundsätze erklärt. Sie zogen weder die Zeit, noch den Ort, noch die jeweilige katastrophale Lage in Betracht. Sie vergaßen absichtlich, dass zwanzig Millionen Franzosen in einem allgemeinen Wahn, im Fieber republikanischer Ideen lebten.

Zunächst betätigte ich mich im Stillen im Komitee für den öffentlichen Unterricht, wo ich mit Condorcet[25] und durch diesen mit Vergniaud[26] Beziehungen anknüpfte. An dieser Stelle muss ich einen Umstand berichten, der sich auf eine der ernstesten Krisen meines Lebens bezieht. Infolge eines eigenartigen Zufalls hatte ich in der Zeit, als ich in Arras als Professor der Philosophie tätig war, die Bekanntschaft Maximilian Robespierres gemacht. Bei seiner Ernennung zum Abgeordneten in die Nationalversammlung hatte ich ihm sogar Geld geliehen, damit er sich in Paris niederlassen konnte. Als wir uns im Konvent wieder fanden, sahen wir uns zunächst ziemlich oft, aber die Verschiedenheit unserer Ansichten, und vielleicht noch mehr unserer Charaktere brachte uns schließlich auseinander[27].

---

25 Marie Jean Antoine Nicolas Caritat, Marquis von Condorcet einer der vorzüglichsten Mathematiker und edelsten Philosophen. Er musste nach dem Sturz der Gironde fliehen, wurde indes verhaftet und gab sich im Gefängnis selbst den Tod.

26 Pierre Victurnien Vergniaud, der Führer der gemäßigten Partei der Gironde. Er unterlag im Kampf gegen die Bergpartei des Konvents und starb auf dem Schafott.

27 Fouché hatte vor seiner Heirat der Schwester Robespierres, Charlotte, die Ehe versprochen, aber sein Versprechen nicht gehalten, und Robespierre verzieh ihm das nie.

Eines Tages – es war am Schluss eines Diners, das bei mir stattgefunden hatte – begann Robespierre sich mit großer Heftigkeit über die Girondisten auszusprechen. Dabei fuhr er Vergniaud, der ebenfalls anwesend war, hart an. Ich schätzte Vergniaud, der ein großer Redner und ein sehr einfacher Mensch war. Daher ging ich auf Robespierre zu und sagte zu ihm: „Mit einer derartigen Heftigkeit werden Sie wohl die Leidenschaften, aber niemals Achtung und Vertrauen gewinnen!" Robespierre zog sich darauf ärgerlich zurück. Man wird später sehen, wie weit dieser jähzornige Mensch in seiner Feindschaft gegen mich ging.

Ich billigte indes die Politik der Girondepartei keineswegs, als deren Führer Vergniaud galt. Mir schien es, als ob diese Politik dazu neigte, Frankreich dadurch uneinig zu machen, dass sie ganze Teile und Provinzen des Landes gegen Paris aufstachelte. Aber gerade darin sah ich eine große Gefahr, denn meiner Meinung nach konnte der Staat sein Heil nur in der politischen Einheit und Unteilbarkeit finden. Dieser Umstand veranlasste mich, in eine Partei (nämlich die der Jakobiner) einzutreten, deren Ausschreitungen ich im Grunde meines Herzens verabscheute, und deren Gewalttaten mit den Fortschritten der Revolution zunahmen. Welche Scheußlichkeiten wurden da gegen Moral und Gerechtigkeit begangen! Aber schließlich segelten wir ja nicht auf ruhigem Meere! Im Gegenteil, wir befanden uns in voller Revolution und besaßen weder eine Führung noch eine Regierung. Eine einzige Versammlung beherrschte uns, die eine furchtbare Diktatur ausübte. Sie war aus der Umwälzung hervorgegangen und bot nacheinander das Schauspiel der Anarchie Athens und des türkischen Despotismus dar.

Es handelt sich also hier um einen rein politischen Vorgang zwischen der Revolution und ihren Gegnern. Kann man ihn etwa nach demselben Rechte beurteilen, der die Entscheidungen der Kriminal- oder Zuchtpolizeigerichte bestimmt? Trotz aller Streitigkeiten, Gewalttaten, trotz der rasenden Beschlüsse – oder vielleicht gerade *wegen* seiner Beschlüsse – gebührt dem Konvent das Verdienst, das Vaterland über seine Grenzen hinaus gerettet zu haben. Das ist eine unbestreitbare Tatsache, und in dieser Hinsicht verleugne ich durchaus nicht meine Mitarbeit an seinem Werke. Jedes seiner Mitglieder, das man vor dem Gerichtshof der Geschichte anklagt, kann sich die Verteidigung Scipios[28] zu eigen machen und mit diesem großen Manne ausrufen: „Ich habe die Republik gerettet; lasst uns aufs Kapitol gehen und den Göttern dafür danken!"

Eine Abstimmung jedoch ist nicht zu rechtfertigen[29]. Aber ich gestehe selbst und ohne Scham, jedoch auch ohne Schwäche ein, dass ich ihretwegen Reue empfinde. Ich rufe den wahrhaftigen Gott zum Zeugen an, dass ich im Grunde genommen weniger den Monarchen – denn er war gut und gerecht – hatte treffen wollen, als die Krone, die mit der neuen Ordnung unvereinbar war. Außerdem muss ich gestehen, – und meine Enthüllungen schließen ein Vertuschen der Tatsachen aus – dass ich damals, wie so viele andere, der Meinung war, wir könnten der Volksvertretung und der Masse des Pöbels nur dann genug Mut einflößen, wenn wir zur Überwindung der Krisis die äußersten Maßnahmen anwendeten, alle Schranken niederrissen und alle hervorragenden Persönlichkeiten der Revolution mit ins Spiel zogen.

---

28 [Publius Cornelius Scipio (235 v. Chr. – 183 v. Chr.), römischer Feldherr, der „Afrikaner", wie er seit seinem Sieg über Hannibal genannt wurde, lehnte es ab, Rechenschaft abzulegen für Geld, das er aus Sicht seiner politischen Gegner durch Bestechung und Unterschlagung erworben habe, und entzog sich der Diskussion, indem er mit diesem Ausspruch am Jahrestag seines Sieges über Hannibal das Volk hinter sich brachte. *P.S.*]

29 Nämlich die Abstimmung für den Tod Ludwigs XVI.

Da ich mich, der ich in dieser Angelegenheit Richter und Partei zugleich bin, selbst verurteilt habe, so sei es mir wenigstens erlaubt, zur Beurteilung meiner Tätigkeit als Konventsmitglied einige mildernde Umstände vorzubringen. Als ich in der Eigenschaft eines Volksvertreters in die Departements gesandt wurde, war ich gezwungen, die Sprache der Zeit anzunehmen[30] und den verhängnisvollen Umständen Tribut zu zahlen: kurz, ich musste das Gesetz gegen die Verdächtigen in Anwendung bringen. Dieses Gesetz befahl die Masseneinkerkerung der Priester und Adligen. In einer von mir verfassten Proklamation vom 23. August 1793 wagte ich folgendes zu veröffentlichen:

„Das Gesetz gebietet, dass die verdächtigen Männer aus der menschlichen Gemeinschaft ausgeschlossen werden sollen: das Wohl des Staates verlangt dieses Gesetz. Wenn man sich jedoch unbestimmter Denunziationen, die von niedrigen Leidenschaften herrühren, bedient, so hieße das die Willkür begünstigen, die meinem Herzen ebenso zuwider ist, als sie gegen die Gerechtigkeit verstößt. Das Schwert darf nicht zufällig treffen. Das Gesetz verlangt schwere Züchtigungen, aber nicht Verfolgungen, die ebenso unmoralisch als barbarisch sind."

Es gehörte damals ein Gutteil Mut dazu, die Härte der Befehle des Konvents zu mildern, soweit das einem überhaupt möglich war. In dieser Beziehung war ich bei den gemeinsam ausgeführten Missionen weniger glücklich, weil die Entscheidung über die Angelegenheiten nicht mehr von meinem Willen allein abhing. Man findet jedoch im Laufe meiner Missionen weniger tadelnswerte Handlungen als banale Phrasen im Stile der Zeit. Diese Sprache war übrigens die amtliche und allgemein geltende. Man soll sich aber auch in Bezug auf meine Stellung in jener Zeit keiner Täuschung hingeben. Ich war

30 Fouché überbot in seinen Briefen an den Konvent selbst die wildesten Schreckensmänner an Heftigkeit.

Abgeordneter einer wahnsinnigen Versammlung und habe gezeigt, dass ich mehrere ihrer strengen Maßnahmen umgangen oder gemildert hatte. Übrigens machten diese sogenannten Statthalterschaften den in Mission ausgesandten Abgeordneten zu einem Maschinenmenschen, einer Art Wanderkommissar des Wohlfahrts- und Sicherheitsausschusses. Ich war jedoch nie Mitglied der Regierungskomitees und habe infolgedessen während der Schreckenszeit nie das Staatsruder in Händen gehabt. Im Gegenteil hatte ich selbst, wie man später sehen wird, unter der Schreckensherrschaft zu leiden. Dadurch vermag man allein zu beurteilen, in wie hohem Maße meine persönliche Verantwortung eingeschränkt wird.

Wir gingen dem Höhepunkt der Revolution und der Schreckensherrschaft entgegen. Man regierte nur noch mit dem Beile des Henkers, unter dem die Köpfe fielen. Verdacht und Misstrauen erfüllte alle mit quälender Unruhe. Der Schrecken schwebte über allen Häuptern. Sogar jene, die die Waffe des Schreckens selbst in Händen hielten, waren von ihr bedroht. Ein einziger Mann im Konvent schien sich einer unantastbaren Beliebtheit zu erfreuen. Es war der Artesier Robespierre[31], ein hinterlistiger und stolzer, aber auch neidischer, gehässiger und rachsüchtiger Mensch. Nie konnte er vom Blute seiner Kollegen genug bekommen. Infolge seiner Fähigkeiten, seiner Haltung, der Logik seiner Gedanken und der Hartnäckigkeit seines Charakters war er den furchtbarsten Lagen gewachsen. Er benutzte seine Überlegenheit im Wohlfahrtsausschuss, um offen nicht nur nach der Tyrannei der Zehnmännerherrschaft, sondern nach der despotischen Diktatur eines Marius und eines Sulla[32] zu streben. Nur noch ein Schritt, und er war

---

31 Robespierre stammte aus Arras, der Hauptstadt des Departements Artois.

32 [Im Jahr 107 v. Chr. wurde der Feldherr Gaius Marius zum Konsul gewählt. Mit seinen militärischen Erfolgen wuchsen Marius' Macht, die über die Verfassung hinaus ging und diktatorische Züge annahm.

der absolute Herr der Revolution, die er in seinem kühnen Ehrgeiz nach Belieben zu leiten gedachte. Dazu brauchte er jedoch noch dreißig Köpfe, die er bereits alle bestimmt hatte. Er wusste sehr wohl, dass ich seine Absichten erriet, und daher stand auch ich auf seiner Totenliste vermerkt. Ich befand mich noch in Mission, als er mich anklagte, dass ich die Freunde des Vaterlandes bedrücke und zu der Aristokratie in geheimen Beziehungen stehe. Als ich daher nach Paris zurückberufen wurde, wagte ich es, ihn von der Rednerbühne herab aufzufordern, seine Anklage zu begründen. Darauf ließ er mich aus dem Jakobinerklub, dessen Hohepriester er war, ausschließen, was für mich einer Ächtung gleichkam.

Ich machte mir indes nicht das Vergnügen, meinen Kopf zu verteidigen oder mit meinen ebenfalls bedrohten Kollegen in geheimen Versammlungen lange Beratungen abzuhalten. Es genügte mir, ihnen, wie Legendre, Tallien[33], Dubois de Crancé, Daunou und Chénier[34] zu sagen: „Sie sind auf der Liste! Sie stehen ebenso auf der Liste wie ich; ich bin fest davon überzeugt!"

Seine Heeresreform ermöglichte auch Angehörigen der nichtbesitzenden Bevölkerung in das Heer aufgenommen zu werden, wodurch ein Berufsheer entstand, dessen Legionäre enger an ihren Feldherrn gebunden waren als an den Staat. Gegen diese Machtverschiebung setzte sich Lucius Cornelius Sulla ein und wurde 88 v. Chr. zum Konsul gewählt. Nach einem erfolgreichen Putsch gegen ihn marschierte Sulla mit seinen Truppen in Rom ein, womit er gegen die Verfassung verstieß, und erlangte die Macht zurück. Marius nutzte kurz darauf die Abwesenheit von Sulla erneut für einen Putsch und errichtete nach einem blutigen Kampf ein Schreckensregiment. Bei seiner Rückkehr 82 v. Chr. errichtete Sulla seinerseits eine Diktatur, erklärte seine Gegner für vogelfrei und ließ sie systematisch – auch mit Hilfe von Kopfgeldern – verfolgen und umbringen. *P.S.*]

33 Jean Lambert Tallien, eines der heftigsten Mitglieder der Bergpartei und berüchtigt durch seine Tätigkeit als Schreckensmann.

34 Der Dichter Marie Joseph de Chénier, Mitglied des Konvents und später des Rates der Fünfhundert.

Tallien, Barras[35], Bourdon de l'Oise und Doubois de Crancé bewiesen einige Energie. Tallien kämpfte für das Leben zweier Menschen, wovon ihm einer teurer als sein eigenes Leben war[36]. Daher war er entschlossen, den zukünftigen Diktator im Konvent selbst mit dem Dolche niederzumachen. Aber welch gewagtes Unternehmen! Die Popularität Robespierres würde ihn überlebt haben, und man hätte uns auf seinem Grabe geopfert. Ich brachte Tallien von einem allein auszuführenden Unternehmen ab, das den Mann gestürzt, aber sein System in Wirkung gelassen hätte. In der Überzeugung, dass andere Mittel nötig waren, begab ich mich geradewegs zu jenen, die die Schreckensherrschaft mit Robespierre teilten und auf seine ungeheure Beliebtheit neidisch waren und sie fürchteten. Ich enthüllte Collot d'Herbois[37], Carnot[38], Billaud de Varennes[39] die Pläne des modernen Appius; ich entwarf jedem einzelnen ein so kühnes und wahres Bild von der Gefahr ihrer Stellung und stachelte sie mit so viel Geschick und Erfolg auf, dass sie nicht nur misstrauisch wurden, sondern den Mut hatten, sich von nun an dem Plan des Tyrannen zu widersetzen, den Konvent noch mehr zu verringern. „Zählt Eure Stimmen im Komitee", sagte ich zu ihnen, „und Ihr werdet sehen, dass er

---

35 Paul Jean François, Graf von Barras. Auch er war während der Schreckensherrschaft durch seine Härte verhasst geworden. Er wurde später das einflussreichste Mitglied des Direktoriums.

36 Fouché spielt hier auf die Geliebte Talliens an, die berühmte „Notre Dame de Thermidor". Sie war auf Veranlassung Robespierres verhaftet worden.

37 [Führer der radikalen Jakobiner. Zusammen mit Fouché war er verantwortlich für die Massaker in Lyon und am Sturz Robespierres beteiligt. Kurz darauf wurde er aus dem Konvent ausgeschlossen und nach Cayenne verbannt, wo er 1796 im Alter von 45 Jahren verstarb. *P.S.*]

38 Lazare Nicolas Marguerite Carnot war der Organisator der Revolutionsarmeen.

39 [Jean Nicolas Billaud-Varennes, wie Fouché aus dem Orden der Oratorianer hervorgegangen. In der Schreckenszeit wurde Billaud Präsident des Konvents. *P.S.*]

auf die ohnmächtige Minderheit eines Couthon[40] oder eines Saint-Just[41] beschränkt sein wird. Verweigert ihm Eure Stimme und isoliert ihn durch passiven Widerstand!"

Aber wie vorsichtig musste man vorgehen, welche Schleichwege benutzen, um den Jakobinerklub nicht abzuschrecken und die fanatischen Anhänger Robespierres nicht zu reizen! Da ich meiner Sache sicher war, hatte ich den Mut, ihm am 20. Prairial[42] (8. Juni 1794) die Stirn zu bieten. Es war an jenem Tage, als er in lächerlicher Anmaßung feierlich die Existenz des „Höchsten Wesens" anerkennen ließ und sich selbst gleichzeitig zu seinem Richter und Mittler zu proklamieren wagte, während eine große Menge Volks bei den Tuilerien versammelt war. Als er die Stufen zu seiner luftigen Tribüne hinaufschritt, von wo aus er sein Manifest zugunsten Gottes erließ, sagte ich ihm ganz laut voraus (und zwanzig meiner Kollegen hörten es), dass sein Sturz nahe bevorstände. Fünf Tage später verlangte er öffentlich im Komitee meinen Kopf zugleich mit der Hinrichtung von acht meiner Freunde. Dabei behielt er sich vor, später noch mindestens zwanzig Abgeordnete köpfen zu lassen.

---

40 Georges Couthon, ein vertrauter Freund Robespierres. Auch er war einer der wütendsten Schreckensmänner und Fanatiker.

41 Antoine Saint-Just, einer der fanatischsten Kommunisten der französischen Revolution. Er hat viel zu den Siegen der republikanischen Truppen beigetragen.

42 Der französische Revolutionskalender war folgendermaßen eingeteilt: das Jahr bestand aus den Monaten Vendémiaire, Brumaire, Frimaire, Nivôse, Pluviôse, Ventôse, Germinal, Floréal, Prairial, Messidor, Thermidor und Fructidor. Der Revolutionskalender begann mit dem Tage der Errichtung der Republik, dem 22. September 1792. Dieser Tag wurde als der 1. Vendémiaire des Jahres 1 bezeichnet. Die Monatsnamen veranschaulichten den Charakter der Jahreszeit. So hieß z. B. die Zeit, die zwischen den letzten Dritteln des Oktobers und des Novembers lag, Brumaire = Nebelmonat, und die entsprechende Epoche zwischen Februar und März Pluviôse = Regenmonat. Auf Grund einer Verordnung Napoleons wurde am 1. Januar 1806 wieder der Gregorianische Kalender eingeführt.

Wie groß aber war sein Erstaunen und seine Wut, als er bei den Mitgliedern des Komitees einen unüberwindlichen Widerstand in Bezug auf seine Pläne gegen die Volksvertretung fand! Als er sah, dass die Mehrheit der Stimmen gegen ihn war, zog er sich voll Verdruss und Wut zurück und schwor, nicht eher wieder den Fuß ins Komitee zu setzen, bis sein Wille dort respektiert würde. Zu gleicher Zeit rief er Saint-Just zurück, der sich bei der Armee befand. Dann berief er Couthon unter sein blutiges Banner, bändigte das Revolutionsgericht und setzte den Konvent und alle jene, die der Furcht zuneigten, in großen Schrecken. Da er nun gleichzeitig des Jakobinerklubs, des Befehlshabers der Nationalgarde, Henriot[43], und der Revolutionskomitees der Hauptstadt sicher war, so konnte er sich schmeicheln, mit so viel Anhängern des Sieges sicher zu sein. Dadurch, dass er sich von dem Versammlungsort der Staatsgewalt fern hielt, wollte er auf seine Gegner die allgemeine Verachtung herab beschwören, damit man sie als die einzigen Urheber all der Morde betrachtete. So gedachte er sie der Wut des Volkes auszuliefern, das bereits zu murren anfing, Weil so viel Blut vergossen wurde. Da er aber feige, misstrauisch und schüchtern war, konnte er sich nicht zur Tat entschließen, und so ließ er von dem Tage des plötzlichen Bruches an fünf Wochen verstreichen, bis die Krise kam, die sich langsam vorbereitete.

Ich beobachtete ihn, und da ich sah, dass er sich nur noch auf eine Partei verlassen konnte, so drängte ich insgeheim seine Gegner, die noch im Komitee blieben, wenigstens die Kanonierkompanien, die Robespierre und der Kommune ganz ergeben waren, zu entfernen und Henriot abzusetzen oder seines Amtes zu entheben. Die erste Maßnahme ging dank der Festigkeit

43 François Henriot, ein ehemaliger Bedienter, der wegen Diebstahls ins Gefängnis gekommen war, bis er 1792 entlassen wurde. Er war einer der Hauptbeteiligten bei den Septembermorden, überhaupt bei allen Gewalttaten der Revolution. Er endete mit Robespierre auf dem Schafott.

Carnots durch, der die Notwendigkeit anführte, die Artillerie des Heeres zu verstärken.

Die Absetzung Henriots schien jedoch ein zu starker Parteistreich zu sein. Henriot blieb und hätte beinahe den ganzen Plan zum Scheitern gebracht; das heißt, um es offen zu gestehen, er war es vielmehr, der die Sache Robespierres am 9. Thermidor[44] bloßstellte, während es eine Zeitlang an ihm gelegen hatte, ihr zum Sieg zu verhelfen. Was kann man aber auch von einem betrunkenen und dummen Lakaien anders verlangen?

Das Folgende ist zu bekannt, als dass ich darauf zurückkommen müsste. Man weiß, wie Maximilian I. (Robespierre) endete, den gewisse Schriftsteller mit den Gracchen[45] vergleichen möchten; aber er besaß weder ihre Rednergabe, noch kam er ihnen an Geistesgröße gleich.

Bald darauf sollte man bedauern, dass eine so glückliche Krisis nicht zugunsten des Gemeinwohls ausgenützt werden konnte, anstatt den Opfern der Revolution als Vorwand zum Schüren des Hasses und zur Ausübung ihrer Rache zu dienen. Von der Schreckensherrschaft schritt man nun zur Anarchie, von der Anarchie zur Reaktion und zu Racheakten. Der Verfolgung Robespierres war ich entronnen; den Reaktionären vermochte ich jedoch nicht zu entgehen.

Sie verfolgten mich bis in den Konvent und ließen mich durch lügnerische Beschuldigungen und Anklagen mittels eines ungesetzlichen Beschlusses von der Versammlung ausschließen. Ein ganzes Jahr lang war ich den schimpflichsten Verfolgungen preisgegeben. Besonders in jener Zeit lernte ich über die Menschen und den Charakter der Parteien nachdenken. Ich

44 27. Juli 1794.

45 [Als „die Gracchen" werden die Brüder Tiberius Sempronius Gracchus und Gaius Sempronius Gracchus bezeichnet, die im alten Rom im 2. Jahrhundert v. Chr. versuchten, Land- und Sozialreformen durchzuführen. *P.S.*]

musste warten, – denn bei den Menschen wird stets alles auf die Spitze getrieben – bis das Maß voll war, bis die Wut der Reaktion die Revolution selbst und den ganzen Konvent in Gefahr brachte. Erst in diesem Augenblick gewahrte er den Abgrund, der sich vor seinen Füßen auftat. Die Krisis war ernst; es handelte sich um Sein oder Nichtsein! Der Konvent griff zu den Waffen. Der Verfolgung der Patrioten war ein Ziel gesetzt, und die Geschütze erwirkten in einem einzigen Tage (13. Vendémiaire[46]), dass der Haufen der Gegenrevolutionäre, die sich ohne Anführer und ohne einen festen Plan erhoben hatten, wieder zur Ruhe gezwungen wurde.

46 5. Oktober 1795.

2. Kapitel
Unter dem Direktorium

Der Kampf vom 13. Vendémiaire (5. Oktober 1795), der von Bonaparte geleitet wurde, gab mir in gewisser Hinsicht Freiheit und Ehre wieder, und ich muss gestehen, dass ich mich von jetzt an für das Geschick des jungen Generals mehr interessierte. Er bahnte sich einen Weg, auf dem er sich den höchsten Ruhm der modernen Zeit erwerben sollte.

Ich hatte jedoch mit dem Schicksal noch einen schweren Kampf zu bestehen, bis es sich endlich mir zuneigte. Das Direktorium[47] verschmähte die Männer der Revolution, obgleich es selbst aus ihren Reihen hervorgegangen war. So sah ich mich unter der Regierung einer Republik, an deren Gründung ich Anteil gehabt hatte, wenn nicht verfolgt, so doch in vollkommener Ungnade, denn ich erhielt weder ein Amt, noch gewann ich Einfluss oder Ansehen. Wenn es mir endlich gelang, hervorzutreten, so verdanke ich es nur einem besonderen Umstand und einem Regierungswechsel, der durch die Macht der Ereignisse herbeigeführt wurde. Es lohnt der Mühe, darauf noch näher einzugehen. Von allen Mitgliedern des Direktoriums war Barras der einzige, der sich den alten im Stiche gelassenen Kollegen zugänglich zeigte. Er hatte den Ruf, eine gewisse Liebenswürdigkeit, Offenheit und Ehrlichkeit, wie sie dem Südfranzosen eigen sind, zu besitzen, und verdiente ihn auch. In der Politik war er nicht sehr sattelfest, aber er verfügte über Entschlussfähigkeit und einen gewissen Takt. Die Tatsache,

---

47 Es bestand aus fünf Männern: La Revellière-Lépeaux, Reubell, Le Tourneur, Barras und Carnot. Wer sich für die Geschichte dieser Zeit näher interessiert, den verweise ich auf das 10., 11. und 12. Kapitel des 1. Bandes von F. M. Kircheisen: Napoleon I., sein Leben und seine Zeit, G. Müller, München. Diese umfassende Geschichte des napoleonischen Zeitalters stellt ohne Zweifel das beste Geschichtswerk dar, das über diese Epoche geschrieben wurde.

dass er wegen seiner Sitten und seiner moralischen Grundsätze verschrien war, verschaffte ihm gerade einen wahren Hof von Intriganten, Intrigantinnen und Aussaugern. Um diese Zeit rivalisierte er mit Carnot. In der öffentlichen Meinung vermochte er sich nur dadurch zu halten, dass er stets den Glauben erweckte, er würde, wie am 13. Vendémiaire, hoch zu Ross jedem feindlichen Unternehmen entgegentreten. Er spielte sich übrigens gern als den Fürsten der Republik auf, denn er pflegte die Jagd, hielt sich Hundemeuten und besaß Höflinge und Mätressen. Ich hatte ihn vor und nach der Robespierre-Krise gekannt und bemerkt, dass er überrascht war, wie richtig sich meine Ideen und Ahnungen erwiesen hatten. Durch Vermittlung eines gewissen Lombard-Taradeau, der ebenfalls Südfranzose war, besuchte ich ihn im Geheimen. Um diese Zeit hatte das Direktorium, das mit der Partei Babeuf[48] im Kampfe stand, seine ersten Schwierigkeiten zu überwinden. Ich machte Barras mit meinen Ideen bekannt. Er bat mich, sie in einer Denkschrift niederzulegen, und ich übergab sie ihm.

In diesem Schriftstück hatte ich die Stellung des Direktoriums in politischer Hinsicht dargelegt und die Gefahren, die ihm drohten, mit großer Genauigkeit aufgezählt. Ich berichtete über die Partei Babeufs, die sich mir anvertraut hatte, und ließ durchblicken, dass sie, während sie anscheinend nur den Wunsch nach der Durchführung des Ackergesetzes[49] hegte, in Wirklichkeit sich mit Gewalt und durch Überrumpelung des Direktoriums und der Regierung bemächtigen wollte. Dies aber

48 François Noël Babeuf, einer der eifrigsten Verteidiger der unterdrückten Volksklassen und zu gleicher Zeit ein idealer Schwärmer für den Kommunismus. Er nannte sich später Gracchus Babeuf. Sein Ziel war, die Regierung zu stürzen und eine Art Diktatur des Proletariats einzurichten.

49 [Babeuf forderte die Aufteilung des Bodens, ein „Ackergesetz“, um auch eine materielle Gleichheit zu schaffen. Das trug ihm den Beinamen „Gracchus“ ein, weil schon die römischen Volkstribunen Gaius und Tiberius Gracchus diese Forderung aufgestellt hatten. *P.S.*]

hätte uns wieder zur blutigen Schreckensherrschaft zurückgeführt. Meine Denkschrift machte Eindruck, und man erstickte das Übel im Keime[50]. Barras bot mir alsdann eine Stellung zweiten Grades an, die ich jedoch ablehnte, denn ich wollte höher hinaus. Er versicherte mir, dass er nicht genug Einfluss besäße, um mich hochzubringen, da seine Anstrengungen, die Vorurteile seiner Kollegen zu überwinden, ohne Erfolg geblieben seien. Unsere Beziehungen erkalteten, und schließlich wurde alles aufgeschoben.

In der Zwischenzeit bot sich mir eine Gelegenheit, mich hinsichtlich des Geldes unabhängig zu machen. Ich hatte der Revolution mein Amt und meine Existenz zum Opfer gebracht[51], und nun war mir infolge des ungerechtesten Vorurteils die Laufbahn im Amte verschlossen. Meine Freunde übten einen Druck auf mich aus, damit ich dem Beispiel meiner ehemaligen Kollegen, die sich im gleichen Falle befanden, Folge leistete. Diese erlangten durch die Protektion der Direktoren Anteil an den Lieferungen.

Eine Gesellschaft war bald gefunden. Ich trat ein und erhielt durch Vermittlung des Direktors Barras einen Teil der Lieferungen. Ich gewann also nach dem Beispiel Voltaires ein Vermögen und trug dazu bei, das meiner Teilhaber zu vergrößern. Indes wurde im Innern des Reiches das Übel immer schlimmer. Ein Triumvirat war gebildet worden, das aus Barras, Reubell und La Revellière-Lépeaux bestand. Diese Männer waren alle drei einer solchen Krise nicht gewachsen. Sie bemerkten endlich, dass ihnen keine andere Stütze mehr blieb als Geschütze und Bajonette.

Um diese Zeit ließ Bonaparte, der Eroberer der Lombardei und Sieger über Österreich, in jeder seiner Divisionen einen

50 Babeuf wurde verhaftet und endete auf dem Schafott.

51 Fouché hatte sein Vermögen während der Revolution eingebüßt.

Klub bilden. Am 4. September (18. Fructidor) 1797 wurde eine militärische Unternehmung gegen die Hauptstadt unter Führung Augereaus[52] ins Werk gesetzt, der von Bonaparte ausdrücklich zu diesem Zwecke gesandt war. Wie es stets bei inneren Kämpfen der Fall ist, musste sich auch diesmal die Toga vor der Gewalt der Waffen beugen. Man schickte ohne jede gesetzliche Formalität zwei Direktoren in die Verbannung, und dreiundfünfzig Abgeordnete sowie eine große Anzahl Schriftsteller und Verfasser von Flugblättern, die die öffentliche Meinung vergiftet hatten, teilten ihr Schicksal. Desgleichen wurden die Wahlen von neunundvierzig Departements für ungültig erklärt und die Verwaltungsbehörden abgesetzt, um im Sinne der neuen Revolution reorganisiert zu werden[53].

Auf diese Weise wurden die Royalisten besiegt und aufgelöst, ohne dass ein Kampf stattgefunden hatte. Das Aufgebot des militärischen Apparats hatte genügt. Der Verfolgung der Republikaner war ein Ziel gesetzt, und man wurde nicht mehr unter dem Vorwand, zu den Republikanern und Patrioten zu gehören, von den Ämtern und Würden ausgeschlossen.

Ich war in der Zeit vor dem 18. Fructidor, der das Schicksal der Revolution entscheiden sollte, nicht untätig geblieben. Durch die Mitteilungen, die ich dem Direktor Barras zukommen ließ, durch meine Denkschriften und prophetischen Gespräche hatte ich nicht wenig dazu beigetragen, dem Triumvirat des Direktoriums den nötigen Ansporn zu geben. War es daher nicht ganz natürlich, dass der für die Interessen

---

52 Pierre-François Augereau, 1792 Kommandeur eines Freiwilligenbataillons, ein Jahr darauf General. Er war berühmt für seine Plünderungen.

53 Es muss an dieser Stelle erwähnt werden, dass die Royalisten, überhaupt die Gegenrevolutionäre, ständig an Einfluss gewannen. Die Wahlen waren zu ihren Gunsten ausgefallen, und die Unfähigkeit des Direktoriums arbeitete mehr als alles andere zu ihren Gunsten. Ohne den Staatsstreich wäre unter Umständen die Restauration in Frankreich bereits vor dem Jahre 1800 gekommen.

der Revolution so glückliche Ausgang des Unternehmens denen Nutzen brachte, die es durch ihre Kenntnisse und ihre Tatkraft ersonnen und unterstützt hatten?

Wir wollen nichts verheimlichen! Wir hatten uns der Koalition und der Geißel des Bürgerkriegs entledigt; wir hatten die noch gefährlicheren Umtriebe der „Chamäleone" im Innern des Landes zum Scheitern gebracht. Nun waren wir infolge unserer Energie und der Macht der Ereignisse Herren des Staates und aller Regierungsgewalt. Es handelte sich nun nur noch darum, dass jeder nach Maß seiner Fähigkeiten davon Besitz ergriff. Wenn man die Macht besitzt, so braucht man seine Fähigkeiten nur zu benützen, um die bestehende Regierung am Ruder zu erhalten. Jede andere Denkweise ist nach einer Revolution eine Albernheit oder schamlose Heuchelei[54].

Man findet diese Überzeugung selbst bei denen, die nicht wagen, es öffentlich einzugestehen. Ich brachte als befähigter Mann diese alltäglichen Wahrheiten vor, die man bisher als Staatsgeheimnis betrachtet hatte. Man sah ein, dass ich recht hatte, und nur die Ausführung bereitete Schwierigkeiten. Die Intrige tat viel dazu, und das heilsame Unternehmen vollendete die Tat.

Bald fiel ein sanfter Regen von Generalsekretariaten, Portefeuilles, Kommissariaten, Gesandtschaften, Geheimagenturen und Divisionskommandos wie das himmlische Manna herab und beglückte die besten meiner alten Kollegen, sowohl Zivilisten wie Militärs. Die so lange verschmähten Patrioten wurden damit belehnt, und ich war einer der ersten, denn man kannte meinen Wert. Dennoch schlug ich beharrlich einen

---

54 Dieses Geständnis des gewandten und charakterlosen Politikers ist für die heutige Zeit besonders lehrreich. Wie vielen Staatsmännern, deren Reden überfließen von Besorgnis für das Wohl des Volkes, ist es im Grunde genommen nur um ihren persönlichen Ehrgeiz zu tun, dem sie alles opfern.

untergeordneten Posten aus, der mir angeboten wurde. Ich war entschlossen, nur einen glänzenden Auftrag anzunehmen, der mich mit einem Schlage auf die Bahn der hohen Politik brachte. So fasste ich mich in Geduld. Ich wartete sogar sehr lange, aber es war nicht vergeblich. Diesmal trug Barras über die Vorurteile seiner Amtsgenossen den Sieg davon, und im Monat September 1798 wurde ich zum Gesandten der französischen Republik bei der zisalpinischen Republik[55] ernannt. Jedermann weiß, dass wir diese glückliche und sympathische Schöpfung den siegreichen Waffen Bonapartes und seiner gewandten Politik verdanken.

Durch den Friedensvertrag von Campo-Formio hatte Österreich die Abtretung der Niederlande an Frankreich und Mailands, Mantuas und Modenas an die zisalpinische Republik durch seine Unterschrift bestätigt. Dieser Friedensvertrag wurde jedoch in weniger als einem Jahre in seinen Grundlagen erschüttert. Wir waren auf dem betretenen Weg nicht stehen geblieben und hatten in furchtbarer Weise in der Schweiz, in Rom und im Orient vom Recht des Stärkeren Gebrauch gemacht. Die Expedition nach Ägypten begann durch eine Art Wunder: die Einnahme von Malta. Dann kam die Katastrophe, nämlich die Vernichtung unseres Geschwaders in den Fluten des Nils. Gleich darauf änderte sich alles, und nun war die Reihe an England zu triumphieren. Gemeinsam mit Russland schürte es einen neuen Weltkrieg, als dessen Urheber die Regierung des Königreichs beider Sizilien galt.

Unter diesen trüben Vorzeichen machte ich mich auf den Weg, um meine Gesandtschaft in Mailand anzutreten. Dort traf ich im selben Augenblick ein, als der General Brune[56] in

55 Die zisalpinische Republik mit Mailand als Hauptstadt war 1797 von Napoleon gegründet worden. Sie ging 1805 im Königreich Italien auf.

56 Guillaume Marie Anne Brune. Er wurde unter Napoleon Marschall von Frankreich. Bemerkenswert ist sein tragisches Ende. Der royalistische

der Regierung der zisalpinischen Republik einen Personalwechsel vornahm, ohne jedoch ihre Grundlage zu verändern. Es handelte sich darum, die Gewalt tatkräftigeren Männern und festeren Händen anzuvertrauen. Damit sollte die Emanzipation der jüngeren Republik eingeleitet werden, damit sie ganz Italien den Antrieb zur Befreiung geben konnte. Wir bereiteten diesen Handstreich in der Hoffnung vor, die Mehrheit des Direktoriums, das im Luxembourg[57] tagte, zum Beitritt zu zwingen.

Die Italiener waren jedoch nicht auf der Höhe, um derartige Pläne zu würdigen. Ich suchte überall Entschlossenheit, die durch Zuverlässigkeit gemildert wurde, aber ich fand mit wenigen Ausnahmen nur unzuverlässige und verzagte Gemüter.

Unsere „Staatsoberhäupter auf Zeit" waren über unsere Handlung wütend. Sie sandten uns in aller Eile den Bürger Rivaud in der Eigenschaft eines außerordentlichen Kommissars. Er überbrachte einen Befehl, der mich aufforderte, Italien zu verlassen. Ich leistete ihm jedoch keine Folge, da ich der Meinung war, dass das Direktorium nicht das Recht hatte, mir den Aufenthalt als einfachen Privatmann in Mailand zu verbieten.

In der Nacht vom 7. auf den 8. Dezember wurde jedoch die Wache des Direktoriums und der Gesetzgebenden Körperschaft der zisalpinischen Republik entwaffnet und durch französische Truppen ersetzt. Dann fand eine Geheimsitzung statt, nach deren Verlauf die neuen Beamten abgesetzt und die alten wieder eingesetzt wurden. Ich selbst wäre verhaftet, gefesselt und von

---

Pöbel von Avignon ermordete ihn im Jahre 1815, nach der zweiten Rückkehr der Bourbonen.

57 [Das Palais du Luxembourg aus dem 17. Jahrhundert diente Mitgliedern der königlichen Familie als Wohnsitz und wurde während der Revolution in Staatsbesitz überführt und zum Sitz des Direktoriums. *P.S.*]

einem Polizeiposten zum anderen bis nach Paris geschleppt worden, wenn Joubert[58] mich nicht rechtzeitig benachrichtigt hätte. Daher entfloh ich auf ein Landgut in der Nähe von Monza.

Das Direktorium, das mein Verschwinden erfahren hatte und mich in Mailand versteckt glaubte, sandte sofort einen anderen Eilboten, der den erneuten Befehl brachte, man solle mich aus Italien ausweisen. „Wenn es Ihnen bekannt ist", schrieb der fade Rivaud an das zisalpinische Direktorium, „dass der Bürger Fouché sich auf Ihrem Gebiet befindet, so bitte ich Sie, mir davon Mitteilung zu machen." Ich freute mich über die Verlegenheit und Angst der beiden Direktoren. Dann verließ ich meinen Zufluchtsort und machte mich ruhig in der Richtung auf die Alpen, die ich überschritt, auf den Weg. In den ersten Tagen des Januars 1799 kam ich in Paris an. Das Ansehen und die Vorherrschaft Reubells und Merlins[59] waren bereits stark im Schwinden begriffen. Anstatt mich daher vor ein Gericht zu stellen und von mir über meine Haltung Rechenschaft zu fordern, begnügten sie sich damit, im amtlichen Anzeiger anzukündigen, dass ich von meiner Mission bei der zisalpinischen Republik zurückgekehrt sei. Ich glaubte mich stark genug, um meinerseits von ihnen Rechenschaft über ihr barbarisches Verfahren gegen mich zu verlangen, und stellte die Forderung auf Reiseentschädigungen. Diese erhielt ich auch, und zwar mit der inständigen Bitte, ja keinen Skandal zu machen. Die erwähnten Einzelheiten über meinen ersten Schiffbruch auf dem Gebiete der hohen Politik machen den Leser meiner Ansicht nach mit den Stimmungen der Zeit und

58 Barthélemy Cathérine Joubert, einer der tüchtigsten französischen Feldherr der Revolution. Er fiel in der Schlacht bei Novi im Jahre 1799.

59 Philippe Antoine Merlin de Douai, einer der hervorragendsten Juristen. Er war Mitglied des Direktoriums und unter Napoleon Generalprokurator beim Kassationshof. Unter dem Kaisertum erhielt er den Titel eines Grafen und Staatsrats.

zu gleicher Zeit mit meinem ersten Arbeitsfelde bekannt. Daher habe ich sie hier aufgenommen.

Ich sah, wie das Ansehen des Direktoriums immer mehr erschüttert wurde, weniger, weil die großen Niederlagen begannen, als wegen der geheimen Umtriebe der unzufriedenen Parteien. Sie wagten es noch nicht, sich offen zu zeigen, aber sie bereiteten im Stillen den Angriff vor.

Alles wies auf große Ereignisse und eine bevorstehende Krise hin. Die Russen rückten vor und mussten bald auf dem Schlachtfeld erscheinen. Man sandte Noten über Noten an Österreich, um sie am Vormarsch zu hindern, und von Mitte Februar an wurde die Losung zum Kampf erteilt, ohne dass man zum Krieg gerüstet war. Das Direktorium war an dieser zweiten Koalition schuld, obgleich es sich seiner besten Generale entledigt hatte. Bonaparte war in die Sandwüsten Afrikas verbannt, Hoche[60], der bei der Expedition gegen Irland entkommen war, hatte durch Gift geendet.[61] Pichegru[62] war nach Sinnamary[63] verbannt worden, Moreau[64] befand sich in

60 Lazare Hoche, neben Bonaparte einer der vorzüglichsten Generale der Republik. Er wird besonders wegen seines edlen Charakters und seiner Überzeugungstreue als Republikaner gefeiert.

61 [General Hoche leitete im Januar 1797 eine Expedition, die eine Invasion in Irland zum Ziel hatte. Dadurch sollte die britische Regierung von ihrer Unterstützung der französischen Royalisten und von Militärhilfen für Österreich abgehalten werden. Die Invasion scheiterte, weil Stürme und Nebel die Flotte auseinandertrieb. Hoche übernahm danach das Kommando über die Besatzungsarmee am Rhein. Im September 1797 starb er in seinem Hauptquartier in Wetzlar an einer Atemwegsinfektion, wie eine Obduktion ergab, die angeordnet wurde, um Gerüchten einer Vergiftung Hoches entgegenzutreten. *P.S.*]

62 Charles Pichegru, französischer General. Er hat großen Anteil an den Siegen der Revolution. Da er sich später den Bourbonen zur Verfügung stellte und an einem Komplott gegen Napoleon (1804) teilnahm, wurde er verhaftet. Er gab sich im Gefängnis wahrscheinlich selbst den Tod.

63 [Kleinstadt in Französisch-Guayana. *P.S.*]

64 Jean Victor Moreau, beliebter republikanischer General. Er fiel 1813 in der Schlacht bei Dresden auf Seiten der Verbündeten, die er im Kampfe

Ungnade, Bernadotte, der sich nach dem Skandal bei seiner Gesandtschaft in Wien von der Diplomatie zurückgezogen hatte, gab das Kommando der Beobachtungsarmee ab, und schließlich war die Absetzung Championnets ausgesprochen worden, weil er versucht hatte, den Erpressungen der Agenten des Direktoriums ein Ziel zu setzen. Endlich hatte man Joubert, dem tapferen und ehrlichen Joubert, den Abschied gegeben, da er in Italien eine gemäßigte Freiheit hatte einführen wollen, die die beiden Völker eng vereint hätte.

Der zweite Krieg auf dem Festland, zu dem die Kämpfe in der Schweiz, Italien und Ägypten nur die Vorläufer gewesen waren, begann am 1. März (1799). Am 21. März verlor Jourdan die Schlacht bei Stockach, so dass er genötigt war, in Eile über den Rhein zurückzugehen. Es war ein schmerzliches Vorzeichen, dem bald der Bruch des Kongresses von Rastatt folgte, einer politischen Komödie, deren Schlussakt jedoch in einem furchtbaren Drama endete[65]. In Italien hatten wir nicht mehr Glück als in Deutschland. Scherer verlor an der Etsch drei Schlachten, die uns außer der Freiheit Italiens in wenigen Tagen sämtliche Eroberungen kosteten, die Frucht dreier beschwerlicher Feldzüge.

Ich wohnte verschiedenen Versammlungen von Abgeordneten und unzufriedenen Generalen bei und sah, dass die Parteien im Grunde genommen gar nicht die gleichen Absichten hatten. Sie waren sich nur in dem gemeinsamen Ziele einig, das Direktorium zu stürzen, um dann jeder nach seiner Art etwas Neues zu gründen. Zunächst arbeitete man nur im Geheimen an dem Sturz der Regierung, denn der Augenblick war noch nicht gekommen, offen aufzutreten. Unsere Niederlagen kamen uns

---

gegen Napoleon unterstützte.

65 Die französischen Gesandten wurden nach ihrer Abreise von Rastatt von Szekler Husaren überfallen und ermordet.

in dieser Hinsicht außerordentlich zustatten. Bald darauf kam die Wut gegen das Direktorium leidenschaftlich zum Ausbruch.

Als Zeichen zum Angriff diente eine Botschaft, die man verabredetermaßen an das Direktorium sandte, um Aufklärung über die äußere und innere Lage der Republik zu erhalten. Da vom Luxembourg keine Antwort eintraf, erklärten sich am 18. Juni (28. Prairial) die beiden Räte[66] in Permanenz. Daraufhin griff das Direktorium seinerseits zu Repressalien, aber es war bereits nicht mehr imstande, die Hiebe zu parieren, die es empfing.

Endlich, am 50. Prairial, reichten Merlin und La Revellière ihren Abschied ein, und Sieyès[67] war Herr des Schlachtfeldes. Von diesem Augenblick an gruppierte sich alles, was von der Revolution an tüchtigen Männern vorhanden war, um Sieyès und Barras.

Als erste Frucht des Triumphs der Räte über das Direktorium erfolgte die Ernennung Jouberts zum Kommandanten von Paris. Diese Ernennung erlangte Barras von Sieyès, und auch ich stand ihr nicht ganz fern. Wenige Tage später erhielt ich die Gesandtschaft in Holland: es war eine Art Entschädigung, die mir das neue Direktorium schuldete. Ich nahm daraufhin von Sieyès Abschied. Er sagte mir, bis jetzt habe man ins Blaue hinein regiert, ohne Ziel und ohne Grundsätze; von nun an aber würde das nicht mehr so sein. Er sprach auch davon, wie sehr ihn der neue Aufschwung des anarchistischen Geistes beunruhige, mit dem man seiner Ansicht nach nie regieren könne. Ich antwortete ihm, es sei nun an der Zeit, dass die ziel- und regellose Demokratie endlich einer *republikanischen Aristokratie* Platz mache, einer Regierung von klugen Männern,

---

66 Der Rat der Alten und der Rat der Fünfhundert.

67 Emanuel Joseph Sieyès, meist Abbé Sieyès genannt, da er aus dem geistlichen Stand hervorgegangen war. Er spielte vor allem bei Ausbruch der Revolution durch Reden und Schriften eine einflussreiche Rolle.

die sich allein gründen und befestigen könne. „Zweifellos“, antwortete er, „und wenn sie zustande kommt, so werden Sie sicher Mitglied werden; aber wir sind von diesem Ziele noch weit entfernt.“

Ich hatte kaum genügend Zeit, im Haag[68] festen Fuß zu fassen. Sieyès sah nämlich ein, dass ihm die Unterstützung einer energischen und geschickten Polizei fehlte. Die Polizei neigte selbstverständlich zur Volkspartei, da sie einige der Anführer und Rädelsführer als Mitglieder zählte. Der biedere Bourguignon, der damalige Minister, war einem solchen Ministerium, das ungeheure Schwierigkeiten bot, durchaus nicht gewachsen. Man sah das auch ein. Gerade als ich für Barras eine Denkschrift über die Lage im Innern ausgearbeitet hatte, in der ich auch die Frage der Polizei behandelte, kam Barras mit Sieyès überein, Bourguignon abzusetzen und mich ins Ministerium zu berufen. Ich tauschte gern meinen Gesandtenposten gegen das Polizeiministerium ein, obgleich mir der Boden, auf dem ich mich bewegen sollte, recht schlüpfrig erschien. So beeilte ich mich, meinen Posten anzutreten, und am 1. August war ich an Ort und Stelle.

68 [Den Haag *P.S.*]

3. Kapitel

Der Minister der Generalpolizei der Französischen Republik

Das Königtum war im Jahre 1789 nur infolge der Unfähigkeit der hohen Polizei gestürzt worden, denn die an ihrer Spitze stehenden Männer hatten es nicht verstanden, die Verschwörungen gegen das königliche Haus ausfindig zu machen. Jede Regierung braucht als erste Bürgschaft für ihre Sicherheit eine wachsame Polizei, deren Führer energisch und intelligent sein müssen. Die Aufgabe der hohen Polizei ist ungeheuer groß, ganz gleich, ob sie nun für eine parlamentarische Regierung tätig ist, die keine Willkür kennt und den Aufrührern gesetzliche Mittel zur Verschwörung gegen die Staatsgewalt lässt, oder ob sie zugunsten einer konzentrierten, aristokratischen, direktorialen oder despotischen Regierung arbeitet. Die Aufgabe ist dann noch schwieriger, da nichts an die Öffentlichkeit dringt. Man muss im Dunklen und im Geheimen die Spuren aufsuchen, die sich nur dem forschenden und geübten Blick enthüllen. Ich befand mich im ersten Fall und hatte die doppelte Aufgabe, sowohl die gesetzlich zulässigen Parteibündnisse und Widerstände gegen die bestehende Regierung als auch die lichtscheuen Verschwörungen der Royalisten und Agenten des Auslandes aufzudecken.

Bereits im Geiste machte ich mich mit meiner Tätigkeit vertraut und schreckte keineswegs vor meiner Aufgabe zurück. In zwei Stunden war ich mit meinen Befugnissen in der Verwaltung bekannt. Ich hütete mich jedoch, die Arbeit in dem mir anvertrauten Ministerium nach den Vorschriften zu leisten und mich dadurch unnütz zu erschöpfen. Wie die Dinge lagen, musste die ganze Geschicklichkeit eines Ministers und Staatsmanns darin bestehen, sich in das Gebiet der hohen Polizei zu versenken, während das Übrige ohne Schaden den

Bürovorstehern überlassen werden konnte. Ich beschäftigte mich demnach nur damit, alle Fächer der Geheimpolizei in ihrer ganzen Verzweigung in meine Hand zu bekommen.

Zunächst verlangte ich, was sehr wichtig war, dass die Stadtpolizei von Paris meinem Ministerium untergeordnet wurde. Ich fand alle Abteilungen und Hilfsmittel im Zustande einer furchtbaren Verwahrlosung und Verwirrung. Die Kasse war leer, und ohne Geld kann eine Polizei nicht bestehen. Bald aber verfügte ich über Geld in meiner Kasse, denn ich machte das Laster, das in jeder Großstadt herrscht, der Sicherheit des Staates tributpflichtig. Dann gebot ich dem widerspenstigen Wesen einiger Bürovorsteher, die zu aktiven Parteien gehörten, Einhalt; aber ich war der Meinung, dass man weder die Reformen überstürzen noch die Verbesserungen geringfügiger Art zu sehr beeilen sollte.

Mit Hilfe eines vertrauten und treuen Sekretärs beschränkte ich mich darauf, die hohe Polizei auf mein Kabinett zu konzentrieren. Ich gab mir Rechenschaft darüber, dass nur ich allein zu der politischen Lage im Innern Stellung nehmen durfte. Die Beobachter und geheimen Agenten dagegen sollten nur als Hilfsmittel oft zweifelhafter Art dienen. Kurz, ich war mir klar darüber, dass die hohe Polizei weder durch Schreibereien noch durch Berichterstattung ausgeübt werden konnte. Zu diesem Zwecke gab es wirksamere Mittel. So war es z. B. nötig, dass der Minister sich persönlich mit den bedeutendsten und einflussreichsten Männern aller Parteien, Richtungen und Klassen der Gesellschaft in Verbindung setzte. Diese Methode ist mir immer gelungen, und ich lernte die Geheimnisse Frankreichs durch mündliche und vertrauliche Mitteilungen oder lange Unterhaltungen besser kennen, als es mir mit Hilfe des wertlosen Haufens von Schriftstücken möglich gewesen wäre. Daher ist mir auch nie etwas in Bezug auf die Sicherheit des Staates entgangen. Man wird den Beweis dafür später sehen.

Nach diesen Vorbereitungen unterrichtete ich mich von dem politischen Zustande im Innern. Ich hatte alle Fehler und schwachen Seiten der Verfassung des Jahres III[69] erforscht, durch die wir regiert wurden, und war überzeugt, dass sie unausführbar war. Die beiden Eingriffe, die sie am 18. Fructidor und, im entgegengesetzten Sinne, am 30. Prairial hatte erleiden müssen, machten meine Vermutung zur vollzogenen Tatsache. Von einer rein verfassungsmäßigen Herrschaft war man zur Diktatur von Fünf Männern übergegangen, und das war nicht gelungen. Nun, da die ausübende Gewalt verstümmelt und in ihrem innersten Wesen geschwächt war, wies alles darauf hin, dass wir zum Volksaufruhr gelangen würden, wenn man die Bewegung nicht rechtzeitig eindämmte.

Ich wusste übrigens, dass Sieyès, der jetzt den größten Einfluss besaß, von Anfang an diese politische Einrichtung für unsinnig gehalten und sich geweigert hatte, an ihre Spitze zu treten.

Es war gar kein Zweifel, dass er bereits eine Verfassung nach seinem Sinne vorbereitet hatte, um die Regierungsgewalt zu befestigen und zu zentralisieren. Er hatte bereits einen Bündnisplan entworfen und glaubte der Mitwirkung Jouberts sicher sein zu können. Sieyès verfügte im Rate der Alten über eine gut organisierte Schar. Nun musste er sich noch im Rat der Jungen oder Fünfhundert die zahlenmäßige Überlegenheit verschaffen, denn in dieser Kammer hatte die leidenschaftliche und kampflustige Partei ihr Hauptquartier aufgeschlagen.

Unter diesen Umständen musste ich als Polizeiminister mit großer Geschicklichkeit und Schnelligkeit auf das gewünschte

69 Die Verfassung des Jahres 1795. Sie übertrug die ausführende Gewalt einem Direktorium von fünf Männern und die gesetzgebende Macht zwei Kammern, dem Rat der Fünfhundert und dem Rat der Alten. Das Merkmal jener Zeit ist der andauernde Kampf zwischen den Kammern und der Regierung.

Ziel hinarbeiten. Zunächst galt es, jedes gefährliche Bündnis gegen die ausübende Gewalt zu verhindern. Ich nahm es auf mich, die allzu große Freiheit und Zügellosigkeit der Zeitungen sowie das kühne Vorgehen der politischen Gesellschaften, die von neuem auftauchten, einzuschränken. Zunächst beschloss ich, die Klubs zu schließen.

Inmitten der von neuem auflebenden Leidenschaften und der rücksichtslos aufeinander treffenden Interessen musste ich mit großer Vorsicht und List zu Werke gehen. Als Sieyès sah, dass das Direktorium zögerte, ließ er durch die Kommission der Inspektoren des Rates der Alten den Saal der Reitbahn[70] schließen. Dieser Akt der Amtsgewalt machte großes Aufsehen. Ich musste annehmen, dass Sieyès seiner Sache sehr sicher war, besonders nachdem ich gesehen hatte, dass er sich bei der Feier der Wiederkehr des 10. August[71], die mit großem Gepränge auf dem Marsfeld stattfand, in einer schwülstigen Rede in heftigen Ausfällen gegen die Jakobiner erging, in der er erklärte, das Direktorium kenne genau die Feinde der Republik; es würde sie ohne Schwäche und ohne Unterlass verfolgen, nicht indem es sie gegeneinander ausspielte, sondern indem es alle in gleicher Weise unschädlich machte. Und als ob man ihn für seine donnernden Reden sofort hätte bestrafen wollen, hörte man, oder glaubte man zu hören, wie in dem Augenblick, wo die Salven die Feier beendeten, drei Geschosse um die Köpfe Sieyès' und Barras' pfiffen. Als die beiden Direktoren wieder ins Direktorium zurückgekehrt waren, wohin ich ihnen folgte, fand ich sie in höchster Wut. Ich drückte meine Meinung dahin aus, dass, wenn wirklich eine Verschwörung bestand, sie nur von militärischer Seite angestiftet sein konnte. Und da ich fürchtete, selbst Sieyès verdächtig zu werden, so riet ich ihm in einem mit

---

70 In der Reitbahn hatte sich der Jakobinerklub niedergelassen.

71 Am 10. August 1792 waren die Tuilerien erstürmt worden.

Bleistift geschriebenen Briefe, man müsse den General Marbot, den Kommandanten von Paris, entfernen[72]. Es war nämlich allgemein bekannt, dass dieser General der Partei der radikalen Republikaner ganz ergeben und der Politik Sieyès vollkommen entgegen war. Auf den Vorschlag Sieyès' hin wurde daher noch am selben Abend der Beschluss gefasst, den General Marbot bei der aktiven Armee zu verwenden, ohne dass man es für nötig hielt, die Meinung Bernadottes, der damals Kriegsminister war, einzuholen, ja ohne ihn überhaupt zu benachrichtigen. Der Oberbefehl wurde dem General Lefebvre übertragen, der ein berühmter Haudegen war, dessen Ehrgeiz sich jedoch darauf beschränkte, ein Werkzeug der Mehrheit des Direktoriums zu sein.

Drei Tage später nahm ich es auf mich, den Sitzungssaal der Jakobiner in der Rue du Bac schließen zu lassen. Ich hatte dabei meine Absichten[73]. Eine Botschaft des Direktoriums kündete an, dass dieser Klub geschlossen worden sei, weil er die Verfassung verletzt habe.

Nun musste man noch beweisen, dass man nötigenfalls auch gegen die Royalisten vorgehen würde, die bereits wieder begannen, die westlichen Provinzen in Aufruhr zu bringen. Einige militärische Maßnahmen genügten, um den schlecht organisierten und geleiteten Aufstand niederzuschlagen. Hingegen wirkte dieses Mittel nicht so leicht, um das von den Chouans[74]

72 Fouché hat es auch später noch oft verstanden, andere seinen Plänen rücksichtslos zu opfern, und stets wusste er einen Sündenbock zu finden, der die ihm zugedachten Streiche auf sich nahm.

73 Das heißt, es zeigte sich, dass die Unterdrückung der früheren Parteifreunde augenblicklich seinen persönlichen Zwecken dienlich war. Wenn dies der Fall war, kannte Fouché keine Rücksichten.

74 Die Chouans kämpften mit Erfolg lange Zeit gegen die Republik. Oft diente jedoch der Guerillakrieg zugunsten der Bourbonen nur zum Vorwand für Diebstähle und Plünderungen. Da die Chouans mit Waffen und Geld vom Ausland unterstützt wurden, erloschen die Aufstände erst unter dem Kaiserreich.

ausgeübte Räuberwesen in der Bretagne und der Vendée auszurotten, da es nach einem groß angelegten Plane ausgeführt wurde. Ich sah wohl, dass diese Wirren eine ständige schmerzende Wunde am Staatskörper waren, die das Kabinett von London fortwährend zu erweitern trachtete. Zunächst sandte ich in die westlichen Departements intelligente Boten, um von der Lage der Dinge unterrichtet zu werden. Dann sicherte ich mir eine gewisse Anzahl royalistischer Agenten, die in den verschiedenen aufständischen Departements in unsere Hände gefallen waren und nun entweder das Todesurteil, die Verbannung oder Gefängnis auf Lebenszeit zu fürchten hatten. Die meisten hatten sich erboten, der Regierung Dienste zu leisten. Ich ermöglichte ihnen die Flucht, damit sie bei ihrer eigenen Partei nicht verdächtig wurden, zu der sie sich von neuem gesellten. Sie erwiesen fast alle wertvolle Dienste, und ich kann sogar behaupten, dass es mir durch sie und die von ihnen übermittelten Nachrichten später möglich war, den Bürgerkrieg zu beenden[75].

Die größten Hindernisse aber erhoben sich in unserer Mitte. Sie rührten vor allen Dingen von der Uneinigkeit der Revolutionsmänner her, die entweder Ausbeuter der Regierungsgewalt oder Bewerber für die Stellungen waren. Diese gereizten und ungeduldigen Menschen wurden von Tag zu Tag feindlicher und anmaßender in ihren Forderungen. Wie sollte man den Staat regieren und verbessern können, während die Presse allzu große Freiheit genoss? Sie war wirklich grenzenlos.

---

75 Fouché zeigte in der Unterdrückung dieser royalistischen Partei sein glänzendes Talent als Polizeiminister. Er hat seinem Lande in dieser Hinsicht große Dienste erwiesen. Besonders interessant ist die Tatsache, dass er, der bereits offen einer aristokratischen Regierung den Weg ebnet, mit Nachdruck die Wiedereinsetzung der Bourbonen verhindert, deren Minister er später werden sollte.

Bei meiner Ankunft im Luxembourg fand ich Sieyès und seine Kollegen, wie ich erwartet hatte, in größter Wut gegen die Zeitungen vor. Ich veranlasste sofort, dass den Räten eine Botschaft vorgelegt würde, in der Maßnahmen gegen die gegenrevolutionären Journalisten und Pamphletschreiber verlangt wurden. Man entwarf gerade den Text der Botschaft, als die Nachricht von der Niederlage bei Novi und dem Tode Jouberts eintraf. Das Direktorium war vollkommen niedergeschlagen und entmutigt. Obgleich auch ich tiefen Schmerz darüber empfand, machte ich doch darauf aufmerksam, dass man die Zügel der Regierung nicht aus den Händen gleiten lassen durfte. Aber es war nicht möglich, an diesem Tage etwas zu entscheiden.

Nahezu vierzehn Tage lang ruhte die politische Tätigkeit der Regierung. Wir durften jedoch nicht untergehen. Ich trieb daher Barras zum Handeln an, und obgleich es sicher war, dass Sieyès einen Staatsstreich plante, beschlossen die beiden Direktoren gemeinsam mit Roger Ducos auf Grund meiner Anregungen, ihre Pläne in veränderter Gestalt wieder aufzunehmen. Endlich konnte ich handeln. Da ich entschlossen war, der Zügellosigkeit der Presse Einhalt zu tun, schritt ich zu einer entscheidenden Tat. Ich hob mit einem einzigen Schlage elf der angesehensten jakobinischen und royalistischen Zeitungen auf, ließ ihre Pressen beschlagnahmen und sogar die Schriftsteller unter der Anklage verhaften, dass sie Zwietracht säten und Streitigkeiten herbeiführten, den guten Ruf der Menschen in den Schmutz zogen, alle Pläne verleumderisch auslegten, die Aufstände schürten und allen Hass von neuem aufleben ließen.

Das Direktorium beschränkte sich in seiner Botschaft darauf, den Räten mitzuteilen, dass es sich infolge der Zügellosigkeit verschiedener Journalisten entschlossen habe, diese vor Gericht zu stellen und an ihre Pressen die Siegel anlegen zu lassen. Bei der Lektüre meines Berichts erhoben sich murrende

Stimmen. Die Versammlung geriet in Bewegung. Der Abgeordnete Briot erklärte, dass ein Staatsstreich in Vorbereitung sei, und nachdem er mich persönlich angegriffen hatte, verlangte er die Aufhebung des Polizeiministeriums[76]. Am folgenden Tage veröffentlichte das Direktorium im „Rédacteur“ und „Moniteur“ ein Lob über meine Verwaltung.

Tag für Tag wurde der politische Horizont dunkler und dunkler. Wir hatten bereits Italien verloren und waren im Begriff, auch Holland und Belgien einzubüßen. Eine englisch-russische Expedition landete am 27. August in Nordholland.

Die Meinungsverschiedenheiten zwischen der Gesetzgebenden Körperschaft und dem Direktorium verursachten, dass wir immer von neuem ins Chaos zurückfielen. Ich sagte mir oft im Innern: „Das Staatsschiff wird so lange steuerlos treiben, bis ein Steuermann erscheint, der es in den Hafen führt.“ Zwei plötzlich eintretende Ereignisse retteten uns vorläufig. Zunächst die Schlacht von Zürich, die von Masséna am 26. September 1799 über die Russen gewonnen wurde. Dadurch war es uns möglich, uns ohne innere Krise bis zum 16. Oktober hinzuschleppen, an welchem Tage Bonaparte, der am 9. in Fréjus gelandet war, seinen Einzug in Paris hielt, nachdem er die Gesetze der Quarantäne gebrochen hatte.

Ungefähr fünf oder sechs Wochen vor der Landung Bonapartes war mir folgendes begegnet. Man berichtete mir, dass zwei meiner Angestellten in einem Gespräch über die

---

76 Die Schilderung der dramatischen Szene in der Kammer ist hier entschieden etwas schwach. Das Vorgehen Fouchés gegen die Jakobinerpartei rief einen Sturm der Entrüstung hervor, und es fehlte nicht viel, so hätte er seine Stellung und vielleicht sogar sein Leben dabei eingebüßt. Man war bereits im Begriff, ihn für vogelfrei zu erklären. Fouché aber wusste auch diesmal der Lage Herr zu werden. Man hörte plötzlich Pferdegetrappel und Waffengeklirr. Die Versammlung geriet in Angst; man dachte an ein neues militärisches Gewaltunternehmen. Fouché hatte jedoch nur einen Oberst, der in der Nähe mit seinem Regiment exerzierte, gebeten, mit seinen Soldaten im Galopp vor dem Sitzungssaal vorbeizureiten.

Lage der Dinge geäußert hatten, man würde bald Bonaparte in Frankreich wiedersehen. Ich forschte dem Ursprung der Sache nach und erfuhr, dass diese Art Prophezeiung keine andere Grundlage hatte als eine plötzliche Erleuchtung, die einem unwillkürlich kommt. Die Idee aber gab mir zu denken.

Ich erfuhr bald darauf aus der Umgebung Luciens und Josephs, was diese darüber dachten. Sie waren überzeugt, dass Bonaparte trotz der englischen Kreuzer, die sich auf dem Meere befanden, zurückkehren würde, wenn er ihre Briefe und Pakete erhielt. Aber die Aussichten erschienen ihnen so ungewiss, dass sie sich nicht darauf verlassen wollten. Réal, einer der Geheimkorrespondenten Bonapartes, ging einen Schritt weiter; er gestand mir seine Hoffnungen. Ich machte Barras davon Mitteilung, aber dieser war sich über die Angelegenheit nicht im Klaren. Nun unternahm ich persönlich sowohl bei den beiden Brüdern als auch bei Josephine Schritte, um mir beide Familien geneigt zu machen, denn sie waren uneinig miteinander. Dabei verheimlichte ich jedoch, was ich erfahren hatte. Josephine war bedeutend zugänglicher als die beiden anderen. Es ist bekannt, dass sie infolge ihrer unsinnigen Verschwendung ihr Haus in Unordnung und Not brachte. Nie besaß sie einen einzigen Taler. Die 40 000 Franken Einkommen, die Bonaparte ihr vor seiner Abreise gewährt hatte, genügten ihr keineswegs. Und dabei hatte sie in demselben Jahre aus Ägypten noch zwei Extrasendungen erhalten, die ungefähr denselben Betrag ausmachten. Da Barras mir Josephine empfohlen hatte[77], so gab ich ihr heimlich von dem Gelde, das aus dem Ertrag der Spielklubs stammte. Ohne besondere Förmlichkeit übermittelte ich ihr tausend Louisdor, und diese Galanterie eines Ministers bewirkte, dass Josephine mir vollkommen wohlgesinnt wurde. Von ihr erfuhr ich sehr viel, denn sie empfing fast ganz Paris.

77 Josephine war, ehe sie Bonaparte kennen lernte, die Geliebte Barras'.

Was ich so von allen Seiten hörte, ließ mich schließlich zu der Überzeugung kommen, dass Bonaparte eines Tages ganz plötzlich auftauchen würde. Daher war ich auf diese Ereignisse vorbereitet, während alle anderen davon überrascht wurden.

Es würde keiner besonderen Fähigkeiten bedürfen, sich einer ungeheuren Macht zu bemächtigen, die sich dem Kühnsten bietet, und auf diese Weise die Früchte eines Unternehmens zu ernten, bei dem nur Mut gezeigt werden muss, damit der Erfolg sicher ist. Wenn man jedoch seine siegreiche Armee verlässt, den feindlichen Flotten begegnet, im richtigen Augenblick eintrifft, alle Parteien in Ungewissheit lässt, sich schließlich für das Sicherste entscheidet, alles erwägt und berechnet, inmitten der entgegengesetztesten Leidenschaften und Interessen doch alles beherrscht, und zwar in einem Zeitraum von vierundzwanzig Stunden, so muss man zugeben, dass dazu große Geschicklichkeit, ein äußerst zäher Charakter und die schnellste Entschlussfähigkeit gehören.

Bonaparte hatte in geschickter Berechnung das Bulletin des Sieges von Abukir[78] seiner Ankunft vorausgeschickt. Seitdem die letzten Depeschen aus Ägypten eingetroffen waren, bemerkte man bei Josephine und seinen Brüdern eine größere Lebhaftigkeit und Heiterkeit. „Ach! wenn er doch käme!" sagte Josephine zu mir, „es wäre gar nicht unmöglich. Wenn er rechtzeitig die Nachricht von unseren Niederlagen erhalten hat, so brennt er sicher darauf, alles wiedergutzumachen und zu retten!"

Vor nicht einmal vierzehn Tagen hatte ich diese Worte vernommen, als Bonaparte plötzlich landete. Er rief auf seiner Durchreise durch Aix, Avignon, Valence, Vienne und besonders in Lyon die größte Begeisterung hervor. Es war, als ob man

78 Am 25. Juli 1799 vernichtete Bonaparte ein auf der Halbinsel Abukir gelandetes türkisches Heer vollständig.

überall fühlte, dass uns ein Führer fehlte, und dass dieser Führer unter den glücklichsten Anzeichen eintraf.

Als die Nachricht in Paris in allen Theatern bekannt gegeben wurde, erregte sie ungeheures Aufsehen und allgemeine Begeisterung. Gewiss wurde die Begeisterung auch künstlich angefacht, aber schließlich kann man nicht die ganze öffentliche Meinung zu etwas zwingen, und es ist erwiesen, dass sie der unverhofften Rückkehr des großen Mannes sehr wohlwollend gegenüberstand. Von diesem Augenblick an schien er sich als ein Fürst zu betrachten, der in seinen Staaten empfangen wird. Das Direktorium empfand darüber zunächst einen geheimen Verdruss, und die Republikaner waren instinktiv beunruhigt. Bonaparte wäre von einer starken Regierung als Deserteur der Orientarmee und wegen Verletzung der Gesundheitsgesetze kaltgestellt worden. Das Direktorium jedoch, das Zeuge der allgemeinen Begeisterung war, wagte nicht mit Strenge gegen ihn vorzugehen. Es war außerdem uneinig. Wie hätte es sich in einer so ernsten Angelegenheit ohne gegenseitiges Einverständnis einigen können? Am folgenden Tage erstattete Bonaparte im Luxembourg in einer außerordentlichen Sitzung Bericht über die Lage in Ägypten bei seiner Abreise. Er bemühte sich, seine plötzliche Rückkehr durch seine Absicht zu rechtfertigen, die Gefahren des Vaterlandes zu teilen und zu bekämpfen. Alsdann leistete er den Direktoren mit der Hand am Griff seines Degens den Schwur, dass er diesen Degen nur für die Verteidigung der Republik und der Regierung aus der Scheide ziehen würde[79]. Das Direktorium schien ihm Glauben zu schenken, so sehr war es in Selbsttäuschung befangen.

---

79 Am 18. Brumaire = 9. November 1799.

4. Kapitel

Der Staatsstreich Napoleon Bonapartes

Bonaparte war entschlossen, sich der Regierungsgewalt zu bemächtigen. Als er sah, wie er von den Regierenden selbst aufgenommen und begehrt wurde, fühlte er sich seiner Sache sicher. Alles musste nunmehr von der Geschicklichkeit seiner Maßnahmen abhängen. Die Volkspartei, zu deren Anführern Jourdan gehörte, befand sich eigentlich ständig in einer nicht enden wollenden Revolution. Dann kam die Partei der Revolutionsspekulanten, an deren Spitze Barras stand, und die der Gemäßigten, die von Sieyès geführt wurde. Konnte Bonaparte mit den Jakobinern gemeinsame Sache machen, selbst wenn sie ihm die Diktatur übertragen hätten? Falls er mit ihrer Hilfe triumphierte, musste er gleich darauf ohne ihren Beistand den Sieg davontragen. Was konnte ihm Barras bieten, der nach dem eigenen Ausspruch Bonapartes nichts anderes als ein morsches Brett war? Es blieb also nur die Partei Sieyès, den er auch betrügen musste, denn der berühmte Flüchtling gedachte sich des Mannes nur als Werkzeug zu bedienen, der selbst Herr des Staates bleiben wollte.

Im Grunde genommen hatte Bonaparte also keine einzige Partei für sich, die geneigt war, ihr Glück einer ausgesprochenen Usurpation zu verdanken. Er hat dennoch Erfolg gehabt, und zwar dadurch, dass er alle hinters Licht führte, sowohl die Direktoren Barras und Sieyès, als auch Moulins und Gohier, die sich allein in gutem Glauben befanden. Man hat behauptet, dass ich bei diesem ersprießlichen Komplott nicht beteiligt gewesen sei, sondern nur intrigiert habe, um jedoch nachher mit großer Geschmeidigkeit die Früchte einzuheimsen. Allerdings ist der Augenblick, in dem ich schreibe, nicht gerade günstig, um die Ehre zu beanspruchen, an dem Emporkommen Bonapartes Anteil gehabt zu haben. Ich habe jedoch die Wahrheit versprochen und empfinde durch ihre Verkündigung eine Befriedigung, die über die Berechnungen der Eigenliebe und die Enttäuschungen der betrogenen Hoffnungen siegt.

Die Revolution von Saint-Cloud würde gescheitert sein, wenn ich ihr entgegen gewesen wäre. Ich hätte Sieyès irreführen, Barras, Gohier und Moulins auf die Vorgänge aufmerksam machen können; ich brauchte nur Dubois de Crancé, dem einzigen sich widersetzenden Minister, beizustehen, und alles wäre zusammengebrochen. Es wäre jedoch die größte Dummheit meinerseits gewesen, eine sich bietende Zukunft dem Nichts nachzustellen. Ich hatte bereits meinen Entschluss gefasst. Meiner Ansicht nach war Bonaparte der einzig Fähige, politische Reformen durchzuführen, die infolge unserer Gebräuche, unserer Laster, Verirrungen, Frevel, Niederlagen und schließlich unserer verhängnisvollen Uneinigkeit unbedingt nötig waren.

Bonaparte war gewiss zu schlau, als dass er mir alle seine Pläne enthüllt und sich dadurch in die Hände eines einzigen Mannes begeben hätte. Aber er sagte mir genug, um mein Vertrauen zu gewinnen und mich zu überzeugen. Ich aber war bereits überzeugt, dass die Geschicke Frankreichs in seiner Hand ruhten.

In zwei Konferenzen, die bei Réal stattfanden, verhehlte ich ihm nicht, welche Gefahren er zu überwinden hätte. Ich wusste auch, was ihm Sorgen machte: nämlich, dass er gegen die Erregung der Republikaner zu kämpfen hatte, denen er nur die Gemäßigten oder aber Bajonette entgegenstellen konnte. Er selbst schien mir in dieser Zeit in politischer Hinsicht unter Cromwell zu stehen. Er musste außerdem befürchten, das Schicksal Cäsars zu teilen, dessen Genie und glänzende Eigenschaften ihm übrigens fehlten.

Welcher Unterschied aber zeigte sich anderenteils zwischen ihm, Lafayette und Dumouriez! Alles, was den beiden Soldaten der Revolution gefehlt hatte, besaß er, um sie zu bändigen oder sich ihrer zu bemächtigen.

Vom 9. Brumaire an machte die Verschwörung große Fortschritte. Talleyrand gewann Sémonville, und unter den bedeutenden Generalen Beurnonville und Macdonald. Unter den Bankiers verfügte man über Collot. Er stellte zwei Millionen zur Verfügung, wodurch das Unternehmen bedeutend gefördert wurde.

Man begann im Geheimen die Garnison von Paris zu bearbeiten, unter anderen zwei Kavallerieregimenter, die unter dem Befehl Bonapartes in Italien gedient hatten. Lannes, Murat und Leclerc hatten die Aufgabe, die Korpskommandanten und die wichtigsten Offiziere zu gewinnen. Außer diesen drei Generalen, ferner Berthier[80] und Marmont, konnte man bald auf Sérurier und Lefebvre zählen. Man sicherte sich auch Moreau und Moncey. Moreau erkannte mit einer Selbstverleugnung, die er später bereuen sollte, an, dass Bonaparte der geeignete Mann war, um den Staat zu reformieren. Er bestimmte ihn aus eigenem Antrieb dazu, die erste Rolle zu spielen, die man ihm zugedacht hatte, für die er aber weder Neigung noch genügend politische Energie besaß.

Als die Verschworenen der beiden Räte gerade über die vorteilhafteste und sicherste Art der Ausführung des Unternehmens berieten, zeige Dubois de Crancé die Verschwörung den Direktoren Gohier und Moulins an und verlangte, man solle Bonaparte sofort verhaften lassen. Aber die beiden Direktoren

80 [Louis Alexandre Berthier (1753–1815) war schon unter Ludwig XVI. General, schloss sich aber der Revolution an. 1806 erhielt er von Napoleon I. das vormals preußische Fürstentum Neuchâtel in der Schweiz, das er allerdings nie betrat. 1814 trat er gegen eine Pension von 34 000 Talern das Fürstentum wieder an den König von Preußen ab. 1815 fiel er bei Ludwig XVIII. in Ungnade und ging nach Bamberg, wo er am 1. Juni 1815 aus einem Fenster stürzte und starb („Bamberger Fenstersturz"). *P.S.*]

glaubten sich Bonapartes in so hohem Maße sicher, dass sie sich weigerten, den Mitteilungen des Kriegsministers Glauben zu schenken. Sie verlangten von ihm Beweise und wollten keinesfalls die Angelegenheit Barras mitteilen und überhaupt keine Maßregel treffen, bevor er diese nicht erbracht hatte. Sie verlangten Beweise, während die Verschwörung ganz offen vor sich ging, wie es in Frankreich stets üblich ist. Man konspirierte bei Sieyès, bei Bonaparte, bei Murat, bei Lannes, bei Berthier. Man konspirierte in den Salons der Inspektoren des Rates der Alten und bei den hervorragendsten Mitgliedern der Kommissionen. Da Dubois de Crancé weder Gohier noch Moulins überzeugen konnte, so sandte er ihnen einen Polizeiagenten, der die Verschwörung kannte und sie ihnen ganz enthüllte. Als Gohier und Moulins ihn angehört hatten, ließen sie ihn in Einzelhaft setzen, um über seine Enthüllungen zu beraten. Der Mann, der durch ein solches Verfahren, das er nicht begreift, unruhig, verstört und schließlich von der Angst gepackt wird, entweicht durch ein Fenster und berichtet mir alles. Seine Flucht und meine Gegenlist verwischten bei den Direktoren bald den Eindruck, den der Schritt Dubois de Crancés gemacht hatte. Ich setzte übrigens Bonaparte davon in Kenntnis.

Damit war der Antrieb zur Ausführung des Unternehmens gegeben. Lucien ließ Boulay, Chazal, Cabanis, Emile Gaudin[81] kommen und wies jedem seine Rolle zu. Im Landhaus der Frau von Récamier ersann Lucien (Bonaparte) die gesetzgeberischen Maßnahmen, die mit dem militärischen Komplott Hand in Hand gehen sollten. Die Präsidentschaft des Rates der Fünfhundert, die ihm zugefallen war, bildete eine der Hauptstützen der Verschwörer. Zu jener Zeit wogten im Herzen Luciens zwei mächtige Leidenschaften: der Ehrgeiz und die

---

81 Abgeordnete des Rates der Fünfhundert. Sie haben unter der Revolution und dem Kaiserreich eine bedeutende Rolle als Juristen, Verwaltungsbeamte und Männer der Feder gespielt.

Liebe. Da er bis über die Ohren in die sanfte und feine Frau von Récamier verliebt war, so glaubte er sich umso unglücklicher, als er auf ihr Herz Eindruck gemacht hatte und doch nicht den Grund ihrer Sprödigkeit erraten konnte, die ihn zur Verzweiflung brachte.[82] Im Aufruhr seiner Sinne erlahmte jedoch seine Tätigkeit und seine politische Tatkraft nicht. Jenes Wesen, das sein Herz besaß, konnte alles darin lesen, aber sie war verschwiegen.

Im Einverständnis mit Lucien hatte Bonaparte am 15. Brumaire mit Sieyès eine Unterredung, in der die Anordnungen für den 18. getroffen wurden. Es handelte sich darum, das Direktorium abzuschaffen und die Gesetzgebende Körperschaft aufzulösen, aber alles sollte ohne Gewalt und dem Scheine nach auf gesetzmäßigem Wege vor sich gehen, jedoch wohlverstanden mit allen Mitteln des Betrugs und der Kühnheit. Das Drama sollte durch einen Beschluss eröffnet werden, der die Verlegung der Gesetzgebenden Körperschaft nach Saint-Cloud anordnete. Die Wahl von Saint-Cloud war hauptsächlich aus dem Grunde erfolgt, um jede Volksbewegung auszuschalten und um die Möglichkeit zu haben, die Truppen fern von Paris mit größerer Sicherheit eingreifen zu lassen. Auf Grund der zwischen Sieyès und Bonaparte vereinbarten Abmachungen, sandte der geheime Rat der hauptsächlichsten Verschwörer am 16. Brumaire dem Präsidenten des Rates der Alten, Lemercier, seine letzten Verhaftungsbefehle. Es handelte sich darum, für den 18. Brumaire um zehn Uhr eine außerordentliche Sitzung im Saale des Rates der Alten in den Tuilerien anzuordnen.

---

82 Fouché ist in seinen Memoiren oft der Verbreiter von Gerüchten, die schwer nachzuprüfen sind. So berichtete man von Frau von Récamier, ein physischer Fehler habe sie verhindert, ihre Anbeter zu erhören. Es ist jedoch wahrscheinlicher, dass man ihr diesen Fehler nur aus dem Grunde zuschrieb, weil sie in der ausschweifenden Epoche des Direktoriums eine der wenigen Frauen war, die dem Zuge der Zeit nicht folgten.

Um acht Uhr morgens erfahre ich, dass der Präsident der Kommission des Rates der Alten, nachdem durch die Einberufung zu der außerordentlichen Sitzung eine künstliche Mehrheit geschaffen war, den Antrag gestellt hatte, die Gesetzgebende Körperschaft nach Saint-Cloud zu verlegen und Bonaparte das Oberkommando der Armee zu übertragen. Diesen Antrag hatte er durch eine schwülstige Rede eingeleitet, in der er die Republik als in der größten Gefahr befindlich erklärte. Zu gleicher Zeit erfuhr ich, dass der Beschluss durchgehen würde. Ich besteige meinen Wagen und begebe mich zunächst nach den Tuilerien. Dort erfahre ich, dass der Beschluss angenommen worden ist. Gegen neun Uhr traf ich vor dem Hause des Generals Bonaparte ein, dessen Hof bereits militärisch besetzt war. Alle Gänge waren mit Offizieren und Generalen angefüllt, und das Haus vermochte die Menge der Freunde und Anhänger nicht zu fassen. Alle Truppenteile der Garnison von Paris und der Division hatten Offiziere gesandt, die Befehle entgegennehmen sollten. Ich trat in das ovale Arbeitszimmer ein, wo sich Bonaparte aufhielt. Hier erwartete er mit Berthier und dem General Lefebvre ungeduldig den Beschluss des Rats der Alten. Ich machte ihm die Mitteilung, dass das Dekret der Verlegung, das ihm den Oberbefehl übertrug, bereits erlassen sei und man es ihm sogleich übermitteln werde. Von neuem versicherte ich ihn meiner Treue und meines Eifers und kündete ihm an, dass ich die Barrieren von Paris hatte schließen und die Abreise der Kuriere und Postwagen hatte verhindern lassen. „Das ist alles unnötig", antwortete er mir in Gegenwart verschiedener Generale, die gerade eingetreten waren. „Sie sehen an der Menge der Bürger und Tapferen, die sich um mich scharen, dass ich *mit* der Nation und *für* die Nation handle. Ich werde dem Beschluss der Räte Achtung verschaffen und die öffentliche Ordnung aufrechterhalten!"

Im selben Augenblick trat Josephine ins Zimmer und kündete mit ärgerlicher Miene an, dass der Präsident Gohier seine Frau schicke, aber nicht persönlich komme[83]. „Seine Frau soll ihm schreiben", antwortete Bonaparte, „er möge sofort kommen."

Einige Minuten später traf der Abgeordnete Cornet ein. Er war ganz stolz, bei dem General das Amt eines Staatsgesandten auszuüben, denn er überbrachte das Dekret, das das Geschick der Republik in Bonapartes Hände legte.

Bonaparte verließ sogleich sein Kabinett und teilte seinen Anhängern den Inhalt des Dekretes mit, das ihm das Oberkommando verlieh. Hierauf stellte er sich an die Spitze der Generale, Offiziere sowie von 1 500 Reitern der Pariser Garnison, die ihm Murat zugeführt hatte, und setzte sich in der Richtung auf die Champs-Élysées in Marsch.

Ich begab mich in meine Wohnung und erteilte dort Befehl, eine von mir unterzeichnete Proklamation anzuschlagen, die in dem Sinne der begonnenen Revolution gehalten war. Dann wandte ich mich nach dem Luxembourg.

Es war etwas später als neun Uhr. Ich fand Moulins und Gohier, die mit Barras die Mehrheit des Direktoriums bildeten, in vollkommener Unwissenheit der Ereignisse, die sich in Paris abspielten. Frau Tallien hatte sich den Zugang in den Palast erzwungen, war in die Wohnung Barras' eingedrungen, den sie im Bad überraschte. Sie teilte ihm als erste mit, dass Bonaparte ohne ihn handelte. „Was wollen Sie", antwortete ihr der lässige Epikureer, „dieser Kerl (er belegte Bonaparte mit einem groben Schimpfwort) hat uns alle hineingelegt." In der Hoffnung, doch noch etwas durch Verhandlungen zu erreichen, sandte er

83 Bonaparte hatte Gohier für den 18. Brumaire aus Vorsicht zum Diner eingeladen. Dem Präsidenten des Direktoriums war jedoch diese Einladung verdächtig vorgekommen, und er hatte ihr daher keine Folge geleistet.

Bonaparte seinen vertrauten Sekretär Botot, um ihn in bescheidener Weise fragen zu lassen, was er von ihm zu erwarten habe. Botot findet Bonaparte an der Spitze seiner Truppen, und als er sich seines Auftrags entledigt, erhält er die harte Antwort: „Sagen Sie diesem Manne, dass ich ihn nicht mehr sehen will!" Er hatte ihm bereits Talleyrand und Bruix[84] gesandt, um seine Demission zu erzwingen.

Nachdem ich die Gemächer des Luxembourg-Palais' betreten hatte, benachrichtigte ich den Präsidenten von dem Dekret, wonach die Sitzungen der Gesetzgebenden Körperschaft in das Schloss von Saint-Cloud verlegt wurden[85]. „Ich muss mich sehr wundern", antwortete mir Gohier ärgerlich, „dass sich ein Minister des Direktoriums auf einmal in einen Abgesandten des Rates der Alten verwandelt."

„Ich hielt es für meine Pflicht", antwortete ich, „Sie von einem so wichtigen Entschluss in Kenntnis zu setzen, und gleichzeitig hielt ich es für richtig, hierher zu kommen, um die Befehle des Direktoriums entgegenzunehmen."

„Es wäre vielmehr Ihre Pflicht gewesen", fuhr Gohier mit bewegter Stimme fort, „uns nicht über die verbrecherischen Intrigen, die einen derartigen Beschluss herbeigeführt haben, in

84 [Étienne Eustache Bruix (1759–1805) war ein französischer Marineoffizier. Napoleon ernannte ihn zum Kommandeur der Flotte, die die Invasion Englands durchführen sollte. Er starb aber schon während der Vorbereitungen an Tuberkulose. *P.S.*]

85 Hier haben wir ein Meisterstück Fouchéscher Intrigen. Während er ein Plakat zugunsten der neuen Revolution anschlagen, während er die Barrieren von Paris schließen ließ, setzte er das Direktorium von dem neuen Staatsstreich in Kenntnis. Gelang die Revolution, so musste Bonaparte ihm für seine Tätigkeit dankbar sein, schlug sie fehl, so war Fouché der erste, der über den General und seine Anhänger herfiel und sich so die Dankbarkeit des Direktoriums erwarb. Es wäre ihm ein Leichtes gewesen, das Direktorium davon zu überzeugen, dass er die Stadt Paris nur aus dem Grunde von der Außenwelt abgeschnitten hatte, um den Staatsstreich zum Scheitern zu bringen. Er hat übrigens sein doppeltes Spiel mit großem Zynismus eingestanden, und auch Napoleon wusste davon.

Unwissenheit zu lassen. Wahrscheinlich ist er nur das Vorspiel zu den Angriffen, die man in den geheimen Versammlungen gegen die Regierung beschlossen hat und die Sie in Ihrer Eigenschaft als Polizeiminister hätten aufdecken und uns mitteilen lassen müssen."

„Aber die Berichte haben dem Direktorium nie gefehlt", antwortete ich. „Ich habe mich selbst der Schleichwege bedienen müssen, als ich sah, dass ich nicht sein ganzes Vertrauen besaß. Das Direktorium hat indes nie meinen Warnungen Glauben schenken wollen. Ist übrigens der Angriff nicht aus dem Lager des Direktoriums selbst erfolgt? Die Direktoren Sieyès und Roger Ducos sind bereits in der Kommission der Inspektoren des Rates der Alten versammelt."

„Die Mehrheit befindet sich im Luxembourg", erwiderte Gohier lebhaft, „und wenn das Direktorium Befehle zu erteilen hat, so wird es die Ausführung Männern übertragen, die sein Vertrauen besitzen."

Ich zog mich hierauf zurück, und Gohier beeilte sich, seine beiden Kollegen Barras und Moulins einzuberufen. Ich befand mich kaum in meinem Wagen, als ich den Boten des Rats der Alten eintreffen sah, der dem Präsidenten die Mitteilung von der Verlegung nach Saint-Cloud übermittelte. Gohier begab sich sofort zu Barras und nahm ihm das Versprechen ab, sich mit ihm und Moulins in den Sitzungssaal zu begeben, um zu irgendeinem Entschluss zu kommen.

Barras aber war dermaßen bestürzt, dass er unfähig war, einen energischen Entschluss zu fassen. Er vergaß daher auch bald das Gohier gegebene Versprechen, als er die beiden Gesandten Bonapartes, Bruix und Talleyrand, bei sich eintreten sah, die den Auftrag hatten, mit ihm über seinen Rücktritt zu verhandeln. Sie erklärten ihm zunächst, dass Bonaparte entschlossen sei, alle ihm zur Verfügung stehenden Gewaltmittel gegen ihn aufzubieten, wenn er es wagen sollte, den geringsten

Widerstand entgegenzusetzen, um die Ausführung seiner Pläne zu erschweren. Als die beiden Unterhändler ihn dermaßen in Schrecken gesetzt hatten, machten sie ihm die schönsten Versprechungen, falls er zurücktreten würde. Barras erhob zwar lebhaften Einspruch, gab jedoch zuletzt den Beweisgründen der beiden geschickten und geschmeidigen Männer nach. Sie gaben ihm wiederholt die Versicherung, dass ihm nichts fehlen würde, um ein fröhliches und ruhiges Leben zu führen, ohne die Unannehmlichkeiten einer Gewalt, die er doch nicht würde behalten können. Talleyrand hatte einen fertigen Brief bei sich, den Barras an die Gesetzgebende Versammlung richten sollte, um ihr seinen Entschluss mitzuteilen, sich ins Privatleben zurückzuziehen. Zwischen Furcht und Hoffnung schwebend, unterzeichnete er schließlich alles, was man von ihm verlangte, und da er sich ganz dem Willen Bonapartes ergeben hatte, verließ er das Luxembourg-Palais, um nach seiner Besitzung Grosbois abzureisen. Eine Abteilung Dragoner begleitete und überwachte ihn dabei.

Auf diese Weise verfügte das Direktorium um neun Uhr morgens bereits nicht mehr über die Mehrheit. Um diese Zeit kam Dubois de Crancé[86] an, der in seinem Widerstand verharrte, und verlangte von Gohier und Moulins den Befehl zur Verhaftung Bonapartes, Talleyrands, Barras' und der wichtigsten Verschwörer. Er erbot sich als Kriegsminister, Bonaparte und Murat auf der Straße nach Saint-Cloud selbst verhaften zu lassen. Vielleicht hätten Moulins und Gohier, denen endlich die Augen aufgingen, dem lebhaften Drängen Dubois de Crancés nachgegeben, hätte nicht Lagarde, der Generalsekretär des Direktoriums, der ebenfalls für die Verschwörung gewonnen war, erklärt, er weigere sich, irgendwelchen Beschluss des

86 Er war Präsident des Konvents gewesen, wurde unter dem Direktorium Generalinspektor der Armeen und Kriegsminister. Seine Laufbahn endigte mit dem 18. Brumaire.

Direktoriums gegenzuzeichnen, der nicht von der Mehrheit gefasst worden sei. Gohier, der durch diese Bemerkung ruhiger geworden war, bemerkte darauf: „Wie denken Sie sich übrigens eine Revolution in Saint-Cloud? Ich habe hier in meiner Eigenschaft als Präsident die Siegel der Republik in Händen." Moulins fügte hinzu, dass er mit Bonaparte bei Gohier speisen und dann wohl sehen würde, was er im Schilde führte.

Ich hatte bereits seit langer Zeit die Fähigkeiten dieser Männer richtig eingeschätzt. die so wenig geeignet waren, einen Staat zu regieren. Sie waren von einer grenzenlosen Blindheit und Albernheit. Man kann ruhig behaupten, dass sie sich selbst verraten haben.

Die Ereignisse nahmen bereits ihren Lauf. Bonaparte hatte sich zunächst zu Pferd, von einem zahlreichen Stab gefolgt, nach den Champs-Élysées begeben, wo mehrere Truppenteile in Schlachtordnung aufgestellt waren. Nachdem er sich als ihr General zu erkennen gegeben hatte, war er nach den Tuilerien geritten. Das Wetter war prächtig, und man konnte sowohl in den Champs-Élysées als auch auf den Kais und im Volksgarten das ganze militärische Gepränge entfalten. Der Volksgarten glich bald einem Artilleriepark, und der Andrang war hier ungeheuer. Bonaparte zeigte sich hierauf mit militärischem Gefolge im Rate der Alten, aber er vermied es ängstlich, den Eid auf die Verfassung zu leisten. Alsdann verließ er das Schloss und redete die Truppen an, die geneigt waren, ihm zu gehorchen.

Dort erfährt er, dass das Direktorium aufgelöst ist, dass Sieyès und Roger Ducos der Kommission der Inspektoren des Rates der Alten ihren Rücktritt angezeigt haben und der überlistete Barras drauf und dran ist, sich den Bedingungen zu seinem Rücktritt zu unterwerfen, so dass auf diese Weise das Direktorium keine Mehrheit mehr aufzuweisen hat. Nun begab sich der General zu den Kommissionen der versammelten Inspektoren, wo er Sieyès fand. Hierauf erschienen Gohier, der Präsident des Direktoriums, und sein Kollege Moulins; sie weigerten sich, die Vorgänge zu billigen. Zwischen Gohier und Bonaparte entspann sich eine Auseinandersetzung.

„Meine Pläne sind durchaus nicht feindlich“, sagte Bonaparte. „Die Republik ist in Gefahr ... Sie muss gerettet werden ... *Ich will es!*“ Als Gohier und Moulins sahen, dass der Antrieb zu der Bewegung gegeben und die Bewegung selbst unwiderstehlich war, kehrten sie nach dem Luxembourg zurück, wo sie Zeugen des Abfalls ihrer Garden waren. Bald darauf bestürmte Moreau die beiden, denn Bonaparte hatte bereits alle militärischen Anordnungen getroffen, wodurch die Behörden und die öffentlichen Einrichtungen in seine Gewalt gegeben wurden. Er hatte Moreau mit einer Abteilung abgesandt, um das Luxembourg-Palais zu besetzen. Der General Lannes war mit dem Kommando der Truppen beauftragt worden, die die Gesetzgebende Versammlung zu bewachen hatten. Murat hatte man in aller Eile abgesandt, um Saint-Cloud zu besetzen, während Sérurier bei Point-du-Jour als Reserve blieb. So ging alles ohne Hindernisse vor sich, wenigstens zeigte sich in der Hauptstadt nirgends Widerstand, denn die Revolution schien von allen gebilligt zu werden.

Am folgenden Tage war bereits in früher Stunde die Straße von Paris nach Saint-Cloud mit Truppen, berittenen Offizieren, Neugierigen sowie Wagen bedeckt, die von Abgeordneten, Beamten und Journalisten angefüllt waren. Die Säle für die beiden Räte wurden in aller Eile instand gesetzt. Alan bemerkte bald, dass die Militärpartei in den beiden Räten sich auf eine geringe Anzahl Abgeordneter beschränkte, die für die neue Ordnung mehr oder weniger Begeisterung zeigten.

Ich war in Paris geblieben und hielt mich in meinem Kabinett auf. Die ganze Polizei war in Tätigkeit. Ich achtete auf alles und prüfte persönlich die Berichte. Außerdem hatte ich eine gewisse Anzahl geschickter und intelligenter Agenten nach Saint-Cloud gesandt, die sich mit bestimmten Persönlichkeiten in Verbindung setzen sollten. Andere wieder lösten sich jede halbe Stunde ab und hielten mich über den Stand der Dinge auf dem Laufenden. Auf diese Weise war ich über den geringsten Zwischenfall und über den kleinsten Umstand, der das vorgesehene Ergebnis beeinflussen konnte, unterrichtet. Ich war fest überzeugt, dass das Schwert den Knoten zerhauen würde.

Die Sitzung begann im Rate der Fünfhundert unter der Präsidentschaft Lucien Bonapartes mit einer listigen Rede Emil Gaudins, in der er vorschlug, es solle eine Kommission ernannt werden, die sofort einen Bericht über die Lage der Republik zu erstatten habe. In diesem abgekarteten Antrag verlangte Gaudin außerdem, man möge keinen Entschluss irgendwelcher Art fassen, bevor man nicht den Bericht der vorgeschlagenen Kommission gehört habe. Boulay de la Meurthe hielt diesen Bericht schon bereit.

Kaum aber hatte Emil Gaudin seinen Vorschlag gemacht, als ein furchtbarer Sturm im Saale tobte. Von allen Seiten ertönten die Rufe: „Es lebe die Verfassung! … Keine Diktatur! Nieder mit dem Diktator!“ Auf Antrag Delbrels, der von Grandmaison unterstützt und erweitert wurde, erhob sich die Versammlung unter den Rufen „Es lebe die Republik!“ und beschloss, den Treueid auf die Verfassung einzeln zu wiederholen. Selbst jene, die mit der Absicht hergekommen waren, sie zu zerstören, leisteten den Eid.

Der Saal des Rates der Alten befand sich fast in derselben Erregung, aber dort gab die Partei Sieyès' und Bonapartes, die sich mit der Errichtung einer provisorischen Regierung beeilen wollte, durch einen gewissen Lagarde die Erklärung ab, dass die Direktoren ihre Demission gegeben hätten. Sogleich verlangte die Opposition, man möge die zurückgetretenen Direktoren in den vorgeschriebenen Formen ersetzen.

Bonaparte, der von dem doppelten Sturm in Kenntnis gesetzt worden war, glaubte nun die Zeit gekommen, selbst aufzutreten. Er durchschritt den Marssalon und trat in den Rat der Alten ein. In einer phrasenhaften und abgerissenen Rede erklärte er, dass keine Regierung mehr vorhanden sei und dass die Verfassung die Republik nicht mehr retten könne. Er beschwor nun den Rat, sich mit der Annahme einer neuen Ordnung der Dinge zu beeilen und versicherte, dass er der neu zu ernennenden Regierung nichts weiter als eine Stütze sein wolle, um den Befehlen des Rates die Ausführung zu sichern.

Diese Rede, die ich nur dem Inhalt nach wiedergebe, wurde ohne Zusammenhang und ohne Form gehalten. Sie bewies, wie verwirrt der General war, der sich bald an die Abgeordneten, bald an die Soldaten wandte, die am Eingang des Saales geblieben waren. Da er durch die Rufe „Es lebe Bonaparte" und durch die Zustimmung der Mehrheit der Alten sicherer geworden war, so verließ er den Saal in der Hoffnung, auf den anderen Rat denselben Eindruck hervorzurufen. Er war nicht ohne Besorgnisse, denn er wusste, was vorgefallen war und mit welcher Begeisterung man der republikanischen Verfassung Treue geschworen hatte. Es war gerade eine Botschaft an das Direktorium beschlossen worden. Man stellte den Antrag, den Rat der Alten zu bitten, die Gründe der Verlegung nach Saint-Cloud mitzuteilen, als man die Demission des Direktors Barras erhielt, die von dem anderen Rate übermittelt wurde. Diese Demission, die bisher unbekannt war, rief in der Versammlung großes Erstaunen hervor. Man betrachtete sie als das Ergebnis einer großen Intrige. Im selben Augenblick, als man die Frage erörterte, ob die Demission gesetzlich und der Form nach in Ordnung sei, traf Bonaparte mit einer Abteilung Grenadiere ein. Er trat mit vier Grenadieren in den Saal ein, während er die anderen am Eingang zurückließ. Da ihn der Empfang der Alten kühn gemacht hatte, hoffte er den republikanischen Eifer der Fünfhundert bald beruhigen zu können. Kaum aber hat er den Saal betreten, als sich der Versammlung die größte Unruhe bemächtigt. Alle Mitglieder stehen auf und bekunden durch laute Rufe, welchen Eindruck das Erscheinen der Bajonette und des Generals auf sie hervorruft, der mit militärischer Gewalt in den Tempel der Gesetzgebung eindringt. „Sie verletzen das Heiligtum der Gesetze! Ziehen Sie sich zurück!" riefen ihm mehrere Abgeordnete zu. – „Was wollen Sie, Tollkühner?" schreit ihm Bigonnet entgegen. – „Also dazu hast Du gesiegt!" ruft Destrem.

Vergeblich versucht Bonaparte, als er an der Tribüne angelangt war, einige Sätze zu stottern. Von allen Seiten vernimmt er die Rufe: „Es lebe die Verfassung! ... Hoch die Republik!" Von allen Seiten schreit man ihm zu.

„Nieder mit dem Cromwell! Nieder mit dem Diktator! Nieder mit dem Tyrannen! Erklärt den Diktator für vogelfrei!" rufen die wütendsten Abgeordneten. Einige stürzen sich auf ihn und stoßen ihn zurück. „Du willst also mit Deinem Vaterlande Krieg führen!" schreit ihm Arena zu und zeigt ihm die Spitze seines Dolches. Als die Grenadiere ihren General erbleichen und wanken sehen, durchschreiten sie den Saal, um einen Wall um ihn herum zu bilden.

Bonaparte lässt sich in ihre Arme gleiten, und man trägt ihn fort. Als er, der den Kopf verloren hatte, auf diese Weise befreit war, setzte er sich von neuem zu Pferd, galoppierte davon und ritt auf die Brücke von Saint-Cloud. „Sie haben mich ermorden wollen!" rief er seinen Soldaten zu. „Sie haben mich für vogelfrei erklären wollen! Sie wissen also nicht, dass ich unverletzlich, dass ich der Donnergott bin!"

Murat traf ihn auf der Brücke: „Es leuchtet mir nicht ein", sagte er zu ihm, „dass der, welcher über so viel mächtige Feinde triumphiert hat, solche Schwätzer fürchten soll ... Vorwärts, General, fassen Sie Mut, und der Sieg ist unser!" Bonaparte kehrte darauf um und zeigte sich von neuem seinen Soldaten. Dann versuchte er die Generale dahin zu bringen, der Sache durch einen Handstreich ein Ende zu machen. Aber Lannes, Sérurier und selbst Murat zeigten wenig Neigung, die Gesetzgebende Versammlung mit den Bajonetten zu bedrohen.

Inzwischen dauerte der furchtbarste Tumult im Saale fort. Lucien, der mit großer Energie präsidierte, machte vergebliche Anstrengungen, um die Ruhe wiederherzustellen. Er verlangte inständig von seinen Kollegen, man möge seinen Bruder zurückrufen und anhören. Stets jedoch erhielt er zur Antwort: „Vogelfrei! Erklärt den General Bonaparte für vogelfrei!" Man ging so weit, von Lucien zu verlangen, dass er über die Forderung, seinen Bruder vogelfrei zu erklären, abstimmen lassen sollte. Lucien verließ daraufhin entrüstet den Präsidentensitz, legte die Präsidentschaft nieder und entledigte sich der Abzeichen. Kaum war er von der Tribüne herabgestiegen, als die Grenadiere wieder eintraten, ihn aus dem Saale holten und ins Freie brachten. Der bestürzte Lucien erfährt nun, dass es auf Befehl seines Bruders geschieht, der ihn zu Hilfe ruft, da er entschlossen sei, gegen die Gesetzgebende Versammlung Gewalt anzuwenden. Das war die Ansicht Sieyès', der in einem mit sechs Postpferden bespannten Wagen am Tor von Saint-Cloud wartete. Die eifrigsten Anhänger Bonapartes waren bleich und vor Angst wie versteinert, während die Zaghafteren sich bereits gegen das Unternehmen erklärten. Man bemerkte, wie Jourdan und Augereau sich abseits hielten, um den geeigneten Augenblick zu benützen, die Grenadiere für die Volkspartei zu gewinnen.

Aber Sieyès, Bonaparte und Talleyrand, die mit Roederer nach Saint-Cloud gekommen waren, teilten mit mir die Ansicht, dass diese Partei „weder Arm noch Kopf" haben würde. Lucien, der Bonaparte seine ganze Energie einflößte, setzte sich zu Pferd und verlangte in seiner Eigenschaft als Präsident den Beistand der Gewalt, um die Versammlung aufzulösen. Er riss die Grenadiere mit sich fort, die in geschlossenen Kolonnen unter Führung Murats in den Saal der Fünfhundert eindrangen, während der General Moulins zum Angriff blasen ließ. Als der Saal unter dem Wirbel der Trommeln und dem Geschrei der Soldaten genommen wurde, sprangen die Abgeordneten aus den Fenstern, entledigten sich ihrer Togen und liefen davon.

So verlief der Tag von Saint-Cloud (19. Brumaire, 10. November). Bonaparte verdankte den Ausgang hauptsächlich der Energie seines Bruders Lucien, der Entschlossenheit Murats und vielleicht auch der Schwäche der Generale, die nicht wagten, offen aufzutreten, obgleich sie ihm feindlich gesinnt waren[87].

Man musste jedoch einen gegen die Interessen des Volkes gerichteten Tag zu einem nationalen gestalten, hatte doch die Gewalt den Sieg über eine verwirrte Volksvertretung davongetragen, die weder einen wirklichen Redner noch einen Führer aufzuweisen vermochte. Man musste ein Unternehmen billigen, das die Geschichte später den Triumph der militärischen Usurpation nannte.

So wurde die Akte des 19. Brumaire feierlich bekannt gegeben. Sie war ebenfalls von den Rädelsführern verabredet worden, um der neuen Revolution als gesetzliche Grundlage zu dienen. Diese Urkunde setzte das Direktorium ab und richtete eine Konsularkommission als ausführende Gewalt ein, die aus Sieyès, Roger Ducos und Bonaparte bestand. Sie vertagte die beiden Räte und schloss aus ihrer Mitte zweiundsechzig Mit-

---

87 Nach Fouché ist also der Anteil Napoleons am Staatsstreich des 18. Brumaire einfach Null gewesen. Obgleich Napoleon tatsächlich im Augenblick der Entscheidung versagte, muss man das Urteil Fouchés als übertrieben bezeichnen. Der General Bonaparte hatte nicht nur das Unternehmen sehr geschickt vorbereitet, sondern es war außerdem das große Vertrauen in seine Persönlichkeit, das diese innere Revolution gelingen ließ. Fouché hätte sich wohl sonst von vornherein auf die Seite der Gegenpartei gestellt.

glieder der Volkspartei aus, unter denen sich auch der General Jourdan befand. Ferner ordnete sie die Aufstellung einer gesetzgebenden Kommission von fünfzig Mitgliedern an, die ebenfalls aus den beiden Räten gewählt wurden und die Aufgabe hatten, eine neue Arbeit über die Staatsverfassung vorzubereiten.

Bonaparte leistete mit seinen beiden Kollegen im Rate der Alten den Eid, und am 11. November gegen fünf Uhr verließ die neue Regierung Saint-Cloud, um sich im Luxembourg-Palais niederzulassen.

Ich hatte geahnt, dass die ausübende Gewalt dieses Triumvirats ganz in die Hände des Mannes fallen würde, der bereits mit der Militärgewalt belehnt war. Nach der ersten Sitzung, die die drei Konsuln noch in der Nacht abhielten, war daran kein Zweifel mehr. Bonaparte bemächtigt sich dort des Präsidentenstuhles, den weder Roger Ducos noch Sieyès ihm streitig zu machen wagten. Roger, der bereits gewonnen war, erklärte, dass Bonaparte allein die Sache des Staates retten könne und er von nun an in allen Dingen seiner Ansicht sein werde. Sieyès biss sich auf die Lippen und schwieg. Da Bonaparte wusste, dass er sehr geldgierig war, so überließ er ihm den Privatschatz des Direktoriums, der 800 000 Franken enthielt. Sieyès nahm ihn an sich und behielt für sich den Löwenanteil. Er ließ seinem Kollegen Roger Ducos kaum 100 000 Franken. Diese kleine Entschädigung schwächte ein wenig den Ehrgeiz Sieyès' ab, denn er erwartete, dass Bonaparte sich mit dem Kriege beschäftigen und ihm daher die inneren Angelegenheiten überlassen würde. Als er aber sah, dass Bonaparte bereits in der ersten Sitzung über die Finanzen, die Verwaltung, die Gesetze, die Armee, die Politik wie ein Mann von Kenntnissen sprach, da sagte er, als er zu Hause eintraf, in Gegenwart Talleyrands, Boulays, Cabanis', Roederers und Chazals: „Meine Herren, Sie haben einen Gebieter!"

5. Kapitel
Im Zeichen des Wiederaufbaus

Seit dem Sturze des Königtums war innerhalb eines Zeitraums von sieben Jahren das Staatsruder neunmal in andere Hände übergegangen. Diesmal flößte der Führer des Staatsschiffs allen größeres Vertrauen ein. Man hielt ihn für tatkräftig und geschickt. Seine Regierung nahm immer festere Formen an.

Von dem Augenblick an, wo Bonaparte sich zum Ersten Konsul machte und als solcher anerkannt wurde, datierte er seine Regierung. Er verheimlichte das auch in den innerpolitischen Handlungen seiner Regierung nicht. Täglich verlor der Republikanismus mehr von seinem düsteren Ernst, und die Bekehrungen zugunsten der Einheit der Regierungsgewalt mehrten sich.

Der Konsul überzeugte uns, – und wir ließen uns gern überzeugen – dass diese in der Regierung nötige Einheit der republikanischen Schöpfung keinen Abbruch tun würde. Tatsächlich blieben auch die republikanischen Formen bis zur Schlacht von Marengo bestehen. Man wagte es nicht, von der Sprache und dem Geiste der Regierung abzuweichen. Während Bonaparte Erster Konsul war, gab er sich alle Mühe, wirklich nur als der erste Vertreter des Volkes und Führer der Soldaten zu erscheinen.

Er nahm am 25. Dezember (1799) die Zügel der Regierung in die Hand, und von nun an befand sich sein Name am Kopfe der öffentlichen Urkunden, eine Neuerung, die man seit Bestehen der Republik nicht gekannt hatte. Bis dahin hatten die Oberhäupter des Staates das Luxembourg-Palais bewohnt, und keiner hatte es gewagt, sich in der Residenz der Könige niederzulassen. Bonaparte, der kühner war, verließ jedoch das Luxembourg-Palais und nahm mit großem Pomp und militärischem Aufwand das Schloss der Tuilerien in Beschlag, das von nun an die Wohnung des Ersten Konsuls wurde. Der Senat hielt seine Sitzungen im Luxembourg und das Tribunat im Palais-Royal ab.

Dieser Prachtaufwand gefiel dem Volke. Es freute sich, nun in einer Weise vertreten zu sein, die seiner würdiger war. Pracht und Etikette traten teilweise wieder ihre Herrschaft an; Paris sah wieder Gesellschaften, Bälle und prächtige Feste aufkommen. Bonaparte, der auf den Schein Wert legte und in Dingen des öffentlichen Anstandes streng war, brach mit den alten Bekanntschaften Josephines und selbst mit seinen eigenen und verbannte aus seinem Palast die verrufenen oder eines freien Lebens verdächtigen Frauen, die unter dem Direktorium in den glänzendsten Gesellschaften und Intrigen eine Rolle gespielt hatten[88].

Die Anfänge einer neuen Regierung sind fast immer glücklich. Das war auch unter dem Konsulat der Fall. Man schaffte eine große Zahl von Missständen ab und begann mit Akten der Klugheit, Menschlichkeit, Gerechtigkeit und Mäßigung. So war die Rückberufung der durch das Gesetz vom 19. Fructidor betroffenen Abgeordneten eine kluge, kühne und gerechte Tat. Dasselbe war hinsichtlich der Schließung der Emigrantenlisten der Fall. Die Konsuln gestatteten ferner die Streichung einer großen Anzahl hervorragender Mitglieder der Verfassunggebenden Nationalversammlung. So hatte ich die Freude, von der verhängnisvollen Liste den berühmten Cazales[89] und seinen alten Kollegen Malouet[90] streichen und heimkehren lassen zu

---

88 So verbot u. a. Napoleon der besten Freundin Josephines, Madame Tallien, der extravaganten und leichtlebigen Schönheit des Direktoriums, den Zutritt zu seiner Gesellschaft.

89 Er war Abgeordneter des Adels in den Generalstaaten, wo er durch sein Eintreten für die Sache des Königs in weiteren Kreisen bekannt wurde.

90 Auch Malouet galt als glühender Royalist.

können. Malouet, ehemals Mitglied der Nationalversammlung, ein wirklich talentvoller und rechtschaffener Mann, war, wie ich, früher Lehrer im Oratorium gewesen, und ich empfand für ihn die größte Zuneigung. Wie man später sehen wird, vergalt er mir dies durch aufrichtige Freundschaftsdienste.

Die Neuorganisation des Gerichtswesens und die Einrichtung der Präfekturen fielen ebenfalls in diese glücklichen Anfänge des Konsulats. Leider muss gesagt werden, dass dieses Bild bald getrübt wurde. „Ich will nicht als ein schwaches Staatsoberhaupt regieren", bemerkte eines Tages Bonaparte zu mir, „die Pazifikation des Westens schreitet nicht vorwärts; es herrscht immer noch zu viel Freiheit und Prahlerei in den Schriften!" Das Erwachen war schrecklich.

Die Hinrichtung des jungen Toustaint, des Grafen Frotté und seiner Waffengefährten[91], die Aufhebung eines Teils der Presse, der drohende Ton der letzten Bekanntmachungen veranlassten, dass Republikaner und Royalisten von einem eisigen Schrecken ergriffen und in ganz Frankreich die so süßen Hoffnungen auf eine gerechte und menschliche Regierung zu Grabe getragen wurden. Ich machte den Ersten Konsul darauf aufmerksam, dass diese Wolken zerstreut werden müssten. Er wurde milder, gewann die Emigranten durch Gunstbezeugungen und Ämter, gab die Kirchen dem katholischen Gottesdienst zurück, hielt die Republikaner in Minderzahl oder ließ sie beiseite, ohne sie jedoch zu verfolgen, und erklärte sich als die Geißel der Zwischenhändler.

Alle Quellen für den Kredit waren zu Beginn des Konsulats infolge der Unordnung, der Vergeudung und Verschwendung, die in allen Zweigen der Verwaltung und der öffentlichen Einkünfte eingerissen waren, entweder versiegt oder bestanden

---

91 Offiziere der Chouans, die im Kampfe gegen die Republik gefangen genommen worden waren.

überhaupt nicht mehr. Es mussten jedoch Hilfsquellen geschaffen werden, um die Kosten des Krieges und der übrigen Teile der Verwaltung zu decken. Man nahm eine Anleihe von zwölf Millionen bei den Pariser Kaufleuten auf und sicherte sich vierundzwanzig Millionen aus dem Verkauf der Domänen des Hauses Oranien. Schließlich setzte man für hundertundfünfzig Millionen Staatsschuldscheine in Umlauf. Als der Erste Konsul diese Operationen anordnete, sah er ein, wie schwer es für ihn war, der verhängnisvollen Vormundschaft der Heereslieferanten zu entgehen. Daher sein Hass gegen sie.

Bonaparte konnte den Gedanken an derartige schnell erworbene Riesenvermögen nicht ertragen. Man hätte meinen können, dass er fürchtete, von ihnen beherrscht zu bleiben. Er betrachtete sie im Allgemeinen als die schändlichen Früchte der öffentlichen Verschwendung und des Wuchers. Den 18. Brumaire hatte er nur mit dem Gelde machen können, das ihm Collot geliehen hatte, und er fühlte sich dadurch gedemütigt. Selbst Joseph Bonaparte konnte Mortefontaine nur mit den beiden Millionen erwerben, die ihm Collot lieh. „Ja", sagte sein Bruder zu ihm, „Sie wollen mit dem Gelde anderer den großen Herrn spielen, aber auf mich wird der Fluch des Wuchers zurückfallen."

Ich und der Konsul Lebrun hatten daher große Mühe, seine Wutausbrüche gegen die Bankiers und Lieferanten zu mäßigen und die scharfen Maßnahmen abzulenken, mit denen er sie treffen wollte[92]. Er verstand wenig von der Theorie des öffentlichen Kredits, und man konnte bei ihm die Feststellung machen, dass er insgeheim dazu neigte, bei uns die Finanzgeschäfte nach dem Erpressungssystem zu

92 Man sieht aus diesem Beispiel, in welch geschickter Weise sich Fouché die Freundschaft aller Kreise erwarb. Die unter seiner Obhut stehenden Bankiers verhalfen ihm als Gegendienst zu der Anhäufung seines eigenen Riesenvermögens.

regeln, das in Ägypten, in der Türkei und im ganzen Orient üblich war. Trotzdem musste er zu Vanderberg seine Zuflucht nehmen und ihm die Lieferungen anvertrauen, um den Feldzug eröffnen zu können. Sein Misstrauen bezog sich auf alle geheimen Verwaltungen der Regierung. Stets beauftragte er mich mit der Untersuchung und Prüfung der geheimen Schriftstücke, die ihm die Intriganten und Stellenbewerber zukommen ließen. Man kann sich danach einen Begriff machen, wie peinlich meine Tätigkeit war. Ich war der einzige, der seine Vorurteile mildern oder beseitigen konnte, indem ich ihm täglich durch meine Polizeiberichte den Ausdruck aller Meinungen und Gedanken sowie eine Aufstellung der geheimen Umstände überlieferte, deren Kenntnis für die Sicherheit und Ruhe des Staates von Nutzen waren. Meine Beziehungen zu ihm waren jedoch zu häufig, als dass sie nicht auch bisweilen misslich gewesen wären. Ich verteidigte die Wahrheit und zeigte eine durch Ergebenheit gemilderte Offenheit. Diese Ergebenheit aber war aufrichtig. In diesem unvergleichlichen Mann fand ich gerade das, was wir brauchten, um die „Einheit" der ausführenden Staatsgewalt zu regeln und durchzuführen, denn ohne sie wären wir wieder in die Unordnung und das Chaos zurückgefallen. Ich erkannte jedoch, dass heftige Leidenschaften in ihm wogten, sowie eine natürliche Neigung zum Despotismus, die von seinem Charakter und dem Lagerleben herrührte. Trotzdem hoffte ich, ihm mit Erfolg einen Damm der Klugheit und Vernunft entgegenzustellen, und oft hatte ich sogar über meine Hoffnungen hinaus Erfolg darin.

Um diese Zeit hatte Bonaparte im Innern keinen aktiven Widerstand mehr zu befürchten, abgesehen von einigen royalistischen Banden, die in den westlichen Departements noch kämpften. In Europa war seine Macht jedoch weder so befestigt noch so unbestritten. Er fühlte wohl im Voraus, dass er nur durch neue Siege sich in seiner Herrschaft fest behaupten konnte. Er lechzte daher danach.

Aber Frankreich ging gerade aus einer Krise hervor. Seine Finanzen waren erschöpft, und obgleich die Anarchie besiegt war, so konnte man nicht dasselbe vom Royalismus behaupten. Der republikanische Geist gärte dumpf außerhalb des Bereichs der Regierungsgewalt. Die französischen Heere waren trotz der letzten Erfolge in Holland und der Schweiz außerstande, von neuem die Offensive zu ergreifen. Italien war ganz verloren, und selbst die Apenninen hemmten nicht mehr den Vormarsch der Soldaten Österreichs.

Was tat Bonaparte? Von dem guten Rat seines Ministers des Äußeren[93] unterstützt, benützte er mit Scharfsinn die Leidenschaften des Kaisers Paul I., um ihn ganz von der Koalition zu trennen. Dann griff er offen in die Politik Europas ein, indem er seinen berühmten Brief an den König von England veröffentlichte. Dieses Schreiben enthielt Mitteilungen in einer ungewöhnlichen Form. Der Erste Konsul erblickte darin den doppelten Vorteil, dass man an seine friedlichen Absichten glaubte, und dass er nach der erwarteten Weigerung Frankreich würde überzeugen können, man brauche Geld, Eisen und Soldaten, um den von ihm so ersehnten Frieden zu erlangen.

Als er mir eines Tages beim Verlassen des intimen Rates in begeistertem Tone sagte, er wäre sicher, in schneller als drei Monaten Italien wiederzuerobern, sah ich zunächst in seinen Worten ein wenig Prahlerei. Trotzdem aber war ich davon überzeugt. Carnot, der seit kurzem zum Kriegsminister ernannt worden war, bemerkte, ebenso wie ich, dass Bonaparte vor allem eine Sache über alles verstände: nämlich die praktische Kriegswissenschaft. Als Bonaparte mir jedoch in bestimmter Weise sagte, er rechne darauf, dass vor seiner Abreise zur Armee

93 Talleyrand.

alle Departements des Westens ruhig seien, als er mir die Mittel dazu angab, die mit meinen eigenen Ansichten übereinstimmten, da sah ich, dass er nicht nur ein Soldat, sondern auch ein politischer Schlaukopf war. Ich unterstützte ihn mit so viel Erfolg, dass er mir Dank dafür wusste. Trotzdem konnten wir die Auflösung der royalistischen Liga nur mit Hilfe einer großen Triebkraft herbeiführen: nämlich der Verführung. In dieser Hinsicht leisteten uns der Priester Bernier und zwei Gräfinnen erwünschte Dienste, indem sie die Meinung verbreiteten, Bonaparte arbeite an der Wiedereinsetzung der Bourbonen auf den Thron. Die Versuchung war so groß, dass der König selbst, der sich damals in Mitau aufhielt, den Augenblick für günstig hielt, seine Krone zu fordern. Er ließ dem Konsul Lebrun durch Vermittlung des Abbés de Montesquiou einen an Bonaparte gerichteten Brief überreichen, in welchem er den Ersten Konsul in den edelsten Ausdrücken zu überzeugen suchte, wie hohe Ehre er erwerben würde, wenn er ihn auf den Thron seiner Väter berufen würde. „Ich kann nichts ohne Sie tun", schrieb Ludwig XVIII., „und Sie selbst können Frankreich nicht ohne mich glücklich machen. Beeilen Sie sich daher ..."

Zu gleicher Zeit sandte der Graf von Artois aus London die Herzogin von Guiche, eine außerordentlich anmutige und geistreiche Frau, um seinerseits gleichzeitige Verhandlungen mit Hilfe von Josephine einzuleiten, die als der Schutzengel der Royalisten und Emigranten galt. Es wurden der Herzogin auch Unterredungen gewährt. Ich erfuhr es von Josephine selbst, denn sie hielt mich nach unserer Abmachung, die durch tausend Franken täglich besiegelt war, über alles auf dem Laufenden, was im Innern des Schlosses vor sich ging.

Ich muss gestehen, dass ich mich etwas verletzt fühlte, von Bonaparte keinerlei Mitteilung über so wichtige Angelegenheiten erhalten zu haben. Nichtsdestoweniger ging ich ans Werk und setzte alles in Bewegung, so dass ich genau den

Schritt kannte, den der Abbé de Montesquiou bei dem Konsul Lebrun unternommen hatte. Darüber verfasste ich nun einen Bericht und legte ihn dem Ersten Konsul vor. Zu gleicher Zeit erwähnte ich darin den Auftrag und die Schritte der Herzogin von Guiche. Ich stellte ihm vor, dass er durch die Duldung derartiger Verhandlungen den Verdacht aufkommen ließe, er wolle sich für die Zeit der Niederlagen einen glänzenden Weg zum Glück und zur Sicherheit verschaffen. Er sei hauptsächlich der Mann der Revolution und könne nur dies sein; auf alle Fälle führe der Weg der Bourbonen zum Throne nur über seine Leiche hinweg.

Dieser Bericht, den ich wohlweislich selbst verfasste und niederschrieb, bewies ihm, dass mir nichts in Bezug auf die Geheimnisse und die Sicherheit des Staates entgehen konnte. Er hatte die Wirkung, die ich erwartete, das heißt, er machte einen großen Eindruck auf Bonaparte. Die Herzogin von Guiche wurde mit dem Befehl verabschiedet, unverzüglich nach London abzureisen[94], und der Konsul Lebrun erhielt einen Tadel, weil er auf geheimem Wege einen Brief des Königs befördert hatte. Mein Ansehen wurde von diesem Augenblick so groß, dass es mit der Höhe meiner Stellung und der Wichtigkeit meines Amtes im Einklang stand.

Bald traten Ereignisse anderer Art ein. Diesmal aber waren es blutige Szenen auf neuen Schlachtfeldern. Moreau, der am 25. April (1800) den Rhein überschritt, hatte bereits vor dem 10. Mai die Österreicher in drei Treffen geschlagen, als Bonaparte zwischen dem 16. und 20. an der Spitze des Gros der

---

94 Auch in diesem Falle hat Fouché wieder intrigiert. Er empfing sogar die Herzogin von Guiche persönlich, vielleicht in der später verwirklichten Absicht, die Gunst der Bourbonen zu gewinnen. Er hat die Mission aber wahrscheinlich aus dem Grunde zum Scheitern gebracht, weil der König sich an Lebrun und nicht an ihn gewandt hatte. Der ehrgeizige Mann konnte nichts weniger vertragen, als zurückgesetzt zu werden.

Reservearmee den Übergang über den Sankt Bernhard bewerkstelligte, ein Unternehmen, das eines Hannibal würdig war.

Die Entscheidung stand bevor und ließ alle in Ungewissheit. Gefühle und Meinungen waren in Paris in voller Gärung, besonders bei den extremen Parteien, der Volks- und der Royalistenpartei. Die Unzufriedenen gaben sich der Hoffnung hin, dass der Mann, den sie bereits den Cromwell Frankreichs nannten, in seiner Laufbahn aufgehalten würde, dass der Krieg, durch den er hochgekommen war, ihn auch zu Falle bringen würde. So war die Lage, als am Abend des 20. Juni zwei Kuriere mit Nachrichten von der Armee ankamen und meldeten, dass die am 14. um 5 Uhr begonnene Schlacht bei Alessandria zum Nachteil der Konsularmee ausgefallen wäre und diese sich auf dem Rückzug befände, dass jedoch noch gekämpft würde. Diese Nachricht, die sich mit Blitzeseile in alle beteiligten Kreise verbreitete, rief auf die Gemüter ungefähr dieselbe Wirkung hervor wie ein elektrischer Schlag auf den menschlichen Körper. Man suchte sich auf und bildete Versammlungen. Man begab sich zu Chénier, zu Courtois, zu dem Anhang der Staël[95], zu Sieyès und zu Carnot. Jeder behauptet, man müsse die Republik aus den Klauen des Korsen retten, der sie in Gefahr brächte; man müsse sie freier und weiser zurückgewinnen; man brauche einen ersten Beamten, der weder ein arroganter Diktator noch ein Soldatenkaiser sei. Alle Blicke und alle Gedanken richten sich auf Carnot, den Kriegsminister. Ich erfahre zu gleicher Zeit die Nachricht und die Gärung, die sie verursacht. Sogleich begebe ich mich zu den beiden Konsuln, die ganz bestürzt sind. Ich gebe mir alle Mühe, ihnen Mut einzuflößen. Als ich jedoch

95 Frau von Staël bildete einen der Mittelpunkte der Opposition gegen Bonaparte. Sie war zuerst eine glühende Bewunderin des genialen Generals gewesen und hatte nicht mit Worten der Anerkennung gespart. Napoleon, der jedoch alle Blaustrümpfe hasste, war ihr wenig zuvorkommend entgegengetreten. So war sie seine Todfeindin geworden.

nach Hause zurückkehrte, musste ich meinen Kopf gewaltig anstrengen – das gestehe ich. Mein Salon war mit Menschen angefüllt. Ich hütete mich jedoch zu erscheinen. Man belagert mein Kabinett. Vergeblich suche ich, nur die Vertrauten zu empfangen. Die Vordersten dringen zu mir ein. Ich beteuere allen zu wiederholten Malen, dass die Nachrichten übertrieben seien, dass es sich sogar vielleicht nur um eine Börsenspekulation handle, dass Bonaparte übrigens auf dem Schlachtfelde immer Wunder getan habe. „Warten Sie vor allen Dingen ab", fügte ich hinzu. „Begehen Sie keinen Leichtsinn, keine Unvorsichtigkeit, halten Sie keine boshaften Reden und unternehmen Sie nichts Offenes und Feindliches!"[96]

Am folgenden Tage trifft der Kurier des Ersten Konsuls mit Siegeslorbeeren bedeckt ein. Die Enttäuschung einiger vermochte jedoch den allgemeinen Freudentaumel nicht zu ersticken. Die Schlacht von Marengo ließ, ebenso wie die Schlacht von Actium[97], unseren jungen Triumvirn den Sieg davontragen. Sie erhob ihn auf den Gipfel der Macht, ihn, der ebenso glücklich, aber weniger weise als Oktavian von Rom war. Als der oberste Beamte eines noch freien Volkes war er gegangen, als Eroberer kehrte er zurück. Man konnte in der Tat behaupten, dass er bei Marengo weniger Italien als Frankreich erobert hatte. Von diesem Zeitpunkt an begann jene ekelhafte und unterwürfige Schmeichelei, durch die ihn alle Beamten und alle Behörden während der fünfzehn Jahre seiner Herrschaft berauschten.

---

96 Es kann an dieser Stelle immer nur andeutungsweise auf die Intrigen Fouchés hingewiesen werden. Wir brauchen daran nicht zu zweifeln, dass der Polizeiminister des Ersten Konsuls der erste gewesen wäre, der sich gegen ihn gewandt hätte, sobald ihm das Glück den Rücken kehrte. Fouché war jedoch immer so schlau, dass er sich nie kompromittierte, sondern im Gegenteil noch als der Mann erschien, der sich von derartigen Stimmungen nie beeinflussen ließ.

97 Oktavian siegte über Antonius und Kleopatra 31 v. Chr.

In der Nacht vom 2. auf den 5. Juli kam der Sieger an. Ich bemerkte von vornherein auf seinem Gesicht etwas Gezwungenes und Düsteres. Als er am selben Abend zur Arbeitszeit in sein Kabinett eintrat, sah er mich mit finsterem Blick an[98] und brach hierauf in Reden aus: „So“, sagte er, „man hat mich also verloren geglaubt, und man wollte es noch einmal mit dem Wohlfahrtsausschuss versuchen! … Ich weiß alles … und es waren gerade jene Männer, die ich gerettet, die ich verschont habe! Halten sie mich etwa für einen Ludwig XVI.? Sie sollen es nur wagen und werden dann schon sehen! Man soll sich in dieser Beziehung keinen Illusionen mehr hingeben. Eine verlorene Schlacht bedeutet für mich eine gewonnene Schlacht … Ich fürchte nichts! Ich werde diese Undankbaren, diese Verräter zu Staub zermalmen! … Ich werde Frankreich trotz der Aufrührer und Hetzer retten.“

Ich stellte ihm vor, es sei nur ein Anfall republikanischen Fiebers gewesen, das durch ein falsches Gerücht verursacht wurde, ein Gerücht, das ich dementiert und dessen Wirkung ich abgeschwächt hatte.

„Aber Sie sagen mir nicht alles“, fuhr er fort. „Wollte man nicht Carnot an die Spitze der Regierung stellen? Carnot, der sich am 18. Fructidor täuschen ließ, der unfähig ist, die Macht auch nur zwei Monate lang in Händen zu halten, den man sicher nach Sinnamary in den Tod schicken wird!“

Ich beschwor, dass die Führung Carnots ohne Tadel gewesen sei, und dass es sehr hart wäre, wenn man ihn für die unsinnigen Pläne verantwortlich machen würde, die kranken Hirnen entsprangen und von denen Carnot keine Ahnung hatte.

Er schwieg, aber der erhaltene Eindruck war ein tiefer. Er verzieh Carnot nicht, und dieser sah sich einige Zeit spä-

98 Bonaparte wusste nämlich genau, dass Fouché nicht energisch gegen die Umstürzler Stellung genommen hatte, sondern in abwartender Haltung verharrte, bis bestimmtere Nachrichten eintrafen.

ter genötigt, das Portefeuille des Kriegsministers abzugeben. Wahrscheinlich hätte ich seine frühe Ungnade geteilt, wenn Cambacérès[99] und Lebrun nicht Zeuge meines umsichtigen Verhaltens und der Aufrichtigkeit meiner tiefen Ergebenheit gewesen wären.

Während dieser Zeit war ich oft den feindlichen Angriffen ausgesetzt. Meine Polizeipolitik wurde oft angegriffen und entstellt. Ich hatte z. B. Lucien gegen mich, der damals Minister des Innern war und ebenfalls über eine Privatpolizei verfügte. Da er von Seiten des Ersten Konsuls oft über Dinge Vorwürfe erhielt, die er verborgen glaubte, so hatte er mich in Verdacht, dass ich ihn ausspionierte, um ihn in meinen Berichten bloßzustellen. Ich hatte den förmlichen Befehl, nichts zu verheimlichen, sowohl was die Gerüchte im Volke als auch die in den Salons betraf. Daraus folgte, dass Lucien, der seinen Einfluss und seine Stellung missbrauchte, der den Roué[100] spielte und anderen Männern ihre Frauen wegnahm, der mit den Ausfuhrbewilligungen für Getreide Handel trieb, oft Gegenstand der Gerüchte und des Klatsches war. Als Polizeiminister durfte ich mir jedoch nicht verhehlen, wie wichtig es sei, dass man den Mitgliedern der Familie des Ersten Konsuls keine Vorwürfe mache und sie in der Öffentlichkeit nicht in schlechten Ruf kamen.

Man kann sich vorstellen, in welchen Konflikt ich da geriet. Zum Glück hatte ich Josephine auf meiner Seite, auch Duroc war nicht gegen mich, und der vertraute Sekretär Napoleons war mir ergeben. Dieser geschickte und begabte Mann[101],

99 Er hatte Sieyès in seiner Stellung als zweiter Konsul ersetzt. Unter dem Kaiserreich wurde er Kanzler, Präsident des Senats, Präsident des Staatsrats und Herzog von Parma.

100 [durchtriebener Lebemann *P.S.*]

101 Bourrienne, Freund und Schulkamerad Napoleons in Brienne. Bonaparte entließ ihn im Jahre 1802, als er Unregelmäßigkeiten in den Finanzen entdeckte. Bourrienne schloss sich später den Bourbonen an und wurde

der jedoch bald infolge seiner Geldgier in Ungnade fiel, hat sich stets so habgierig gezeigt, dass man seinen Namen nicht zu erwähnen braucht, wenn man ihn nennen will. Da er die Papiere und Geheimnisse seines Herrn in Verwahrung hatte, so entdeckte er, dass ich im Monat hunderttausend Franken ausgab, um unaufhörlich über das Leben des Ersten Konsuls zu wachen. Da kam er auf den Gedanken, sich die Mitteilungen bezahlen zu lassen, die er mir machte, um mir das gesteckte Ziel zu ermöglichen. So besuchte er mich eines Tages und machte mir den Vorschlag, mich gegen eine Summe von 25 000 Franken monatlich von allen Schritten Bonapartes in Kenntnis zu setzen[102]. Er stellte mir dies so vor, als mache ich dabei im Jahre ein Ersparnis von neunhunderttausend Franken.

Ich hütete mich wohl, die Gelegenheit entschlüpfen zu lassen, den Privatsekretär des Staatsoberhaupts in meine Dienste zu nehmen, denn es war für mich sehr wichtig, Bonaparte auf der Spur zu folgen und stets zu wissen, was er getan hatte und was er tun würde. So wurde der Vorschlag des Sekretärs angenommen, und er erhielt jeden Monat pünktlich eine Anweisung auf 25 000 Franken, die er an einer bestimmten Kasse abholen konnte. Ich meinerseits konnte mit seiner Geschicklichkeit und Genauigkeit nur zufrieden sein. Hingegen hütete ich mich wohl, an den Summen zu sparen, die ich aussetzte, um Bonaparte vor einem unvorhergesehenen Angriff zu bewahren. Allein für das Schloss brauchte ich die Hälfte der hunderttausend Franken, die ich monatlich zur Verfügung hatte. In Wirklichkeit wurde ich nämlich dadurch sehr genau von allem in Kenntnis gesetzt, was mir wissenswert war, denn ich konnte die Mitteilungen des Sekretärs durch Josephine, und die Josephines

---

im Jahre 1815 zum Polizeipräfekten ernannt. In seinen Memoiren spricht er sich verächtlich über Fouché aus.

102 Selbstverständlich kam es dabei Fouché auf die Überwachung Napoleons an, um die Geheimnisse seines Kabinetts zu erfahren.

durch die Berichte des Sekretärs kontrollieren. So war ich stärker als alle meine Feinde zusammengenommen.

Was tat man nun, um mich zu stürzen? Man klagte mich in aller Form beim Ersten Konsul an, dass ich Republikaner und Demagogen beschütze. Man ging sogar so weit, dass man den General Parain, der mir persönlich ergeben war, als Mittelsperson bezeichnete. Ich bediene mich seiner, hieß es, um den Anarchisten Nachrichten und Geld zukommen zu lassen. In Wirklichkeit gebrauchte ich jedoch meinen Einfluss als Minister nur dazu, um die Pläne der Unbesonnenen zum Scheitern zu bringen, den Groll zu beschwichtigen und sie davon abzuhalten, gegen das Staatsoberhaupt eine Verschwörung anzuzetteln.

Mehrere verdankten mir daher äußerst ersprießliche Warnungen und Unterstützungen. Dadurch, dass man mich verdächtigte, rief man schließlich das Misstrauen des Ersten Konsuls gegen mich hervor. Unter irgendwelchen Vorwänden entzog er mir einige meiner Befugnisse, um dem Polizeipräfekten die besondere Überwachung der Extremen übergeben zu können. Dieser Präfekt, ein alter Advokat, ein habsüchtiger Mensch, war der Staatsgewalt blindlings ergeben. Nach dem 18. Brumaire war er zum Polizeipräfekten ernannt worden. Er hieß Dubois. Um sich ein besonderes Ministerium zu schaffen, machte er mir wegen der Geheimfonds Unannehmlichkeiten, so dass ich ihm von den Spielerträgnissen einen großen Teil abtreten musste. Alles dies tat er unter dem Vorwand, dass das Geld der Nerv der ganzen politischen Polizei sei. Später gelang es mir, ihn hinsichtlich der Verwendung der Summen seines Budgets zu überführen, das von den niedrigen und schändlichen Lastern, die eine Großstadt entehren, als Tribut erhoben wurde.

Da der machiavellistische Grundsatz „divide et impera" den Sieg davontrug, so gab es bald vier verschiedene Polizeien: erstens die militärische Schlosspolizei, die von den Adjutanten und von Duroc ausgeübt wurde; zweitens die Polizei der Inspektoren der Gendarmerie; drittens die Polizei der Präfektur Dubois' und viertens die meinige. Was die Polizei des Ministers des Innern betrifft, so vernichtete ich sie bald, wie man später sehen wird. Auf diese Weise erhielt der Erste Konsul täglich vier verschiedene Polizeiberichte, die aus verschiedenen Quellen stammten und die er miteinander vergleichen konnte, ganz abgesehen von den Berichten seiner Spione. Das nannte er: der Republik den Puls fühlen. Man betrachtete sie in seinen Händen als sehr krank. Meine Gegner arbeiteten daran, meine Polizei zu einer einfachen Verwaltungs- und Theoriepolizei herabzudrücken. Aber ich war nicht der Mann es zuzulassen. Übrigens wusste der Erste Konsul – ich muss ihm diese Gerechtigkeit widerfahren lassen – allen Versuchen dieser Art mit Festigkeit zu widerstehen. Er sagte, falls man ihn meiner Dienste beraube, setze man ihn wehrlos den Gegenrevolutionären aus. Niemand wisse besser als ich, die Agenten Englands und der Chouans überwachen zu lassen, und mein System wäre ihm angenehm. Dennoch fühlte ich, dass ich in der Regierungsmaschine nur noch ein Gegengewicht war.

Alles wies übrigens auf einen baldigen Frieden hin. Der Tag von Marengo hatte auf Grund eines Militärvertrags, der erstaunlicher als der Ausgang der Schlacht selbst war, Piemont, die Lombardei, Genua und die stärksten Festungen Oberitaliens in die Gewalt des Ersten Konsuls gebracht. Erst nachdem er die zisalpinische Republik wiederhergestellt hatte, war er von Mailand abgereist.

Nachdem Moreau, der München erobert hatte, auf Wien marschierte, hatten die Österreicher auch auf diesem Kriegsschauplatz einen Waffenstillstand verlangt, denn der von Italien erstreckte sich nicht auch auf Deutschland. Moreau willigte ein, und so wurden am 15. Juli in Paris zwischen Österreich und Frankreich die Friedenspräliminarien unterzeichnet.

Diese entscheidenden Erfolge entwaffneten die unzufriedenen Republikaner durchaus nicht. Sie reizten sie im Gegenteil noch mehr. Bonaparte machte sich durch seine absolutistischen und militärischen Formen die heftigsten Feinde. Selbst in den Reihen des Heeres zählte man damals eine große Anzahl seiner Gegner, die ihr republikanischer Geist zur Bildung geheimer Gesellschaften veranlasste. Sie waren stolz darauf, dass Bernadotte, Augereau, Jourdan, Brune und selbst Moreau zu ihrer Partei gehörten. Moreau bereute jetzt schon, zu der Erhebung des Mannes beigetragen zu haben, der sich als Gebieter aufwarf.

In Paris war die Lage ernster, und man verspürte das Vorgehen der Unzufriedenen stärker. Man hielt die Schlimmsten von den Ämtern fern und überwachte sie. Es war mir bekannt, dass sie seit der Errichtung der Konsularregierung geheime Versammlungen abhielten und Verschwörungen bildeten.

Seit der Rückkehr und den Siegen Bonapartes war man in seinen Leidenschaften blind und unversöhnlich geworden. Ständig gab es geheime Verschwörungen. Einer der Rasendsten legte einen Schwur ab, dass er in der Verkleidung eines Gendarmen Bonaparte in der Comédie-Française ermorden wolle. Infolge meiner Anordnungen und der Maßnahmen des Generals Lannes, des Chefs der Gegenpolizei, scheiterte dieses Komplott. Aber auf eine verfehlte Verschwörung folgte sofort eine andere.

Ungefähr Mitte September bekamen wir von einem Komplott Wind, das darauf ausging, den Ersten Konsul in der Oper zu ermorden. Ich ließ Rossignol und einige andere unbekannte verdächtige Männer verhaften und in den Temple[103]

---

103 [Temple bezeichnet den vom Templerorden errichteten Tour du Temple, in dem später ein Gefängnis entstand. Während der französischen Revolution wurden dort Ludwig XVI. und die französische Königsfamilie gefangen gehalten. Von dem Gebäude ist nichts erhalten. *P.S.*]

bringen. Da die Verhöre keinen Aufschluss gaben, setzte ich die Leute wieder in Freiheit mit dem Befehl, dass man sie beobachten solle. Fünfzehn Tage später wurde dieselbe Verschwörung wieder aufgenommen. Wenigstens machte einer der Verschworenen, ein gewisser Harel, gemeinsam mit dem Kriegskommissar Lefebvre dem Sekretär des Ersten Konsuls, Bourrienne, Enthüllungen in der Hoffnung, große Belohnungen zu erhalten. Als Harel selbst herbeigerufen wurde, bekräftigte er seine ersten Aussagen und nannte die Verschworenen. Es waren nach seiner Angabe Ceracchi und Diana, zwei römische Flüchtlinge, Arena, der Bruder des korsischen Abgeordneten, der sich gegen den Ersten Konsul erklärt hatte, der Maler Topino-Lebrun, ein fanatischer Patriot, und Demerville, ein ehemaliger Angestellter des Wohlfahrtsausschusses, der in vertrauten Beziehungen zu Barère[104] stand. Diese Angelegenheit verschaffte mir im Schloss einen ziemlich lebhaften Angriff, bei dem es an Vorwürfen und Ärger nicht fehlte. Zum Glück kam mir die Sache nicht unerwartet. „General und Konsul“, sagte ich zu Bonaparte, „wenn die geschwätzige Ergebenheit des Angebers weniger interessiert gewesen wäre, so würde er zu mir gekommen sein, der alle Fäden der hohen Polizei in Händen hält und für die Sicherheit seines Herrn gegen jede organisierte Verschwörung einsteht, denn für die Tat eines einzelnen fanatischen Übeltäters kann niemand verantwortlich gemacht werden. Zweifellos liegt hier eine Verschwörung oder wenigstens ein Plan zu einem Attentat vor. Ich hatte selbst Kenntnis davon und kann den Beweis für meine Behauptungen dadurch erbringen, dass ich sofort den Mann kommen lasse, von dem meine Informationen herrühren.“

Es war Barère, der damals den politischen Teil der Zeitungen bearbeitete, die unter dem Einfluss des Ministeriums standen.

---

104 Barère war Mitglied des Konvents gewesen.

„Gut! Man soll ihn kommen lassen“, antwortete Bonaparte lebhaft, „er kann dann seine Aussage dem General Lannes machen, der die Angelegenheit kennt und mit dem Sie sich verständigen werden.“

Ich merkte bald, dass die Politik des Ersten Konsuls darauf ausging, einem Schatten Fleisch und Blut zu verleihen. Er wollte so tun, als habe ihm eine große Gefahr gedroht. Man beschloss (ohne mein Zutun), die Verschworenen in eine Falle geraten zu lassen, die ihnen Harel stellen sollte, indem er ihnen seinem Versprechen gemäß vier bewaffnete Männer zur Verfügung stellte, die den Konsul am Abend des 10. Oktober während der Vorstellung der Oper „Horaces“ ermorden sollten.

Am folgenden Tage fand das Scheinattentat während der Vorstellung der „Horaces“ gegen den Ersten Konsul statt. Hier verhafteten einige Männer, die von der Gegenpolizei aufgestellt worden waren und über deren Person man die Verschwörer getäuscht hatte, Diana, Ceracchi und ihre Mitschuldigen.

Diese Angelegenheit machte großes Aufsehen, und das allein bezweckte man. Alle hohen Behörden kamen, um den Ersten Konsul zu beglückwünschen, der Gefahr entgangen zu sein. In seiner Antwort an das Tribunat sagte er, dass er in Wirklichkeit nicht in Gefahr gewesen sei, denn, abgesehen von dem Beistand der Bürger, hätte er eine Abteilung seiner tapferen Garde zur Verfügung gehabt. „Die Elenden“, fügte er hinzu, „sie hätten ihren Blicken nicht standhalten können!“

Jede neue Regierung benützt gewöhnlich eine abgewendete Gefahr, um ihre Macht zu befestigen oder auszudehnen. Es genügt ihr, einer Verschwörung entgangen zu sein. um mehr Kraft und Macht zu erlangen. Der Erste Konsul war zunächst geneigt, aus Instinkt dieser Politik zu folgen, die alle seine Vorgänger angenommen hatten. Dazu wurde er vor allen Dingen von seinem Bruder Lucien getrieben. Er hatte zuerst den Hintergedanken gehabt, Bonaparte zu veranlassen, eine Art

Duumvirat[105] der Konsuln einzurichten, wodurch er die bürgerliche Gewalt in seine Hände bekommen und die Macht mit seinem Bruder geteilt hätte, der jedoch von einer Teilung nichts wissen wollte. Lucien wollte nun aus dem Eindruck Nutzen ziehen, den diese sogenannte unterdrückte Verschwörung hervorrief. Er gab sich daher der Hoffnung hin, seinen Bruder zur Errichtung einer Art konstitutioneller Monarchie zu bewegen, deren Stütze und leitender Minister er selbst geworden wäre. Ich war offen gegen den Plan, der damals unausführbar war, und ich wusste, dass der Erste Konsul selbst, obgleich er von der Leidenschaft fast verzehrt wurde, seine Macht auf immer zu befestigen, den Erfolg seiner Eingriffe auf andere Unternehmungen gründete. Lucien bestand jedoch auf seinen Plänen. Und da er das Werk vollenden wollte, das nach seiner Ansicht erst begonnen war, da er ferner sich zum mindesten des stillen Einverständnisses seines Bruders sicher glaubte, so ließ er im Geheimen eine Schrift verfassen und drucken, die den Titel führte: „Vergleich zwischen Cromwell, Monck und Bonaparte." In diesem Werke wurden die Sache und die Grundsätze der Monarchie offen gepredigt und angepriesen. Da diese Broschüre in einer großen Auflage gedruckt worden war, so ließ Lucien in seinem Privatbüro ebenso viele Streifbandpakete machen, als es Präfekturen gab, und jedes Paket enthielt so viele Exemplare, als die Zahl der Beamten eines jeden Departements betrug.

Ich erhielt noch am gleichen Tage ohne Vorwissen Luciens ein Exemplar und begab mich damit sofort nach Malmaison[106]. Dort legte ich es dem Ersten Konsul mit einem Bericht vor, in dem ich die ernsten Folgen einer so schlecht verschleierten Anregung niederlegte. Darauf erhielt ich umgehend den Befehl, die Verbreitung einer derartigen Schrift zu verhindern.

105 [Besetzung öffentlicher Ämter mit zwei Personen. *P.S.*]

106 [Das Schloss Malmaison in Rueil-Malmaison westlich von Paris war der private Wohnsitz von Napoleon und seiner Frau Joséphine. *P.S.*]

Ich befahl sofort, dass die Verbreitung der Schrift eingestellt würde, und um den Verdacht zu beseitigen, dass die Regierung damit etwas zu tun hätte, bezeichnete ich sie in meinem ministeriellen Schreiben als das „Werk einer verächtlichen und strafbaren Intrige". Lucien, der darüber wütend war und wohl dachte, dass ich mich solcher Ausdrücke nicht bedient hätte, ohne die Erlaubnis dazu erhalten zu haben, begab sich nun seinerseits nach Malmaison, um eine Aussprache herbeizuführen, die sehr stürmisch verlief. Von dieser Zeit an nahm der Gegensatz zwischen den beiden Brüdern den Charakter einer Feindseligkeit an, die sich in heftigen Szenen Luft machte. Es ist erwiesen, dass Lucien nach einer scharfen Auseinandersetzung eines Tages wütend sein Ministerportefeuille auf den Schreibtisch seines Bruders warf und ausrief, dass er umso lieber auf jede öffentliche Stellung verzichte, als er darin unter einem derartigen Despoten nur Qualen ausgestanden habe. Daraufhin rief der beleidigte Bruder seine Adjutanten, um den „Bürger", der sich gegen den Ersten Konsul vergangen hatte, hinauszubefördern.

6. Kapitel

Der Beschützer des Ersten Konsuls

Auf die häuslichen Streitigkeiten im Innern des Palastes folgten bald außerhalb neue Komplotte, die von den extremen Parteien angezettelt wurden. Seit Ende Oktober (1800) hatten die Rasenden neue finstere Pläne ausgedacht. Ich bemerkte, dass sie mit außerordentlicher Geschicklichkeit und im größten Geheimnis organisiert waren, die die ganze Polizei außer Fassung brachten. Zu dieser Zeit kamen von Seiten der Demagogen und Royalisten zwei gleichzeitige und fast gleiche Verschwörungen gegen das Leben des Ersten Konsuls zustande, denn für sie war er der gemeinsame Feind.

Die Wachsamkeit der Polizei entmutigte die Anarchisten durchaus nicht; im Gegenteil, sie schien ihre Kraft und ihre Kühnheit nur zu stärken. Ihre Anführer versammelten sich einmal bei dem Wirt Chrétien, ein andermal in Versailles, dann im Garten des Kapuzinerklosters. Sie organisierten den Aufstand und hatten bereits eine provisorische Regierung ernannt. Da sie endlich zu einem Abschluss kommen wollten, entschlossen sie sich zu den verzweifeltesten Maßnahmen. Einer von ihnen, namens Chevalier, ein rasender Republikaner mit grausamen Instinkten, der unter dem Wohlfahrtsausschuss in dem großen Artilleriepark von Meudon beschäftigt gewesen war, Zerstörungsmittel auf Grund der außergewöhnlichen Wirkung des Pulvers zu erfinden, fasste als erster den Plan, Bonaparte mit Hilfe einer Höllenmaschine zu töten, die man auf seinem Wege aufstellen sollte. Von seinen Kameraden, vielleicht aber noch mehr durch seinen eigenen Charakter angefeuert, hatte Chevalier mit Hilfe eines gewissen Veycer eine Art Fass gebaut, das mit Eisenreifen umgeben und mit Nägeln beschlagen war. Es enthielt eine Ladung Pulver und Kartätschen und war mit einer wohl befestigten und gesicherten Batterie versehen, so dass man es mit Hilfe einer Zündschnur zu beliebiger Zeit zur Explosion bringen konnte, wodurch der Bedienungsmann keiner Gefahr ausgesetzt war.

Das Werk schritt vor. Die Verschworenen waren ungeduldig, bald den „Kleinen Korporal", wie sie Bonaparte nannten, in die Luft sprengen zu können. Das ist aber noch nicht alles: die kühnsten unter ihnen, Chevalier an ihrer Spitze, wagten es, gemeinsam eine Probe mit der Höllenmaschine zu unternehmen. Dazu wählen sie die Nacht vom 17. auf den 18. Oktober. Die Anführer der Verschwörung begeben sich hinter das Kloster „Salpêtrière", da sie sich dort wegen der Einsamkeit des Orts sicher glauben. Die Explosion ist so furchtbar, dass die „Rasenden", von Schrecken ergriffen, davonlaufen. Sobald sie sich von ihrem Schrecken erholt haben, beraten sie über die Wirkung dieser furchtbaren Erfindung. Die einen halten sie für geeignet, ihr Komplott mit Erfolg zu krönen. Andere sind der Ansicht, – und Chevalier schließt sich dieser Meinung an – dass es sich nicht darum handle, mehrere Personen umzubringen, sondern nur eine einzige, und dass in dieser Hinsicht die Höllenmaschine von zu vielen Glückszufällen abhinge. Nach tiefem Nachdenken entschließt sich Chevalier, eine Brandbombe herzustellen, die bei der Ankunft oder bei der Abfahrt nach der Vorstellung in den Wagen des Ersten Konsuls geschleudert werden und ihn durch eine sichere und plötzliche Explosion in die Luft sprengen soll. So geht Chevalier von neuem ans Werk.

Aber die nächtliche Explosion hatte mich bereits aufmerksam gemacht. Und da die Prahlereien der Verschwörer weiter verbreitet wurden, so dauerte es nicht lange, bis ihnen die Polizei auf den Fersen war. Die größte Zahl der Geheimberichte erwähnten eine Höllenmaschine, die den „Kleinen Korporal" in die Luft sprengen sollte. Ich sah meine Notizen ein und erkannte, dass Chevalier der Hauptmacher bei diesem gemeinen Anschlag sei. Am 8. November fand man ihn in einem Versteck vor, und er wurde gemeinsam mit Veycer in der Rue des Blancs-Manteaux verhaftet, ebenso alle jenen, die man für seine Mitschuldigen hielt. Man fand bei ihm Pulver und Geschosse, Reste der ersten Höllenmaschine und den Anfang der Brandbombe, kurz alle Beweisstücke für das Verbrechen vor. Aber es war kein Geständnis zu erlangen, weder durch Drohungen noch durch Versprechungen.

Man hätte meinen können, dass das Leben Bonapartes nach dieser Entdeckung gegen solche abscheuliche Versuche und niedrige Attentate gesichert gewesen wäre. Aber schon gedachte die andere feindliche Partei, die mit den gleichen Mitteln nach demselben Ziel strebte, den Demagogen die erfundene Höllenmaschine streitig zu machen. Nichts ist sonderbarer und dennoch wahrer als der plötzliche Wechsel der Schauspieler auf derselben Bühne, um dasselbe Drama aufzuführen. Man würde es nicht glauben, wenn ich nicht die geheimen Ursachen angäbe, deren Zusammenhang ich nach und nach ergründete.

Bei Eröffnung des Feldzuges landete Georges Cadoudal[107], einer der energischsten und hartnäckigsten der noch nicht unterworfenen Führer der Niederbretagne im Morbihan[108]. Er kam aus London mit dem Auftrag, einen neuen Aufruhr zu bewerkstelligen. Ich war vollkommen von dem Plane unterrichtet, der damals (es war zur Zeit des Übergangs Bonapartes über den Sankt Bernhard) eine Quelle großer Beunruhigung für die beiden anderen Konsuln, Cambacérès und Lebrun, war. Daher griff ich zu strengen Maßregeln. Meine Agenten und die ganze Gendarmerie rückten ins Feld. Ich ließ verdächtige ehemalige

107 [Georges Cadoudal (1771–1804), Anführer der Chouans in der Vendée und der Bretagne, wurde am 9. März 1804 verhaftet, eines Mordanschlags auf Bonaparte für schuldig befunden und am 25. Juni durch die Guillotine hingerichtet. *P.S.*]

108 [Department im Süden der Bretagne *P.S.*]

Anführer verhaften, unter anderen gefährliche Gemeindevorsteher. Allein die Tätigkeit der Polizei war mehr oder weniger den Wechselfällen des Krieges im Ausland unterworfen.

Das Glück überhäufte den Ersten Konsul auf den Feldern von Marengo mit all seiner Gunst, in einem Augenblick, wo ihn seine Feinde für immer verloren glaubten. Dieser plötzliche Triumph vereitelte alle Pläne Englands und vernichtete die Hoffnungen Georges Cadoudals, ohne jedoch seinen eisernen Charakter zu zähmen. Er bestand darauf, im Morbihan zu bleiben, das er als sein Arbeitsfeld betrachtete und dessen royalistische Organisation infolge seiner Tätigkeit beibehalten wurde. Als er durch seine Agenten von der Unzufriedenheit und den neuen Verschwörungen der Volkspartei unterrichtet wird, sendet er Ende Oktober seine vertrauenswürdigsten und entschlossensten Offiziere ab. Es waren u. a. Limolan, Saint-Régent, Joyaux und La Haie-Saint-Hilaire. Ja, es ist sogar wahrscheinlich, dass er den Plan gefasst hatte, den Jakobinern die Erfindung der Höllenmaschine zu entwenden, von deren Existenz er durch seine Kundschafter unterrichtet worden war. In dem Zustande, in dem sich damals die Leute und selbst die Regierung befanden, konnte ein von den Royalisten begangenes Verbrechen nur den Jakobinern in die Schuhe geschoben werden, so dass die Royalisten die Früchte davon ernteten. Ein so kühner Plan schien in politischer Hinsicht äußerst geschickt zu sein.

Das war der Ursprung des Attentats vom 3. Nivôse (24. Dezember). Es wurde von den Agenten oder vielmehr den Bevollmächtigten Georges' ausgeführt. Dieser doppelte Mordanschlag blieb anfänglich unter einem dichten Schleier verhüllt, so sehr hatten sich die Blicke, die Aufmerksamkeit und der Verdacht einzig und allein auf die Anarchisten gerichtet. Ein Umstand trat ein, der die Ausführung des Attentats mit einer großen Wahrscheinlichkeit auf Erfolg zu begünstigen schien. Am 24. Dezember 1800 sollte in der Oper Haydns Oratorium

„Die Schöpfung“ gegeben werden. Ganz Paris wusste, dass sich der Erste Konsul mit seinem Hof dazu einfinden würde. So groß war die Verworfenheit der Verschworenen, dass die Agenten Georges beratschlagten, ob es nicht sicherer wäre, die Höllenmaschine unter das Fundament des Opernhauses zu legen, um auf diese Weise mit einem Schlag Bonaparte samt dem Kern seiner Regierung in die Luft zu sprengen. War es der Gedanke an eine so fürchterliche Katastrophe, die sie von dem Verbrechen abhielt, oder nur die Ungewissheit, ob sie in dem großen Gewirre auch den Mann treffen würden, auf dessen Ermordung sie so erpicht waren? Ich schaudere davor zurück, mich darüber auszusprechen. Auf alle Fälle beschloss man, dass der ehemalige Marineoffizier Saint-Régent zusammen mit dem Unterbeamten Carbon die verhängnisvolle Maschine in der Rue Saint-Nicaise, durch die Bonaparte kommen musste, aufstellen und zur gegebenen Zeit die Lunte anzünden sollte, um ihn mit seinem Wagen in die Luft zu sprengen.

Das Verbrennen der Lunte, die Wirkung des Pulvers und der Explosion waren so berechnet, dass sie genau mit der Zeit übereinstimmten, die der Kutscher des Ersten Konsuls gewöhnlich brauchte, um aus dem Hofe der Tuilerien in die Rue Saint-Nicaise zu gelangen, bis zu der Ecke, wo die Höllenmaschine aufgestellt werden sollte.

Der Polizeipräfekt und ich wurden tags zuvor davon unterrichtet, dass in gewissen Kreisen von einem großen Schlag für den folgenden Tag gesprochen wurde. Diese Nachricht war jedoch sehr unbestimmt. Jeden Tag kamen uns ja übrigens ähnliche Berichte zu. Immerhin wurde der Erste Konsul durch unsere Tagesberichte unmittelbar davon in Kenntnis gesetzt. Am anderen Tage schien er anfangs unentschlossen zu sein, allein auf den Bericht der Gegenpolizei der Tuilerien hin, dass der Saal des Opernhauses untersucht und alle Vorsichtsmaßregeln getroffen wären, verlangte er seinen Wagen und fuhr in Begleitung seiner

Adjutanten ab. Diesmal. wie schon so manches Mal, war Cäsar von seinem Glücke begleitet. Man weiß, dass die Hoffnung der Verschworenen auf Erfolg nur durch einen kleinen Zwischenfall getäuscht wurde. Der Kutscher des Ersten Konsuls war an diesem Tage halb betrunken und trieb die Pferde stärker an als gewöhnlich. Die mit der peinlichsten Genauigkeit berechnete Explosion erfolgte hierdurch zwei Sekunden zu spät, und dieser kaum wahrnehmbare Bruchteil an Zeit genügte, den Konsul zu retten und seine Macht zu befestigen.[109]

Ohne sich über den Vorgang zu wundern, hatte er bei der furchtbaren Explosion ausgerufen: „Das ist die Höllenmaschine!" Und da er weder umkehren noch fliehen wollte, so erschien er in der Oper. Aber mit welch zornigem Gesicht, mit welch fürchterlichem Blick! Welche Gedanken mussten seinen argwöhnischen Geist erfüllen! Bald verbreitete sich das Gerücht von dem Attentat von Loge zu Loge; die Entrüstung war allgemein, und der Eindruck auf die Minister, Höflinge und Verwandten des Konsuls war ein tiefer. Alle folgten seinem Wagen, bevor das Schauspiel zu Ende war, und bei der Rückkehr in die Tuilerien spielte sich eine Szene oder vielmehr eine Orgie blinder und wilder Leidenschaften ab.

Bei meinem Eintritt in die Tuilerien merkte ich an der Erregung der Gemüter und dem eisigen Empfang der Anhänger und Ratgeber Bonapartes, dass mir ein Sturm bevorstand und der ungerechteste Verdacht auf der Polizei lastete. Allein ich war darauf gefasst und entschlossen, mich weder durch das Geschrei der Höflinge noch durch die Verweise des Konsuls einschüchtern zu lassen. „Nun?" sprach er mich an und trat mit vor Zorn gerötetem Gesicht auf mich zu: „Behaupten Sie nun immer noch, dass es die Royalisten sind?"

---

109 Bei der Explosion kamen viele Menschen um, und eine große Anzahl wurde verletzt. Der Erste Konsul ließ den Betroffenen Entschädigungen auszahlen.

„Zweifellos werde ich das behaupten!“ erwiderte ich, „und was mehr wert ist, ich werde es auch beweisen.“

Meine Antwort rief allgemeines Erstaunen hervor. Allein der Erste Konsul wiederholte noch einmal weit ärgerlicher und mit hartnäckiger Ungläubigkeit, dass das schreckliche, gegen ihn gerichtete Attentat das Werk einer allzu sehr beschützten und von der Polizei nicht genug im Zaume gehaltenen Partei, kurz, ein Werk der Jakobiner sei.

„Nein“, rief ich aus, „es ist das Werk der Royalisten, der Chouans, und ich verlange nur acht Tage, um den Beweis dafür zu liefern!“

In der Tat war ich bald durch den bloßen Köder einer Belohnung von zweitausend Louisdor im Besitze sämtlicher Geheimnisse der Agenten Georges' und auf ihre Spur geleitet. Ich wusste, dass am Tage der Explosion und am darauffolgenden mehr als achtzig Anführer der Chouans auf Umwegen und von verschiedenen Seiten insgeheim in Paris eingetroffen waren. Ich wusste ferner, dass, wenn auch nicht alle in das Geheimnis des Verbrechens eingeweiht waren, doch alle ein großes Ereignis erwarteten und ein Losungswort erhalten hatten. Endlich wurde mir der eigentliche Urheber und das Werkzeug des Attentates verraten, und in wenigen Tagen häuften sich die Beweise so sehr, dass ich über den Neid und das Vorurteil triumphieren konnte. Es war mir nicht entgangen, dass dieses letzte Unternehmen gegen das Leben des Ersten Konsuls seinen düsteren und hochmütigen Charakter gereizt hatte, und dass er entschlossen war, seine Feinde zu entwaffnen, um schließlich Befugnisse zu erhalten, die ihn zum Herrn machten.

Der erste Versuch seiner militärischen Diktatur war ein Verbannungsbefehl, der alle jene jenseits des Meeres[110] verwies, die in der Hauptstadt als Demagogen und Anarchisten bekannt

110 Die meisten Verbannten wurden nach Französisch-Guayana gesandt.

und verschrien waren. Ich musste selbst die Liste davon aufstellen. Der Senat, der infolge der Aufregung der Öffentlichkeit aufgestachelt war und stets alle Zugeständnisse machte, die man von ihm verlangte, zögerte nicht, diesem Akt der Willkür seine Genehmigung zu geben[111] Es gelang mir nicht ohne Mühe, vierzig der Geächteten zu retten, die ich noch vor der Abfassung des Senatsbeschlusses über die Verbannung nach Afrika von der Liste streichen ließ.

Der Prozess wegen der Explosion vom 3. Nivôse begann erst später. Ich war darauf bedacht, die Untersuchung zu vervollständigen, wie ich es angekündigt hatte. Alle Beweise wurden beigebracht. Es wurde bewiesen, dass Carbon das Pferd und den Karren gekauft hatte, auf den die Höllenmaschine gelegt worden war[112]. Es wurde gleichfalls bewiesen, dass er und Saint-Régent den Karren in einem Schuppen aufbewahrt und die Fässer hatten machen lassen, dass sie Körbe und Kisten mit Kartätschen gefüllt herbeigebracht hatten, und schließlich, dass Saint-Régent, der die Lunte anzündete, durch die Explosion verwundet worden war. Beide wurden zum Tode verurteilt und hingerichtet. Die Übereinstimmung, die man bei diesen verschiedenen Attentaten bemerkte, ließ vermuten, dass zwischen den Urhebern ein gewisses Einverständnis herrschte, obgleich sie verschiedenen Parteien angehörten. Indes beschränkte sich

---

111 Es steht Fouché am wenigsten an, den Senat wegen dieses Verbannungsbefehls zu beschuldigen, denn Fouché stellte nicht nur die Liste der Geächteten auf, sondern gab ihr auch noch seine Unterschrift. Er scheute also nicht davor zurück, eine Urkunde zu unterschreiben, die seine früheren Gesinnungsgenossen unter der Anklage des „Terrorismus" in die Verbannung sandte, nur um seine Stellung als Minister zu behalten.

112 Fouchés Polizei ging hier mit der größten Schlauheit zu Werke. Sie machte einen Händler ausfindig, der in dem für die Höllenmaschine benützten Karren seinen eigenen erkannte, den er einem anderen Händler verkauft hatte. Die Beschreibung, die er von dem Käufer machte, stimmte mit der Carbons überein. Andere Fingerzeige ergänzten diese Mitteilungen.

dieses Einverständnis auf einen gemeinsamen Hass, der sie veranlasste, sich gegen dasselbe Hindernis zu verschwören. Es herrschten unter ihnen auch keine anderen Beziehungen als ein geheimer Spionagedienst, der endlich den Royalisten das schreckliche Werkzeug enthüllte, dessen sich die Jakobiner bedienen wollten, um Bonaparte zu töten.

7. Kapitel

Die Aufhebung des Polizeiministeriums

Der Kongress von Lunéville führte nach Verlauf von vierzig Tagen den Friedensschluss herbei, der am 9. Februar 1801 zwischen Frankreich und Österreich unterzeichnet wurde. Dadurch kam Frankreich in Besitz des linken Rheinufers, von dem Punkt an, wo dieser Strom das schweizerische Gebiet verlässt, bis zur Mündung in Holland. In Italien blieb Österreich im Besitze des alten venezianischen Gebietes. Die Etsch bildete seine Grenze. Man garantierte sich ferner gegenseitig die Unabhängigkeit der Batavischen[113], Helvetischen, Zisalpinischen und Ligurischen[114] Republik.

Der Vertrag von Lunéville hatte Bestimmungen für Österreich und Deutschland getroffen. Er wurde vom Reichstage genehmigt, und so war der Frieden auf dem europäischen Festland hergestellt. Der Erste Konsul schien von der Geschicklichkeit seines Ministers des Äußeren, Talleyrand-Périgord, entzückt zu sein. Aber im Grunde seines Herzens hatte er es satt, dass die Londoner Zeitungsschreiber behaupteten, er stände in diplomatischen Angelegenheiten unter der Vormundschaft des Herrn von Talleyrand und in Regierungsgeschäften unter meinem Einfluss, so dass er ohne uns nicht einen Schritt machen könne. Man übertrieb also absichtlich unsere Geschicklichkeit, um uns verhasst oder verdächtig zu machen. Ich selbst fiel ihm dadurch lästig, dass ich ihm immer wiederholte, das Glück einer Regierung sei nicht von Dauer, wenn sie nicht gerecht wäre.

Wie aber konnte man annehmen, dass man nach einer langen stürmischen Zeit an der Spitze einer riesigen Republik, die in eine Militärdiktatur umgewandelt worden war, einen Führer

113 Holland

114 Republik Genua

haben würde, der zugleich gerecht, stark und gemäßigt sei? Bonapartes Herz war für Rache und Hass und sein Geist für Vorurteile nicht unempfänglich; man vermochte leicht durch den Schleier, mit dem er sich umgab, einen ausgesprochenen Hang zur Tyrannei zu bemerken. Gerade diese Neigung aber bestrebte ich mich zu mildern oder zu bekämpfen. Ich war diesem Manne aufrichtig ergeben, in der Überzeugung, dass weder in der militärischen noch in der bürgerlichen Laufbahn jemand eine solche Festigkeit des Charakters, eine derartige Ausdauer, kurz die Eigenschaften besaß, die nötig sind, um das Staatsschiff zu lenken und die Aufstände zu unterdrücken.

Ich hoffte sogar, diesen großen Charakter da zu mildern, wo er Neigung zur Härte und zur Gewalttätigkeit zeigte. Andere hatten auf seine Liebe zu den Frauen gerechnet, denn er war gegen ihre Reize nicht unempfindlich. Man konnte indes gewiss sein, dass die Frauen niemals einen solchen Einfluss auf ihn ausüben würden, der dem Staatswohl schädlich war.

Der erste Versuch dieser Art war nicht glücklich. Auf seiner letzten Durchreise durch Mailand war er von der theatralischen Schönheit der Sängerin G.[115] und noch mehr durch ihre herrliche Stimme gefesselt worden. Er machte ihr reiche Geschenke und gedachte sie zu erobern. Dann beauftragte er Berthier, mit ihr einen Vertrag auf längere Zeit abzuschließen und sie nach Paris zu bringen. Sie machte die Reise in Berthiers eigenem Wagen. Da sie viel Geld erhielt – sie bekam 15 000 Franken im Monat –, so sah man sie im Theater und in den Konzerten der Tuilerien glänzen, wo ihre Stimme Aufsehen erregte. Das Staatsoberhaupt vermied jedoch damals jeden Skandal, und da Bonaparte Josephine, die äußerst eifersüchtig war, keinen Anlass zum Argwohn geben wollte, so machte er der schönen Sängerin nur kurze und heimliche Besuche. Eine Liebschaft

115 Es war die italienische Sängerin Giuseppina Grassini.

ohne Zärtlichkeit und ohne Reiz konnte jedoch einer stolzen und leidenschaftlichen Frau nicht genügen, deren Charakter etwas Männliches an sich hatte. Sie nahm zu dem unfehlbaren Gegenmittel ihre Zuflucht und verliebte sich sterblich in den berühmten Geiger Rode. Da dieser selbst in sie verliebt war, so wusste er sich nicht zu beherrschen und bot den Späherblicken Junots und Berthiers Trotz. Während dieser Ereignisse sagte eines Tages Bonaparte zu mir, er wundere sich, dass bei meiner bekannten Geschicklichkeit die Polizei nicht besser gehandhabt würde und Dinge vor sich gingen, die mir unbekannt wären.

„Allerdings"; antwortete ich, „es gibt Dinge, die ich nicht wusste, die mir aber jetzt bekannt sind. Zum Beispiel: ein kleiner Mann im grauen Mantel schleicht ziemlich oft in Begleitung eines einzigen Dieners in finsterer Nacht durch eine geheime Tür der Tuilerien, besteigt einen dunklen Wagen und begibt sich, nachdem er sich vorsichtig umgesehen hat, zu der Signora G. ...; dieser kleine Mann sind Sie – und die eigenartige Sängerin betrügt Sie mit dem Geiger Rode."

Bei diesen Worten kehrte der Konsul mir den Rücken, versank in tiefes Schweigen, zog die Klingel, und ich entfernte mich. Hierauf wurde ein Adjutant ernannt, bei der Ungetreuen den „schwarzen Eunuchen" zu spielen. Sie weigerte sich jedoch entrüstet, sich der Hausordnung des Serails zu unterwerfen. Man entzog ihr hierauf einen Teil ihres Gehalts und ihrer Pension und glaubte sie so durch die Not zu zwingen. Da sie jedoch Rode liebte, blieb sie unerbittlich und lehnte die glänzendsten Angebote, die ihr Berthier, der neue Pylades, machte, ab. Man zwang sie schließlich, Paris zu verlassen. Sie zog sich zunächst mit ihrem Geliebten aufs Land zurück, von wo beide nach Russland entflohen. Eine neue Zeit schien anzubrechen. Ich reichte Bonaparte eine Denkschrift ein, worin ich meine Ansichten über die Herstellung der Ruhe im Innern auseinandersetzte. Ich wusste, dass wir der Ausführung seiner geheimsten Absichten nahe waren. Schon seit beinahe einem Jahr wurde er von den Konsuln Lebrun und Cambacérès und dem Staatsrat Portalis bearbeitet, die Religion wieder einzuführen und die Emigranten ins Vaterland zurückzuberufen. Mehrere Vorschläge waren in dieser Hinsicht im Rate vorgelesen worden. Als ich persönlich über diese beiden wichtigen Maßnahmen um Rat befragt wurde, stimmte ich darin mit ihnen überein, dass die Religionsangelegenheit für die Regierung des Ersten Konsuls nicht ohne Bedeutung sei. Falls er die Religion wiederherstellte, könnte sie ihm eine sichere Stütze werden. Ich war jedoch nicht der Meinung, dass dies durch ein Konkordat mit dem päpstlichen Stuhl geschehen müsse, wie man die Absicht zu haben schien. Daher führte ich an, dass es ein großer politischer Fehler sei, wenn man in einen Staat, in dem revolutionäre Grundsätze vorherrschten, eine fremde Gewalt aufnähme, die Unruhen erzeugen konnte. Auf alle Fälle sei das Eingreifen des Oberhauptes der römischen Kirche überflüssig. Es verursache nur Schwierigkeiten und selbst Streitigkeiten, und man führe in den Staatskörper nur wieder jene seltsame und verhängnisvolle Verquickung des Geistlichen mit dem Weltlichen ein. Es genüge daher, wenn man die Freiheit der Ausübung des Gottesdienstes verkünde.

Ich merkte bald, dass dieser Plan nur die Einleitung zu einem anderen weit wichtigeren war, zu dem der Dichter Fontanes[116] die Idee gegeben hatte. Er ließ dem Ersten Konsul durch dessen Schwester Elisa, deren Geliebter er war, eine gut ausgearbeitete Denkschrift überreichen, worin er ihn aufforderte, dem Beispiel Karls des Großen zu folgen: Er solle bei der Errichtung seines Reichs sich der Priester und Großen bedienen und zu diesem Zwecke die Vermittlung des päpstlichen Stuhles annehmen, wie es Pippin und Karl der Große getan hätten.

116 [Jean-Pierre Louis de Fontanes (1757–1821), Politiker, Dichter und Journalist. *P.S.*]

Die Wiederherstellung des Reichs Karls des Großen war auch meine Absicht, mit dem Unterschied jedoch, dass der Dichter Fontanes und seine Partei sich bei dieser Wiederherstellung der Anhänger des alten Régimes bedienen wollten, während ich die Ansicht vertrat, man müsse sich dabei auf die Männer und Grundsätze der Revolution stützen. Ich verlangte nicht, dass die ehemaligen Royalisten von der Teilnahme an der Regierung ausgeschlossen würden, sondern, dass sie nur in einem solchen Verhältnis zugelassen werden sollten, um stets in der Minderheit zu sein. Dieser Plan – es war derjenige, welcher Bonaparte am meisten gefiel – schien mir noch nicht zur Ausführung reif. Er erforderte eine reiflichere Überlegung und musste mit großer Vorsicht vorbereitet und durchgeführt werden. Ich ließ ihn daher verschieben.

Im Übrigen vertrug sich mein System der Klugheit und Bedächtigkeit wenig mit der Ungeduld und der Willenskraft, die den Ersten Konsul kennzeichneten. Seit dem Monat Juni des vorigen Jahres (1801) befand sich auf Grund seiner Einladung der Staatssekretär des römischen Hofes, der Kardinal Consalvi, in Paris und hatte hier die Grundlagen eines Vertrages aufgesetzt, die der Erste Konsul am 10. August seinem Staatsrate mitteilte. Die philosophische Partei, als deren Schutzherr und Stütze ich galt, hatte sich widerspenstig gezeigt und im Staatsrate selbst die Meinung geäußert, man solle bei der Wiederherstellung des katholischen Kultus gewisse Vorsichtsmaßregeln nicht außer Acht lassen, so mächtig der Erste Konsul auch bereits sei. Man müsse nämlich mit der Opposition rechnen, und zwar nicht nur mit der Opposition der Anhänger der philosophischen und republikanischen Ideen, die sich in großer Anzahl in den Behörden befanden, sondern auch mit den wichtigsten Angehörigen der Armee, die den religiösen Ideen sehr feindlich gesinnt wären. Um nicht durch grobes Anstoßen an Vorurteile, die ihre Wurzel in dem Zustande der Gesellschaft selbst hatten, einen Teil seiner Beliebtheit einzubüßen, willigte der Erste Konsul im Einverständnis mit seinem Rate ein, den Friedensschluss mit der Kirche aufzuschieben und zunächst den Frieden zur See verkünden zu lassen.

Die gleiche Nachgiebigkeit erlangte ich – und zwar noch leichter – hinsichtlich der Maßregel gegen die Emigranten. Hier machte es mir meine Tätigkeit möglich, einen weit größeren Einfluss auszuüben. Daher gewannen meine, in zwei Denkschriften entwickelten Ansichten mit einigen kleinen Änderungen die Oberhand.

Die aus neun Bänden bestehende Emigrantenliste enthielt das Namensverzeichnis von ungefähr 150 000 Menschen, von denen höchstens das Schicksal von 80 000 bestimmt werden konnte. Die übrigen waren entweder nach und nach zurückgekehrt oder gestorben. Ich setzte es durch, dass die Emigranten erst nach Erlass einer Amnestieakte endgültig in ihrer Gesamtheit von der Liste gestrichen werden und zehn Jahre unter der Aufsicht der hohen Polizei bleiben sollten. Dabei behielt ich mir vor, sie aus ihrem gewöhnlichen Wohnort zu verweisen. Mehrere Kategorien von Emigranten, die sich an die französischen Prinzen angeschlossen hatten und Feinde der Regierung geblieben waren, wurden endgültig auf der Liste beibehalten. Es waren noch tausend Personen, wovon im Laufe des Jahres fünfhundert bekanntgegeben werden sollten. Bei der Rückerstattung der nicht verkauften Güter der aus der Liste gestrichenen Emigranten wurde eine wichtige Ausnahme gemacht, nämlich bei Wäldern, die mehr als 400 Arpents[117] Flächeninhalt besaßen. Aber diese Ausnahme stand für die alten Familien fast nur auf dem Papiere, denn der Erste Konsul ließ aus eigenem Antriebe Wälder zurückerstatten, um sich unter den zurückgekehrten Emigranten ergebene Anhänger zu verschaffen.

117 Altes französisches Ackermaß, das jedoch in den Provinzen verschieden war. l Arpent = 30 bis 51 Ar.

Der Ostertag wurde zur Verkündung des Konkordats auserwählt. Sie sollte zuerst vom Ersten Konsul in den Tuilerien persönlich vorgenommen und alsdann in ganz Paris von den zwölf Bürgermeistern der Hauptstadt wiederholt werden. In der Kirche Notre-Dame war eine religiöse Feier angeordnet worden, um dem Himmel sowohl für den Abschluss des Friedens von Amiens[118] als für den des Konkordats zu danken. Ich hatte die Konsuln davon in Kenntnis gesetzt, dass sich nur die Generale und Offiziere vom Dienst in ihrem Gefolge einfinden würden, denn es war unter den höheren Offizieren in Paris eine Art Liga gebildet worden, die der Feier nicht beiwohnen wollte. Man ersann sogleich einen Ausweg, denn man durfte noch keinen Zwang anwenden. Berthier lud daher in seiner Eigenschaft als Kriegsminister die Generale und höheren Offiziere zu einem glänzenden militärischen Essen ein, nach dessen Beendigung er sich an ihre Spitze stellte und sie aufforderte, sich nach den Tuilerien zu begeben. um dem Ersten Konsul zu huldigen. Hier befahl ihnen Bonaparte, dessen Gefolge schon zu einem Zuge geordnet war, ihn in die Hauptkirche zu begleiten, was keiner abzuschlagen wagte. Auf seinem ganzen Wege wurde er von dem Beifall der Menge begrüßt.

Auf die Wiederherstellung des Katholizismus folgte auch bald der Senatsbeschluss, der den Emigranten Amnestie gewährte. Als dieser Akt verkündet wurde, entstand eine außerordentliche Bestürzung bei den Käufern von Nationalgütern. Es bedurfte der ganzen Festigkeit der Staatsverwaltung und aller Wachsamkeit meines Ministeriums, um den schweren Misshelligkeiten vorzubeugen, die aus den Kämpfen zwischen

118 Der Frieden von Amiens wurde am 27. März 1802 zwischen England und Frankreich geschlossen. Frankreich gewann dadurch fast seine sämtlichen verlorenen Kolonien wieder, trat jedoch die eroberten Gebiete nicht ab. Dieser für England recht ungünstige Frieden war daher nur von ganz kurzer Dauer.

den alten und neuen Besitzern hätten entstehen können. Ich wurde dabei von meinen Kollegen des Ministeriums des Innern und der Finanzen, sowie vom Staatsrat unterstützt, der die Rechtsfrage in dieser Angelegenheit zugunsten der Interessen der Revolution entschied. Man sieht, dass die Revolution sich bereits auf die Defensive beschränkt sah und die Republik ohne Garantie und Sicherheit war. Alle Pläne des Ersten Konsuls zielten darauf ab, die Regierung in eine Monarchie umzuwandeln. Die Errichtung der Ehrenlegion war zu jener Zeit nicht minder Gegenstand der Beunruhigung und der Besorgnis für die alten Freunde der Freiheit. Unter den republikanischen Generalen und Obersten artete die Unzufriedenheit bald in wahre Erbitterung aus, als man sich klar wurde, dass Bonaparte unsere Einrichtungen nur zu dem Zwecke mit Füßen trat, um desto leichter zur unumschränkten Gewalt zu gelangen.

Es war längst bekannt, dass er mit seinen Vertrauten über die Mittel beriet, wie er mit einem Anschein von Gesetzmäßigkeit die oberste Gewalt auf Lebenszeit erlangen könne. So sehr ich auch im Rate Vorstellungen erhob, dass die Zeit dazu noch nicht gekommen sei, machte ich doch wenig Eindruck und wurde bald darauf sogar gewahr, dass man sich mir gegenüber sehr zurückhielt und dass außer den Versammlungen im geheimen Rate bei dem Konsul Cambacérès seltsame Konferenzen stattfanden.

Ich erfuhr jedoch bald das Geheimnis, und da ich sowohl im Interesse des Ersten Konsuls als auch des Staates handeln wollte, so gab ich in vorsichtiger Weise meinen Freunden im Senat eine besondere Anregung. Meine Absicht war, die bei Cambacérès verabredeten Pläne, die mir nichts Gutes verhießen, zu hintertreiben oder zu vereiteln.

Unsere Freunde begaben sich an demselben Tage zu den einflussreichsten und angesehensten Senatoren. Dort hoben sie Bonaparte fast in den Himmel, erklärten, dass er der Welt den

Frieden gegeben, die Altäre wieder aufgerichtet und die letzten Wunden des Bürgerkriegs geheilt habe. Dann erklärten die biederen Männer, es sei die Pflicht des Senats, den Wunsch der Allgemeinheit zu erfüllen und die Dauer der Amtsgewalt des höchsten Staatsbeamten um zehn Jahre zu verlängern. Unsere Freunde taten natürlich wohlweislich so, als ob sie nur die Wünsche des Ersten Konsuls ausdrückten. Der Erfolg übertraf unsere Erwartungen.[119]

Am 8. Mai 1802 versammelte sich der Senat und erließ, um im Namen des französischen Volkes den Konsuln der Republik seine Dankbarkeit zu bezeugen, einen Senatsbeschluss, der Bonaparte von neuem zum Ersten Konsul auf zehn Jahre ernannte, und zwar über jene, durch den Artikel 34 der konstitutionellen Akte vom 13. Dez. 1799 bestimmten zehn Jahre hinaus.[120] Eine Botschaft überbrachte diesen Beschluss sogleich dem Ersten Konsul, der Gesetzgebenden Körperschaft und dem Tribunat.

Man hätte, wie ich, sehen sollen, wie ärgerlich und wütend der Erste Konsul war, um sich davon einen Begriff zu machen. Seine Vertrauten befanden sich in der größten Bestürzung. Die Antwort Bonapartes an den Senat war in doppelsinnigen Ausdrücken gehalten. Er gab ihm zu verstehen, dass er die Belohnungen des Volkes mit zu karger Hand austeile.

Die Verlängerung seiner Amtszeit um zehn Jahre konnte dem ungeduldigen Ehrgeiz des Ersten Konsuls nicht genügen. Er sah darin nur ein Sprungbrett, um desto schneller auf den Gipfel der Macht zu gelangen. Da er entschlossen war, mit demselben Eifer wie in einer Schlacht den Sieg davonzutragen,

---

119 Wer erkennt in diesem hinterlistigen Vorgehen nicht die Hand Fouchés, des schlauen Fuchses? Derartige Vorfälle erklären die Tatsache, warum er sein Spiel so lange treiben konnte, ohne entlarvt zu werden.

120 Das wäre also bis 1819 gewesen, demnach länger, als die Herrschaft des Kaisers Napoleon dauerte.

drang er zwei Tage später (am 10. Mai) in die beiden Konsuln, denen die Verfassung eigentlich gar keine Gewalt einräumte, einen Beschluss zu fassen, damit das französische Volk über die Frage abstimme: „Soll Napoleon Bonaparte Konsul auf Lebenszeit sein?"

Dieser Beschluss und das Schreiben des Ersten Konsuls an den Senat wurden eben im geheimen Rate verlesen, als ich eintrat, um Platz zu nehmen. Ich gestehe, dass ich meine ganze Kraft zusammennehmen musste, um Herr über die Gefühle zu bleiben, die bei der Lektüre in mir aufstiegen. Ich sah, dass alles beschlossene Sache war, dass man aber trotzdem standhalten müsse, um wenn möglich den schnellen Fortschritt einer Macht zu mäßigen, die von nun an ohne Gegengewicht sein würde.

Diese hinterlistige Zudringlichkeit Bonapartes machte anfänglich auf die höheren Behörden einen wenig günstigen Eindruck. Aber schon war alles vorbereitet. In kurzer Zeit waren der Senat, die Gesetzgebende Körperschaft und das Tribunat gewonnen. Während die Wahllisten, die die Stimmen aufnehmen sollten, in den Sekretariaten aller Verwaltungen, in den Kanzleien der Gerichtshöfe. bei allen Bürgermeistern und öffentlichen Beamten wie zum Hohne aufgelegt wurden, ereignete sich ein ernster Zwischenfall, der an die Öffentlichkeit kam, trotzdem man sich alle Mühe gab, die Einzelheiten zu vertuschen. Bei einem Diner, wo sich außer zwanzig unzufriedenen Offizieren einige alte Republikaner und glühende Patrioten einfanden, kam man auf die ehrgeizigen Pläne des Ersten Konsuls zu sprechen, ohne sich ein Blatt vor den Mund zu nehmen. Als der Wein die Gemüter erhitzt hatte, ging man sogar so weit, zu äußern, dass der neue Cäsar das Schicksal des alten teilen solle, jedoch nicht im Senat, wo es nur unterjochte und geknechtete Seelen gäbe, sondern unter seinen Soldaten selbst, bei einer großen Parade vor den Tuilerien. Die Erregung war so groß, dass der Oberst des zwölften Husarenregiments, Fournier Sarlovèse, der damals als einer der besten Pistolenschützen galt, versicherte, er mache sich anheischig, Bonaparte auf fünfzig Schritt nicht zu fehlen.

So lautete wenigstens die unvorsichtige Rede, die ein anderer Teilnehmer, namens L., gehört zu haben behauptete. Er setzte seinen Freund, den General Menou[121] davon in Kenntnis, in der Hoffnung, durch dessen Vermittlung beim Ersten Konsul vorgelassen zu werden. Menou stand nämlich seit seiner Rückkehr aus Ägypten in sehr großer Gunst. Wirklich führte er auch den Angeber in die Tuilerien, wo sie in dem Augenblick eintrafen, als Bonaparte seinen Wagen besteigen wollte, um in die Oper zu fahren. Der Erste Konsul hört die Anzeige an, gibt seiner Militärpolizei die nötigen Befehle und begibt sich darauf in seine Loge im Theater. Hier erfährt er, dass der Oberst Fournier ebenfalls anwesend sei. Er erteilt daher dem Adjutanten Junot Befehl, ihn zu verhaften und ihn unter der Anklage der Verschwörung gegen die äußere und innere Sicherheit des Staates zu mir zu führen.

Ich war bereits von dem unklugen, tadelnswerten und zügellosen Gespräch unterrichtet, das fünf oder sechs Störenfriede unter dem Einfluss des Weins, in der Erinnerung an die Freiheit und unter der offenen oder stillschweigenden Zustimmung von etwa zwanzig Gästen gehalten hatten. Ich verhöre den Oberst und erteile ihm einen Verweis. Er bekundet mir seine Reue. Ich konnte ihm jedoch nicht verheimlichen, dass seine Angelegenheit durch die Untersuchung seiner Papiere äußerst schwierig werden könne, worauf er mir versicherte, dass er in dieser Hinsicht nichts zu fürchten habe. Nun hoffte ich alles beizulegen und den Ersten Konsul zu bewegen, es bei einer bloßen

121 Menou hatte Bonaparte nach Ägypten begleitet. Er übernahm nach dem Tode Klébers den Oberbefehl über die ägyptische Armee und kehrte nach der bekannten Kapitulation dieses Heeres nach Frankreich zurück.

Disziplinarstrafe bewenden zu lassen. Da verschlimmerte ein Zwischenfall die ganze Angelegenheit.

Der Oberst bringt die Nacht auf der Präfektur zu und wird am anderen Morgen von Polizeiagenten in seine Wohnung geleitet, um bei der Beschlagnahme seiner Papiere anwesend zu sein. Obgleich man gar nichts findet, was auf einen geplanten Anschlag hätte hinweisen können, steigt in ihm der Gedanke auf, dass man Verse und Couplets, die gegen Bonaparte gerichtet waren, bei ihm finden könne. Was tut er? Ohne im Geringsten etwas von seiner Absicht merken zu lassen, schließt er seine Wächter in sein Zimmer ein und entflieht. Man stelle sich den Zorn des Ersten Konsuls vor. Zum Glück konnte er zunächst seine Wut über die Dummheit der Präfekturbeamten austoben. Es war ebenfalls ein Glück, dass ich ihm bereits am Tage zuvor den unwiderlegbaren Beweis geliefert hatte, dass der dumme Streich, der bei dem militärischen Mahle begangen worden war, zu meiner Kenntnis gelangt sei. Ich hätte mich nicht entschuldigen können, wenn derartige, vor einer großen Versammlung geführte sträfliche Reden zu Ohren des Staatsoberhauptes gekommen wären, ohne dass der Polizeichef davon Kunde erhalten hatte. So überbrachte ich ihm die Papiere des Obersten und verpflichtete mich, ihn wieder aufzufinden. Wie ich angekündigt hatte, wurde Fournier entdeckt und verhaftet, und zwar mit einem großen militärischen Aufgebot, was ich lächerlich fand. Der in dieselbe Sache verwickelte Eskadronschef Donnadieu, der seitdem ein berühmter General geworden ist, wurde ebenfalls verhaftet und mit dem Oberst Fournier in ein Gefängnis des Temple eingesperrt. Dank meiner Bemühungen fiel das Ende nicht tragisch aus: einige Beteiligte wurden ihrer Stellung enthoben oder verbannt, andere fielen in Ungnade, und der Angeber erhielt eine Belohnung.

Der Erste Konsul verfolgte das Ziel seines Ehrgeizes nur umso lebhafter. Sechs Wochen lang waren die Minister damit beschäftigt, die Wahllisten, die die Abstimmungen für das Konsulat auf Lebenszeit enthielten, zu sammeln und auszuziehen. Das von einer Spezialkommission hierüber aufgenommene Protokoll stellte 3 568 185 bejahende und nur 9 074 verneinende Stimmen fest. Am 2. August (1802) übertrug ein sogenannter Grundbeschluss des Senats dem Ersten Konsul Bonaparte die oberste Gewalt auf Lebenszeit.

Ich hatte ein geheimes Vorgefühl, als würde ich bald aus meiner Stellung entfernt werden. Nach meiner letzten Unterredung mit dem Ersten Konsul hegte ich darüber nicht mehr den geringsten Zweifel. Übrigens konnten mir die Umtriebe meiner Feinde nicht verborgen bleiben. Es befanden sich darunter sehr mächtige, die nur auf die Gelegenheit warteten, mich zu stürzen. Meine Opposition gegen die letzten Maßnahmen diente ihnen dazu zum Vorwand.

Nicht nur Lucien und Joseph waren gegen mich, sondern auch ihre Schwester Elisa, eine hochmütige, nervöse, leidenschaftliche und ausschweifende Frau, die von Liebe und Ehrgeiz verzehrt wurde! Sie stand unter dem Einfluss Fontanes', dem sie sich vollkommen anvertraut hatte, während sie ihm alle Tore der Gunst und des Glückes öffnete. Fontanes, der schüchtern und in der Politik vorsichtig war, handelte nur unter dem Einfluss einer Partei, die man religiös-monarchisch nannte. Sie hatte einen Teil der Zeitungen auf ihrer Seite und besaß jenen romantischen Schriftsteller, der aus dem Christentum ein Gedicht und aus unserer Sprache ein Kauderwelsch machte. Fontanes, der auf seine Erfolge, seine Gunst und seinen kleinen literarischen Hof sehr eitel war, setzte seinen Stolz darein, die Schriftstellernovizen, deren Versuche er leitete, und die sich, wie er selbst, berufen glaubten, die Gesellschaft mit dem alten monarchischen Trödel wiederherzustellen, zu den Füßen des erlauchten Nacheiferers Karls des Großen zu führen.

Dieser schmachtende Dichter, dieser elegante und unschuldige Schriftsteller wagte es zwar nicht, mich offen anzugreifen, aber in geheimen Denkschriften, die er dem Konsul überreichen ließ, schwärzte er alle liberalen Einrichtungen an und suchte die bedeutendsten Männer der Revolution dadurch verdächtig zu machen, dass er sie als eingefleischte Feinde der Einheit der Regierung bezeichnete. Als alles bereit war und der Augenblick günstig schien (man hatte in geschickter Weise Duroc und Savary vorher ausgeforscht), beschloss man in einer Gesellschaft bei Joseph in Mortefontaine folgendes: Im nächsten Familienrat, an dem Cambacérès und Lebrun teilnehmen würden, sollte eine Denkschrift vorgelesen werden, in der man – ohne mich persönlich anzugreifen – darzulegen suchte, dass seit der Errichtung des Konsulats auf Lebenszeit und seit dem allgemeinen Frieden das Polizeiministerium eine unnütze und gefährliche Macht sei. Unnütz, da die entwaffneten und unterworfenen Royalisten nichts anderes wünschten, als sich der Regierung anzuschließen; gefährlich, da es eine republikanische Einrichtung und der Blitzableiter für unheilbare Anarchisten sei, die unter ihm Schutz und Sold erhielten. Man schloss daraus, dass es unpolitisch sei, eine so große Macht in den Händen eines einzigen Mannes zu lassen. Das hieße so viel, als den ganzen Staat seiner Willkür preisgeben. Endlich kam ein von Roederer, der Kreatur Josephs, verfasster Plan zum Vorschein, worin vorgeschlagen wurde, das Ministerium der Polizei mit dem des Innern in den Händen Regniers zu vereinigen, der den Titel eines Justizministers erhalten sollte.

Als ich diese Ränke erfuhr, konnte ich mich nicht enthalten, zu meinen Freunden zu äußern – und zwar bevor der Beschluss von den Konsuln unterzeichnet war –, dass ich bald durch ein dickes Vieh ersetzt würde, und dies war in Wirklichkeit so. Man nannte seitdem den korpulenten und schwerfälligen Regnier: den dicken Richter.

Ich tat nichts, um den Streich abzuwenden, so sehr war ich darauf vorbereitet. Daher war der Erste Konsul über meine Zuversicht und Ruhe sehr erstaunt, und bei der letzten Arbeit sagte er zu mir: „Herr Fouché, Sie haben der Regierung gute Dienste geleistet, und diese wird es nicht bei den Belohnungen bewenden lassen, die sie Ihnen soeben erteilt hat, denn von heute an gehören Sie der obersten Staatsbehörde an[122]. Ich trenne mich nur ungern von einem Manne von Ihren Verdiensten; aber ich musste Europa beweisen, dass ich offen ein Friedenssystem einrichte und dass ich mich auf die Zuneigung der Franzosen verlassen kann. In der neuen Anordnung der Dinge, die ich soeben getroffen habe, bildet die Polizei nur einen Zweig des Justizministeriums, und Sie können darin nicht mit Ehren bestehen. Seien Sie jedoch versichert, dass ich weder auf Ihre Ratschläge noch auf Ihre Dienste verzichten werde. Es handelt sich in diesem Falle durchaus nicht um eine Ungnade. Hören Sie also weder auf das Geschwätz des Faubourgs Saint-Germain[123], noch auf die Reden in den Kneipen, wo sich die alten Redner des Klubs versammeln, über die Sie sich so oft mit mir lustig gemacht haben."

Nachdem ich ihm für die Beweise seiner Zufriedenheit, die er mir zu erteilen geruhte, gedankt hatte, verhehlte ich ihm durchaus nicht, dass die Veränderungen, die er für gut befunden habe, mich nicht unvorbereitet gefunden hätten. „Was?" rief er aus, „Sie ahnten es bereits?"

---

122 An der Art und Weise, wie Fouché verabschiedet wurde, ersieht man bereits, wie sehr er damals schon gefürchtet war. Der Erste Konsul wagt es nicht, ihn einfach abzusetzen, sondern hebt das Polizeiministerium gänzlich auf. Fouché wird Mitglied des Senats und erhält später eine der reichsten Senatordotationen, jene von Aix, mit einer Rente von fünfundzwanzigtausend Livres.

123 Das Viertel, wo der alte Adel wohnte. Man bezeichnet mit Faubourg Saint-Germain oft kurzweg die Partei der Royalisten.

„Ohne dessen gerade sicher zu sein", antwortete ich, „hatte ich mich doch darauf vorbereitet, nachdem einige Anzeichen und gewisse Klatschereien darauf hinwiesen."

Ich verlangte und erhielt für den nächsten Tag eine Audienz, in der ich ihm einen ausführlichen Bericht über die Verwendung der geheimen Beträge meines Ministeriums zu machen gedachte. Am folgenden Tag übergab ich ihm meine Denkschrift, die gewissermaßen mein politisches Testament war. Er nahm sie mit erheuchelter Liebenswürdigkeit an. Ich erstattete ihm hierauf einen genauen Bericht über meine geheime Amtsführung, und als er mit Staunen sah, dass ich noch über eine Reserve von 2 400 000 Franken verfügte, sagte er: „Bürger Senator, ich werde gerechter und großmütiger sein, als es Sieyès mit dem armen Roger Ducos war, zu jener Zeit, als sie den Inhalt der Kasse des sterbenden Direktoriums teilten. Behalten Sie die Hälfte der Summe, die Sie mir einhändigen. Es ist nicht zu viel als ein Zeichen meiner persönlichen Zufriedenheit. Die andere Hälfte kommt in die Kasse meiner Privatpolizei, die auf Grund Ihrer klugen Ratschläge einen neuen Aufschwung nehmen wird. Ich bitte Sie daher, mir darüber öfters Ihre Ansichten mitzuteilen."

Ich war überzeugt, dass Bonaparte bei der Aufhebung der Generalpolizei nur die Absicht verfolgte, sich einer Einrichtung zu entledigen, die ihm eher schädlich als nützlich erschien: er fürchtete damals das Instrument mehr als die Hände, die es leiteten. Trotzdem hatte er einer Intrige nachgegeben, da er sich in den Motiven täuschte, die meine Gegner vorgebracht hatten. Kurz, Bonaparte, der sich durch den allgemeinen Frieden gegen die Unternehmungen der Royalisten gesichert glaubte, nahm an, dass er nun keine anderen Feinde mehr habe als die Männer der Revolution. Und da man ihm immer wieder sagte, dass diese Männer sich an ein Ministerium anschlössen, das aus der Revolution entstanden wäre und ihre Interessen und Grundsätze beschützte, so hob er es auf, in der Meinung, es würde ihm dadurch freistehen, zu herrschen wie es ihm beliebe.

Ich kehrte zufrieden und glücklich ins Privatleben zurück. Selbst bei der größten Arbeit hatte ich mich daran gewöhnt, die Annehmlichkeiten der Häuslichkeit zu genießen. Anderenteils hatte ich so viel Vermögen und Achtung gewonnen, dass ich mich weder geschlagen noch abgesetzt fühlte. Meine Feinde waren darüber ganz bestürzt. Ich erlangte sogar im Senat einen besonderen Einfluss, aber es reizte mich durchaus nicht, ihn zu missbrauchen. Ja, ich hütete mich sogar, daraus Vorteil zu ziehen, denn ich wusste, dass aller Augen auf mich gerichtet waren. So verlebte ich glückliche und ruhige Tage auf meinem Landgut Pont-Carré und kam nur selten nach Paris. Da gedachte der Erste Konsul mir im Herbst 1802 öffentlich ein Zeichen seiner Gunst und seines Vertrauens zu geben. Er ernannte mich zum Mitglied einer Kommission, die den Auftrag hatte, mit den Abgeordneten der verschiedenen Kantone der Schweiz Unterhandlungen zu führen.

8. Kapitel

Der Minister Seiner Majestät des Kaisers Napoleon

Inzwischen war alles vorbereitet worden, dem Deutschen Bund schwere Hiebe zu versetzen, um seinen Zusammenbruch herbeizuführen. Man hatte die Entschädigungsfrage an eine außerordentliche Reichsdeputation verwiesen. Sie hatte den Auftrag, jene Mitglieder des Deutschen Bundes zu entschädigen, die durch die verschiedenen Abtretungen und durch die Vereinigung des linken Rheinufers mit Frankreich ganz oder teilweise Stand und Besitz verloren hatten. Diese Reichsdeputation hatte unter Vermittlung Frankreichs und Russlands im Sommer 1802 ihre Tätigkeit in Regensburg begonnen. Ihre Verfügungen setzten alle unsere diplomatischen Intriganten in Bewegung. Sie machten eine Goldmine daraus und beuteten sie mit einer solchen Schamlosigkeit aus, dass das Staatsoberhaupt darüber empört war. Bonaparte konnte jedoch nichts dagegen tun, da viele hochstehende Persönlichkeiten darin verwickelt waren. Er war überhaupt gegen alle Erpressungen nachsichtig, die im Ausland begangen wurden. Der Hauptschluss dieser außerordentlichen Reichsdeputation erfolgte erst nach ihrer sechsundvierzigsten Sitzung am 25. Februar 1805. Man kann sich vorstellen, wie in jener langen Zeit intrigiert wurde und wie viel schändliche Geschäfte dabei abgeschlossen wurden, besonders als man sich dem Ende näherte. Als die Beschwerden einliefen und die großen Spitzbübereien entdeckt wurden, schob man alles auf das Treiben in den Büros, wo doch eigentlich nur die Vermittler waren, während alles von gewissen Kabinetten und Boudoiren ausging, wo man die Entschädigungen und Fürstentümer verkaufte. Obgleich ich damals nicht mehr im Amte war, wandte man sich stets mit Klagen und Enthüllungen an mich. Man hielt an dem Glauben fest, dass ich großen Einfluss besäße und stets Zutritt zu dem Gebieter habe.

Der Sturm, der uns wieder die Geißel des Kriegs und der Revolution bringen sollte, kam jedoch nicht von Deutschland her, das sich bereits sichtlich im Verfall befand. Er erfolgte von der anderen Seite des Kanals her. Die Begeisterung, die der Frieden von Amiens in England hervorgerufen hatte, war nicht von langer Dauer gewesen. Das englische Kabinett befand sich auf seiner Hut, und da es wenig Vertrauen in die Aufrichtigkeit des Ersten Konsuls setzte, so verschob es unter mancherlei Vorwänden die Rückgabe des Kaps der Guten Hoffnung, Maltas und Alexandrias in Ägypten. Das bezog sich jedoch alles nur auf die Politik. Bonaparte war in dieser Hinsicht weniger empfindlich als in Bezug auf sein persönliches Ansehen. Er wurde nämlich in den englischen Zeitungen immer noch mit einer Heftigkeit angegriffen, an die er sich nicht gewöhnen konnte. Seine Polizei war damals so schwach, dass er sich bald persönlich mit der Presse und den Intrigen der Engländer herumschlug, was ohne Würde und ohne Erfolg geschah. Auf jede Note, die er gegen die Beleidigungen der Londoner Journalisten einreichen ließ, antworteten ihm die britischen Minister, dass dies infolge der Pressefreiheit geschehe und sie selbst derartigen Angriffen ausgesetzt seien; gegen einen derartigen Missbrauch könne man nur mit Hilfe der Gesetze vorgehen. Der Erste Konsul, der schlecht beraten war, ging in seinem blinden Zorn in die Falle. Er verfolgte den Pamphletisten Peltier, der zu einer Strafe verurteilt wurde, um dann umso mehr über die Macht seines Gegners zu triumphieren. Eine umfangreiche Subskription, die bald von den vornehmsten Kreisen Englands unterzeichnet war, setzte Peltier in den Stand, gegen Bonaparte einen Federkrieg zu führen, vor dem der „Moniteur“ und der „Argus“ erbleichten. Es ist sicher, dass man in den politischen Unternehmungen gegen England nicht vorsichtig genug war. Hätte Bonaparte den Frieden aufrecht erhalten wollen, so würde er sorgfältig vermieden haben, diese Macht mit Argwohn und

Misstrauen wegen ihrer Besitzungen in Indien zu erfüllen. Seine unkluge Unterredung mit Lord Whitworth[124] beschleunigte den Bruch. Dies war der kritische Augenblick im politischen Leben Bonapartes. Von jetzt an war ich überzeugt, dass er als Staatsoberhaupt von einer gewissen Mäßigung zu übertriebenen, ungestümen und selbst wütenden Handlungen übergehen würde.

Dies beweist seine Verordnung vom 22. Mai 1803, die den Befehl enthielt, alle Engländer, die in Frankreich reisten oder Handelsgeschäfte machten, festzunehmen. Noch nie hatte man eine derartige Verletzung des Völkerrechts gesehen. Ohne weiteren Aufschub setzte sich Bonaparte dann in den Besitz von Hannover und befahl, die Elbe und Weser zu blockieren. Alle seine Gedanken richteten sich nun auf die Ausführung des großen Planes einer Landung an der feindlichen Küste. Die felsigen Küsten von Ostende, Dünkirchen und Boulogne waren bald mit Lagern bedeckt. Man rüstete Geschwader in Toulon, Rochefort und Brest aus. Bald waren unsere Werften voll von Pinassen, Pramen, Schaluppen und Kanonenbooten. England traf seinerseits alle Maßnahmen zur Verteidigung. Seine Seemacht stieg auf 469 Kriegsschiffe, und ein Geschwader von 800 Schiffen bewachte seine Küsten. Das ganze Volk griff zu den Waffen. Lager entstanden in den Dünen von Dover und den Grafschaften Sussex und Kent. Die beiden Heere waren nur durch die Meerenge getrennt, und die feindlichen Geschwader kamen herbei, um die unsrigen zu verhöhnen, die unter dem Schutze einer von Geschützen starrenden Küste standen.

So zeigten auf beiden Seiten ungeheure Rüstungen die Wiederaufnahme des Seekrieges an, der früher oder später zu einem Weltkrieg führen musste.

---

124 Lord Whitworth war Gesandter in Paris.

Der Rest des Jahres 1803 verging in Erwartung der kommenden Ereignisse. Man tat so, als ob man sich nur mit den Vorbereitungen zum Einfall in England beschäftigte. Aber eine doppelte Gefahr schien von London her zu drohen. Um diese Zeit wurde die Verschwörung Georges Cadoudals angezettelt, die sich nur auf die Unzufriedenheit Moreaus gründete, von dem man wusste, dass er Bonaparte feindlich gesinnt war. Es war von nichts geringerem die Rede, als die beiden extremen Parteien, nämlich die bewaffneten Royalisten und die unabhängigen Patrioten zu verschmelzen. Die Entdeckung eines Teils der Verschwörung brachte sie zum Scheitern. Als Réal die ersten Enthüllungen von dem zum Tode verurteilten Querelle erhielt und dem Ersten Konsul davon Bericht erstattete, wollte dieser nicht daran glauben. Ich wurde zu Rate gezogen und sah, dass hier ein Komplott vorlag, das man erforschen und verfolgen müsse. Von diesem Augenblick an hätte ich das Polizeiministerium wieder einrichten lassen und die Leitung übernehmen können, aber ich tat es nicht und wich der Sache aus, denn ich sah den Horizont noch nicht klar. Ich konnte ruhig behaupten, dass der „dicke Justizminister“ unfähig sei, eine so wichtige Angelegenheit zu entwirren und durchzuführen. Daher lobte ich Desmarest, den Chef der Geheimpolizei[125], und Réal, den Staatsrat, als ausgezeichnete Spürhunde und gewandte Kundschafter. Ferner führte ich an, man müsse Réal, der das Glück hatte, die Verschwörung zu entdecken, auch den vertrauensvollen Auftrag geben, sein Werk zu vollenden. Er wurde daher an die Spitze einer außerordentlichen Kommission mit unbeschränkten Vollmachten gestellt und konnte sich dabei auf die Militärgewalt stützen, da Murat zum Gouverneur von Paris ernannt worden war. Man schritt von Entdeckung zu

125 Desmarest hat recht interessante Memoiren hinterlassen, die sowohl über Fouché als auch über die Polizei des Kaiserreichs wertvolle Einzelheiten enthalten.

Entdeckung[126]. Nacheinander wurden Pichegru, Moreau und Cadoudal verhaftet. Bonaparte sah in dieser Verschwörung und der Mitschuld Moreaus einen Glücksfall, der ihm die Herrschaft sicherte. Er glaubte, es genüge, Moreau einen Straßenräuber zu nennen, um ihn aus der Nation auszustoßen. Dieser Irrtum und die Ermordung des Herzogs von Enghien[127] hätten beinahe alles zum Scheitern gebracht.

Ich war einer der ersten, die Kenntnis von dem Auftrag Caulaincourts und Ordeners an den Ufern des Rheins hatten. Als ich jedoch erfuhr, dass der Telegraph[128] die Verhaftung des Prinzen ankündigte, und dass Befehl gegeben war, ihn von Straßburg nach Paris zu bringen, da ahnte ich die Katastrophe und zitterte für das edle Opfer. Ich eilte nach Malmaison, wo sich damals der Erste Konsul aufhielt. Es war am 29. Ventôse (20. März 1804). Um neun Uhr morgens traf ich ein und fand den Ersten Konsul auf einem Spaziergang im Park allein und in großer Aufregung. Ich bat ihn um Erlaubnis, mit ihm über das große Ereignis des Tages zu sprechen. „Ich weiß“, sagte er, „was

---

126 Nach seiner ersten Ungnade blieb Fouché eine Zeitlang vollkommen vergessen. Die ungeheuren Fehler seiner Nachfolger zeigten jedoch von Tag zu Tag mehr, welcher Kraft sich die Regierung beraubt hatte. Die Polizei war in kurzer Zeit von einer glänzenden Organisation zu einem Zustand herabgesunken, der an Anarchie grenzte.

127 [Bonaparte ließ den politisch unbedeutenden Herzog von Enghien im Kurfürstentum Baden, wohin er geflüchtet war, von einem Kommandounternehmen unter Verletzung der Souveränität des Nachbarlandes nach Frankreich entführen, um an dem Bourbonen wegen Hochverrats ein Exempel zu statuieren. Die sofortige Vollstreckung des Todesurteils schadete Frankreich außenpolitisch insbesondere in Deutschland und Preußen. Innenpolitisch stieß Bonaparte jedoch damit auf Zustimmung der revolutionären Teile der Bevölkerung. Weder Bonaparte noch einer seiner Minister übernahm später die Verantwortung für dieses Vorgehen. *P.S.*]

128 Man verfügte um diese Zeit über einen Zeichentelegraphen, der jedoch nur bei klarem Wetter verwendet werden konnte.

Sie herführt. Ich führe heute einen großen Schlag aus, der indes notwendig ist."

Darauf stellte ich ihm vor, dass er Frankreich und Europa gegen sich aufbringen würde, wenn er nicht unwiderlegbare Beweise vorbrächte, dass der Herzog in Ettenheim gegen seine Person eine Verschwörung angezettelt habe. „Wozu sind da Beweise nötig?" rief er aus. „Ist er nicht ein Bourbone, und von allen der gefährlichste?" Ich bestand auf meiner Meinung und brachte die politischen Gründe vor, die schwerwiegender waren als die Staatsrücksichten. Es war alles vergeblich. Zuletzt sagte er mir noch in ärgerlichem Tone: „Haben Sie und Ihre Freunde nicht hundertmal gesagt, ich würde schließlich der Monck[129] Frankreichs werden und die Bourbonen wieder zurückrufen? Nun, sehen Sie, von nun an gibt es kein Zurück mehr. Welche stärkere Garantie kann ich der Revolution geben, die Sie mit dem Blute eines Königs besiegelt haben? Übrigens muss endlich einmal Schluss gemacht werden. Ich bin von Verschwörungen umgeben. Man muss entweder den Verschwörern Schrecken einjagen oder selbst zugrunde gehen!" Bei diesen letzten Worten, die keine Hoffnung mehr übrig ließen, hatte er sich dem Schloss genähert. Ich sah Herrn von Talleyrand herbeikommen und einen Augenblick darauf die beiden Konsuln Cambacérès und Lebrun. So bestieg ich meinen Wagen und kehrte bestürzt nach Hause zurück.

Am folgenden Tag erfuhr ich, dass nach meinem Weggang ein Rat stattgefunden hatte, und dass Savary in der Nacht den unglücklichen Prinzen hatte hinrichten lassen. Man sprach von schrecklichen Vorgängen. Savary, so erzählte man, habe sich dafür entschädigen wollen, dass er seine Beute in der Normandie verfehlt habe, wo er, auf Grund der Entdeckung der

---

129 [George Monck (1608–1670) bekämpfte in England als General royalistische Aufstände, wurde dann aber 1660 eine Schlüsselfigur bei der Restauration der Monarchie. *P.S.*]

Verschwörung Georges', den Herzog von Berry und den Grafen von Artois hinlocken wollte. Er hätte an Stelle des Herzogs von Enghien diese Fürsten noch lieber geopfert.

Die Entrüstung, die ich vorausgesehen hatte, brach in der schärfsten Weise aus. Ich hielt am wenigsten mit meiner Meinung über diese Verletzung alles Völker- und Menschenrechts zurück. „Das ist mehr als ein Verbrechen", sagte ich, „es ist ein Fehler!" Ich führe ausdrücklich diese Worte hier an, weil sie wiederholt und anderen zugeschrieben worden sind[130].

In der Angelegenheit Moreaus nahm Bonaparte die Schilderung seiner gefährlichen Lage aufmerksam entgegen und versprach mir, Moreau zu begnadigen und die Todesstrafe in eine einfache Verbannung umzuwandeln. Ob er in diesem Falle aufrichtig war? Ich wusste, dass man Moreau dazu drängte, sich der Justiz zu entziehen und sich an die Soldaten zu wenden, deren Stimmung man ihm übertrieben geschildert hatte. Aber vernünftigere Ratschläge und sein eigener Instinkt behielten in ihm die Oberhand und hielten ihn in den richtigen Grenzen. Alle Bemühungen Bonapartes und seiner Vertrauten, ihn zum Tode verurteilen zu lassen, scheiterten. Da der Erste Konsul über den Ausgang des Prozesses ganz bestürzt war, so ließ er mich nach Saint-Cloud kommen, und dort wurde ich direkt beauftragt, in dieser schwierigen Angelegenheit als Vermittler zu dienen und eine friedliche Lösung herbeizuführen. Ich besuchte daher Moreau, und es war mir leicht, ihn zu bewegen, in die Verbannung zu gehen. Er folgte meinen Ratschlä-

---

130 Dieser Ausspruch wird vor allem Talleyrand in den Mund gelegt. Wie dem auch sei, sie können sich beide die Ehre teilen, denn er zeugt nicht gerade von hoher Menschlichkeit. Auf alle Fälle entspricht er durchaus der Denkweise des „Mitrailleurs" von Lyon. [Der Ausspruch „C'est pire qu'un crime, c'est une faute", für den Fouché hier die Urheberschaft beansprucht, wird Talleyrand und auch – nach anderen Quellen – dem französischen Politiker Antoine Boulay de la Meurthe zugeschrieben. *P.S.*]

gen und begab sich nach Cádiz, um sich von da aus nach den Vereinigten Staaten einzuschiffen. Am folgenden Tage wurde ich in Saint-Cloud so freundlich und mit solcher Dankbarkeit aufgenommen, dass ich voraussehen konnte, in kürzester Frist wieder in höchster Gunst zu stehen.

Ich hatte auch Bonaparte den Rat gegeben, der Krise Herr zu werden und sich zum Kaiser ausrufen zu lassen, um durch die Begründung seiner Dynastie ein für alle Mal unserer unsicheren Lage ein Ende zu machen. Ich wusste, dass er seine Entscheidung schon getroffen hatte. Wäre es nicht von Seiten der Revolutionsmänner unsinnig gewesen, alles aufs Spiel zu setzen, nur um Grundsätze zu verteidigen? Bonaparte war damals der einzige Mann, der in der Lage war, uns unser Vermögen, unsere Würden und unsere Stellungen zu erhalten[131]. Er benutzte alle seine Vorteile, und so machte noch vor der Beendigung der Affäre Moreau ein eigens dazu beauftragter Tribune den Antrag, Napoleon Bonaparte den Kaisertitel und die erbliche Kaiserwürde zu übertragen. Zu gleicher Zeit sollten in der Organisation der bestehenden Behörden die Änderungen vorgenommen werden, die die Errichtung des Kaiserreichs nötig machte. Nur die Gleichheit, Freiheit und die Rechte des Volkes mussten unangetastet bleiben.

Die Mitglieder der Gesetzgebenden Körperschaft, mit Herrn von Fontanes an der Spitze, traten zu einer Beratung zusammen, um dem Wunsche des Tribunats beizustimmen. Nachdem am 16. Mai (1804) drei Redner des Staatsrats dem Senat einen Entwurf zu einem Senatsbeschluss unterbreitet hatten, wurde der Bericht an eine Kommission verwiesen und am gleichen Tage angenommen. So war es also Napoleon selbst, der auf Grund der Initiative, die man ihm zugestanden

131 Fouché lässt es in seinen Geständnissen an Deutlichkeit nicht fehlen. Es ist jedenfalls recht interessant, die neuen Grundsätze des Ministers und Grundbesitzers mit denen des Kommunisten zu vergleichen.

hatte, dem Senat seine Erhebung zum Kaiser vorschlug. Der Senat, dessen Mitglied ich war, begab sich hierauf vollzählig nach Saint-Cloud, und der Senatsbeschluss wurde sofort von Napoleon selbst verkündet. Der Kaisertitel und die kaiserliche Gewalt wurden im männlichen Geschlechte nach dem Rechte der Erstgeburt in der Familie Bonaparte erblich. Da Napoleon selbst keine männlichen Erben hatte, so konnte er die Kinder oder Enkel seiner Brüder adoptieren, und in diesem Falle galten die Adoptivsöhne als der direkten Abstammung entsprossen.

Diese Bestimmung hatte einen besonderen Zweck, der niemand dunkel bleiben konnte, der die häusliche Lage Napoleons kannte. Sie war von ganz besonderer Art, und es bedürfte der Feder eines Suetons[132], um sie darzustellen. Ich will es nicht versuchen, aber um der Wahrheit und um des Nutzens für die Geschichte willen muss ich es wenigstens andeuten.

Trotz aller künstlichen Vorkehrungen Josephines war Napoleon bereits seit langer Zeit sicher, dass sie ihm niemals Erben schenken würde. Eine solche Gewissheit aber musste über kurz oder lang den Gründer eines großen Reiches, der in der Blüte seines Mannesalters stand, ungeduldig machen. Josephine sah sich auf diese Weise zwischen zwei Feuern: der Untreue und der Scheidung. Seit der Gründung des Konsulats, von dem sie wohl wusste, dass es nur ein Weg zum Kaiserreich sein würde, waren daher ihre Unruhe und Angst immer größer geworden. In ihrer Verzweiflung über ihre Unfruchtbarkeit kam sie auf den Gedanken, ihrer Tochter Hortense die Zärtlichkeit ihres Gatten zuzuwenden, den sie sinnlich nicht mehr reizte. Napoleon konnte also wohl imstande sein, das Band zu lösen, das ihn an sie fesselte. In jungen Jahren hatte Hortense einen großen Widerwillen gegen den Gatten ihrer Mutter

132 [Römischer Schriftsteller, dessen bedeutendstes Werk die Kaiserviten sind, acht Bücher, in denen er das Leben Caesars und der römischen Kaiser von Augustus bis Domitian schildert. *P.S.*]

empfunden. Sie verabscheute ihn. Aber im Laufe der Zeit verwandelte sich ihr Gefühl der Abneigung infolge des Glanzes, der Napoleon umgab, und auch wegen seines Verhaltens Josephine gegenüber in eine wahre Verehrung. Obgleich sie keine Schönheit war, so besaß sie doch Geist, Lebhaftigkeit, Grazie und Talente. Sie gefiel, und die gegenseitige Neigung vertiefte sich so, dass es Josephine genügte, sich mütterlich darein zu finden und die Augen zu schließen, um ihren häuslichen Triumph zu sichern. Mutter und Tochter regierten zu gleicher Zeit in dem Herzen dieses stolzen Menschen. Als nach dem Rat der Mutter der Baum seine Früchte trug, musste man daran denken, durch eine schnelle Heirat eine Liebesintrige zu verhüllen, die bereits den Höflingen bekannt wurde. Hortense hätte gern Duroc ihre Hand gereicht, aber Napoleon, der an die Zukunft dachte und bereits mit der Möglichkeit einer Adoption rechnete, wollte durch einen doppelten Inzest diese Liebesangelegenheit, der er alle Reize der Vaterschaft verdankte, in seiner eigenen Familie zu Ende führen. Daher entstand die Verbindung seines Bruders Louis mit Hortense, eine unglückliche Ehe, die schließlich alle Schleier zerriss[133].

Alle Wünsche gingen jedoch in Erfüllung, mit Ausnahme derer des jungen Gatten. Hortense schenkte einem Sohn das Leben, der den Namen Napoleon erhielt. Der Kaiser gab ihm Beweise von Zärtlichkeit, deren man ihn nicht für fähig

---

133 Fouché macht sich durch die Verbreitung dieser niedrigen Verleumdung zum Mitschuldigen falscher Behauptungen, denn es war ihm als Polizeiminister, der genau über die häuslichen Angelegenheiten Bescheid wusste, bekannt, dass die Gerüchte über die Beziehungen Napoleons zu Hortense auf reiner Erfindung beruhten und ihre Quelle in den Pamphleten englischer Zeitungsschreiber hatten. Selbst die Napoleon feindlich gesinnten Zeitgenossen lehnen diese Annahme ab; wenigstens was die Männer von Ehre betrifft. Diese Verleumdung Fouchés ist doppelt infam, da er das volle Vertrauen Josephines besaß. Er hat übrigens auch während der Scheidungsangelegenheit in seinen Zeitungen Verleumdungen über Josephine verbreitet.

gehalten hatte. Der Knabe wuchs in entzückender Weise heran, und in der Zeit seiner Thronbesteigung interessierte er ihn doppelt durch seine Gesichtszüge.

Zweifellos bestimmte er ihn von dieser Zeit an dazu, sein Adoptivsohn zu werden.

Napoleons Ernennung zum Kaiser fand jedoch überall eine eisige Aufnahme. Es gab zwar öffentliche Feste, aber sie waren ohne Begeisterung und ohne Fröhlichkeit.

Napoleon hatte nicht gewartet, bis die Formalität der Genehmigung durch das Volk erfüllt war, um sich als Kaiser begrüßen zu lassen und den Eid des Senats entgegenzunehmen, der nur noch ein passives Instrument seines Willens war. Er schien seine Regierung allein in der Armee verankern zu wollen, und so sah man, wie er bald die Marschallswürde denjenigen Generalen verlieh, die ihm am meisten ergeben waren, ferner jenen, die ihm zwar Widerstand entgegensetzten, deren Ausschließung jedoch unklug gewesen wäre. Neben den Namen Berthiers, Murats, Lannes', Bessieres', Davousts, Soults, Lefebvres, auf die er am meisten zählen konnte, bemerkte man die Namen Jourdans, Massénas, Bernadottes, Neys, Brunes und Augereaus, die mehr republikanisch als monarchisch gesinnt waren. Was Pérignon, Sérurier, Kellermann und Mortier anlangt, so waren sie nur dazu da, um die Zahl der achtzehn Säulen des Reiches vollzumachen, deren Wahl die öffentliche Meinung billigte.

Schwieriger war es, einen Hof mit seinen Levers und Couchers, seinen besonderen Vorstellungen wieder einzurichten und einen Hofstaat aus Personen zu bilden, die entweder durch die Revolution hochgekommen oder verarmt waren. Man tat recht daran, die Adligen und Emigranten dafür zu bestimmen und übertrug ihnen die Verwaltung des Palastes. Anfänglich wirkte dieser Mummenschanz lächerlich, aber man gewöhnte sich bald daran. Man bemerkte jedoch, dass alles gezwungen aussah, und dass es leichter gewesen war, eine militärische

Regierung einzurichten, denn die bürgerliche Regierung war erst in der Entstehung begriffen. Die Ernennung Cambacérès' zum Erzkanzler und Lebruns zum Erzschatzmeister verstärkten das Gegengewicht der Räte nicht, und die Erhebung des Staatsrats zum integrierenden Bestandteil und zur höchsten Behörde des Staates schien ebenfalls eher ein Mittel zur Zentralisation der Gewalt denn zur Arbeit und zum Austausch von Ideen und Meinungen zu sein. Unter den Ministern zeigte sich Herr von Talleyrand allein imstande, seinen Scharfblick zu bewähren, jedoch nur nach außen hin. Im Innern fehlte es an einer mächtigen Verwaltung, nämlich der Generalpolizei, die Vergangenheit und Gegenwart vereinigen und die Sicherheit des Reiches gewährleisten konnte. Napoleon empfand selbst diesen Mangel, und so setzte er mich durch die kaiserliche Verordnung vom 10. Juli 1804 wieder als Chef der Polizei ein. Dabei wurden mir umfangreichere Funktionen zuerteilt, als es vor der unsinnigen Verschmelzung von Justiz und Polizei der Fall gewesen war.

Zwei Tage bevor diese Verordnung erlassen wurde, war ich zu einer geheimen Konferenz in das Kabinett Napoleons nach Saint-Cloud berufen worden. Dort hatte ich sozusagen meine Bedingungen gestellt, indem ich die Grundlagen, die die neue Organisation meines Ministeriums vollendeten, dem Kaiser zur Genehmigung vorlegte.

Réal hatte nach diesem Ministerium gestrebt, zum Lohn für seinen Eifer bei der Verfolgung der Verschwörung Georges'. Obgleich er ein geschickter Kundschafter und guter Abteilungschef war, so war er doch nicht der Mann, eine solche Maschine in Gang zu halten. Wenn er also auch nicht das Ministerium erhielt, so wurde er doch in klingender Münze reichlich entschädigt, und in dieser Hinsicht war er nicht unempfindlich. Außerdem gehörte er zu den vier Staatsräten, die mir für die Verwaltung beigegeben wurden, um den Briefwechsel mit den Präfekten zu erledigen. Die drei anderen Räte waren Pelet de la Lozère, eine Kreatur Cambacérès', Miot, eine Kreatur Josephs, und der Polizeipräfekt Dubois. Diese vier Räte erschienen jede Woche einmal in meinem Kabinett, um mir über alle Angelegenheiten ihres Faches Bericht zu erstatten und meine Entscheidung entgegenzunehmen. Ich entledigte mich dadurch einer Menge langweiliger Einzelheiten und behielt mir vor, ganz allein die hohe Polizei zu leiten, deren Geheimabteilung in der Hand Desmarests geblieben war, eines geschmeidigen und verschlagenen, aber kurzsichtigen Menschen. In meinem Kabinett liefen alle wichtigen Angelegenheiten ein, deren Fäden ich selbst in Händen hatte.

Selbstverständlich besaß ich in allen Ständen besoldete Spione, und zwar beiderlei Geschlechts, die je nach ihrer Wichtigkeit und ihren Dienstleistungen mit tausend bis zweitausend Franken monatlich bezahlt wurden. Ich erhielt unmittelbar ihre schriftlichen Berichte, die mit einer verabredeten Unterschrift versehen waren. Alle drei Monate übergab ich dem Kaiser meine Liste, damit keine doppelte Anstellung stattfinden könne, und zu gleicher Zeit, damit die Dienstleistungen, die entweder ständiger oder nur vorübergehender Natur waren, durch Stellungen oder außerordentliche Geschenke belohnt wurden.

Was die Polizei im Ausland betrifft, so hatte sie vor allem zwei Aufgaben, nämlich die befreundeten Mächte zu überwachen und die feindlichen zu bearbeiten. In beiden Fällen bestand sie aus Leuten, die man bei jeder Regierung und in jeder wichtigen Stadt entweder gekauft oder denen man ein Jahresgehalt ausgesetzt hatte. Unabhängig davon gab es dann noch zahlreiche Geheimagenten, die entweder durch den Minister des Äußeren oder durch den Kaiser selbst in alle Länder gesandt wurden.

Ich hatte ebenfalls meine Kundschafter im Ausland. Außerdem wurden in meinem Kabinett alle fremden, in Frankreich verbotenen Zeitungen aufgestapelt, aus denen man mir Auszüge herstellte. Auf diese Weise hielt ich die wichtigsten Fäden der auswärtigen Politik in Händen, und ich leistete zusammen mit dem Staatsoberhaupt eine Arbeit, die die Tätigkeit des Ministers des Auswärtigen kontrollieren oder gar im Gleichgewicht halten konnte.[134]

Ich war also weit davon entfernt, mich auf die bezahlte Spionage zu beschränken. Alle Staatsgefängnisse standen unter meinen Befehlen, ebenso die Gendarmerie[135]. Die Ausfertigung und Beglaubigung der Pässe lag mir ebenfalls ob. Ferner war ich mit der Beaufsichtigung der Fremden, Amnestierten und Emigranten beauftragt. In den wichtigsten Städten des Reiches errichtete ich Generalkommissariate, die über ganz Frankreich, und besonders über unsere Grenzen ein Netz von Polizeiämtern ausbreiteten.

Meine Polizei erlangte ein solches Ansehen, dass man im Publikum sogar behauptete, es befänden sich unter meinen Geheimagenten drei große Herren des Ancien Régime mit dem Fürstentitel, die mir täglich persönlich das Ergebnis ihrer Beobachtungen übermittelten.

Selbstverständlich war eine solche Einrichtung kostspielig. Sie verschlang mehrere Millionen. Diese Beträge wurden insgeheim durch Besteuerung des Spiels, der Prostitution und der Pässe eingebracht. Gegen die Spiele sind allerlei Einwände erhoben worden; vernünftige und konsequente Menschen

---

134 Fouché deutet hier an, wie groß sein Einfluss auf die auswärtige Politik war. Auf diesem Gebiete kam es am häufigsten zu Streitigkeiten zwischen Napoleon und dem Minister, denn dieser überschritt in jeder Hinsicht seine Funktionen. Sein selbständiges Vorgehen auf dem Gebiete der auswärtigen Politik zog ihm mehrmals die schwerste Ungnade des Kaisers zu.

135 Um sich von der Macht dieses Ministers eine Vorstellung zu machen, müsste man hinzufügen, dass man ihm zeitweise ganze Regimenter zur Verfügung stellte, und es war durchaus keine Seltenheit, dass ein General Befehle von dem Polizeiminister entgegennahm.

müssen jedoch zugeben, dass bei der jetzigen Lage der Gesellschaft eine gesetzliche Besteuerung des Lasters eine bittere Notwendigkeit ist. Als Beweis dafür, dass man die Schuld nicht allein den Revolutionsregierungen zuschreiben darf, führe ich an, dass auch heutzutage noch die Spiele im Budget der wiederhergestellten alten Regierung aufgeführt sind.

Da es also ein unvermeidliches Übel war, so musste es mindestens in feste Bahnen geleitet werden, um Unordnungen zu verhindern. Unter dem Kaiserreich, dessen Errichtung ungefähr vierhundert Millionen kostete, da man dreißig Familien zu Majestäten und Hoheiten auszurüsten hatte, mussten die Spiele nach einem größeren Maßstabe organisiert werden, denn die Erträge waren nun nicht mehr allein zur Bezahlung meiner mobilen Kundschafterkolonnen bestimmt. Ich ernannte daher den älteren Perrein zum Generalverwalter der Spielsäle in Frankreich. Perrein, der bereits die Pachtung der Spiele innehatte, dehnte nach der Krönung sein Privilegium auf alle großen Städte des Reichs aus, wofür er vierzehn Millionen an den Staat und täglich dreitausend Franken an den Polizeiminister entrichtete.

Alle diese Bestandteile einer ungeheuren Macht waren nicht ohne Nutzen in meinem Kabinett konzentriert. Da ich von allem unterrichtet war, so musste ich es übernehmen, das Staatsoberhaupt von allen Mängeln und Übelständen des Staates in Kenntnis zu setzen.

Daher will ich nicht verbergen, dass ich es in der Hand hatte, die Angst zu vergrößern, die ein mit unbeschränkter Macht ausgestatteter Mann stets mehr oder weniger hat. Als großer Kundschafter des Staates konnte ich für ganz Frankreich Einspruch erheben, tadeln und vorgehen. Welche Übel habe ich nicht in dieser Hinsicht verhütet? Wenn es mir auch nicht, wie ich gern gewollt hätte, gelungen ist, aus der Generalpolizei eine wohltätige Behörde zu machen, die nur abschreckend wirkte, so kann ich doch wenigstens mit Genugtuung behaupten, dass ich mehr Gutes wie Böses getan habe, in dem Sinne, dass ich mehr Böses verhütete, als es mir eigentlich erlaubt war, weil ich stets gegen die Vorurteile, die Leidenschaften und Zornausbrüche des Staatsoberhaupts zu kämpfen hatte.[136]

Während meines zweiten Ministeriums wirkte ich in meiner Verwaltung mehr durch die Furcht als durch Unterdrückung und Anwendung von Zwangsmaßnahmen. Ich hatte den alten Grundsatz der Polizei wieder aufleben lassen, der folgendermaßen lautete: wenn nur drei Männer zusammenkommen, um in unbesonnener Weise über politische Dinge zu reden, so muss es der Polizeiminister am nächsten Tage wissen. Es gelang mir, die Überzeugung zu verbreiten, dass überall dort, wo etwa vier Personen beisammen waren, in meinem Solde befindliche Personen standen, um zu beobachten und zu lauschen. Zweifellos führte diese Annahme auch eine allgemeine Verderbtheit und Entwürdigung herbei, aber welches Unglück, welche Klagen und Tränen hat sie andernteils nicht verhütet!

Der Leser ist nun unterrichtet, wie jenes große und schreckenerregende Triebwerk beschaffen war, das man „Generalpolizei des Reiches“ nannte. Man kann sich wohl vorstellen, dass ich mich persönlich vor allen Dingen mit den wichtigsten Fragen und Ergebnissen beschäftigte, ohne dabei die Einzelheiten zu vernachlässigen.

---

136 Fouché sagt hier vollkommen die Wahrheit. Er hat in der Tat zahlreiche willkürliche Maßnahmen Napoleons aus eigenem Antriebe und auf eigene Verantwortung abgeändert oder deren Ausführung verboten. Der aufmerksame Leser wird zweifellos erkennen, dass diese Enthüllungen über Fouchés Polizeipolitik nur von dem Minister selbst stammen können.

9. Kapitel

Intrigen über Intrigen

Russland hatte vergeblich seine Vermittlung angeboten, um den Frieden zwischen Frankreich und Großbritannien zu erhalten. Nach der daraufhin eingetretenen Kälte in den Beziehungen rief die Ermordung des Herzogs von Enghien lebhafte Entrüstung hervor. Am 7. Mai hatte der russische Gesandte dem Reichstage zu Regensburg eine Note überreicht, in der das Deutsche Reich aufgefordert wurde, für die Verletzung seines Gebietes angemessene Entschädigungen zu verlangen. Das Petersburger Kabinett hatte nämlich festgestellt, dass die Behauptungen falsch waren, wonach der deutsche Kaiser und der König von Preußen die französische Regierung ermächtigt hatten, die Rebellen, die sich durch ihre Tat außerhalb des Völkerrechts stellten, auf deutschem Boden zu verhaften. Kurz, der Zar zeigte sich unzufrieden und neigte zum Kriege. Das aber konnte alle Pläne des Kaisers gegen England zum Scheitern bringen. Um Russland wieder geneigt zu machen, schlug man daher vor, durch Höflinge und galante Frauen zu intrigieren. Dieses Mittel jedoch erschien mir lächerlich, und ich erklärte im Rate, dass der Erfolg unmöglich sei. „Was!" rief da der Kaiser aus, „ein Veteran der Revolution bedient sich eines so kleinmütigen Ausdrucks! Müssen Sie, mein Herr, vorbringen, dass es etwas Unmögliches gibt, Sie, der seit fünfundzwanzig Jahren Ereignisse erlebte, die man mit Recht als unmöglich bezeichnen konnte? Der Mann, der sah, wie Ludwig XVI. sein Haupt unter das Beil des Henkers legte, der sah, wie eine Erzherzogin von Österreich und Königin von Frankreich ihre Strümpfe und Schuhe flickte, während sie die Hinrichtung auf dem Schafott erwartete, der Mann endlich, der Minister ist, während *ich* Kaiser der Franzosen bin, sollte nie das Wort ‚unmöglich' im Munde führen."

Ich sah wohl, dass ich diesen ungestümen Ausfall meinem Urteil über die Ermordung des Herzogs von Enghien verdankte, das man dem Kaiser hinterbracht hatte. Dennoch antwortete ich, ohne aus der Fassung zu geraten: „Ich hätte mich wirklich daran erinnern sollen, dass Eure Majestät uns gelehrt haben, das Wort ‚unmöglich' sei nicht französisch."

Napoleon bewies es uns übrigens kurze Zeit darauf schlagend, denn er riss den Papst in der rauesten Jahreszeit aus seiner Residenz, um von ihm persönlich bei der Krönung gesalbt zu werden. Pius VII. traf am 25. November 1804 in Fontainebleau ein. Acht Tage später, es war am Tage vor der Krönung, überreichte der Senat dem Kaiser die Liste von 3 500 000 Stimmen, die sich für seine Ernennung zum Kaiser aussprachen. In seiner Rede sprach der Vizepräsident, François de Neufchâteau, noch von der Republik, was denn doch ein gar zu bitterer Hohn schien.

Bei der Krönungsfeierlichkeit – Napoleon setzte sich selbst die Krone aufs Haupt – waren die Beifallsrufe zunächst von größter Seltenheit. Schließlich zollte ihm jedoch die große Menge der Beamten diesen Beifall, die aus allen Teilen Frankreichs nach Paris gerufen worden waren, um bei der Salbung und der Eidleistung zugegen zu sein.

Nachdem Napoleon wieder an die Küste von Boulogne zurückgekehrt war, verdoppelte er seine Vorbereitungen für eine Landung in England und hielt sein Heer völlig bereit, um über die Meerenge zu setzen. Villeneuve sollte seine zwanzig Schiffe mit den Geschwadern von Ferrol und Vigo vereinigen, um die Reede von Brest von der Blockade zu befreien. Dann konnte er die 21 Schiffe des Admirals Ganteaume seiner Flotte angliedern, was zusammen 63 größere französische und spanische Kriegsschiffe ausgemacht hätte, um hierauf nach Boulogne in See zu stechen, wie es ihm seine Befehle vorschrieben.

Als man erfuhr, dass Villeneuve nach Cádiz zurück gesegelt war, statt seinen ehrenvollen Auftrag zu erfüllen, war Napoleon wütend darüber. Mehrere Tage schien er ganz außer sich zu sein, denn er befahl seinem Minister, den Admiral vor ein Gericht zu stellen. Es schien jedoch, als ob das Schicksal, das Napoleon versagte, über ein ihm feindliches Element zu triumphieren, ihm desto größere Siege auf dem Festland vorbehalten hätte.

Es war bis jetzt weder seiner Diplomatie noch meinen ausländischen Agenten gelungen, ihn von seiner fixen Idee gegen England abzubringen. Und doch wusste er, dass der österreichische Minister, Graf Stadion, bereits seit Januar 1804 alle Anstrengungen gemacht hatte, in einer Denkschrift an das Londoner Kabinett den Dämon der Koalition wieder wachzurufen. Man hatte sich eine Abschrift dieses Schriftstücks zu verschaffen gewusst. Da der Kaiser indes davon unterrichtet war, dass man in Wien mit Eifer rüstete, ließ er dort am 15. August mitteilen, er betrachte diese Rüstungen als eine Ablenkung zugunsten Englands. Dadurch sei er jedoch genötigt, die Ausführung seines Planes gegen England auf einen anderen Zeitpunkt zu verschieben. Er verlangte dann in gebieterischer Weise, Österreich solle seine Truppen sofort auf Friedensstärke herabsetzen. Der Wiener Hof, der seine Pläne nun nicht länger verheimlichen konnte, antwortete darauf am 18. mit der Mobilisation.

Welch glückliche Ablenkung für den Kaiser der Franzosen! Sie schützte die Ehre seiner Marine und bewahrte ihn wahrscheinlich vor der Katastrophe, die ihn mit samt seinem neugegründeten Reich verschlungen hätte.

Die Armee verließ in Eile die Küste von Boulogne. Sie war in der Tat prächtig anzusehen und freute sich, einen langweiligen Ort zu verlassen, wo sie untätig lag, um an den Rhein zu marschieren. Die europäische Liga verfolgte das Ziel, gegen Frankreich 500 000 oder wenigstens 400 000 Mann aufzubringen. Mit diesen vereinigten Kräften glaubten die Kabinette die Räumung Hannovers und Norddeutschlands, die Unabhängigkeit Hollands und der Schweiz, die Wiedereinsetzung des Königs von Sardinien und die Räumung Italiens erzwingen zu können. Im Grunde genommen bezweckte man jedoch den Sturz des neuen Reiches, ehe es seine ganze Kraft erlangt hatte.

Es muss zugegeben werden, dass Napoleon sich nicht einzig und allein auf seine ausgezeichneten Truppen verließ. Er erinnerte sich des Ausspruchs Machiavellis: ein kluger Fürst müsse zu gleicher Zeit Fuchs und Löwe sein. Als der Kaiser sein neues Schlachtfeld genügend geprüft hatte (denn er führte zum ersten Mal in Deutschland Krieg), äußerte er zu uns, man werde sofort sehen, dass die Feldzüge Moreaus nichts gegen die seinigen seien. Er traf äußerst geschickte Maßnahmen, um Macks Heer aufzulösen und in seiner Stellung bei Ulm festzulegen. Alle seine Spione wurden mit geringerer Mühe erkauft, als man gewöhnlich denkt, denn die meisten hatten sich bereits in Italien bestechen lassen, wo sie nicht wenig zu den Niederlagen Alvinczys und Wurmsers[137] beitrugen. Hier arbeitete man mehr im Großen, und fast alle österreichischen Stäbe wurden moralisch korrumpiert.[138]

Ich hatte Savary, der mit der Leitung der Spionage im Großen Hauptquartier beauftragt worden war, alle meine geheimen Aufzeichnungen über Deutschland übermittelt. Mit vollen Händen konnte er nun mit Hilfe des berüchtigten Agenten

---

137 [Joseph Alvinczy, Freiherr von Berberek, (1735–1810) war ein österreichischer Feldmarschall, der bei dem Versuch, General Wurmser in Mantua zu befreien, von Bonaparte 1796 bei Arcole geschlagen wurde, worauf Mantua fiel. *P.S.*]

138 Diese Enthüllungen Fouchés sind umso interessanter, als man sie wenig kennt. Gewiss ist es übertrieben, die Erfolge in diesem Feldzug allein der Spionage zuzuschreiben, aber es ist wahrscheinlich ebenso falsch, sie allein durch das Genie Napoleons und die Tapferkeit seines Heeres zu erklären. Wir dürfen Fouché hier wohl Glauben schenken, dass die Bestechung wesentlich zu dem Ausgang der Feldzüge Napoleons beigetragen hat.

Schulmeister[139], der in Bezug auf Spionage und Bestechung ein wahrer Proteus[140] war, das Land erfolgreich ausspionieren. Als einmal alle Breschen geschlagen waren, war es für unsere mutigen Soldaten und unsere vortreffliche Leitung ein Spiel, die ans Wunderbare grenzenden Heldentaten von Ulm, von Wiener Brücke und Austerlitz zu vollbringen. So zerstörte Napoleon mit einem einzigen Schlage die Koalition der Mächte.

Aber dieser schöne Feldzug hatte auch seine Kehrseite: ich meine die Seeschlacht von Trafalgar[141], die unsere Marine gänzlich vernichtete und die Sicherheit des Inselreichs begründete. Es war wenige Tage nach der Kapitulation von Ulm, als Napoleon auf dem Marsch nach Wien die erste Botschaft von der Katastrophe bei Trafalgar erhielt. Berthier erzählte mir später folgendes darüber: als er die verhängnisvolle Depesche erhielt, saß er mit Napoleon an demselben Tisch. Nachdem er sie gelesen hatte, wagte er es nicht, sie dem Kaiser direkt vorzulegen, sondern schob sie unmerklich mit seinem Arm so vor Napoleon hin, dass dessen Blicke darauf fallen mussten. Sobald der Kaiser davon Kenntnis genommen hatte, erhob er sich ärgerlich und rief: „Ich kann nicht überall sein!“ … Seine Aufregung war unbeschreiblich, und Berthier vermochte ihn kaum zu beruhigen. Napoleon rächte sich dann an England auf den Schlachtfeldern von Austerlitz, indem er die Russen

---

139 [Karl Ludwig Schulmeister, in Frankreich Charles Louis Schulmeister, (1770–1853) gab sich 1805 in Ulm als ungarischer Edelmann aus. Es gelang ihm den österreichischen General Karl Mack von Leiberich durch eine gefälschte Pariser Zeitung zu bewegen, in Ulm zu bleiben, das für Macks Truppen zur Falle wurde. Im Krieg Napoleons mit Preußen gelang es Schulmeister, sich mit minimalen Kräften der Städte Wismar und Rostock zu bemächtigen. *P.S.*]

140 [Der griechische Meeresgott Proteus konnte verschiedene Gestalten annehmen. Sein Name steht für eine große Wandlungs- und Anpassungsfähigkeit. *P.S.*]

141 Nelson vernichtete am 21. Oktober 1805 die französisch-spanische Flotte unter Villeneuve und Gravina.

ausschaltete, die Preußen lähmte und Österreich harte Gesetze diktierte.

Ein Jahr später brach der Krieg mit Preußen aus, ein Krieg, der seit Austerlitz eingeleitet und weniger durch die Ratschläge des Kabinetts als die Verfasser heimlicher Denkschriften hervorgerufen worden war. Sie stellten die preußische Monarchie so dar, als bedürfe es nur eines Hauches, um sie wie ein Kartenhaus zusammenstürzen zu lassen. Ich kann ruhig behaupten, dass dieser Krieg in den letzten drei Monaten wie ein Theatercoup vorbereitet wurde.

Mit Rücksicht auf die Würde der Kronen fand ich es traurig, dass ein Kabinett so schlecht beraten war. Die preußische Monarchie, deren Schutzherr Napoleon hätte sein sollen, hing von der Verschlagenheit einiger Intriganten und der Verteilung einiger Subsidien[142] ab, auf deren Steigen und Fallen wir nach Belieben spekulierten. Jena! Die Geschichte wird einst deine geheimen Ursachen enthüllen! Napoleon hielt sich für den Sohn des Schicksals und glaubte sich berufen, alle Throne zu stürzen. Von jetzt an gab es für England weder Rast noch Ruhe. Der Gedanke, die Macht Englands als einziges Hindernis der Universalmonarchie zu zerstören, wurde bei ihm zur fixen Idee. Zu diesem Zwecke richtete er die Kontinentalsperre ein, deren erstes Dekret er von Berlin aus datierte. Napoleon war überzeugt, dass er England zur Katastrophe verurteilte, wenn er ihm alle Absatzgebiete verschlösse.

Da ich nicht für Illusionen empfänglich, sondern geneigt war, alles klar zu sehen und zu erkennen, schrieb ich an Napoleon ungefähr in derselben Weise, wie einst vor der Schlacht von Marengo, nur mit größerem Nachdruck, denn die Lage war jetzt weit verwickelter. Ich bat ihn dringend, sein ganzes Genie

---

142 [Heute veralteter Begriff für Hilfszahlungen bzw. Unterstützungsleistungen eines Staates an seine Verbündeten in einem gemeinsam geführten Krieg. *P.S.*]

aufzubieten, um einen schnellen und ruhmreichen Frieden herbeizuführen, einen Frieden, wie wir ihn stets seinem großen Glück zu verdanken gehabt hätten. Er verstand mich, aber er brauchte noch einen Sieg.

Von Eylau[143] an wurde der Kaiser wirklich klug und geschickt. Seine Aufnahmefähigkeit war ungemein groß, sein Charakter stark, und er verfolgte mit großer Hartnäckigkeit sein Ziel, das russische Kabinett zu beherrschen. Nichts wesentliches vermochte ihm zu entgehen. Er überwachte das Innere Frankreichs und hatte sein Auge überall. Zahlreiche Intrigen wurden gegen ihn auf dem Festland gesponnen, jedoch ohne Erfolg. Man suchte von London aus Paris auszuforschen und versuchte es sogar bei mir persönlich.

Man stelle sich vor: das englische Kabinett ging in die Falle der Pariser Polizei, nachdem Drake und Spencer-Smith bereits einmal hinters Licht geführt worden waren. Lord Howrick, der Minister des Auswärtigen, sendet mir einen Boten mit geheimen Instruktionen, der Überbringer eines an mich gerichteten und in seinem Knotenstock versteckten Briefes ist.

Dieser Minister ließ mich um zwei unausgefüllte Pässe bitten, die für zwei Unterhändler bestimmt waren. Sie sollten mit mir eine geheime Unterhandlung beginnen. Der Bote vertraute sich jedoch unvorsichtigerweise einem Agenten der Präfektur[144] namens Perlet an, der ein feiles[145] Werkzeug in dieser ganzen Angelegenheit war. Der Stock Vuitels wurde geöff-

143 Die Schlacht fand am 7. und 8. Februar 1807 statt.

144 D. h. der Polizeipräfektur, die Dubois, der größte Feind Fouchés, leitete. Dubois setzte alle Mittel in Bewegung, um durch dieses Komplott den verhassten Minister zu stürzen. Alles scheiterte jedoch an der Umsicht Fouchés. Selbstverständlich handelte es sich bei dieser geheimen Unterhandlung um royalistische Umtriebe. Man suchte Fouché für die Sache der Bourbonen zu gewinnen und glaubte ihn bereits Ludwig XVIII. günstig gesinnt.

145 [käuflich *P.S.*]

net, und als man mit der Entdeckung dieses Geheimnisses den Auftrag des Boten kannte, vermochte der unglückliche junge Mann dem Tode nicht zu entgehen.

Ein solcher Vorfall musste unbedingt im Herzen Napoleons Misstrauen hinterlassen. Es drängte sich ihm wohl der Gedanke auf, dass man im Ausland glaube, man könne leicht bei mir intrigieren, und dass ich stets bereit sei, alles anzuhören und entgegenzunehmen, um mich dann je nach den Umständen zu entscheiden. Übrigens war dies nicht der letzte Versuch, den man glaubte wagen zu können. Die Blindheit der Leute, die das Kabinett von Saint-James im Interesse der Gegenrevolution zu gewinnen suchten, war nämlich so groß, dass sie die Überzeugung hatten, ich sei nicht abgeneigt, für die Bourbonen zu wirken und Bonaparte zu verraten. Dies war einzig und allein auf die allgemein verbreitete Meinung begründet, dass ich die Royalisten im Innern des Landes schirmte und schützte, statt sie zu verfolgen, ferner dass ich stets alle gut aufnahm, die sich direkt an mich wandten, um mir allerlei Enthüllungen und vertrauliche Mitteilungen zu machen.

Das ging so weit, dass ich wenige Monate nach Vuitels Tod auf meinem Schreibtisch einen versiegelten Brief fand, der an mich allein gerichtet war. Ich öffnete ihn, und als ich sah, wie eilig er war, so gewährte ich die geheime Audienz, die für den folgenden Tag in dem Briefe verlangt wurde. Die Unterschrift lautete auf einen angenommenen Namen, der jedoch unter den Emigranten sehr bekannt war. Ich glaubte daher wirklich, dass der Unterzeichnete die Person sei, die sich im Vertrauen an mich wandte. Aber wie groß war meine Überraschung, als dieser kühne Mensch, mit großer Überredungskunst und den feinsten Umgangsformen, seine List eingestand und es wagte, sich als Agent der Bourbonen und Bote des englischen Kabinetts zu erklären. In lebhaften und warmen Worten schilderte er die Hinfälligkeit der napoleonischen Macht, sah Napoleons baldige Niederlage (es war zu Beginn des Krieges mit Spanien) und seinen unvermeidlichen Sturz voraus.

Schließlich beschwor er mich, ich möchte mich im Interesse Frankreichs und des Weltfriedens der guten Sache anschließen, um die Nation vor dem Abgrund zu retten. … Alle nur möglichen Garantien wurden mir geboten. Wer war nun dieser Mann? Der Graf Daché, ein ehemaliger Kapitän der königlichen Marine. „Unglücklicher!" antwortete ich ihm, „Sie haben sich bloß mit Hilfe einer Fälschung in mein Kabinett eingeschlichen …"

„Ja", erwiderte er, „mein Leben ist in Ihren Händen, und wenn es nötig ist, opfere ich es gern meinem Gott und meinem König!"

„Nein", antwortete ich, „Sie haben sich an meinem Herde niedergelassen und ich werde einem Unglücklichen gegenüber nicht das Gastrecht verletzen. Als Mensch, jedoch nicht als Beamter, kann ich Ihnen Ihre große Verirrung und Ihren unsinnigen Schritt verzeihen. Ich gebe Ihnen vierundzwanzig Stunden Zeit, um Paris zu verlassen, muss Ihnen jedoch sagen: es werden strenge Befehle erteilt, um Sie nach dieser Zeit zu verhaften, wo man Sie entdecken kann. Ich weiß, woher Sie kommen und kenne Ihren Weg. Bedenken Sie also wohl, dass dies nichts weiter als ein Aufschub von vierundzwanzig Stunden ist. Und selbst in diesem kurzen Zeitraum könnte ich Sie nicht retten, wenn noch andere außer mir Kenntnis von Ihrem Geheimnis und Ihrem Unternehmen hätten."

Er beteuerte mir, dass niemand auf der Welt, weder in Frankreich noch im Ausland auch nur eine Ahnung davon hätte. Selbst jene Personen, die ihn an der Küste aufnahmen, hätten nicht gewusst, dass er sich bis nach Paris wagen würde. „Gut!" sagte ich zu ihm, „ich gebe Ihnen vierundzwanzig Stunden Zeit. Gehen Sie!"

Ich würde meine Pflichten verletzt haben, wenn ich dem Kaiser nicht Mitteilung von dem Vorfall gemacht hätte. Die einzige Änderung in der Darstellung, die ich mir erlaubte, war die Angabe, dass ich dem Grafen Daché einen kurzfristigen Geleitbrief ausgestellt hätte, da er mir persönlich wichtige Enthüllungen zu machen vorgab. Diese Änderung war unbedingt nötig, denn ich glaubte sicher, dass der Kaiser meinen Edelmut missbilligt und darin sogar etwas Verdächtiges gefunden haben würde. Er gab hierauf, unabhängig von den Befehlen der Polizei, von seinem Kabinett aus sehr strenge Weisungen, denn er fürchtete außerordentlich die Energie und Zähigkeit seiner Feinde. Die ganze Polizei wurde hinter dem unglücklichen Grafen hergesandt, und man verfolgte ihn so hartnäckig, dass er in dem Augenblick, wo er sich an der Küste von Calvados nach London einschiffen wollte, auf schreckliche Weise umkam. Eine Frau hatte ihn verraten, deren Namen heute noch bei seiner Partei verflucht ist. Man kann sich leicht denken, dass eine so gewagte und gefährliche Mission nach dem Frieden von Tilsit, der das ruhmreiche Ergebnis der Schlacht von Friedland war, weder in Auftrag gegeben worden noch gelungen wäre.

Nun bleibt mir noch die Aufgabe, diese große Epoche im politischen Leben Bonapartes zu schildern. Der Frieden musste alle mit Bewunderung erfüllen. Die alte Aristokratie ließ sich vollends erobern, und man fragte sich im Faubourg Saint-Germain: „Warum ist er nicht legitim? Alexander und Napoleon nähern sich einander, der Krieg hört auf, und hundert Millionen Menschen genießen die Ruhe." Man glaubte an dieses einfältige Geschwätz und sah nicht ein, dass das Duumvirat von Tilsit nichts anders als ein Scheinvertrag war, der die Teilung der Welt zwischen zwei Herrschern zum Gegenstand hatte, die miteinander in Streit geraten würden, sobald sie miteinander in Berührung kamen.

Um diese Zeit, Oktober 1807 traf die Nachricht von dem Gelingen der Überrumpelung Kopenhagens durch die

Engländer[146] ein, was insofern eine erste Störung in den geheimen Bestimmungen des Vertrags von Tilsit bedeutete, als darin die dänische Marine Frankreich zur Verfügung gestellt wurde. Seit dem Tode Pauls I. hatte ich Napoleon nicht mehr in so heftigem Zorn gesehen. Was ihn am meisten bei diesem Gewaltstreich überraschte, war der schnelle Entschluss des englischen Ministers. Er vermutete einen neuen Verrat seiner Kabinettsgeheimnisse und beauftragte mich, zu untersuchen, ob es etwa mit einer vor kurzem erfolgten Ungnade zusammenhinge. Ich überzeugte ihn jedoch, dass die Polizei in einer so dunklen Affäre nichts vermöge, sondern man abwarten müsse, bis sich die Verräter selbst verrieten. Später hatte ich über diese Angelegenheit noch eine ganz besonders interessante und wirklich historische Unterredung mit einer Persönlichkeit, die alles und alle überlebt hat. Meine gegenwärtige Stellung jedoch verbietet mir, darüber Einzelheiten zu veröffentlichen.

Dann begann das denkwürdige Jahr 1808 und damit eine neue Ära, in der der Stern Napoleons zu erbleichen anfing. Ich erhielt endlich in vertraulicher Weise Kenntnis des Hintergedankens, den Napoleon bei Abschluss des Geheimvertrags von Fontainebleau[147] und dem Einfall in Portugal hatte. Napoleon gestand mir, dass die spanischen Bourbonen und das Haus Braganza aufhören würden zu regieren. „Bei Portugal mag es angehen", sagte ich zu ihm, „denn es ist in Wirklichkeit eine englische Kolonie, aber über Spanien haben Sie sich nicht zu beklagen. Die dortigen Bourbonen sind und werden, so lange es Ihnen beliebt, Ihre gehorsamen Präfekten bleiben. Geben Sie

146 Im September 1807 überfielen die Engländer mitten im Frieden die Stadt Kopenhagen, schossen sie in Brand und bemächtigten sich der gesamten dänischen Flotte.

147 Der Vertrag von Fontainebleau wurde am 27. Oktober 1807 zwischen Napoleon und Godoy geschlossen. Napoleon verbündete sich mit Spanien zu einem Kriege gegen Portugal.

sich übrigens hinsichtlich der Stimmung des Volkes der Halbinsel keinen Täuschungen hin? Nehmen Sie sich in acht! Sie haben allerdings viele Anhänger dort, aber nur, weil man Sie für einen großen und mächtigen Herrscher, für einen Freund und Verbündeten hält. Wenn Sie sich ohne hinreichende Gründe gegen das regierende Haus erklären, so müssen Sie auch gegen den größten Teil des Volkes vorgehen. Sie dürfen nicht vergessen, dass die Spanier nicht so phlegmatisch wie die Deutschen sind. Sie halten an ihren Sitten, ihrer Regierung und ihren alten Gewohnheiten fest. Man darf ein Volk nicht nach den höheren Ständen beurteilen, die überall verdorben und schlechte Patrioten sind. Ich wiederhole daher, hüten Sie sich, ein tributpflichtiges Reich zu einer neuen Vendée zu machen.

„Was sagen Sie da?“ antwortete er, „alle vernünftigen Leute verachten in Spanien die Regierung. Der Friedensfürst, ein wahrer Majordomus, wird von dem Volke verabscheut. Er ist ein Lump, der mir selbst den Eintritt in Spanien erleichtern wird. Was die Kanaille betrifft, von der Sie sprechen, die noch unter dem Einfluss der Mönche und Priester steht, so wird sie durch ein paar Kanonenschüsse auseinandergetrieben werden. Sie haben gesehen, wie das militärische Preußen, das Erbe des großen Friedrich, vor meinen Heeren wie ein baufälliges Haus zusammenstürzte. Sie werden sehen, wie Spanien in meine Hände fallen wird, ohne es zu ahnen. Schließlich aber wird es darüber noch frohlocken, denn ich habe dort eine ungeheure Partei. Ich bin entschlossen, in meiner eigenen Dynastie die Familienpolitik Ludwigs XIV. fortzusetzen und die Geschicke Spaniens mit denen Frankreichs zu verknüpfen. Nun will ich die einzigartige Gelegenheit benutzen, die mir das Schicksal bietet, um Spanien zu erneuern, es England zu rauben und eng mit meiner Politik zu verbinden. Bedenken Sie, dass die Sonne nie in dem unermesslichen Erbe Karls V. untergeht, und dass ich dadurch Herr beider Welten werde.“

Ich sah nun ein, dass es eine abgemachte Sache war und alle Ratschläge zur Vernunft nichts daran ändern würden. Indes glaubte ich doch hinzufügen zu müssen, ich bäte Seine Majestät inständig, mit all seinem Scharfsinn zu prüfen, ob das alles nicht ein abgekarteter Handel sei und der Norden nicht versuche, ihn auf den Süden zu hetzen, mit dem Hintergedanken, nach dieser nützlichen Ablenkung zu gelegener Zeit wieder mit England in Verbindung zu treten, um das Reich zwischen zwei Feuer zubringen.

„Da sieht man den echten Polizeiminister, der gegen alles misstrauisch ist!“ rief er aus. „Ich bin Alexanders sicher, der durchaus aufrichtig ist. Augenblicklich übe ich eine Art Zauber auf ihn aus und habe außerdem noch die Garantie, dass ich mich auf seine Umgebung verlassen kann.“

Hierauf erzählte mir Napoleon all die unbedeutenden Dinge, die ich bereits von seinem Gefolge über die Unterredung in Tilsit und die plötzliche Zuneigung des russischen Hofs zu dem Kaiser und seiner Umgebung erfahren hatte. Er vergaß sogar die Schmeicheleien nicht, durch die er den Großfürsten Konstantin gewonnen zu haben glaubte. Wie man sagte, habe Konstantin nicht widerstehen können, als man ihm sagte, dass er der am besten gekleidete Prinz Europas wäre und die schönsten Schenkel der Welt besäße. Diese Aussprache war für mich nicht ohne Nutzen. Napoleon begann mit dem Faubourg Saint-Germain zufriedener zu sein und billigte meine milde Art der Handhabung der Polizei gegenüber der alten Aristokratie. „Sie haben mir oft gesagt“, sagte er, „dass Sie, wie ich, der Mittler zwischen der alten und neuen Ordnung sein müssten. Das ist nun tatsächlich Ihre Aufgabe, denn sie stimmt in Wirklichkeit mit meiner Politik im Innern überein. Was aber das Ausland betrifft, so mischen Sie sich nicht darein. Lassen Sie mich machen, und suchen Sie vor allem nicht den Papst zu verteidigen[148]. Das würde von Ihrer Seite zu lächerlich sein. Lassen Sie dafür Herrn von Talleyrand sorgen, der es ihm zu danken hat, dass er nun nicht mehr Geistlicher ist und eine schöne Frau in legitimer Ehe[149] besitzt." Ich musste lachen, nahm mein Portefeuille und machte dem Marineminister Platz.

---

148 Fouché, der ehemalige Todfeind der katholischen Kirche, suchte auch auf dieser Seite Freunde zu erwerben. Obgleich er gegen alle Anmaßungen des französischen Klerus mit aller Strenge vorging, gelang es ihm doch, sich die höhere Geistlichkeit geneigt zu machen.

149 Talleyrand war bekanntlich vor der Revolution Bischof von Autun gewesen. Er hatte wesentlich zu dem Abschluss des Konkordats beigetragen. Zum Dank dafür entband ihn Papst Pius VII. von seinen Weihen und erkannte die Zivilehe Talleyrands mit Madame Grant auch kirchlich an.

10. Kapitel

Der Sturz Fouchés

Der Einmarsch unserer Truppen in Rom fiel mit dem Einfall in Spanien zusammen. Pius VII. erließ alsdann ein Breve[150], worin er Napoleon drohte, seine geistlichen Waffen gegen ihn zu richten. Sie waren zweifellos recht stumpf, aber sie machten doch noch auf das Gewissen vieler Menschen Eindruck. Meiner Ansicht nach waren diese Streitigkeiten umso unpolitischer, als uns dadurch ein großer Teil der Völker Italiens abspenstig gemacht wurde. Napoleon ließ es jedoch gegen das Oberhaupt der Kirche nur aus dem Grunde zum äußersten kommen, um einen Vorwand zu haben, sich Roms zu bemächtigen und den Papst seiner ganzen weltlichen Herrschaft zu berauben. Dies gehörte zu seinem großen Plan der Errichtung einer Universalmonarchie und des Wiederaufbaus Europas. Die römische Angelegenheit trat jedoch durch die Vorgänge in Madrid und Bayonne gänzlich in den Hintergrund. Die Truppen waren in Spanien eingefallen, und man hatte sich bereits unter dem Scheine der Freundschaft der wichtigsten Festungen im Norden bemächtigt. Alles war in Bewegung, um diesen großen Anschlag in Ausführung zu bringen. Napoleon hatte sein Geheimkabinett mitgenommen, das er für seine politischen Betrügereien brauchte. Dazu gehörten Savary, Herzog von Rovigo, der Abbé de Pradt, Bischof von Mecheln, der Fürst Pignatelli und so viele andere mehr oder minder tätige Werkzeuge seiner diplomatischen Ränke.

Ich hatte Napoleon bei seiner Abreise benachrichtigt, dass die öffentliche Meinung sehr erregt sei und sich in peinlicher Erwartung befände. Das Geschwätz in den Salons hatte bereits

---

150 [päpstliches Schreiben, das offizielle Entscheidungen und Verordnungen enthält und sich von der Bulle durch seine Kürze und weniger Feierlichkeit unterscheidet. *P.S.*]

einen solchen Umfang angenommen, dass meine Polizei nicht mehr in der Lage war es zu beherrschen. Noch schlimmer aber wurde es, als die Ereignisse fortschritten und das ganze königliche Haus Spaniens durch List und Treulosigkeit in den Netzen von Bayonne[151] gefangen wurde, als am 2. Mai 1808 Madrid ein Blutbad über sich ergehen lassen musste und sich hierauf das ganze Volk der Halbinsel empörte[152]. Alle diese Ereignisse wurden in Paris bekannt, trotzdem die ganze Polizei und alle Verwaltungen die unglaublichsten Anstrengungen machten, um das Bekanntwerden der Vorgänge zu verhindern. Nie habe ich im Verlauf meiner beiden Ministerien einen ähnlichen wilden Ausbruch der öffentlichen Meinung gegen den unersättlichen Ehrgeiz und den Machiavellismus des Staatsoberhauptes gesehen. Ich erhielt aus Bayonne zwei oder drei grobe Briefe, worin ich anscheinend für den schlechten Zustand der öffentlichen Meinung verantwortlich gemacht wurde. Nach der

151 Karl IV. hatte zugunsten seines Sohnes abgedankt. In einem Schreiben an Napoleon bezeichnete er diese Abdankung jedoch als erzwungen. In Bayonne verzichtete nun Ferdinand VII. auf seine Rechte wieder zugunsten seines Vaters, worauf dieser sie an Napoleon abtrat. Napoleon ernannte dann seinen Bruder Joseph zum König von Spanien.

152 [Am 2. Mai 1808 wurde in Madrid der Aufstand der Bevölkerung gegen die französischen Besatzer durch die Truppen Napoleons gewaltsam niedergeschlagen. Die Mamelouks de la Garde impériale und Lanzenreiter gingen grausam gegen die Bevölkerung, Männer wie Frauen, vor. Dem Aufstand folgten grausame Unterdrückungsmaßnahmen. Es gab Todesurteile gegen jene, die während des Aufstandes gefangengenommen wurden. Insgesamt verloren durch den Aufstand und die folgenden Hinrichtungen schätzungsweise 1 000 Spanier ihr Leben. Eine Welle der Entrüstung und der Ruf nach bewaffnetem Widerstand erfasste das ganze Land. Zwei Gemälde Francisco de Goyas verewigten die Ereignisse: „Mameluken der Kaiserlichen Garde" zeigt den blutigen Kampf einer praktisch unbewaffneten Menge gegen die Kavallerie und „Die Erschießung der Aufständischen" die Hinrichtungen der Gefangenen am darauffolgenden Tag. Noch heute wird in Madrid der Ereignisse des 2. Mai gedacht. So findet das Stadtfest von Madrid jährlich an diesem Tag statt. Der zweihundertste Jahrestag 2008 wurde u. a. mit einer Aufführung des Theaterensembles La Fura dels Baus feierlich begangen. *P.S.*]

Kapitulation von Bailén war sie nun überhaupt nicht mehr im Zaume zu halten. Die Gegenpolizei und die geheimen Agenten des Kaisers gerieten in Schrecken. Sie gingen in ihrem Irrtum so weit, dass sie auf Grund einiger Anzeichen auf eine Verschwörung aufmerksam machten, die jedoch nur in ihrer Einbildung bestand. Der Kaiser verließ nach mehreren heftigen Wutausbrüchen, die in der Chaussee d'Antin und dem Faubourg Saint-Germain als Fieberanfälle ausgelegt wurden, in aller Eile Bayonne. Er durchreiste die Vendée und kam die Loire entlang nach Saint-Cloud. Ich erwartete bei der ersten Audienz, als ich ihm meinen Bericht vorlegte, einen groben Ausfall seinerseits und war auf meiner Hut.

„Sie waren zu nachsichtig, Herzog von Otranto", waren seine ersten Worte. „Wie konnten Sie zulassen, dass sich in Paris eine solche Menge Klatsch- und Intrigenherde bildeten?"

„Sire, wenn sich ein jeder hineinmengt, kann man unmöglich mit Strenge vorgehen. Übrigens hat die Polizei kein Recht, sich in die inneren Familienangelegenheiten zu mischen."

„Aber Paris ist vom Ausland aufgewühlt worden?"

„Nein, Sire, die öffentliche Unzufriedenheit hat sich ganz von selbst entwickelt. Alte Leidenschaften sind erwacht, und in dieser Hinsicht entstand auch Böswilligkeit. Man wühlt jedoch nicht die Völker auf, ohne auch Leidenschaften zu erwecken. Es wäre unpolitisch, ja sogar unvorsichtig, durch unangebrachte Strenge die Gemüter zu verbittern und aufzuregen. Übrigens hat man Eurer Majestät diese Aufregung übertrieben geschildert. Sie wird sich wie alle anderen wieder legen. Alles wird von dem Ausgang der spanischen Angelegenheiten und von der Haltung des kontinentalen Europas abhängen. Eure Majestät haben bereits schroffere Hindernisse überstiegen und stärkere Krisen bewältigt!"

Darauf ging er mit großen Schritten in seinem Zimmer auf und ab. Er sprach von dem Kriege in Spanien als von einem tollen Streich, der kaum eine Geschützsalve wert sei. Dabei ließ er seinem Zorn gegen Murat, Moncey und besonders gegen Dupont[153] freien Lauf, dessen Kapitulation er eine Schmach nannte. Er sei fest entschlossen, im Heere ein Exempel zu statuieren.

„Diesen Krieg von Bauern und Mönchen", fuhr er fort, „werde ich ganz allein führen, und ich hoffe dabei die Engländer gehörig durchzuprügeln. Ich werde mich mit dem Kaiser Alexander verständigen, damit die Verträge ausgeführt werden und Europa nicht beunruhigt wird. In drei Monaten werde ich meinen Bruder nach Madrid zurückbringen und in vier Monaten selbst in Lissabon einziehen, wenn die Engländer es wagen sollten, dort zu landen. Ich werde dieses Gesindel bestrafen und die Engländer fortjagen."

Dieses Spanien ließ mich Unheilvolles ahnen. Es war traurig, dass durch ein unbesonnenes Unternehmen alles in Frage gestellt wurde, sowohl der Bestand unserer Eroberungen als auch unsere Zukunft selbst. Napoleon konnte von einem Geschoss oder einer Kanonenkugel getroffen werden oder durch den Dolch eines Fanatikers fallen. Es war nur zu wahr, dass unsere ganze Macht in einem einzigen Menschen ruhte, der ohne Nachkommenschaft und ohne sichere Zukunft war und von der Vorsehung noch zwanzig Jahre forderte, um sein Werk zu vollenden. Wenn er uns vor diesem Zeitpunkt genommen wurde, so hatte er nicht einmal, wie Alexander der Große, seine Generale, um ihnen seine Macht und seinen Ruhm zu hinterlassen und unsere Existenz zu sichern.[154] Dieses ungeheure und

---

153 General Dupont kapitulierte am 23. Juli 1808 in Bailén mit 8 000 Mann und verpflichtete sich, seine Untergenerale zur Räumung Andalusiens auf dem Seewege zu veranlassen.

154 Fouché hat mit peinlicher Aufmerksamkeit Napoleon verfolgt und stets die nötigen Maßnahmen getroffen, für den Fall, dass Napoleon eines plötzlichen Todes sterben oder entscheidend geschlagen würde. Da der Kaiser dies wusste, so ließ er Fouché stets seinerseits überwachen. Man

furchtbare Reich, das wie durch Zauberei geschaffen worden war, besaß also nur eine schwache Grundlage, die der Tod erschüttern konnte. Wenn die ernsten Umstände, in denen wir uns befanden, derartige Gedanken in mir aufkommen ließen, so machte mir die Lage in der Familie des Kaisers noch besonderen Kummer.

Der Reiz seiner häuslichen Gewohnheiten war dahin. Der unerbittliche Tod hatte ihm das Kind entrissen, das zu gleicher Zeit sein Neffe und sein Adoptivsohn gewesen war. Seine Geburt hatte das Band, das ihn durch Josephine an Hortense und durch Hortense an Josephine knüpfte, inniger gemacht. „Ich erkenne mich selbst in diesem Kinde wieder!" sagte er bisweilen. Und er freute sich bereits in dem Gedanken, dass es sein Nachfolger werden würde. Wie oft hat man gesehen, wie er auf der Terrasse von Saint-Cloud mit Entzücken dieses Kind betrachtete, das so glückliche Anlagen und ein so reizendes Wesen besaß! Wie oft hat er sich dort von den Sorgen der Regierung ausgeruht und sich an den kindlichen Spielen beteiligt! Sobald es ein wenig Neigung zur Hartnäckigkeit oder Interesse für Trommeln, Waffen und Kriegsbilder zeigte, rief er begeistert aus: „Er wird würdig sein, mir nachzufolgen und mich noch übertreffen!" In derselben Zeit, wo er diesem Kinde eine so hohe Bestimmung zudachte, wurde es ihm durch die Bräune[155] entrissen. So war der Stab zerbrochen, auf den sich ein großer Mann stützen wollte.

Niemals sah ich Napoleon von tieferem und echterem Kummer gebeugt, niemals war der Schmerz Josephines und Hortenses herzzerreißender; sie schienen das traurige Gefühl zu haben, dass für sie nun die Zukunft hoffnungslos und ohne

---

kann an dieser Stelle leicht entnehmen, dass es Fouché in erster Linie um das Heil seiner eigenen Person zu tun war.

155 [Diphtherie, vor allem im Kindesalter auftretende, ansteckende Infektion der Atemwege. *P.S.*]

Glück sein werde. Selbst die Höflinge hatten Mitleid mit so ungeheurem Missgeschick. Ich glaubte darin den Bruch der Kette zu sehen, die das Kaiserreich zusammenhielt und sein Fortbestehen sicherte. Ich durfte meine Gedanken nicht in meinem Innern verschließen. Jedoch wartete ich, bis sein Schmerz geheilt war, um sie ihm mitzuteilen. Bei ihm waren übrigens die Leiden des Herzens der Sorge für den Staat und der hohen Politik und dem Kriege untergeordnet. Inzwischen hatten auch Zerstreuungen anderer Art und ein wirksamerer Trost ihn sein Leid vergessen lassen. Man kann zwar nicht behaupten, dass er in der Liebe der Frauen aufging, aber er setzte sich mit Hilfe Durocs, seines Vertrauten, in den Genuss ihrer physischen Reize. Man nannte zwei Damen des Hofes, die er mit seinen verstohlenen Huldigungen beehrte. Sie wurden bald durch die schöne Italienerin Charlotte Gazzani[156] ersetzt. Napoleon, der von ihrer Schönheit bezaubert war, überhäufte sie mit seiner Gunst. Man wusste übrigens, dass er sich von der Abhängigkeit, wie sie in einem bürgerlichen Hause herrscht, freigemacht hatte und weder Zimmer noch Bett mit Josephine teilte.

In einer vertraulichen Denkschrift, die ich ihm selbst vorlas, stellte ich ihm die Notwendigkeit vor, seine Ehe aufzulösen und gleich darauf in seiner Eigenschaft als Kaiser ein neues passenderes und angenehmeres Band zu knüpfen, um dem Throne einen Erben zu geben, auf den ihn die Vorsehung gehoben hatte. Ohne mir etwas Bestimmtes über diesen ernsten und eiligen Gegenstand zu sagen, ließ Napoleon mich merken, dass in politischer Hinsicht die Auflösung seiner Ehe bereits beschlossene Sache sei. Ein solcher Vorschlag verlangte indes einige einleitende Schritte, und ich suchte eine Gelegenheit dafür zu erhaschen. Sie bot sich mir eines Sonntags in Fontainebleau

156 Die reizende Vorleserin hielt Napoleon ziemlich lange in ihren Banden.

bei der Rückkehr aus der Messe. Ich trat mit Josephine in eine Fensternische und sprach ihr mit schonenden Worten von der Trennung, die ich ihr als das höchste und zu gleicher Zeit unvermeidliche Opfer hinstellte. Sie wurde anfänglich rot, dann blass, ihre Lippen schwollen an, und alle Anzeichen an ihrem Wesen deuteten darauf hin, dass sie eine Nervenkrise oder einen anderen Anfall bekommen würde. Mit gebrochener Stimme fragte sie mich, ob ich den Auftrag hätte, ihr einen so traurigen Vorschlag zu machen. Ich antwortete ihr, dass ich durchaus keinen Auftrag hätte, ich sähe jedoch die Notwendigkeit wegen der Zukunft voraus. Um die höchst peinliche Unterredung abzubrechen, gab ich schließlich vor, eine Konferenz mit einem Kollegen zu haben, und entfernte mich. Am folgenden Tage erfuhr ich, dass im Palast großer Kummer und viel Aufregung geherrscht und eine heftige und zugleich rührende Aussprache zwischen Josephine und Napoleon stattgefunden habe, wobei mich der Kaiser verleugnete. Diese von Natur aus so gutmütige und sanfte Frau, die mir in mehr als einer Hinsicht verpflichtet war, hatte dabei inständig die Gnade erbeten, dass der Kaiser mich entlassen möge, nur weil ich das Wohl Frankreichs ihrem persönlichen Interesse und ihrer Eitelkeit vorgezogen hatte. Obgleich nun Napoleon sich dagegen verwahrte, dass er mir den Auftrag gegeben habe, so weigerte er sich doch, mich „wegzujagen" – dieser Ausdruck war dabei gebraucht worden –, indem er politische Gründe anführte. Für mich war es offenbar, dass er mich geopfert haben würde, wenn er nicht schon insgeheim seine Scheidung beschlossen gehabt hätte. Josephine aber wurde dadurch getäuscht. Sie war nicht klug genug, um sich nicht in Illusionen zu wiegen. Sie glaubte alles mit erbärmlichen Kunstgriffen machen zu können. Hält man das für möglich? Sie suchte den Kaiser zu einem politischen Betrug zu verleiten, der zum Gelächter Europas geworden wäre. Sie erbot sich nämlich, eine Schwangerschaft vorzutäuschen und ging sogar so weit, es dem Kaiser in aller Form vorzuschlagen. Da ich überzeugt war, dass sie so weit gehen würde, so hatte ich dieses Gerücht durch meine Agenten verbreiten lassen, so dass der Kaiser ihr nur meine Polizeiberichte zu zeigen brauchte, um sich ihrer Zudringlichkeit zu erwehren.

Größere Ereignisse lenkten uns von diesen häuslichen Angelegenheiten des Kaisers ab. Am 4. November 1808 eröffnete er in Person jenen zweiten Feldzug auf der Pyrenäischen Halbinsel, nachdem er aus Deutschland 80 000 alte Soldaten zurückgezogen hatte. Er hatte einen ungeheuren Brand entfacht und gedachte diesen nun mit Strömen Blutes rasch zu löschen. Was jedoch vermochte er gegen aufständische und revolutionäre Völker? Alles übrigens flößte ihm Verdacht und Besorgnis ein. Schließlich war er fest überzeugt, es bilde sich in Paris ein Herd des Widerstandes, dessen unsichtbare Triebfedern Herr von Talleyrand und ich seien.

Als er daher vernahm, dass 125 schwarze Kugeln, also ein Drittel Stimmen der Gesetzgebenden Körperschaft, sich seinem Willen entgegensetzten, war er darüber dermaßen empört und aufgeregt, dass er es für gut hielt, von Valladolid aus, am 4. Dezember, eine offizielle Note zu erlassen, worin er die Machtstellung der Regierung festlegte und den Mitgliedern der Gesetzgebenden Körperschaft den Platz anwies, den er ihnen zu geben wünschte.

„Unser Unglück“, hieß es darin, „ist zum Teil aus den übertriebenen Ideen entstanden, die eine Körperschaft zu dem Glauben veranlasst haben, sie sei der Vertreter der Nation. Es wäre jedoch ein Hirngespinst, ja sogar eine verbrecherische Anmaßung, das Volk *vor* dem Kaiser vertreten zu wollen. Die Gesetzgebende Körperschaft müsste vielmehr Gesetzgebender *Rat* heißen, denn sie hat keine Befugnisse, Gesetze zu machen, wenn ihr nicht der Vorschlag dazu unterbreitet wird. Nach der Ordnung der konstitutionellen Hierarchie ist der erste Vertreter des Volkes der Kaiser und seine Minister, welche die Vermittler seiner Entscheidungen sind. Alles würde in Unordnung geraten, wenn andere konstitutionelle Ideen die Absichten unserer monarchischen Verfassung verdrehen wollten."

Diese Voraussagung einer absoluten Gewalt würde unter einem schwachen und launenhaften Herrscher die Gemüter nur noch mehr verbittert haben. Napoleon indes hatte beständig den Degen in der Hand, und noch heftete sich der Sieg an seine Fersen. Und so beugte sich noch einmal alles unter seinen Willen. Der Einfluss seiner Macht allein genügte, um jeden rechtmäßigen Widerstand im Keime zu ersticken.

Plötzlich kehrte er ganz unerwartet aus Spanien zurück, entweder weil er befürchtete, wie man mir versicherte, von einer Bande spanischer Fanatiker ermordet zu werden, oder weil er noch immer von der fixen Idee beherrscht wurde, es bestehe in Paris eine Koalition gegen seine Macht. Gleich am ersten Tage, während ich mit ihm arbeitete, holte er mich über die Angelegenheit der Gesetzgebenden Körperschaft und seinen kaiserlichen Verweis aus[157]. Dabei bemerkte ich unter anderem, er habe ganz recht getan, und wenn Ludwig XVI. ebenso gehandelt hätte, würde dieser unglückliche Fürst noch am Leben und an der Regierung sein. Darauf sah Napoleon mich mit erstaunten Augen fest an und sagte nach einer Weile: „Aber Herr Herzog von Otranto, es scheint mir doch, als wären auch Sie einer von denjenigen gewesen, die Ludwig XVI. aufs Schafott geschickt haben?" – „Ja, Sire", antwortete ich ohne Zögern, „und dieses war der erste Dienst, den ich die Ehre hatte, Eurer Majestät zu erweisen ..."

Er nahm indes alle Kräfte seines Genies und seines Charakters zusammen, um den Angriff Österreichs zu bekämpfen, und entwarf seinen Plan, den er sich beeilte zur Ausfüh-

157 [alter Ausdruck für aushorchen, ausforschen *P.S.*]

rung zu bringen. Die Siege bei Thann, Abensberg, Eckmühl, Regensburg verkündeten den glücklichen Anfang eines Feldzugs, der umso ernster war, als wir, ganz gegen die Regel einer gesunden Politik, zwei Kriege zu gleicher Zeit führten.

Die Schilderhebung Schills in Preußen deckte die ganze Gefahr auf. Es war indes nur ein schwacher Versuch, den Preußen machte. Hätte sich Deutschland schon damals nach dem Beispiel der Spanier erhoben, so wäre Napoleon, von zwei Völkerkriegen gedrängt, bereits vier Jahre früher erlegen. Nach der Besetzung Wiens atmeten wir ein wenig auf, aber die Schlacht von Eßling versetzte uns in neue Besorgnis. Man zählte achttausend Tote, zehntausend Verwundete, worunter sich drei Generale und mehr als fünfhundert Offiziere aller Grade befanden.

Wenn nach solchen Verlusten das Heer trotzdem gerettet wurde, so verdankte es das nicht Napoleon, sondern der Kaltblütigkeit Massénas. Umso unverschämter wirkten Napoleons Siegesbulletins. Schon zeigte sich der Faubourg Saint-Germain von neuem gegen ihn feindlich; es fanden sogar kleine Unruhen in der Vendée statt, und man sprach ganz offen davon, dass der Tag von Eßling dem Kaiser verhängnisvoll werden würde.

Unter all diesen Ereignissen machte die gewaltsame Entführung des Papstes aus Rom nach Savona großes Aufsehen. Das ganze öffentliche Interesse richtete sich auf Pius VII., der in den Augen Europas als ein erhabenes und beklagenswertes Opfer des habsüchtigen Ehrgeizes Napoleons betrachtet wurde. Und in der Tat, da Napoleon alles außer Acht ließ. was er einst zur Beruhigung und Versöhnung der Gemüter getan hatte, bereitete er sie langsam darauf vor, dass sie sich von seiner Macht entfernten und mit seinen Feinden verbanden, sobald sie den Mut hatten, sich in der Übermacht zu zeigen.

Allein dieser außerordentliche Mann hatte noch nichts von seiner kriegerischen Kraft verloren. Sein Mut und sein Genie ließen ihn bald über seine Fehler triumphieren. Meine Briefe und Polizeiberichte verheimlichten ihm weder den Stand der Dinge noch den beunruhigenden Charakter der öffentlichen Meinung während dieses Feldzugs.

„Das wird sich alles in einem Monat ändern", schrieb er einmal. Und ein anderes Mal, als ich von den inneren Angelegenheiten sprach, schrieb er: „Ich bin vollkommen ruhig, da Sie sich dort befinden." Das waren seine eigenen Worte. Zu keiner Zeit verfügte ich über so viel Gewalt, noch nie aber lastete auch so viel Verantwortung auf mir. Damals hatte ich gleichzeitig das ungeheure Ministerium der Polizei und provisorisch das des Innern in Händen. Ich war jedoch vollkommen ruhig, denn nie hatte mich der Kaiser in so bestimmter Weise ermutigt, und nie war sein Vertrauen so unbegrenzt gewesen. Nun näherte ich mich dem Gipfel meiner Macht als Minister, aber in der Politik führt der höchste Gipfel oft zum Tarpejischen Felsen[158].

Der Horizont veränderte sich ganz plötzlich. Die Schlacht von Wagram, die fünfundvierzig Tage nach der verlorenen Schlacht von Eßling geschlagen worden war, der Waffenstillstand von Znaim[159] und der Tod Schills verschafften uns heitere Tage. Mittlerweile erschienen aber die Engländer mit einer furchtbaren Streitmacht in der Scheide. Wäre diese Expedition geschickter geleitet worden, so hätte sie für unsere Feinde eine günstige Wendung herbeiführen und Österreich Zeit geben können, sich wieder aufzurichten.

Ich erwog die Gefahr. Da ich durch die Vereinigung der beiden Ministerien in der Abwesenheit des Kaisers mit einem großen Teil seiner Macht bekleidet war, so gab ich dem Rat,

---

158 [Die südliche Spitze des Kapitolhügels in Rom heißt Tarpejischer Fels. Hier wurden in der Antike die Todesurteile wegen Meineid, Inzest und Verrat durch Hinabstoßen vollstreckt. *P.S.*]

159 12. Juli 1809.

dessen Seele ich war, die nötige Anregung, um tatkräftige Maßnahmen ergreifen zu lassen.

Es war keine Zeit zu verlieren, denn Belgien musste gerettet werden. Alle verfügbaren Truppen hätten nicht genügt, um diesen wichtigen Teil des Reiches zu erhalten. Ohne die Genehmigung des Kaisers zu erlangen, ließ ich daher den Beschluss fassen, dass in Paris und in den nördlichen Departements sofort eine außerordentliche Aushebung der Nationalgarden stattfinden sollte. Bei dieser Gelegenheit erließ ich ein Rundschreiben an alle Bürgermeister von Paris, worin folgender Satz vorkam: „Wir wollen Europa beweisen, dass die Gegenwart Napoleons nicht nötig ist, die Feinde zurückzuschlagen, während sein Genie Frankreich Glanz verleiht."

Wer sollte es glauben? Der Satz und die Maßregel selbst erregten Napoleons Missfallen, und in einem Brief an Cambacérès befahl er, die Aushebung in Paris einzustellen.

Ich vermutete nicht sogleich den wahren Grund der Einstellung der Aushebung in der Hauptstadt, umso weniger, als sie überall ohne Hindernis und mit großer Schnelligkeit verlief, so dass wir bald über 40 000 wohlausgerüstete und begeisterte Kämpfer verfügten. Daher vermochte nichts die Maßnahmen aufzuhalten, die ich getroffen hatte und deren Ausführung ich mit ebenso viel Sorgfalt als Eifer geleitet hatte. Seit langem hatte Frankreich nicht mehr das Schauspiel einer solchen vaterländischen Begeisterung gegeben.

Indes bedurfte die nationale Hilfsarmee eines Oberbefehlshabers. Ich wusste noch nicht sicher, wen man wählen sollte, als Bernadotte unvermutet von Wagram zurückkam. Am selben Tage schlug ich ihn dem Kriegsminister Herzog von Feltre[160] vor; dieser ließ ihm auch augenblicklich seine Ernennung zukommen. Wie groß war jedoch mein Erstaunen, als ich am

160 Der Marschall Clarke trug den Titel eines Herzogs von Feltre.

anderen Tage von Bernadotte in vertraulicher Unterhaltung folgendes erfuhr: er führte bei Wagram den linken Flügel, als die Sachsen, die diesem Flügel angehörten, zu weichen begannen. Der Kaiser hatte ihn unter diesem Vorwand des Kommandos enthoben und ihn nach Paris gesandt. Am Ende der Schlacht hatte sich jedoch sein Flügel gut gehalten. Dennoch wurde er im Hauptquartier getadelt, weil er in einem Tagesbefehl eine Art lobender Proklamation an seine Soldaten gerichtet hatte. Übrigens führte er diese neue Ungnade auf böswillige Berichte zurück, die man dem Kaiser machte.[161]

Unter diesen Umständen zeigte Bernadotte einige Abneigung, das Kommando der ausgehobenen Nationalgarde, die zur Verteidigung Antwerpens bestimmt waren, zu übernehmen. Ich stellte ihm hingegen vor, dass dies eine günstige Gelegenheit sei, sich dem Kaiser wieder zu nähern. Bernadotte verstand mich und machte sich auf den Weg nach Antwerpen.

Jedermann weiß, mit welchem Erfolg diese patriotische Bewegung gewirkt hat. Die nördlichen Provinzen schlossen sich ihr ohne Ausnahme an, und die Engländer wagten es nicht, eine Landung zu versuchen. Das außerordentlich glückliche Ergebnis und das kluge Benehmen Bernadottes zwangen Napoleon, seinen Verdacht und seine Unzufriedenheit zu verbergen, aber im Grunde genommen verzieh er weder Bernadotte noch mir diesen wichtigen Dienst, und unsere vertraute Freundschaft wurde ihm mehr denn je verdächtig.[162]

---

161 Bernadotte hatte eine Proklamation erlassen, worin er seinem Korps einen großen Anteil an dem erfochtenen Siege zuschrieb. Das erschien Napoleon doch ein wenig zu stark, und so enthob er Bernadotte, dessen ausgesprochene Feindseligkeit ihm bekannt war, seines Kommandos.

162 Und mit Recht! Um dies zu zeigen, ist es nötig, bis zu dem Ursprung dieser so außerordentlich interessanten Episode aus dem Leben Fouchés zurückzugehen. Als die Engländer auf Walcheren [niederländische Insel *P.S.*] landeten, was eine Gefahr von unermesslicher Tragweite für das Reich Napoleons war, zeigte es sich, dass keiner der Minister seiner Auf-

Indes wurden die Schwierigkeiten nach Abschluss des Waffenstillstandes nur langsam behoben. Man wartete vergeblich

---

gabe gewachsen war, außer Fouché. Es rächte sich diesmal bitter, dass Napoleon seine Minister daran gewöhnt hatte, nur seinen Befehlen zu gehorchen und jede Selbständigkeit zu verlieren. Der Vorschlag Fouchés, ohne Zustimmung des Kaisers die Nationalgarden ausheben zu lassen, wurde mit einer Art von Entsetzen aufgenommen. Da handelte Fouché auf eigene Faust. Jeder glaubte nun, der kühne Minister sei endgültig verloren. Aber Napoleon beglückwünschte den Polizeiminister zu seiner energischen Tat und verurteilte die lächerliche Schüchternheit der anderen Minister aufs Schärfste.

Nun aber trat eine Wendung ein. Fouché ließ auch die Nationalgarden der südlichen Departements, die gar nicht in Gefahr waren, ausheben, und mit der Zeit nahm die Aufstellung der Hilfsarmee Formen an, die das ganze Land in Schrecken setzten. Alle Anhänger des napoleonischen Regimes waren außer sich, als sie sahen, dass die von Fouché ernannten Führer der Nationalgarden fast durchweg Feinde des Kaisers waren, meist Royalisten und Republikaner. In Paris gab es unausgesetzt Reibungen zwischen der regulären Armee und den Nationalgarden. Der Kriegsminister sah mit Eifersucht den ungeheuren Einfluss eines Polizeiministers, der für sich allein eine Armee ins Leben rief. Dazu kam die mehr als selbständige Haltung Bernadottes in Antwerpen.

Schließlich bekam Napoleon selbst Angst. Er traf energische Maßnahmen gegen Fouché und dieser war zu schlau, ihm Widerstand zu leisten. Welche Absichten verfolgte nun Fouché? Man weiß es nicht genau und ist daher auf Vermutungen angewiesen. Wahrscheinlich aber hat er wieder einmal mit großem Geschick sein schlaues Doppelspiel getrieben. Die Ereignisse der nächsten Zeit lassen den Rückschluss auf seine Absichten zu.

Napoleon wurde von einem Meuchelmörder bedroht. Was wurde, wenn er tot war? Der Kaiser hatte die Schlacht von Eßling verloren. Was wurde, wenn er eine entscheidende Niederlage erlitt? Die Ereignisse nach Waterloo haben gezeigt, was Fouché im Jahre 1809 plante. Der geschlagene Napoleon musste bei seiner Rückkehr eine ihm feindliche Regierung vorfinden. Niemand anders als Fouché durfte das Haupt dieser Regierung sein. Was der Minister 1815 durchführte, versuchte er bereits im großen Stil 1809. Da es misslang, musste er sich den Rückzug sichern, und dies geschah in der schlauesten Weise. Napoleon dankte ihm für sein energisches Vorgehen gegen die Engländer, aber sein Misstrauen gegen Fouché verließ ihn nun nicht mehr. Im 18. Kapitel seiner Memoiren schreibt Fouché, er habe damals die Absetzung Napoleons betreiben wollen. Dieses Geständnis hat jedoch nur bedingten Wert, da es zu offensichtlich an die Adresse der Bourbonen gerichtet ist.

auf den Abschluss des Friedens mit Österreich, obgleich alle Briefe mitteilten, dass es ganz bestimmt Frieden gäbe. Während wir jeden Augenblick diese Nachricht erwarteten, erfuhr ich, dass der Kaiser bei der Parade seiner Garden in Schönbrunn beinahe dem Dolch eines Meuchelmörders zum Opfer gefallen wäre.

Rapp[163] hatte kaum Zeit gehabt, ihn ergreifen zu lassen, und Berthier hatte sich vor den Kaiser gestellt. Es war ein junger, kaum siebzehnjähriger Mensch aus Erfurt[164], der einzig und allein aus patriotischem Fanatismus zu seiner Tat getrieben worden war. Man fand bei ihm ein langes scharfes Messer vor, womit er das Verbrechen hatte vollbringen wollen. Er gestand sein Vorhaben und wurde erschossen.

Der Wiener Vertrag wurde einige Tage darauf (15. Oktober 1809) unterzeichnet. Napoleon kehrte fast sofort danach als Sieger und Friedensstifter in seine Hauptstadt zurück. Wir erfuhren aus seinem eigenen Munde, welche Schwierigkeiten er in diesem mühseligen Feldzuge zu überwinden gehabt und wie stark und drohend sich Österreich gezeigt hatte.

Ehe Napoleon nach Paris zurückkehrte, hatte ich mit ihm in Fontainebleau verschiedene Unterredungen. Ich fand ihn sehr erbittert gegen den Faubourg Saint-Germain, der sein satirisches und spöttisches Wesen wieder angenommen hatte. Ich konnte es dem Kaiser nicht verhehlen, dass gewisse Witzbolde des Faubourgs nach den Tagen von Eßling und Bayonne das lächerliche Gerücht verbreitet hatten, er sei von einer Geisteskrankheit befallen worden. Napoleon war seltsam davon

163 [Jean Rapp (1771–1821), anfangs einfacher Soldat, stieg wegen hervorragender Leistung in der Schlacht bei Austerlitz 1805 bis in den Rang eines Generals und Adjutanten von Napoleon Bonaparte auf. *P.S.*]

164 Er hieß Friedrich Staps [auch Stapß *P.S.*]und war der Sohn eines protestantischen Pfarrers. Napoleon wollte ihn begnadigen, aber der junge Mann erklärte, er würde ihn dennoch töten.

berührt und meinte, ich solle gegen diese Leute ernstlich vorgehen, die ihn mit der einen Hand zerfleischten und mit der anderen von ihm Vorteile erheischten.

Mir schien es der geeignete Moment, ihm die volle Wahrheit über die gegenwärtige Lage zu sagen. Und so legte ich ihm einen vertraulichen Bericht darüber vor, worin ich ihm bewies, wie dringend nötig es sei, einer Politik ein Ende zu bereiten, die darauf hinzielte, uns alle Völker abgeneigt zu machen. Ich beschwor ihn, das Friedenswerk zu vollenden, entweder indem er England sondierte oder ihm vernünftige Vorschläge machte, und fügte hinzu, er sei niemals besser in der Lage gewesen als jetzt, sich Gehör zu verschaffen. Nichts käme der Macht seiner Waffen gleich, und es sei jetzt nicht mehr an der Festigkeit seiner Verbindungen mit den nach ihm mächtigsten Potentaten Europas zu zweifeln. Wenn er sich hinsichtlich Portugals nicht allzu anspruchsvoll zeige und anderseits geneigt sei, Preußen zu räumen, könne er nicht verfehlen, zum Frieden und zur Aufrechterhaltung seiner Dynastie in Italien, Madrid, Westfalen und Holland zu gelangen. Es wäre allerdings eine sehr glänzende und ruhmreiche Bestimmung, das Reich Karls des Großen wieder aufgerichtet zu haben, aber diesem Reiche müsse nun auch für die Zukunft eine Garantie gegeben werden. Und zu diesem Zwecke sei es dringend geboten, seine Ehe mit Josephine aufzulösen und einen anderen Bund einzugehen, was sowohl aus Staatsgründen als auch aus sehr entscheidenden politischen Rücksichten erforderlich sei.

Nach seiner Rückkehr erhielt ich die stillschweigende Zustimmung für die Scheidung von Josephine. Ich veranlasste dann, dass das Gerücht in die Salons kam, und bald flüsterte man sich überall zu. dass Josephine in ihrer Sicherheit allein noch nichts wisse, so sehr schonte und beklagte man sie.

Einige Zeit später teilte Napoleon Josephine bei einem Diner zu zweien seinen Entschluss mit. Josephine fiel in Ohnmacht.

Es bedurfte der ganzen Beredsamkeit Cambacérès' und der ganzen Zärtlichkeit ihres Sohnes Eugen, sie zu beruhigen und sie zur Entsagung zu bestimmen.

Am 15. Dez. 1809 schritt man feierlich zur Auflösung der Ehe. Als alles nach den vorgeschriebenen Formen beendigt war, begleitete ein Gardeoffizier Josephine nach Malmaison, während sich der Kaiser nach Trianon begab, um dort einige Tage in Zurückgezogenheit zu leben.

Um jene Zeit waren bereits alle in das Geheimnis der Kanzlei eingeweiht, damit gleichzeitige Verhandlungen für eine neue Heirat mit den Höfen von Petersburg und Wien eingeleitet werden konnten. Im ersten Fall handelte es sich um eine Großfürstin, im zweiten um die Erzherzogin Marie Luise, Tochter des Kaisers Franz. Man forschte zuerst Russland aus. Der Kaiser Alexander zeigte sich dem Plane wohlgeneigt, aber in der kaiserlich russischen Familie herrschten Meinungsverschiedenheiten.

Als die Heiratsangelegenheit erörtert wurde, schlug ich dem Kaiser Herrn von Narbonne als den geeignetsten Mann vor, der auf geschickte Weise die Absichten des Wiener Hofes erforschen könne. Herr von Narbonne besuchte in Wien zunächst Metternich und wurde dann von dem Kaiser Franz in Audienz empfangen. Der Kaiser bekundete seine Überraschung, dass der Hof der Tuilerien nicht an sein Haus gedacht habe, und er sprach hierüber so viel, dass Herr von Narbonne wusste, woran er war. Nach dem Eintreffen des Wiener Kuriers beeilte ich mich, die Mitteilung Narbonnes Napoleon zu übermitteln. Nie sah ich ihn so strahlend und so zufrieden. Es handelte sich nun darum, den Kaiser Alexander nicht dadurch zu verletzen, dass er erfuhr, es seien von unserer Seite doppelte Unterhandlungen eingeleitet worden. Napoleon berief daher am 1. Februar 1810 einen geheimen Rat. an dem fünfundzwanzig der höchsten Würdenträger teilnahmen. Der Minister Champagny teilte zunächst die Depeschen Caulaincourts, des Gesandten in Russland, mit, und er stellte die Angelegenheit so dar, als ob die Heirat mit einer russischen Prinzessin einzig und allein von einem Übereinkommen betreffend der öffentlichen Ausübung ihres Kultes abhinge, sowie von der Errichtung einer zu ihrem Gebrauche bestimmten Kapelle nach russischem Ritus. Dann machte er den Rat mit den Wünschen des Wiener Hofes bekannt, und es schien, als sei man nur in der Verlegenheit der Wahl. Die Meinungen waren geteilt. Da ich ins Geheimnis gezogen war, so unterließ ich es, die meinige zu sagen, ja ich zog mich sogar absichtlich vor dem Ende der Beratung zurück. Als die Sitzung aufgehoben wurde, erhielt der Prinz Eugen vom Kaiser den Auftrag, dem Fürsten Schwarzenberg auf diplomatischem Wege Mitteilung davon zu machen. Der Gesandte hatte bereits seine Instruktionen erhalten, und es konnte alles ohne Schwierigkeit geregelt werden. So wurde die Heirat zwischen Napoleon und Marie Luise im Rate innerhalb von vierundzwanzig Stunden vorgeschlagen, besprochen, entschieden und festgelegt.

Am Tage nach der feierlichen Ratssitzung, in der die Heirat Napoleons mit Marie Luise beschlossen wurde, kam einer der mir befreundeten Senatoren[165], der immer über alle Neuigkeiten unterrichtet war, und teilte mir mit, dass sich der Kaiser für eine Erzherzogin entschlossen habe. Ich spielte den Überraschten und bedauerte zu gleicher Zeit, dass er nicht eine russische Prinzessin gewählt habe. „In diesem Falle", sagte ich zu ihm, „brauche ich nur mein Bündel zu schnüren!" Auf diese Weise nahm ich die Gelegenheit wahr, um meine Freunde auf meine bevorstehende Ungnade aufmerksam zu machen[166]. Da ich eine feine Nase hatte, so ahnte ich, dass meine Amtsgewalt

---

165 Wahrscheinlich Herr von Sémonville

166 Fouché rechnete damit, dass man der neuen Erzherzogin den Anblick der „Königsmörder", sowie jede Erinnerung an Ludwig XVI. und Marie Antoinette ersparen würde. Er war auch ein zu schlauer Politiker, um

als Minister die neue Ordnung der Dinge wohl nicht überleben würde, da sie die Gewohnheiten und den Charakter Napoleons zweifellos von Grund aus ändern würde. Ich war überzeugt, dass der Kaiser, der der Verwandte des Hauses Lothringen geworden und nunmehr des österreichischen Kabinetts sicher war, sich imstande hielt, das alte Europa gänzlich seinem Willen zu unterjochen. Unter diesen Umständen aber konnte er sich seines Polizeiministers entledigen, wie er es auch nach dem Frieden von Amiens getan hatte. Außerdem wusste ich bestimmt, dass er es mir nie verzeihen werde, allein ein Heer ausgehoben, die Engländer verjagt und Belgien gerettet zu haben. Ferner war es mir bekannt, dass ihm seitdem meine Freundschaft mit Bernadotte verdächtig war. Je mehr er seine mir wenig günstig gesinnten Gedanken in sich verschloss, desto mehr erriet ich sie.

Sie zeigten sich übrigens, als ich ihm vorschlug, anlässlich seiner Hochzeitsfeier einen Teil der Staatsgefangenen in Freiheit zu setzen und bei anderen die Polizeiaufsicht aufzuheben. Anstatt meinem Vorschlage beizupflichten, sprach er sich mit einer erheuchelten Menschlichkeit gegen die beklagenswerte Willkür der Polizei aus und sagte mir, er habe die Absicht, ihr ein Ziel zu setzen. Zwei Tage darauf sandte er mir einen in meinem Namen ausgefertigten Entwurf eines Berichts und kaiserlichen Dekrets, worin festgesetzt wurde, dass es von nun an statt *einem* Staatsgefängnis deren sechs geben sollte. Außerdem wurde beschlossen, dass von nun an niemand mehr gefangen gehalten werden konnte, es sei denn auf Grund einer Entscheidung des geheimen Rates. Das war jedoch ein bitterer Hohn, denn der geheime Rat stellte nichts anderes als den Willen des Kaisers dar. Das Ganze war so kunstvoll dargestellt, dass ich

nicht zu wissen, dass die Ernennung der alten Aristokratie zu den Hofchargen eine starke Reaktion herbeiführen würde.

einwilligen musste, den Vorschlag dem Staatsrat vorzulegen, wo er in Beratung gezogen und am 3. März (1810) angenommen wurde. Auf diese Weise umging es Napoleon, den ungesetzlichen Verhaftungen ein Ende zu machen. Zu gleicher Zeit wollte er damit erreichen, dass der Hass gegen die willkürlichen Einkerkerungen auf die Polizei fiel.

Manchmal hatte ich die Schwäche zu glauben, dass Napoleon eine väterlichere und unseren Sitten besser angepasste Regierungspolitik betreiben würde, wenn seine Stellung befestigt und alles ruhig sei. In dieser Hinsicht berechtigte die Heirat mit einer Erzherzogin zu großen Hoffnungen. Allein, ich fühlte mehr und mehr, dass dazu der allgemeine Frieden nötig war. Konnte ich nicht selbst zum Frieden beitragen, da ich zu der Auflösung eines unfruchtbaren Bandes und zum Abschluss einer neuen Verbindung mit Österreich meine Hand geboten hatte? Wenn mir das gelang, so musste es mir bei der Wichtigkeit eines solchen Dienstes auch gelingen, die Vorurteile des Kaisers zu zerstreuen und auf diese Weise sein Vertrauen wieder zu gewinnen. Zunächst galt es jedoch England auszuforschen. Ich zögerte umso weniger, als mir der Wechsel im englischen Ministerium Hoffnung auf Erfolg gab.

Der Misserfolg der englischen Unternehmungen im letzten Feldzug hatte große Unzufriedenheit im englischen Volke hervorgerufen und ernste Zwistigkeiten unter den Ministern herbeigeführt. Nachdem zwei Minister, Lord Castlereagh und Canning, ihren Abschied genommen hatten, war es zwischen ihnen sogar zu einem eigenartigen Zweikampf gekommen. Das Kabinett rief sofort den Marquis von Wellesley[167] von seinem

167 Richard Cowley, Marquis von Wellesley, war seit 1809 britischer Botschafter bei der Zentraljunta in Spanien. Sein jüngerer Bruder, Sir Arthur Wellesley, der spätere Lord Wellington, hatte um diese Zeit das Kommando der britischen Streitkräfte auf der Pyrenäenhalbinsel inne.

Gesandtschaftsposten in Spanien ab, um ihm die Stelle eines Staatssekretärs der auswärtigen Angelegenheiten als Nachfolger Cannings zu übertragen. An die Spitze des Kriegssekretariats trat der Graf von Liverpool, Lord Hawkesbury.

Es war mir bekannt, dass die beiden Minister hochfliegende, aber friedliche Pläne verfolgten. Da außerdem die Angelegenheit der Unabhängigkeit Spaniens infolge des Sieges bei Ocaña[168] und der Besetzung Andalusiens verzweifelt schlecht stand, so glaubte ich, dass der Marquis von Wellesley vernünftigen Anträgen zugänglich sei. Daher entschloss ich mich, das Terrain zu sondieren, und zwar auf Grund meiner Amtsgewalt, Agenten ins Ausland zu senden, wie ich es bereits oft getan hatte.

Aus zweierlei Gründen verwendete ich Herrn Ouvrard[169] dazu: erstens weil ein politischer Antrag in London nur unter dem Vorwand von Handelsgeschäften eingeleitet werden konnte, zweitens weil es unmöglich war, für einen so kitzlichen Auftrag einen Mann zu finden, der gewandter und in Bezug auf Charakter gefälliger und einnehmender war als Ouvrard. Da sich Ouvrard nicht ohne Schwierigkeit mit dem Marquis von Wellesley in direkte Beziehungen setzen konnte, so gab ich ihm einen ehemaligen irischen Offizier namens Fagan mit, der ihm gewissermaßen den Weg zur britischen Kanzlei öffnen sollte.

Ich entschloss mich, Herrn Ouvrard erst nach den Hochzeitsfestlichkeiten abreisen zu lassen. Der Einzug der jungen Erzherzogin fand am 1. April 1810 statt. Man konnte sich nichts Prächtigeres und Rührenderes vorstellen. Die Feste waren glänzend. Nur das Fest, das der Fürst Schwarzenberg im Auftrag seines Herrn gab, ließ Trübes ahnen. Der in dem

168 Der Marschall Mortier, Herzog von Treviso, gewann am 19. November 1809 die Schlacht von Ocaña.

169 Ouvrard war Bankier und hatte durch Kriegslieferungen ein großes Vermögen erworben. Er gehörte zu den Leuten, die Napoleon am meisten verhasst waren.

Garten seines Hauses errichtete Ballsaal geriet in Brand, und in einem Augenblick war der ganze Saal ein Raub der Flammen. Mehrere Menschen kamen dabei um, unter anderen die Fürstin Schwarzenberg, die Gemahlin des Bruders des Gesandten. Man verfehlte nicht, den unglücklichen Ausgang dieses Festes, das gegeben war, um die Verbindung der beiden Völker zu feiern, mit der Katastrophe zu vergleichen, die bei den Hochzeitsfestlichkeiten Ludwigs XVI. und Marie-Antoinettes stattfand. Man deutete sie als düstere Vorzeichen. Napoleon selbst war darüber betroffen. Da ich der Präfektur die nötigen Befehle erteilt hatte und sie mit diesem Teile des öffentlichen Wachdienstes beauftragt war, so entlud sich gegen sie, oder wenigstens gegen ihren Präfekten, der ganze Zorn des Kaisers. Er enthob Dubois seines Amtes, und unglücklicherweise brauchte es eines öffentlichen Unglücks, damit man diesen Mann los wurde, der so oft die moralischen Ziele der Polizei verderbt hatte.

Gegen Ende April reiste der Kaiser mit seiner Gemahlin ab, um Middelburg und Vlissingen zu besuchen. Diese Reise sollte mir zum Verhängnis werden. Der Kaiser, der durch meine Betrachtungen über die Notwendigkeit eines allgemeinen Friedens aufmerksam geworden war, hatte ohne mein Wissen mit dem neuen englischen Ministerium geheime Unterhandlungen angeknüpft. Es entstanden hierdurch doppelte Unterhandlungen und doppelte Vorschläge, was auf den Marquis von Wellesley einen eigentümlichen Eindruck machen musste. Die Folge davon war, dass sowohl des Kaisers Agenten als auch die meinigen abgewiesen wurden, da man sie in gleicher Weise für verdächtig hielt.

Der Kaiser war nicht wenig über diesen plötzlichen und unerwarteten Bruch der Unterhandlungen erstaunt, und er bediente sich seiner Gegenpolizei und seiner ausländischen Agenten, um der Sache auf den Grund zu gehen. Zunächst erhielt er nur unbestimmte Berichte. Bald aber kam er auf die

Vermutung, saß seine Unterhandlungen durch andere Agenten durchkreuzt worden waren, deren Mission ihm unbekannt blieb. Sein Verdacht fiel zunächst auf Herrn von Talleyrand. Als er jedoch nach seiner Rückkehr neue Unterlagen sowie einen ausführlichen Bericht erhalten hatte, sah er, dass Ouvrard die Unterhandlungen geleitet hatte, die ohne sein Wissen mit dem Marquis von Wellesley angeknüpft worden waren. Und da man wusste, dass Ouvrard mit mir in Beziehung stand, so schloss man daraus, dass ich ihm den Auftrag erteilt hatte.

Am 2. Juni fragte mich der Kaiser vor versammeltem Rat in Saint-Cloud, was Ouvrard in England zu schaffen gehabt habe? „Die Gesinnungen des neuen Ministeriums in Bezug auf den Frieden kennen lernen, dem Plane entsprechend, den ich die Ehre hatte, Eurer Majestät vor Ihrer Vermählung vorzulegen“; antwortete ich.

„Sie beschließen also Krieg und Frieden ohne mein Zutun?“ erwiderte der Kaiser[170].

Er entfernte sich und gab Savary den Befehl, Ouvrard verhaften und nach Vincennes bringen zu lassen. Zu gleicher Zeit verbot man mir, mit dem Gefangenen in Beziehung zu treten. Am folgenden Tage wurde das Portefeuille des Polizei-

---

170 Diese Szene war eine der stürmischsten in der Geschichte Napoleons. Fouché, der zu Beginn seine gewohnte Kaltblütigkeit zeigte, wurde nach und nach doch unruhig. Er verleugnete Ouvrard und erklärte ihn für einen niederträchtigen Intriganten, der sein Vertrauen missbraucht habe. Dann aber weigerte er sich, ihn verhaften zu lassen. Da schrie ihn Napoleon an: „Man sollte Sie auf dem Schafott köpfen lassen.“ Am folgenden Tag berief Napoleon nochmals den Rat und fragte ihn, welche Strafe einem Minister zuteil werden sollte, der mit dem Ausland auf eigene Faust Unterhandlungen anknüpfe. Und der Einfluss des Polizeiministers war noch so groß, dass niemand zu antworten wagte. Noch größer wurde die Verlegenheit, als es sich darum handelte, für Fouché einen Nachfolger zu bestimmen. Talleyrand sprach da das denkwürdige Wort, das gewiss auch den Gedanken anderer ausdrückte: „Ich wüsste nur einen Nachfolger für ihn: Fouché selbst.“

ministeriums an Savary abgegeben. Diesmal war es also eine wirkliche Ungnade.

Es wäre zweifellos eine etwas voreilige Weissagung gewesen, wenn ich nach den Worten des Propheten gesagt hätte: „In vierzig Tagen wird Ninive zerstört sein." Aber so viel konnte ich prophezeien, ohne mich zu täuschen, nämlich dass in weniger als vier Jahren das Reich Napoleons nicht mehr bestehen würde.

11. Kapitel
Der Flüchtling

Das vorhergehende Kapitel schließt mit meiner Ungnade, durch die das Portefeuille der Staatspolizei in die Hände Savarys geriet. Man lasse dabei nicht außer Acht, dass das Kaiserreich damals auf dem Höhepunkt seiner Macht angelangt war und seine militärischen Maßnahmen bereits keine Grenzen mehr kannten. Im Besitze Deutschlands und Italiens, als absoluter Beherrscher Frankreichs und Räuber Spaniens, war Napoleon außerdem der Verbündete der Cäsaren und des nordischen Autokraten. Man war von seiner Macht so geblendet, dass man schon gar nicht mehr an das Krebsgeschwür, den spanischen Krieg dachte, das im Süden an den Grundfesten des Kaiserreichs zu fressen begann. Überall brauchte Napoleon übrigens nur zu *wollen*, um alles zu erreichen. Jedes moralische Gegengewicht war aus seiner Regierung verschwunden. Alles beugte sich unter seiner Gewalt. Seine Angestellten, seine Beamten, seine Würdenträger waren nur noch ein Haufen stummer Speichelleсker, die den geringsten seiner Wünsche auszuspähen suchten. In mir traf er mit seiner Ungnade den einzigen Mann seines Rates, der es gewagt hätte, seine späteren Ruchlosigkeiten zu mäßigen; in mir entfernte er den wachsamen, eifrigen Minister, der ihm weder nützliche Ratschläge noch mutige Vorstellungen jemals ersparte.

Eine kaiserliche Verordnung ernannte mich zum Generalgouverneur von Rom. Aber ich war keinen Augenblick darüber im Zweifel, dass es nicht der Wunsch des Kaisers sei, mir ein so hohes Amt wirklich zu verleihen. Diese Ernennung war nichts weiter als ein ehrenvoller, von seiner Politik gewebter Schleier, um vor den Augen der Welt meine Ungnade zu verhüllen und zu mildern, deren geheimen Grund allein seine Vertrauten kannten. Ich brauchte mich in dieser Beziehung keinen falschen

Illusionen hinzugeben; schon die Wahl meines Nachfolgers war ein schrecklicher Beweis dafür. In jedem Salon, in jeder Familie, kurz in ganz Paris zitterte man davor, die Generalpolizei des Reichs von nun an mit der militärischen Polizei des Staatsoberhauptes vereinigt und überdies der fanatischen Unterwürfigkeit eines Mannes überliefert zu sehen, der es sich zur Ehre anrechnete, die geheimen Befehle seines Herrn auszuführen. Sein Name allein rief allenthalben Misstrauen und eine Art Betroffenheit hervor, was vielleicht etwas übertrieben war. Ich empfing nur noch mit äußerster Vorsicht meine vertrauten Freunde und persönlichen Agenten. Bald bestätigte sich auch alles, was ich hatte kommen sehen. Mehrere Tage lang waren die Salons meiner Frau von hohen Besuchen überfüllt, die man uns unter dem Scheine von Beglückwünschungen in Anbetracht meiner Ernennung zum Generalgouverneur von Rom abstattete. Viele hohe Persönlichkeiten sprachen sich bei dieser Gelegenheit mir gegenüber aus und bekundeten mir ihr Bedauern. Mein Rücktritt, gaben sie zu, würde die Missbilligung der angesehensten Männer aller Parteien und aller Gesellschaftsklassen nach sich ziehen. „Wir wissen sogar nicht“, meinten sie, „ob das Bedauern des Faubourgs Saint-Germain nicht ebenso lebhaft ist wie das jener Menge angesehener Bürger, denen die Interessen der Revolution noch am Herzen liegen.“ Derartige Beweise von Wohlwollen gegen einen verabschiedeten Minister waren weder verdächtig noch zweifelhaft.

Infolge meiner Stellung und weil es der Anstand erheischte, musste ich einige Tage lang bei Savary das langweilige Amt eines Mentors während seines ministeriellen Noviziates übernehmen. Wohlbegreiflich trieb ich die Gutmütigkeit nicht so weit, ihn in die tiefsten Geheimnisse der politischen Polizei einzuweihen. Ich hütete mich wohl, ihm den Schlüssel dazu zu überliefern. Ebenso wenig weihte ich ihn in die ziemlich schwierige Kunst des geheimen Berichts ein, dessen Entwurf und oft auch die ganze Abfassung der Minister allein auf sich nehmen muss. Savarys armseliges Können in dieser Hinsicht war mir bekannt. Ich hatte mir einst, ohne dass er es ahnte, die Abschrift eines seiner Berichte der Gegenpolizei verschafft: was waren das für Schandtaten! Endlich war ich seiner fortwährenden Ausfragerei und seiner dünkelhaften Eingebildetheit müde, und es machte mir den größten Spaß, ihm Flausen zu erzählen.

Hingegen gab ich mir doch den Anschein, ihn in die Formen, Gebräuche und Überlieferungen des Ministeriums einzuweihen. Besonders pries ich ihm den tiefen Scharfblick der drei Staatsräte, die unter seiner Leitung wie verrückt arbeiten würden, um die Verwaltungspolizei so auszubeuten, dass sie ganz Frankreich beherrschte. Darüber war er wie aus den Wolken gefallen. Ich stellte ihm die hauptsächlichsten Agenten und Angestellten vor, die ich unter meinen Befehlen gehabt hatte, und empfahl sie ihm von ganzem Herzen. Er nahm indes nur den Kassierer, einen alten, etwas stumpf gewordenen Beamten, und den kleinen Inquisitor Desmarest an, dem ich Misstrauen entgegenbrachte.

Dieser Mann, dem es an einem richtigen Gefühl nicht fehlte, hatte sich vor der aufgehenden Sonne aus Instinkt gebeugt. Er wurde für Savary ein wirklicher Hauptarbeiter.

Nichts wirkte lächerlicher, als diesen soldatischen Polizeimeister seine Audienzen erteilen zu sehen. Mit Mühe las er die Namen der Bittsteller von der Liste, die von den Türhütern angefertigt und mit Randnotizen Desmarests versehen worden war. Das war sein Führer und Wegweiser für die Annahme oder Verweigerung der Gesuche, die fast immer mit Flüchen oder Schimpfworten begleitet wurden. Ich hatte nämlich nicht verfehlt, ihm zu sagen, dass der Kaiser nur infolge meiner allzu großen Güte so missgestimmt geworden sei; und um besser über seine so kostbaren Tagen zu wachen, müsse er sich hart und störrig zeigen.

Mit seiner geschwollenen, dünkelhaften Zurückhaltung, die fast frech wirkte, strebte er gleich vom ersten Tage an danach, seinen Gebieter in seinen häufigen Ausfällen, seinen abgerissenen und unzusammenhängenden Sätzen nachzuahmen. Von der ganzen Polizei hielt er nichts weiter für nützlich, als die geheimen Berichte, die Spionage und die Kasse. Ich hatte das Glück, ihn zu beobachten, was er für Sprünge und große Augen machte, als ich ihm eines Tages den angenehmen Überschlag von allen Budgets machte, die in die Privatkasse flößen: sie erschien ihm wie eine neue Wunderlampe.

Ich brannte vor Ungeduld, bald von dieser ministeriellen Pädagogik befreit zu sein, wiederum aber suchte ich einen Vorwand, meinen Aufenthalt in Paris noch zu verlängern[171]. Offensichtlich traf ich meine Vorbereitungen zur Abreise nach Rom, als wenn ich nicht einen Augenblick daran gezweifelt hätte, mich dort niederzulassen. Mein ganzes Haus wurde nach Maßgabe eines Generalgouvernements eingerichtet, und sogar meine Wagen trugen in großen Buchstaben die Inschrift: Equipagen des Generalgouverneurs von Rom. Da ich davon unterrichtet war, dass jeder meiner Schritte scharf beobachtet würde, ließ ich besonders den kleinen Dingen große Sorgfalt angedeihen.

Als ich schließlich weder eine Entscheidung noch eine Instruktion erhielt, beauftragte ich Berthier, den Kaiser um meine Abschiedsaudienz zu bitten.

---

171 In Wirklichkeit verhielt sich die Sache anders. Fouché war von der Ungnade überrascht worden. Er hatte die größte Angst, dass sein Nachfolger im Polizeiministerium kompromittierende Papiere vorfinden würde. Der schlaue Fuchs aber stellte Savary vor, dass er ihm unmöglich das Ministerium in einer derartigen Unordnung übergeben könne. Der Herzog von Rovigo fiel auf diesen Trick herein und war sogar froh, dass Fouché ihm die Arbeit der „Klassifizierung" abnahm. In den nächsten Tagen verbrannte Fouché fast den ganzen Inhalt seines Privatkabinetts!

Statt jeder Antwort erfuhr ich, dass der Kaiser den Tag meiner Audienz noch nicht bestimmt habe und es in Hinsicht auf das öffentliche Geschwätz angemessener sei, ich begäbe mich auf meine Güter, um dort die Instruktion zu erwarten, die mir unverzüglich zugehen würde. Ich begab mich auf mein Schloss Ferrières, jedoch nicht ohne mir die kleine Bosheit zu gestatten, dass ich auf Umwegen in den Pariser Zeitungen bekannt machen ließ, ich reise nach meinem Gouvernement ab.

Während meiner letzten Unterhaltung mit Berthier war es mir nicht schwer gewesen, die Verfügungen des Kaisers in Hinsicht auf meine Person zu durchschauen. Ich hatte wohl gemerkt, wie ärgerlich es ihm war, dass sich die öffentliche Meinung gegen meine Verabschiedung aussprach und sich gegen meinen Nachfolger erklärte. Im Polizeiministerium sah man nichts weiter als Gendarmerie und Gerichtsbarkeit. Das alles bestärkte mich in dem Gedanken, dass ich mich schwerlich den Folgen einer wirklichen Ungnade würde entziehen können.

Und wirklich, kaum war ich in Ferrières angelangt, als ein Verwandter meiner Frau, den wir in Paris auf der Lauer gelassen hatten, in größter Eile um Mitternacht eintraf und mir die Meldung brachte, dass ich am nächsten Tag verhaftet und scharf bewacht werden und man meine Papiere beschlagnahmen würde. Obwohl diese Mitteilung den Umständen nach übertrieben war, hatte sie doch an sich ihre Richtigkeit. Sie kam mir von einem Mann, der dem Kabinett des Kaisers zugeteilt und seit langem für meine Interessen gewonnen war. Sofort begab ich mich ans Werk und vergrub alle meine wichtigen Papiere in einem Versteck. Als das getan war, er wartete ich mit stoischer Ruhe die Dinge, die da kommen sollten. Um acht Uhr kam mein Vertrauensmann J.[172] in höchster Eile angesprengt

172 Wahrscheinlich der bereits erwähnte Agent Julian, dem später die Abfassung der Memoiren zugeschrieben wurde.

und brachte mir ein Schreiben von Madame de Vaudémont[173] in verstellter Handschrift. Sie teilte mir mit, Savary habe den Kaiser benachrichtigt, dass ich seine geheime Korrespondenz und vertrauten Befehle mit nach Ferrières genommen hätte. Auf den ersten Blick sah ich, woher Madame de Vaudémont ihre Auskunft hatte; sie bestätigte die erste Warnung, aber es handelte sich jetzt nur noch um Papiere. Obwohl ich hinsichtlich eines Eingriffs auf die Freiheit meiner Person vollkommen beruhigt war, glaubte ich doch den Anführer der Sbirren[174] mit seinen Häschern eintreten zu sehen, als meine Leute mir meldeten, es sei ein Wagen, von berittenen Männern begleitet, in den Schlosshof eingefahren. Napoleon hatte jedoch aus einer Art Schamgefühl mir jede Berührung mit dem Polizeiminister erspart. Ich sah nur Berthier in Begleitung von den Staatsräten Réal und Dubois eintreten. An ihrer Verlegenheit merkte ich, dass ich ihnen noch immer Ehrfurcht einflößte und sie nur unter gewissen Bedingungen zu mir gesandt worden waren. In der Tat ergriff Berthier zuerst das Wort und sagte mit erzwungener Miene, er käme auf Befehl des Kaisers, um seine Korrespondenz von mir zu fordern, die er gebieterisch zurückverlange. Im Falle einer Weigerung meinerseits, habe der anwesende Polizeipräfekt Dubois ausdrücklichen Befehl, mich zu verhaften und meine Papiere zu beschlagnahmen. Réal nahm in seiner Rede einen mehr überzeugenden und salbungsvollen Ton an; er sprach zu mir wie zu einem alten Freund und bestürmte mich fast mit Tränen in den Augen, dem Willen des Kaisers nachzugeben. „Ich", erwiderte ich ohne irgendwelche Verle-

173 Die Fürstin von Vaudémont, eine überzeugte Royalistin und Feindin Napoleons, war die beste Freundin des Polizeiministers.

174 [Abwertende Bezeichnung in Italien (sbirro: Spitzel), insbesondere im Kirchenstaat, für Polizei- und Gerichtsdiener, die als korrupt und gewalttätig galten. Die Bezeichnung wurde auch für Geheimdienstangehörige oder Polizisten anderer Länder verwendet. *P.S.*]

genheit, „ich sollte mich den Befehlen des Kaisers widersetzen? Glauben Sie das wirklich? Ich, der ich dem Kaiser jederzeit mit so großem Eifer gedient, obwohl er mich oft durch ungerechtes Misstrauen verletzte, gerade dann, wenn ich ihm die besten Dienste erwies? Kommen Sie in mein Arbeitszimmer, treten Sie überall ein, meine Herren; ich werde Ihnen alle meine Schlüssel übergeben und Ihnen selbst alle meine Papiere überliefern. Es ist ein großes Glück für mich, dass der Kaiser mich vor eine unerwartete Prüfung stellt, aus der ich unmöglich zu meinem Nachteil hervorgehen werde. Die strenge Untersuchung meiner Papiere und meiner Korrespondenz wird den Kaiser in die Lage versetzen, sich von der Ungerechtigkeit seines Verdachts zu überzeugen, den nur die Böswilligkeit meiner Feinde ihm gegen den ergebensten seiner Diener und den treuesten seiner Minister einflößen konnte."

Als die Ruhe und Sicherheit, mit der ich diese kurze Ansprache hervorbrachte, ihre Wirkung getan hatten, fuhr ich fort:

„Was die Privatkorrespondenz des Kaisers mit mir während der Ausübung meines Amtes betrifft, so habe ich sie, in Anbetracht, dass sie für immer geheim gehalten werden musste, zum Teil verbrannt, als ich mein Portefeuille niederlegte, weil ich Papiere von solcher Wichtigkeit keinerlei indiskreten Nachforschungen aussetzen wollte. Übrigens finden Sie, meine Herren, abgesehen davon, noch einige der Papiere, die der Kaiser verlangt; sie liegen, glaube ich, in zwei verschlossenen und überschriebenen Kartons. Es wird Ihnen ein leichtes sein, sie herauszufinden und sie nicht mit meinen Privatpapieren zu verwechseln, die ich mit dem gleichen Vertrauen Ihrer Untersuchung unterbreite. Ich wiederhole, ich fürchte nichts und habe nichts von einer solchen Untersuchung zu befürchten."

Die Kommissare erschöpften sich in Beteuerungen und Entschuldigungen. Darauf gingen sie zur Prüfung der Papiere über, oder vielmehr ich nahm diese in Gegenwart Dubois' vor. Hier muss ich Dubois Gerechtigkeit widerfahren lassen: obwohl er mein persönlicher Feind und ganz besonders mit der Ausführung der Befehle des Kaisers beauftragt war, so benahm er sich doch mit ebenso viel Rücksicht als Anstand; vielleicht hatte er schon das Vorgefühl seiner nahen Ungnade[175], oder er hielt es für weise, einen Minister, der bereits zweimal gestürzt worden war und der von neuem zur Höhe gelangen konnte, nicht zu beleidigen. Von meiner Offenherzigkeit augenscheinlich gerührt, begnügte sich die kaiserliche Kommission mit einigen unbedeutenden Papieren, die ich ihr gern überließ. Endlich stiegen Berthier, Réal und Dubois, nach den gebräuchlichen Höflichkeiten, wieder in ihren Wagen und nahmen den Weg nach Paris.

Als die Nacht eingebrochen war, entschlüpfte ich durch eine kleine Hinterpforte meines Parks, setzte mich in das Cabriolet meines Gewährsmannes und fuhr in rasender Eile mit meinem Freunde nach der Hauptstadt. Dort begab ich mich inkognito in mein Haus in der Rue du Bac. Zwei Stunden später vernahm ich – denn ich hatte meine Fühler überallhin ausgestreckt –, dass der Kaiser, nachdem er gehört, was sich in Ferrières zugetragen hatte, in die grenzenloseste Wut geraten war. Nachdem er in die schrecklichsten Drohungen gegen mich ausgebrochen war, hatte er gerufen, ich hätte den Kommissaren einen Streich gespielt, sie seien Dummköpfe, und Berthier sei als Staatsmann nur ein Weib, das sich durch den geriebensten Mann des ganzen Kaiserreichs hinters Licht führen lasse.

Am nächsten Morgen um neun Uhr eilte ich nach reiflicher Überlegung nach Saint-Cloud. Dort stellte ich mich dem Großmarschall des Palastes vor. „Da bin ich“, sagte ich zu Duroc, „ich habe das größte Interesse, den Kaiser ohne Verzug

---

175 Graf Dubois wurde am 14. Oktober 1810 durch den Polizeipräfekten Pasquier ersetzt.

zu sprechen und ihm zu beweisen, dass ich sein verletzendes Misstrauen und seinen ungerechten Verdacht durchaus nicht verdiene. Sagen Sie ihm bitte, dass ich in Ihrem Arbeitszimmer warte, bis er geruhe, mir einige Minuten Audienz zu gewähren." – „Ich werde zu ihm gehen"; erwiderte Duroc, „und bin sehr froh, dass Sie gelinde Saiten aufziehen." Das waren seine eigenen Worte; sie passten sehr gut zu dem Begriff, den ich ihm von meinem Schritt zu geben wünschte.

Bei seiner Rückkehr nahm Duroc meine Hand und führte mich in das Arbeitszimmer des Kaisers. Am Aussehen und der Haltung Napoleons erriet ich seine Gedanken. Ohne mir Zeit zu lassen, nur ein Wort hervorzubringen, sagte er mir Liebenswürdigkeiten und Schmeicheleien und ging sogar so weit, eine Art Reue wegen seiner Heftigkeit gegen mich zu bezeugen. Endlich bat er mich in einem Tone, als böte er mir selbst ein Pfand der Versöhnung an, um die Rückgabe seiner Briefe. „Sire", erwiderte ich ihm mit fester Stimme, „ich habe sie verbrannt." – „Das ist nicht wahr, ich will sie haben", antwortete er mit wutentstellten Gesichtszügen. – „Sie sind zu Asche." – „Ziehen Sie sich zurück!" (Diese Worte begleitete ein Zeichen des Kopfes und ein vernichtender Blick.) – „Aber, Sire …" – „Hinaus! sage ich Ihnen!" (Bei der Art, wie er das sagte, war es nicht ratsam, noch länger zu bleiben). In meiner Hand hielt ich eine kurze, aber inhaltsschwere Denkschrift, und beim Hinausgehen legte ich sie auf einen Tisch nieder, was ich mit einer respektvollen Verbeugung tat. Der Kaiser, kochend vor Wut, ergriff das Papier und zerriss es.

Duroc, den ich gleich darauf wiedersah, bemerkte an mir weder Verwirrung noch Aufregung; er glaubte, ich sei von neuem in Gunst. „Sie sind mit einem blauen Auge davon gekommen", sagte er zu mir, „vorgestern habe ich den Kaiser davon abgehalten, Sie zu verhaften." – „Da haben Sie ihn vor einer großen Torheit bewahrt, zum mindesten vor einer sehr unpolitischen Handlung, die zur Böswilligkeit Veranlassung gegeben hätte. Dadurch hätte der Kaiser die seinen Interessen und seiner Regierung ergebensten Männer in Unruhe versetzt." An der Miene Durocs sah ich, dass das auch seine Meinung sei, und so nahm ich seine Hand und sagte: „Lassen Sie sich nicht abschrecken, Duroc; der Kaiser bedarf Ihrer klugen Ratschläge." Durch dieses halbe Zugeständnis des Großmarschalls, das ich einem Irrtum verdankte, ein wenig beruhigt, begab ich mich ganz in Gedanken versunken nach meiner Wohnung.

Nachdem ich noch einige wichtige Geschäfte erledigt hatte, war ich im Begriff nach Ferrières abzureisen, als man mir den Fürsten von Neuchâtel (Berthier) meldete. „Der Kaiser ist wütend", sagte er mir, „ich habe ihn niemals so außer sich gesehen. Er bildet sich ein, dass Sie uns hinters Licht geführt hätten, ja, in Ihrer Verwegenheit so weit gegangen wären, ihm dreist ins Gesicht zu behaupten, dass Sie seine Briefe verbrannt hätten, nur damit Sie sie nicht zurückzugeben brauchten. Er sagt, Sie begingen damit ein strafbares Staatsverbrechen. – „Dieser Verdacht ist der schimpflichste von allen", erwiderte ich Berthier. „Die Korrespondenz des Kaisers würde im Gegenteil mein einziger Schutz sein, und wenn ich sie hätte, würde ich sie nicht ausliefern." – Berthier beschwor mich mit inständigen Bitten, ich möchte nachgeben, und auf mein Schweigen kam er mir endlich mit Drohungen im Namen des Kaisers. „Gehen Sie", erwiderte ich, „und sagen Sie ihm, dass ich seit fünfundzwanzig Jahren gewöhnt sei, mit dem Kopfe auf dem Schafott liegend zu schlafen, dass ich die Wirkungen seiner Macht wohl kenne, sie aber nicht fürchte. Sagen Sie ihm auch, dass, wenn er aus mir einen Strafford machen wolle, er nur zu gebieten brauche."[176] Wir trennten uns. Mehr denn je war ich

---

176 Graf Strafford, der vertraute Ratgeber Karls I. von England, wurde vom Unterhaus zum Tode verurteilt, weil er dem König zur Ausdehnung seiner Rechte auf Kosten des Volkes geraten hatte. Als der König das

entschlossen, fest zu bleiben und jene unwiderruflichen Beweise von allem, was während meiner ministeriellen Amtstätigkeit an willkürlichen und widerrechtlichen Handlungen geschehen war, sorgsam aufzubewahren als Zeugen, dass es mir gebieterisch durch die mit dem Siegel Napoleons versehenen Befehle aus dem kaiserlichen Kabinett vorgeschrieben worden war.

So waren es auch nicht die Wirkungen einer öffentlichen Ungnade, die ich befürchtete, sondern vielmehr die Fallen, die man mir im Dunkeln legte. Sowohl meinem eigenen reiflich überlegten Entschluss nach, als auch auf die inständigen Bitten meiner Freunde hin und des Liebsten, was ich auf Erden hatte, warf ich mich in eine Postkutsche und begab mich nur in Begleitung meines ältesten Sohnes und seines Hofmeisters nach Lyon. Dort traf ich mit meinem ehemaligen Sekretär Maillocheau, Generalkommissar der Polizei, zusammen, der mir seine Stellung verdankte. Von ihm erhielt ich alle Papiere, die ich nötig hatte, und nun durchreiste ich in höchster Eile einen großen Teil Frankreichs. Von da begab ich mich mit ebenso großer Schnelligkeit nach Italien, erreichte Florenz mit einem sehr gut durchdachten Plan, der mich vor der Rache des Kaisers bewahren sollte. Aber ich befand mich in einem derartigen Zustand der Reizbarkeit und Erschöpfung infolge der Strapazen einer so schnellen und langen Reise, dass ich zwei Tage der Ruhe brauchte, ehe ich in der Lage war, etwas für meine Sicherheit zu tun. Es geschah nicht ohne Absicht, wie man sogleich sehen wird, dass ich auf diesem klassischen Boden Zuflucht gesucht hatte, der zu allen Zeiten von Göttern und Menschen geschont wurde. Seit dem Jahre 1807 regierte Elisa, die Schwester Napoleons in Toskana unter dem Titel einer Großherzogin. Und – o, seltsames Spiel des Schicksals! – ich

Urteil nicht bestätigen wollte, bat ihn Strafford in einem Briefe, er möge ihn seiner eigenen Sicherheit opfern. Strafford wurde hierauf hingerichtet, nachdem der König das Urteil unterzeichnet hatte.

hatte mich unter den Schutz dieser selben Frau gestellt, die ich durchaus nicht leiden mochte, denn dadurch, dass sie einst der Partei Fontanes und Molés eine starke Stütze war, hatte sie zu meiner ersten Ungnade beigetragen. Um gerecht zu sein, werde ich von ihr hier mehr Gutes als Schlechtes zu sagen haben, denn ich bin gewöhnt, in der Erinnerung an jene Zeit zu sprechen und zu schreiben, aber ohne Leidenschaft oder Rachegefühl.

Wenn es sich übrigens um Frauen handelt, die von starken Leidenschaften beherrscht werden, so lässt sich alles leicht erklären. Bei meiner Rückkehr ins Ministerium hatte ich Gelegenheit, mich mit Elisa in Übereinstimmung zu setzen: Ich hatte nacheinander zwei Männer in Sicherheit gebracht, die ihr sehr am Herzen lagen, nämlich Herrn Hin… und Herrn Les… Beide waren ihren sehr lebhaften und anspruchsvollen Neigungen in kurzen Zwischenräumen unentbehrlich geworden. Der eine wurde als Lieferant vom Kaiser mit größter Hartnäckigkeit verfolgt; der andere, ein weniger bekannter Mann, hatte sich in einer Skandalaffäre sehr geschadet. Nicht ohne Mühe gelang es mir, alles zu vertuschen. Außerdem hatte ich im Jahre 1805 Napoleon dazu bestimmt, seiner Schwester das Fürstentum Lucca und Piombino zu verleihen. So war ich also fast sicher, das Herz Elisas der Dankbarkeit offen zu finden, und ich hatte nicht gezögert, mich selbst noch an dem Tage meiner letzten Audienz davon zu überzeugen, als sich meine Ungnade bei Napoleon noch verschlimmert hatte. Damals befand sich die Großherzogin wegen der Hochzeitsfestlichkeiten in Paris. Ich war zu ihr gegangen und hatte sie, ohne mich indes ihr gegenüber vollkommen über meine schwierige Lage zu eröffnen, um Geleitbriefe für ihr Herzogtum gebeten, das ich, wie ich ihr sagte, auf meiner Reise nach Rom berühren müsse. Elisa war unendlich liebenswürdig, empfahl mich mit großer Wärme und bezeichnete mich sogar in ihren Briefen mit dem liebenswürdigen Beinamen „gemeinsamer Freund“.

Das war erklärlich. Ich hatte in Toskana Freunde, die ich dort mit Gewinn untergebracht, und die Großherzogin ließ ihnen allen Spielraum, mir nützlich zu sein. Ich konnte mich auf sie dermaßen verlassen, dass ich ihnen ohne Schaden meine ganze peinliche Lage klarlegen durfte.

Die Nachrichten, die gleichzeitig von Paris und meiner damals sich in Aix befindlichen Familie eintrafen, waren durchaus nicht beruhigend. Im Gegenteil, man schrieb mir, der Kaiser, von Savary aufgestachelt, sei bereit, gegen meinen sogenannten Eigensinn vorzugehen, den man für unvorsichtig, ja sogar unsinnig hielt. Niemand konnte sich damals mit dem Gedanken vertraut machen, dass ein einzelner Mann es wagte, sich dem Willen desjenigen zu widersetzen, vor dem sich alles, Fürsten und Völker, beugte. „Wollen Sie", so schrieb man mir, „mächtiger sein als der Kaiser?" Nun brannte auch mir der Kopf, und ich begann selbst Angst zu haben. In meinen schlaflosen Nächten, in meinen unruhigen Träumen glaubte ich mich von Häschern umgeben, und es schien mir, als öffneten sich vor mir im Vaterlande Dantes die Pforten seines unerbittlichen Fegefeuers. Das Gespenst der Tyrannei zeigte sich meiner aufgeregten Einbildungskraft in weit entsetzlicherer Gestalt, als selbst zur Zeit der blutigen Schreckensherrschaft Robespierres, der mich bereits dem Henker verschrieben hatte. Hier fürchtete ich weniger das Schafott als die dunklen Verliese. Leider wusste ich nur zu gut, mit welchem Manne ich es zu tun hatte! Es wurde mir immer schwüler zu Mute. Schließlich kam ich auf meine erste Absicht zurück und fasste den verzweifelten Entschluss, mich nach den Vereinigten Staaten einzuschiffen, dem Zufluchtsort aller unglücklichen Freunde der Freiheit. Ich konnte mich auf den Polizeidirektor von Toskana namens Dubois vollkommen verlassen, denn er verdankte mir seine Stellung. Ich ließ mir von ihm Blankopässe geben, eilte darauf nach Livorno, mietete ein Schiff und verbreitete überall, dass ich mich auf dem Seewege nach Neapel begebe, um von dort aus nach Rom zurückzukehren. Ich begebe mich an Bord, steche in See, fest entschlossen die Meerenge zu passieren und in den Atlantischen Ozean hinaus zu segeln. Ach, großer Gott! welch furchtbaren Qualen ward alsbald meine schwache und empfindliche Konstitution überliefert! Die Seekrankheit zerriss mir fast die Brust und krampfte mir die Eingeweide im Leibe zusammen. Von unsäglichen Schmerzen überwältigt, begann ich zu bedauern, nicht auf die Vorstellungen meiner Freunde und meiner Familie gehört zu haben, deren Zukunft ich vielleicht aufs Spiel setzte. Dennoch gab ich den Kampf noch nicht auf. Mit aller Kraft widersetzte ich mich dem Gedanken, mich vor meinem Bezwinger zu beugen. Aber ich hatte die Besinnung verloren und war meinem Ende nahe, als man mich an Land brachte. Infolge dieser harten Prüfung vollkommen niedergedrückt, schlug ich das Anerbieten eines biederen englischen Schiffskapitäns aus, der es sich zur Ehre anrechnen wollte, mich auf einem bequemen und ausgezeichneten Segelschiff nach seiner Insel zu bringen. Er versprach mir alle Sorgfalt und sogar Gegenmittel gegen die Seekrankheit. Aber um alles in der Welt hätte ich meine Zustimmung nicht gegeben. Lieber wollte ich alles andere erdulden, als mich nochmals einem Elemente anvertrauen, das sich mit meiner Leibesbeschaffenheit nicht vereinbarte.

Diese harte Prüfung hatte mich jedoch auf andere Gedanken gebracht. Ich sah die Dinge jetzt nicht mehr unter demselben Gesichtspunkt. Im Stillen zog ich die Möglichkeit in Betracht, zu einer Art Ausgleich mit dem Kaiser zu gelangen, dessen Zorn mich bis an die Küsten des toskanischen Meeres verfolgte. Dort irrte ich noch eine Zeitlang umher, um meinen Plan ausreifen zu lassen und eine günstigere Gelegenheit zu seiner Ausführung abzuwarten. Als ich endlich genau wusste, was ich wollte, und meine Maßregeln getroffen hatte, kehrte ich nach Florenz zurück. Ich schrieb an Elisa, die sehr geneigt war, mir einen Gefallen zu erweisen. Ich sandte ihr für den Kaiser einen Brief, in dem ich ohne Schmeichelei und ohne mich zu erniedrigen zugestand, dass ich bereue, ihm missfallen zu haben. Da ich jedoch hätte befürchten müssen, als wehrloses Opfer der Böswilligkeit meiner Feinde überliefert zu werden, habe ich – vielleicht mit Unrecht – geglaubt, die Rückgabe der Papiere verweigern zu müssen, die meinen einzigen Schutz bildeten. Nach reiflicher Überlegung jedoch und aus Kummer, mir seine Unzufriedenheit zugezogen zu haben, hätte ich mich unter den Schutz einer Fürstin gestellt, die infolge ihrer Blutsverwandtschaft mit ihm und der Güte ihres Herzens würdig sei, ihn in Toskana zu vertreten. Ihr übertrüge ich alle meine Interessen und bäte Seine Majestät inständig, mir mit dem Beistand der Großherzogin anstatt der Papiere, die ich ihm seinem Wunsch gemäß zurückerstatte, irgendein anderes Schriftstück zu gewähren, das mich aller Verantwortlichkeit für jede Maßnahme und Handlung, die ich auf seinen Befehl während meiner beiden Ministerien ausführen musste, enthebe. Ein solches, für meine Sicherheit und Ruhe nötiges Unterpfand würde für mich wie eine geheiligte Ägide sein, die mich vor allen Angriffen des Neides und der Böswilligkeit bewahre. Ich habe mehr als einen Grund anzunehmen, dass Seine Majestät, aus Rücksicht auf meine Ergebenheit und meine Dienste, geruhen werde, mir den Weg zu bahnen, der seiner Güte und Gerechtigkeit offen stünde, indem er mir gestatte, mich nach Aix, dem Hauptort meines Senatorsitzes zurückzuziehen und dort im Schoße meiner Familie zu bleiben, bis er anders entschiede.

Dieser Brief, den ich der Großherzogin durch Eilboten sandte, tat seine volle Wirkung. Elisa bezeigte Eifer bei der Sache, und als der Bote zurückkam, meldete er mir, dass der Vizekonnetabel Fürst von Neuchâtel auf ausdrücklichen Befehl des Kaisers beauftragt sei, mir anstelle der Briefe und Befehle, die der Kaiser während meiner Amtstätigkeit an mich gerichtet hatte, eine motivierte Bescheinigung zu übergeben. Ich könnte mich in aller Sicherheit nach der Hauptstadt meines Senatorsitzes zurückziehen.

Auf diese Weise kam durch die Vermittlung der Großherzogin, wenn auch nicht gerade eine Annäherung zwischen mir und dem Kaiser zustande, so doch eine Art Vergleich, den ich drei Wochen früher für ganz unmöglich gehalten hätte. Und ich verdankte ihn weniger dem inneren Bedürfnis meines Herzens oder einer aufrichtigen Unterwerfung, als dem Anfall der Seekrankheit, deren Qualen auszuhalten mir nicht gegeben war.

Im Kreise meiner Familie konnte ich in Aix endlich der Ruhe genießen, die dem Verfall meiner Kräfte und meinen zerrütteten Nerven so nötig war. Ohne dass ich vollkommen zu Boden geworfen war, hatte es mich doch einen sehr qualvollen inneren Kampf gekostet, mich auf diese Weise vor der Gewalt des Beherrschers zu beugen. Ich hatte mich zwar erst nach langem Unterhandeln ergeben, aber für jemanden, der auf seine Manneswürde etwas hält und nur danach strebt, unter einer vernünftigen Regierung zu leben, sind solche Opfer äußerst schwer. Obgleich ich annehmen musste, für lange Zeit in vollkommener Unbedeutendheit und Abgeschiedenheit zu leben, konnte doch diese Rolle, die mich zum Stumpfsinn und zur Gleichgültigkeit geführt haben würde, einem in Staatsgeschäften geübten und gewöhnten Geist nicht zusagen. Was andere nicht sahen, ich sah es. Aus den abgeschmackten, lügenhaften Spalten des „Moniteur“ flammten manche Lichtblitze, die meine Augen trafen. Die Ursache des Tagesereignisses blieb mir verborgen, da ich stets nur das Ergebnis erfuhr; die Wahrheit ergänzte sich jedoch für mich fast immer durch die Sucht des absichtlichen Verschweigens einer Sache, und schließlich verrieten mir die Früchte der geistigen Arbeit des Staatsoberhauptes abwechselnd die Freuden und Leiden seines Ehrgeizes. Ich durchschaute selbst die geheimsten Handlungen, bis hinab zu dem sklavischen Eifer seiner intimsten Vertrauten und erprobtesten Agenten.

Immerhin fehlten mir gewisse Einzelheiten; ich war zu weit vom Schauplatz der Handlungen entfernt. Wie konnte ich z. B. die plötzlichen Zwischenfälle, unvorhergesehenen Ereignisse ahnen, die gewöhnlich außerhalb des alltäglichen Laufes der Dinge eintraten? Fast immer gingen ihnen im Innern des kaiserlichen Palastes irgendwelche Aufregungen oder Stürme voraus. Wenn aber wirklich einige unzusammenhängende Gerüchte davon an die Öffentlichkeit drangen, so langten sie durch Unkenntnis und Leidenschaftlichkeit vollkommen entstellt oder verändert im Innern der Provinz an.

Ich konnte die fest eingewurzelte Gewohnheit, alles zu wissen, nicht lassen, und unterlag ihr umso mehr in der Langweiligkeit einer zwar süßen aber monotonen Verbannung. Mit Hilfe einiger sicherer Freunde und dreier treuer geheimer Abgesandten förderte ich meine geheime Korrespondenz, die ich durch regelmäßige Berichte verstärkt hatte. Da mir diese von verschiedenen Seiten zugingen, konnten sie gegenseitig kontrolliert werden. Mit einem Wort, ich besaß in Aix meine Gegenpolizei. Dieser süße, anfangs nur wöchentliche Trost, wiederholte sich später mehr als einmal in der Woche, und ich wurde auf eine viel prickelndere Weise von allem auf dem Laufenden erhalten, als ich es je in Paris gewesen war. Das waren die Reize meiner Verbannung. In der Ruhe der Betrachtungen spornten die mir von Paris zugehenden Berichte meine politischen Ideen zu größerer Schärfe an. O du mutige, geistvolle und beständige V.[177] Du, die fast alle Fäden der Wahrheit und Informationen in Händen hielt; die, ausgestattet mit wunderbarem

177 Fürstin von Vaudémont.

Scharfsinn, höherer Vernunft, immer tätig und unermüdlich war. Du bliebest der Dankbarkeit und Freundschaft in allen Krisen treu! Empfange daher hier den Tribut der Verehrung und Zärtlichkeit, den mein Herz bis zu seinem letzten Schlag nie müde werden wird, immer wieder zu erneuern. Du warst nicht die einzige, die im Interesse aller damit beschäftigt war, das patriotische Gewebe zu spinnen, das man seit einem Jahre in der Hoffnung auf eine mögliche Katastrophe vorbereitete. Die liebenswürdige und gelehrte D., die reizende R.[178] unterstützten Dich in Deinem reinen Eifer.

178 Wahrscheinlich die Herzogin von Duras und Frau von Récamier, beide Anhänger der Bourbonen und Feinde Napoleons.

12. Kapitel
In der Verbannung

Leider gelangten wir bald, nach vielen Hindernissen, an das Ende jenes verhängnisvollen Zustandes, wo wir als Nation alles zu beklagen und alles zu befürchten haben konnten. Wir waren nicht mehr fern von jener furchtbaren Zeit, wo alles auf dem Spiele und in Frage stand: unser Vermögen, unsere Ehre, unsere Ruhe! Zwar verdankten wir dies alles erst dem großen Manne, aber dieser außerordentliche Mensch setzte es sich, trotz der Lehren, die ihm die früheren Jahrhunderte gaben, in den Kopf, eine Gewalt ohne Gegengewicht und Kontrolle auszuüben. Von unersättlicher Eroberungssucht und Herrschsucht verzehrt und auf dem höchsten Gipfel menschlicher Macht angelangt, war es ihm nicht mehr gegeben, Einhalt zu tun.

Dank meiner Korrespondenz und Erkundigungen vermochte ich ihm Schritt für Schritt in seinen politischen Handlungen sowohl als in seinen privaten Unternehmungen zu folgen. Dass ich ihn nicht aus dem Auge verlor, kam daher, dass das ganze Reich sich in seiner Person vereinigte; alle unsere Kraft, all unser Glück beruhten auf seiner Stärke und seinem Glück, ohne Zweifel ein fürchterlicher Zusammenhang, denn dadurch hing nicht nur *eine*, sondern es hingen hundert verschiedene Nationen von der Gnade eines einzigen Menschen ab. Auf dem Gipfel seines Ruhmes angelangt, machte Napoleon hier nicht einmal einen kurzen Halt. Bereits während der beiden Jahre, die ich außerhalb der Regierungsgeschäfte verbrachte, taten sich die anfangs unmerklichen Gründe seines Verfalls kund. Ich muss daher an dieser Stelle, weniger der Kuriosität halber als zum Nutzen der Geschichte, die raschen Wirkungen seiner Handlungen vermerken. Durch diesen natürlichen Übergang werde ich übrigens lückenlos zu meinem Wiedererscheinen auf der

Weltbühne und zu meiner Wiederaufnahme der Staatsgeschäfte gelangen.

Das Jahr 1810, das erstens durch die Heirat Napoleons mit Marie Luise, dann durch meine Ungnade bemerkenswert war, brachte auch noch die Ungnade Pauline Borgheses, der Schwester des Kaisers, und die Abdankung seines Bruders Louis, Königs von Holland. Untersuchen wir diese beiden Ereignisse etwas näher, damit wir uns das Kommende besser erklären können.

Von den drei Schwestern Napoleons, Elisa, Karoline und Pauline liebte er die durch ihre Reize berühmte Pauline am meisten, ohne sich indes jemals von ihr beherrschen zu lassen. Leichtfertig, phantastisch, ausschweifend, ohne Geist, aber nicht ohne einen gewissen sprudelnden Witz, noch ohne gewisse Lichtblitze in der Unterhaltung, liebte sie Pracht, Verschwendung und alle Arten von Huldigungen. Vor keinem Mann hatte sie jemals Abneigung außer vor Leclerc[179], ihrem ersten Gatten, und noch mehr vor dem sanftesten aller Männer, dem Fürsten Camillo Borghese, mit dem Napoleon sie in zweiter Ehe vereinigte. Ihre erste Heirat war, wie man zu sagen pflegt, eine Garnisonheirat gewesen. Da Pauline krank war und sich weigerte, Leclerc auf seiner Expedition nach

---

179 Leclerc war Adjutant des Generals Bonaparte in Italien gewesen. Er hatte den Rang eines Generals. [Charles Victoire Emmanuel Leclerc (1772–1802) führte im Auftrag Napoleons eine Invasionsarmee nach Saint-Domingue, dem heutigen Haiti, auf der Insel Hispaniola, um dort den von François-Dominique Toussaint Louverture angeführten Sklavenaufstand niederzuschlagen und die Sklaverei wieder einzuführen. Toussaint Louverture wurde gefangengenommen und nach Frankreich deportiert, wo er an den Folgen der harten Haftbedingungen starb. Aber die Kämpfe gingen weiter. Die französischen Soldaten fielen in großer Zahl dem Gelbfieber zum Opfer, so auch Leclerc auf der Hispaniola vorgelagerten Insel Tortuga. Am 1. Januar 1804 erlangte Haiti die staatliche Unabhängigkeit. Nach den USA war Haiti damit der zweite Staat des amerikanischen Kontinents, dem dies gelang. *P.S.*]

Saint-Domingue zu begleiten, wurde sie auf Befehl Napoleons auf einer Tragbahre an Bord des Admiralsschiffes gebracht. Dem heißen Klima der Tropen ausgesetzt und infolge des Scheiterns der Expedition auf die Schildkröteninseln verbannt, stürzte sich Pauline, um sich zu betäuben, in alle möglichen sinnlichen Vergnügungen. Als Leclerc starb, beeilte sie sich abzusegeln, nicht wie Artemis oder die Gattin des Britannicus, in Tränen gebadet und die Urne mit der Asche ihres Gemahls im Arm, sondern frei, triumphierend und sich von neuem in die Genüsse der Hauptstadt stürzend. Da sie lange Zeit an einer Krankheit litt, die sie ihrer Unenthaltsamkeit zu verdanken hatte, zog sie in Paris die berühmtesten Jünger Äskulaps zu Rate und wurde geheilt. Aber welch wunderbare Kur! Nicht nur, dass Pauline dadurch nicht hässlicher wurde, sondern ihre Schönheit bekam erst den rechten Glanz und die schönste Frische, wie jene seltsamen Blumen, die der Dünger zur höchsten Entfaltung bringt und mehr und mehr lebenskräftig macht.

Nun wollte sie schrankenlos alles genießen, was das Leben ihr bot, aber sie hatte Angst vor ihrem Bruder und seiner brutalen Strenge. Daher fasste sie im Verein mit einer ihrer Frauen den Plan, Napoleon ganz in ihre Reize zu verstricken. Und sie ging dabei mit so großer Kunst und so großem Raffinement zu Werke, dass ihr Sieg vollkommen war[180]. Der Beherrscher der Welt war dermaßen berauscht von ihr, dass seine Vertrauten ihn mehr als einmal sagen hörten, wenn er aus ihren Zimmern ganz verzückt heraustrat, dass sie die Schönste der Schönen und die Venus unseres Zeitalters sei. Sie war indes nur eine dreiste Schönheit. Doch lassen wir diese Bilder, die des Griffels eines Sueton oder Aretino würdiger sind als der Feder des Geschichts-

180 Es ist eine ganz niedrige Verleumdung von Seiten Fouchés, Napoleon des Inzests mit seiner Schwester zu beschuldigen. Die Forschung hat es zur Genüge bewiesen, dass alle diese Gerüchte rein aus der Luft gegriffen sind.

schreibers. O, wollüstiges Schloss Neuilly, o, herrlicher Palast des Faubourgs Saint-Honoré, wenn eure Mauern, gleich denen des Palastes des Königs von Babylon, die Wahrheit enthüllen könnten, welch ausschweifende Szenen würden sie in flammenden Lettern berichten!

Ein ganzes Jahr lang hielt die Vorliebe Napoleons für diese Schwester an, wenn auch keine große Leidenschaft dabei im Spiele war. Denn diesen herrschsüchtigen, kriegerischen Mann beherrschte nur eine Leidenschaft: die Eroberungssucht. Als er nach Wagram und dem Frieden von Wien triumphierend nach Paris zurückkehrte und sich bereits das Gerücht von seiner nahen Scheidung von Josephine verbreitet hatte, lief er noch am selben Tag zu seiner Schwester, in höchster Besorgnis und Erwartung ihrer Rückkehr. Niemals zeigte Pauline für ihren Bruder so viel Liebe und Bewunderung wie damals. An diesem Tage hörte ich sie sagen, denn sie brauchte vor mir keine Geheimnisse zu haben: „Warum herrschen wir nicht in Ägypten? Wir würden es wie Ptolemäus machen; ich würde mich scheiden lassen und heiratete meinen Bruder.“ Da ich wusste, dass sie viel zu unwissend war, um aus sich selbst heraus eine solche Anspielung zu machen, erkannte ich darin den Ansporn ihres Bruders.

Man kann sich daher die bittere Enttäuschung Paulines vorstellen, als sie einige Monate später Marie-Luise, mit all ihrer Unschuld geschmückt, zu den Hochzeitsfeierlichkeiten erscheinen und den Platz an der Seite Napoleons auf dem Thron einnehmen sah. Der Kaiserhof erlitt eine plötzliche Veränderung in allen seinen Gewohnheiten, Sitten und seiner Etikette, die sehr genau und streng durchgeführt wurde. Napoleon selbst ging mit dem besten Beispiel voran und beobachtete genau alle Formen des Anstands und die Erfüllung seiner Pflichten als Gatte. Von diesem Augenblick an wurde es an dem ausschweifenden Hofe Paulines einsamer. Diese Frau, die mit den Reizen ihres Geschlechts auch alle seine Schwächen vereinigte, sah in Marie-Luise ihre glückliche Rivalin. Sie fasste von dieser Zeit an den tödlichsten Hass und nährte in ihrem Herzen den lebhaftesten Groll gegen sie. Ihre Gesundheit wurde sogar dadurch erschüttert. Auf Anraten der Ärzte nahm sie ihre Zuflucht zu den Bädern von Aachen, teils um Heilung zu suchen, teils aber auch, um den Kummer, der sie fast verzehrte, zu vergessen. Auf ihrer Reise traf sie in Brüssel mit Marie-Luise und Napoleon zusammen, die sich an die holländische Grenze begaben. Dort war Pauline gezwungen, am Hofe der neuen Kaiserin zu erscheinen und ergriff die Gelegenheit, Marie-Luise ernstlich zu beleidigen. Als die Kaiserin durch einen Salon ging, erlaubte sich nämlich Pauline hinter deren Rücken eine zweideutige Bewegung mit zwei Fingern zu machen, die das Volk in seinem groben Spott nur auf leichtgläubige und betrogene Eheleute anwendet. Dazu lachte Pauline in unverschämter Weise. Napoleon, der Zeuge dieses impertinenten Benehmens, das sogar der Kaiserin Marie-Luise infolge eines gegenüber hängenden Spiegels nicht entging, war dermaßen empört, dass er es seiner Schwester nicht vergab. Noch am selben Tag erhielt sie den Befehl, sich vom Hofe zurückzuziehen. Von dieser Zeit an verweigerte sie ihm jeglichen Gehorsam und zog vor, in der Verbannung und in Ungnade bis zu den Ereignissen von 1814 zu leben, wo sie sich im Unglück ihres Bruders als aufrichtige Helferin erwies.[181]

Die Ungnade, mit der Louis, der König von Holland, bedacht wurde, war edlerer Art. Bis dahin hatte der Kaiser nur Fürsten von Geblüt verfolgt und beraubt, als wenn er damit bezweckte, dass seine eigene Dynastie bald die älteste von ganz Europa sei, wie er einst so unvorsichtigerweise gesagt hatte.

---

181 Pauline bot Napoleon, als er sich auf die Insel Elba zurückzog, ihr ganzes Vermögen an und war die einzige von seinen Geschwistern, die mit ihrer Mutter eine Zeit lang das Exil in Portoferraio teilte.

Nun aber kannte er keinerlei Rücksicht mehr und entthronte sogar einen König seiner eigenen Familie, dessen Stirn er selbst mit der Königskrone geschmückt hatte. Man fragte sich, ob er seinen Bruder, als er ihn zum König von Holland proklamierte, nicht nur zu einem Präfekten machen wollte. Der sanfte und gerechte Louis sah mit großem Herzeleid den Untergang seines Königreichs infolge der für die Industrie und den Handel so verheerenden Kontinentalsperre. Trotz der Drohungen seines Bruders, der ihn einen „Schmuggler" nannte, begünstigte er im Geheimen den Handel zur See. Durch diesen Ungehorsam fühlte sich Napoleon schwer beleidigt und hielt es für seine Pflicht, in Holland einzufallen. Dabei vergaß er, dass er einst zu seinem Bruder, als er ihn auf den Thron berief, gesagt hatte, um dessen Widerstand zu besiegen, es sei besser als König zu sterben denn als Prinz zu leben. Da Louis die Besetzung seiner Staaten durch die Soldaten und Zollbeamten seines Bruders nicht verhindern konnte, verzichtete er zugunsten seines Sohnes auf die Krone[182] und tat der Gesetzgebenden Körperschaft seinen Entschluss in folgenden Worten kund: „Obwohl mein Bruder gegen mich sehr aufgebracht ist, so ist er es doch nicht gegen meine Kinder; er wird gewiss nicht etwas zerstören, was er für sie errichtete. Er wird sie nicht ihres Erbes berauben, weil er niemals Gelegenheit haben wird, sich über ein Kind zu beklagen, das nicht selbst regiert. Die zur Regentschaft berufene Königin wird alles tun, was meinem Bruder angenehm ist. Und sie wird darin mehr Glück haben als ich, dem alle Anstrengungen nicht geglückt sind. Und wer weiß … vielleicht bin ich das einzige Hindernis einer Versöhnung Frankreichs mit Holland! Wenn dem so wäre, so würde ich meinen Trost darin finden,

182 1. Juli 1810. Die hier berichteten Ereignisse gehen dem Sturz Fouchés zeitlich voraus. Die Ernennung zum Generalgouverneur von Rom war am 3. Juni 1810 erfolgt.

fern von den Wesen meiner zärtlichsten Zuneigung den Rest eines unsteten und leidvollen Lebens zu verbringen."

Eine solche Abdankung entbehrte nicht der Würde. Sobald er diese Botschaft abgesandt hatte, verließ er heimlich Holland und zog sich nach Österreich, nämlich nach Graz in Steiermark zurück, wo er von einer sehr spärlichen Pension lebte. Seine gierigere Gattin Hortense machte sich die beiden Millionen zu eigen, die Napoleon zugunsten seines entthronten Bruders ausgesetzt hatte.

Dieses erste Beispiel einer napoleonischen Abdankung überraschte mich und gab mir zu denken. Soll ich es gestehen? Es flößte mir den Gedanken der Möglichkeit ein, dass man eines Tages das Kaiserreich durch die erzwungene Abdankung desjenigen retten könne, der es infolge seiner Extravaganzen gefährdete. Später wird man sehen, wie dieser, anfangs nur in meinem Kopfe konzentrierte Gedanke, in anderen politischen Köpfen Früchte trug.

Man könnte annehmen, die Abdankung Louis' hätte Napoleon aus der Fassung gebracht. Aber war er nicht von Männern umgeben, die fortwährend bestrebt waren, seine Einfalle und Eingriffe in andere Staaten zu beschönigen? Will man wissen, welche Beredsamkeit Champagny, der Herzog von Cadore, sein Minister des Äußeren, bei dieser Gelegenheit entwickelte? Dieser so wohlunterrichtete Minister stellte in einer Bemäntelung, die er Rapport nannte, fest, dass die Abdankung des Königs von Holland null und nichtig sei, weil sie nicht im Einverständnis mit Napoleon geschehen wäre. Daraus zog er den wunderbaren Schluss – und man war auf diese große logische Anstrengung gefasst –, dass Holland erobert und mit dem Kaiserreiche vereinigt werden müsse, was ein kaiserliches Dekret sofort ohne Berufung entschied.

Dieses Ereignis beschloss seinen letzten Akt mit einer sehr charakteristischen Szene. Napoleon ließ den Sohn Louis' kommen, der damals noch ein Kind war, und den er zum Großherzog von Berg ernannt hatte. Er hielt ihm folgende kurze Ansprache: „Komm, mein Sohn, das Benehmen Deines Vaters betrübt mein Herz; nur durch seine Krankheit allein ist es erklärlich. Komm, ich will Dein Vater sein, Du wirst dadurch nichts verlieren. Vergiss jedoch niemals, welche Stellung Dir meine Politik auferlegt. Deine erste Pflicht ist, mir zu gehorchen, alle anderen Verpflichtungen gegen die Völker, die ich Dir anvertraue, kommen erst nachher. ..."

Vergegenwärtigen wir uns jedoch, welches die wahre Ursache der Usurpation Hollands gewesen ist. Ich kann umso mehr darüber sprechen, als sie im gewissen Sinne mit meiner Ungnade zusammenhing. Als die Heirat mit einer Erzherzogin beschlossen war, hatte Napoleon Anwandlungen von einer allgemeinen Friedensstiftung, und ich tat damals alles, um diese Anwandlung in einen festen und vernünftigen Willen umzuwandeln. Durch meine geheimen Boten wusste ich, dass das englische Kabinett auf zwei entscheidenden Punkten bestand: auf der Unabhängigkeit Hollands und der spanischen Halbinsel. Mit Louis konnte man auf die Aufrechterhaltung der Unabhängigkeit Hollands zählen. Was indes die Halbinsel anlangte, so wollte Napoleon nur von Portugal ablassen, aus dem einzigen Grunde, weil er dort nur Hindernissen begegnete, um die Eroberung vollkommen auszuführen. Ich verlor jedoch noch nicht alle Hoffnung, ihm gegen die Besetzung Spaniens Abneigung einzuflößen, die ihn bereits Ströme von Blut gekostet hatte, und die durchaus noch nicht sicher war. Mit seiner Zustimmung verabredete ich mit seinem Bruder Louis, als er sich im Jahre 1810 in Paris aufhielt, einen Plan zu geheimen und persönlichen Unterhandlungen mit London. Louis schrieb an seinen Minister der auswärtigen Angelegenheiten, Napoleon sei gegen ihn und die Engländer wegen ihres Schleichhandels mit seinen Staaten so wütend, dass es unmöglich wäre, ihn von der gewaltsamen Vereinigung Hollands mit Frankreich abzuhalten, wenn der Friede zur See nicht bald eintrete oder wenigstens Änderungen in der Kontinentalsperre und den Befehlen des britischen Rats stattfänden. Er bevollmächtigte daher seinen Minister, sich über diesen Gegenstand mit seinen Kollegen zu verständigen, aber so, als handelten sie in seiner Abwesenheit aus eigenem Antriebe. Er möchte dann nach London einen Vertrauensmann schicken, der die Unterhandlungen in ihrem persönlichen Namen eröffnen könne. Dieser Unterhändler sollte zuerst dem Kabinett von Saint-James den ungeheuren Nachteil klarlegen, der für den Handel und selbst für die zukünftige Sicherheit Englands daraus erwüchse, wenn Holland, mit dem Reiche Napoleons vereinigt, in seiner Hand ein Werkzeug des Angriffs würde. Ohne Zweifel würde er es allen Handelsbeziehungen zu entziehen suchen.

Die Minister Louis' wählten den Amsterdamer Bankier Labouchère zum Vertrauensmann. Er begab sich mit Instruktionen versehen nach London, um sogleich mit dem Marquis von Wellesley in geheime Unterhandlungen zu treten. Besonders sollte er auf der Notwendigkeit bestehen, dass in der Ausführung der Befehle des Rates vom November 1807 eine Änderung vorgenommen würde. Aber der Marquis von Wellesley weigerte sich, in eine geheime Unterhandlung einzugehen, die in Wahrheit nur Holland zum Gegenstand hatte. Er wusste nur zu gut, dass die Unabhängigkeit des Landes allein vom Willen Napoleons abhinge, der bis dahin sich so wenig geneigt gezeigt hatte, die Rechte irgendeines unter seinem Einfluss stehenden Volkes anzuerkennen. Da er indes den wahren Absichten Napoleons auf die Spur kommen wollte, beauftragte er um dieselbe Zeit[183] den englischen Kommissar Mackenzie, der in Morlaix die Unterhandlungen wegen des Austausches der

183 April 1810.

Gefangenen weiterführen sollte, gleichzeitig eine Unterhandlung über den Frieden zur See zu eröffnen. Diese Mission sollte Mackenzie unter dem Mantel der öffentlichen Unterhandlungen ausführen, die er mit dem betreffenden französischen Kommissar wegen des Austausches hatte.[184] Das Kabinett von Saint-James ließ Napoleon die Wahl, auf drei Grundlagen zu unterhandeln: 1. dem Zustand der Seeherrschaft vor Beginn der Feindseligkeiten; 2. dem gegenwärtigen Zustand der Seeherrschaft; 3. endlich der gegenseitigen Ausgleichung. Napoleon jedoch, dem sein Glück in den Kopf gestiegen war, wollte von allen drei Vorschlägen nichts wissen und verwarf jeden anderen Frieden als den, zu dem er die Bedingungen selbst diktierte.

Von diesem Augenblick an wollte Lord Wellesley keinerlei Eröffnung mehr von Seiten des Bankiers Labouchère noch von Seiten des Herrn Fagan annehmen, den ich ihm zu demselben Zwecke gesandt hatte. Der englische Minister war zu sehr von der unfehlbaren Wirkung seines Blockadesystems überzeugt, als dass er auf irgendeine Änderung in dieser Hinsicht eingegangen wäre. Jede Unterhandlung darüber wurde unwiderruflich abgebrochen, und da Napoleon sah, dass er England nicht zwingen konnte, sich unter seinen Willen zu beugen, entschloss er sich aus Rache, in das Königreich seines Bruders einzufallen und es mit seinen Truppen zu überschwemmen, denn er glaubte Holland dadurch für immer dem englischen Handel zu entziehen. Gleichzeitig hielt er es für geraten, die Ungnade gegen einen Polizeiminister nicht länger aufzuschieben, der sich ohne Unterlass bemühte, ihn zu einem gemäßigten Verwaltungssystem und einer vernünftigen Politik zurückzuführen. Napoleon war umso mehr geneigt, mich zu stürzen, als seine geheimen Korrespondenten ihm auf Grund der Aussagen gewisser Pamphletschreiber von London fortwährend

184 Dieser französische Unterhändler war der Marquis du Moutier.

wiederholten: Er zittere vor meinem Werk, ohne indes zu wagen, mich zu stürzen.

Seit einigen Monaten suchte er eine Gelegenheit dazu. Im ersten Teil der Memoiren hat man gesehen, wie sehr er anfangs wegen meiner Verbindung mit Bernadotte beunruhigt war. Jetzt schien ihm der Grund zu einer Ungnade noch plausibler. Er behauptete, dass meine Agenten in London, unter dem Vorwand, wegen Holland zu unterhandeln, nur Intrigen gesponnen und betrügerische Spekulationen gemacht hätten. Auf diese Weise wollte er mich für den Bruch einer begonnenen Unterhandlung verantwortlich machen, die nur an seinem schlechten Willen gescheitert war. Hiermit gebe ich also über die wahren Gründe des Einfalls in Holland und über meine Ungnade ein wenig Aufklärung, für deren Genauigkeit ich jederzeit einstehen kann.

Diese unversöhnliche und gewaltsame Politik wurde durch ein kaiserliches Dekret befestigt, das verordnete, alle englischen Waren, die sich in den vom Kaiser beherrschten oder durch seine Waffen eroberten Ländern befänden, öffentlich zu verbrennen. Es war ein Gegenstück zu den Dekreten von Berlin und Mailand, d. h. man würde in Amsterdam und Livorno dasselbe tun, was man bereits in Berlin, Frankfurt, Mainz und Paris getan hatte. Wenn man hier auch nicht sagen kann: „Verbrennen heißt nicht antworten“, so könnte man doch sagen: „Verbrennen heißt nicht regieren.“ Das waren die Folgen der Kontinentalsperre, die nach der Meinung dummer und feiger Ratgeber England endlich kampfunfähig machen und die ganze Welt Napoleon überliefern sollte! Und diese zündende Vorstellung, die bei ihm zur fixen Idee wurde, war weiter nichts als eine politische Überlieferung der Direktorialregierung. Die Publizisten der Klubs und Zeitungen hatten das Direktorium überzeugt, das einzige Mittel, England zu unterwerfen, sei, ihm die Häfen des Kontinents zu verschließen. Aber vorerst galt es den ganzen europäischen Kontinent zu unterjochen, von dem Napoleon vorläufig nur ein Drittel besaß; der Rest schmachtete unter der Herrschaft der Könige, seiner Verbündeten, seiner Freunde oder Tributpflichtigen. Er hatte daher seine Politik etwas mäßigen oder vielmehr das Lizenzsystem einführen müssen, das eigentlich England erfunden hatte.

Seit Ende des Jahres 1810 sah man daher Napoleon selbst diese Politik erweitern, indem er um hohen Preis gestattete, eine gewisse Anzahl Kolonialwaren in Frankreich einzuführen, allerdings nur unter der Bedingung, dass der gleiche Wert an Waren französischer Herkunft ausgeführt werde. Diese wurden indes zum großen Teil ins Meer versenkt, weil die englischen Zollbeamten die größten Schwierigkeiten bereiteten.

Und wer bereicherte sich am meisten an diesem unerhörten Monopol? Sicher waren es weder die kleinen Spekulanten, noch die bestallten Kommissionäre des großen Hauptspekulanten, die einen sehr bescheidenen Kommissionsanteil bezogen. Hingegen war der Gewinn des Kaisers ganz offenbar. Jeden Tag sah er mit unverhohlenem Frohlocken den ungeheuren Schatz sich vergrößern, den er in seinen Kellern des Pavillons Marsan[185] verborgen hielt. Dieser Privatschatz belief sich auf nahezu fünfhundert Millionen in klingender Münze, ein Residuum von zwei Milliarden Bargeld, das infolge der Eroberungen nach Frankreich gekommen war. Vielleicht hätte im Herzen Napoleons die Sucht nach dem Golde den Sieg über den Schlachtendurst davongetragen, wenn die unerbittliche Nemesis ihn hätte länger leben lassen.

Will man sich von der Anhäufung der Reichtümer, die von der Entwicklung der Macht dieses Mannes unzertrennlich sind, einen Begriff machen, so rechne man zu den Schätzen in den Kellern der Tuilerien vierzig Millionen an Mobiliar und vier

185 [Teil des Louvre-Palasts *P.S.*]

bis fünf Millionen an Silbergeschirr, das in den kaiserlichen Schlössern aufgestapelt war; außerdem fünfhundert Millionen, die an die Armee als Schenkungen verteilt wurden, endlich das außerordentliche Krongut, das sich auf mehr als siebenhundert Millionen belief und in seiner Art unerschöpflich war, weil es aus Gütern bestand, die der Kaiser, der über Krieg und Frieden verfügte, durch Eroberungen und Verträge erworben hatte! Infolge einer so unbestimmten Erklärung konnte ihm nichts entgehen. Das Stammkapital dieses außerordentlichen Kronguts bestand bereits aus ganzen Provinzen, Staaten, deren Schicksal noch unentschieden war, und aus dem Erlös der Konfiszierungen, die im ganzen Reiche vorgenommen wurden. Zweifellos hätte er schließlich alle Einkünfte und alles Gemeingut verschlungen, die den beiden anderen Schöpfungen, den kaiserlichen Staats- und Privatgütern, entgangen waren. Im weiteren wird man sehen, wie Napoleon sich in sehr kurzer Zeit wissentlich jenseits aller Grenzen der Mäßigung und Vorsicht stellte. Eine Folge der Usurpierung Hollands war, dass er in einer an den Senat gerichteten Botschaft am 10. Dezember 1810 erklärte, er habe neue Bürgschaften nötig, und von höchster Eile erschien ihm die Verbindung der Schelde, der Mosel, des Rheins, der Ems, der Weser und der Elbe sowie die Einrichtung einer Binnenschifffahrt auf der Ostsee. Darauf verordnete ein Senatsbeschluss, dass Holland, ein beträchtlicher Teil Norddeutschlands, die freien Städte Hamburg, Bremen, Lübeck einen ergänzenden Teil zum französischen Kaiserreiche und zehn neue Departements bilden sollten. Auf diese Weise war Napoleon immer auf neue Erwerbungen bedacht, ohne daran zu denken, das zu befestigen, was er bereits erworben hatte.

Man kann sich denken, dass das an sich für die benachbarten Staaten ziemlich besorgniserregend war. Napoleon errichtete an den Küsten Deutschlands eine neue französische Herrschaft durch ein einfaches Dekret, durch einen Senatsbeschluss, der einem ergebenen Senate aufgedrungen worden war! Sofort war es mir klar, dass der Frieden von Tilsit, der besonders die Abgrenzung der beiden Reiche bestimmte, dadurch ungültig wurde, und dass Frankreich und Russland, die auf diese Weise in Berührung miteinander kamen, sich sehr bald gegenseitig zerfleischen würden. Als ich durch meine Pariser Korrespondenten erfuhr, welche Besorgnis die Vereinigung der Hansestädte in Russland, Preußen und sogar in Österreich hervorgerufen hatte, verstärkte sich in mir der Gedanke, dass darin nicht allein der Keim zu einem neuen allgemeinen Kriege läge, sondern auch zu einem Konflikt, der in letzter Instanz entscheiden würde, ob wir die Universalherrschaft in den Händen Napoleon Bonapartes sähen oder die Rückkehr alles dessen, was die Revolution verstreut und zerstört hatte.

Leider waren in dieser Frage die Interessen der Revolution und derjenigen Männer eingeschlossen, die sie begründet und errichtet hatten. Was würde aus ihnen werden? Konnte ich einer so besorgniserregenden Zukunft kalt, fremd und gefühllos gegenüberstehen?

Unter den neuerdings beraubten Fürsten befand sich der Herzog von Oldenburg, aus dem Hause Holstein-Gottorp; d. h. er entstammte derselben Familie wie der Kaiser von Russland. Und Napoleon enthob auf diese Weise einen Fürsten seiner Staaten, den er allen Grund hatte zu schonen! Darüber wurde eine Unterhandlung zwischen dem Petersburger Hofe und dem Kabinett der Tuilerien eröffnet. Napoleon bot dem Herzog von Oldenburg als Entschädigung die Stadt und das Gebiet Erfurt an. Als ich vernahm, dass dieses Angebot stolz abgewiesen worden war, dass der Kaiser Alexander sich die Rechte seines Hauses durch einen formellen Protest vorbehielt, dass seine Gesandten den Befehl erhalten hatten, diesen Protest den verschiedenen Höfen vorzulegen, hatte ich nicht mehr den geringsten Zweifel, dass der Krieg ausbrechen würde.

Da ich mir jedoch den vorsichtigen und gemäßigten Charakter des Kaisers Alexander vergegenwärtigte, glaubte ich, dass der Zusammenstoß weder plötzlich noch überstürzt geschehen werde.

Gehen wir zum Jahre 1811 über, während sich mitten in einer trügerischen Ruhe, deren Lügen und Illusionen ich alle entdeckte, ein furchtbares Gewitter zusammenzog. Von Tag zu Tag gewannen meine Berichte aus Paris und meine Privatkorrespondenz ein lebhafteres Interesse, sie wurden zahlreicher und zusammenhängender. Des Zusammenhangs der Tatsachen halber verzeichne ich hier die hauptsächlichsten Ereignisse und gestatte mir darüber nur die nötigsten Bemerkungen und Erklärungen. Das erste Ereignis war die Geburt eines Kindes, das sobald es den Mutterschoß verlassen hatte, zum König von Rom ausgerufen wurde, als wenn der Sohn Bonapartes nur als König hätte geboren werden können! Diese plötzliche Erneuerung des Königreichs eines Tarquinius Superbus[186] schien einigen Personen von schlechter Vorbedeutung; sie erinnerte zu sehr an die kürzliche Beraubung des Heiligen Stuhles und die gegen den Papst ausgeübte Bedrückung[187]. Lächerliche Gerüchte wurden über die Geburt dieses kleinen Königs in Paris verbreitet und für glaubwürdig gehalten. Wenn diese Gerüchte, die sowohl von der niederen als auch von der vornehmen Klasse der Bevölkerung ausgingen, nicht die feindliche Haltung der öffentlichen Meinung zu jener Zeit gegen die Fortdauer der neuen Dynastie bestätigten, würde ich mich enthalten, davon zu sprechen, weil sie des Ernstes der Geschichte unwürdig sind. Die Bosheit zeigte sich auf sehr erfinderische Weise gläubig.

---

186 [Der letzte König von Rom, dessen Verbannung aus Rom im Jahr 509 v. Chr. den Beginn der römischen Republik markiert. *P.S.*]

187 Napoleon hatte den Papst des Kirchenstaats beraubt und ihn mit Gewalt nach Savona und später nach Frankreich bringen lassen.

Anfangs hielt man die Schwangerschaft der Kaiserin für erheuchelt. Als wenn eine Erzherzogin jemals das lateinische Sprichwort Lügen gestraft hätte, indem sie aufhörte fruchtbar zu sein![188] Diese Annahme hatte eine andere Fabel zur Folge, nach welcher man ein kürzlich geborenes Kind Napoleons und der Herzogin von M.[189] als König von Rom anerkannt habe. Manche Neuigkeitsverbreiter behaupteten, man habe es einem totgeborenen Kinde unterschoben, andere wieder einem Kinde weiblichen Geschlechts. Nun, der Erzkanzler Cambacérès wird sich darin gewiss nicht geirrt haben[190]. Die boshaften Schwätzer waren unversiegbar. Die Wahrheit war, dass die Niederkunft Marie-Luisens entsetzlich schwierig vonstatten ging, dass der Geburtshelfer den Kopf verlor, dass man glaubte, das Kind sei tot und es aus seiner Lethargie nur durch den lauten Donner der hundertundein Kanonenschüsse erwachte. Was das Entzücken des Kaisers über diese Geburt anlangt, so war es sehr verständlich. Einige Schmeichler schlossen sofort daraus, dass er, glücklicher als Cäsar, niemals den 15. März[191] zu fürchten habe, da der 20. für ihn und das Reich ein Tag großer Glückseligkeit war. Napoleon glaubte an Weissagungen des Schicksals. Wie sehr täuschte er sich in Bezug auf den März 1814 und 1815! Ungefähr Ende Mai verließ er mit Marie-Luise Rambouillet, um Cherbourg zu besuchen. Bei ihrer Rückkehr (am 4. Juni 1811) wohnten sie der Taufe ihres Sohnes bei, den Napoleon selbst in seinen Armen haltend der zahlreichen Versammlung

---

188 Bella gerunt alii! tu felix Austria, nube!
Nam quae Mars aliis, dat tibi, regna Venus!
(Krieg führen die anderen! Du glückliches Österreich heirate!
Denn was anderen der Mars, ist dir die Herrschaft der Venus!)

189 Montebello, die Gemahlin des Generals Lannes. Was Fouché über sie sagt, ist natürlich reine Verleumdung.

190 Cambacérès hatte die Aufgabe, sofort nach der Geburt das Geschlecht des Kindes festzustellen.

191 Tag der Ermordung Cäsars.

zeigte. Alles schien diesem Kinde das glücklichste Schicksal zu verheißen. Aber nur drei Jahre genügten, die ungeheure Macht seines Vaters zu zerstören. Und dennoch lebten damals der Hof, die Großen, die Minister, das ganze Reich in tiefer Ruhe und Sicherheit. Kaum entdeckte man unter den denkenden Leuten einige Ahnungen, einige unbestimmte Besorgnisse.

Wenige Tage später (am 16. Juni 1811) kündigte Napoleon bei der Eröffnung der Gesetzgebenden Körperschaft an, dass die Geburt des Königs von Rom alle seine Wünsche erfüllt und die Erwartung seines Volkes befriedigt habe. Er sprach darauf von der Vereinigung der römischen Staaten, von Holland, den Hansestädten und dem Wallis und schloss mit den Worten, er hoffe, der Frieden des Kontinents werde nicht gestört werden. Frankreich aber hatte feine Ohren; es verstand diese letzten Worte, die er nicht ohne die Absicht hingeworfen hatte, um die Gemüter für den Krieg vorzubereiten. Man hatte mich von dem Ukas[192] in Kenntnis gesetzt, den Alexander erließ, um sein Reich aus der schwierigen Lage zu ziehen, in die es durch die Aufrechterhaltung der Kontinentalsperre versetzt worden war. Russland konnte unmöglich länger dem Seehandel entsagen. Außerdem wusste ich, dass die Partei der Altrussen in den Räten Alexanders anfange, die Oberhand zu gewinnen. Der Ukas beschränkte die Einführung fremder Erzeugnisse auf gewisse Häfen, und unter den tarifierten Waren befand sich nicht ein einziger Artikel französischer Fabrikation. Darin sah ich die Revanche für die willkürliche Besitznahme der Hansestädte.

Unser Handel, der sich mehr und mehr in unseren eigenen Grenzen konzentrierte, bestand nur noch aus Landfracht; wir hatten jetzt keine anderen Fahrzeuge mehr als Wagen und Karren. Der große Ruf unserer Industrie beruhte damals auf der

192 [Erlass der zaristischen und kaiserlichen Regierung mit Gesetzeskraft. *P.S.*]

Fabrikation von Rübenzucker, und das wurde von gewissen Abenteurern der Nationalindustrie ausgebeutet, um der Regierung Vorschüsse, Prämien und Anweisungen auf Ländereien zum Rübenanbau zu entlocken. Alles übrige lag darnieder. Und was das Traurigste war, das Volk fing an, unter der Teuerung des Getreides zu leiden, die infolge einer schlechten Ernte entstanden war und durch die Ausfuhr, an der sich die Regierung bereicherte, noch erhöht wurde. Allerdings richtete man in allen Departements Unterkunfts- und Versorgungsanstalten für die Armen ein, um das Elend etwas zu mildern. Dort erhielt ein Teil der Bevölkerung Unterkunft und wurde mit Sparsuppen verpflegt. Aber das Volk, das darauf bestand, Brot zu essen, klagte den Kaiser an, dass er selbst den Engländern unser Getreide verkaufe. Gewiss ist, dass das Monopol, mit dem der Kaiser das Getreide belegte, zum Teil an der Hungersnot schuld war. Aber auch in den Salons herrschte keine günstigere Stimmung für den Kaiser; man wurde immer feindseliger gegen ihn. Das war also die öffentliche Meinung, seitdem Savary die Stimmung des Volkes leitete. Dieser Mann, den die Pracht der Großen und der Glanz einer hohen öffentlichen Stelle blendeten, glaubte nur dadurch zu Einfluss und Macht gelangen zu können, wenn er sich mit einem Hof aus allen möglichen Kreaturen, Schmarotzern und Literaten umgab, die an seine Tafel und Befehle gefesselt waren. Er bildete sich ein, es genüge, um aus meinen Überlieferungen Nutzen zu ziehen, wenn er den Faubourg Saint-Germain schonend behandle, ohne jedoch seine Polizei all dessen zu entblößen, was sie Hassenswertes und Unangenehmes an sich hatte. Mit einem Wort, er glaubte die öffentliche Meinung zu machen, wie Madame de Genlis[193] die Sitten des neuen Hofes bildete. Auf diese Weise entstanden in

193 [Félicité de Genlis war eine französische Hofdame, Erzieherin und Schriftstellerin. Ihre Werke sind in Vergessenheit geraten, obwohl sie historisch interessant sind, besonders ihre 1825 veröffentlichten Memoi-

den Speisesälen des Polizeiministers jene berühmten Gabelfrühstücke Savarys, zu denen sich in der Regel die bezahlten Publizisten, die mit dem Kaiser in Verbindung standen, und die Journalisten einfanden, die irgendein Amt oder eine Belohnung erstrebten. Angeregt durch befohlene Geistesblitze und den angenehmen Duft eines reichlichen Frühstücks, erteilte ihnen Savary dann seine Befehle über die Tendenz, die sie der Wochenliteratur zu geben hatten.

Die Leitung dieses moralischen Teils des Polizeiministeriums war dem Dichter Esménard[194] anvertraut, einem Manne, der zwar wahres Talent besaß, aber so verschrien war, dass ich ihn, so lange ich ihn benutzte, immer im Zügel halten musste. Esménard missbrauchte bald seine Überlegenheit und seine Stellung. Er beherrschte den neuen Minister, indem er seine Leidenschaften und Verirrungen guthieß. Ich hatte die Künste und Wissenschaften respektiert; mein Nachfolger aber, der sich anmaßte, sich zum Beschützer der Akademien zu erheben, behandelte sie ganz militärisch, drang ihnen seine eigenen Kandidaten auf und hatte nichts Eiligeres zu tun, als die Vermittler des Wissens und der öffentlichen Meinung herabzuwürdigen. Ich hatte das Eigentum der Zeitungen respektiert, Savary hingegen griff es keck an und verteilte die Aktien unter seine Vertrauten und Helfershelfern. Auf diese Weise beraubte er sich eines der Haupthebel der öffentlichen Meinung. Ebenso wie Napoleon hasste auch er Madame de Staël und erbitterte sich im Verein mit Esménard aufs Wütendste gegen sie. Diese Verfolgung war insofern unpolitisch, als sie Veranlassung gab, dass der zahlreiche Freundeskreis dieser berühmten Frau zu einem wahren Herde der Opposition gegen die kaiserliche Regierung wurde.

---

ren. Sie starb als Anhängerin eines strengen Katholizismus und Gegnerin Voltaires. *P.S.*]

194 [Joseph-Alphonse Esménard (1770–1811) *P.S.*]

Das gleiche System herrschte in der hohen Polizei; es geschahen dieselben Gewaltstreiche. Dort war der kleine Desmarest der wirkliche Minister. Was war von einem so unbedeutenden Manne und seinen Plänen zu erwarten? Ungeschickte Einfalle, tadelnswerte Handlungen und eine drückende Verwaltung! Dennoch gab sich die öffentliche Meinung nicht kund. Die Bürger hatten kein Vertrauen mehr zueinander und teilten sich ihre gegenseitigen Empfindungen nicht mehr mit. Nur im Schoße der Familie und der Freundschaft wagte man dem allgemeinen Schmerz leise und verhohlenen Ausdruck zu geben.

In Ermangelung einer öffentlichen Volksmeinung wollte der Kaiser nun eine Meinung der Pariser Salons haben, und man verschaffte ihm eine künstliche, die von den 300 glänzend bezahlten Kundschaftern erfunden worden war. Auf diese Weise entstanden mehrere Statistiken, die die fünf oder sechs verschiedenen Polizeiverwaltungen entwarfen. Die unbedeutendste von allen war ohne Zweifel die Statistik des Generalpostdirektors Lavalette. Als ehemaliger Sekretär und geheimer Abgesandter Napoleons, als dieser noch General war, wusste Lavalette genau, was dem Kaiser am meisten in diesem Falle zusagte. Aber Napoleon bemerkte bald die Nichtigkeit aller dieser Auskundschaftungen, deren wahren Geist niemand nach mir erfasst hatte; er verlangte Tatsachen. Man brachte sie ihm, aber so erbärmliche, dass er schließlich ganz darauf verzichtete, diese Berichte zu lesen; sie waren ihm doch zu langweilig und unzusammenhängend. Später schrieb Savary eigenhändig von Anfang bis zu Ende den Bericht seines Kabinetts ab, denn er glaubte dadurch seinen ungenauen Erkundungen mehr Gewicht zu verleihen.

Und wie die Polizei seit meiner Ungnade in ihren wesentlichen Befugnissen entartet war, so geschah es auch mit einem anderen Ministerium, das gleichfalls viele Geheimnisse in sich barg. Ich meine das Ministerium der auswärtigen

Angelegenheiten, wo man seit dem Rücktritt Talleyrands der Sucht nach Eroberung, Gewalttätigkeit und Unterdrückung alle Zügel schießen ließ. Napoleon beging die Unklugheit, diesen feinen geistvollen Menschen, der einen so außerordentlich erprobten und vornehmen Takt besaß, mit Abneigung zu erfüllen. Und doch hatte ihm dieser Minister in der Politik zum mindesten ebenso große Dienste geleistet, wie ich es in den hohen Staatsangelegenheiten vermochte, die die Sicherheit seiner Person betrafen. Aber Napoleon konnte es Talleyrand nicht verzeihen, dass er über den Krieg mit Spanien stets mit so großer Missbilligung gesprochen hatte. Bald wurden die Pariser Salons und Boudoirs der Schauplatz eines stummen Kriegs zwischen den Anhängern Napoleons einerseits und Talleyrands und seiner Freunde anderseits, eines Krieges, in dem Spöttereien und Witze das schwere Geschütz bildeten und in dem der Beherrscher Europas fast immer geschlagen wurde. Dieser satirische Kampf nahm jedoch einen immer ernsthafteren Charakter an, je erbitterter sich der Krieg in Spanien gestaltete. Herr und Frau von Talleyrand zeigten sich umso teilnahmsvoller gegen die Prinzen des spanischen Königshauses, da diese ihr Schloss Valençay zum Aufenthalt angewiesen bekommen hatten, was wohl von Seiten Napoleons eine raffinierte kleine Rache war. Täglich zeigte der Kaiser sich gereizter gegen Talleyrand. Eines Tages bemerkte er ihn bei seinem Lever[195] inmitten der anderen Höflinge. In der Meinung, aus einem galanten Abenteuer, das sich im Schloss von Valençay zugetragen haben sollte, Vorteil zu ziehen und Talleyrand zu beleidigen, richtete er an ihn eine Frage, die für einen Ehemann höchst beleidigend ist. Ohne auch nur die geringste Aufregung in seinen Zügen zu verraten, antwortete ihm Talleyrand mit Würde: „Zu Ihrem und meinem

195 [ein im Schlafzimmer stattfindender Morgenempfang für einen ausgewählten Personenkreis. *P.S.*]

Ruhm, Majestät, wäre es sehr zu wünschen, dass niemals von den Prinzen des spanischen Hauses die Rede gewesen sein möchte."[196] Niemals war Napoleon so betroffen als nach dieser, auf die feinste Weise erteilten Lektion. Bald jedoch machten sich die Anzeichen einer vollkommenen Ungnade bemerkbar, und Talleyrands Stellung ward immer schwieriger. Sein Haus, seine Freunde, seine Dienerschaft waren einer beständigen Spionage ausgesetzt, die Savary sich nicht einmal die Mühe gab, zu verheimlichen. Seinen Freunden gegenüber rühmte er sich, Talleyrand und Fouché in fortwährender Furcht zu halten. Das Publikum zog daraus den Schluss, dass das Staatsoberhaupt sich infolge seines misstrauischen Charakters der Dienste zweier Männer beraubt habe, deren Ratschläge ihm stets von Nutzen gewesen waren, und dass nach deren Entlassung sowohl im Polizeiministerium als auch in den auswärtigen Angelegenheiten weder Maß noch Geschicklichkeit bewiesen werde. Die Polizei war nur noch eine unfruchtbare und aufregende Inquisition. Im Ministerium des Auswärtigen gewöhnte man sich daran, die Friedensschlüsse nur als Waffenstillstände oder verzweifelte Mittel zu neuen Kriegen zu betrachten. Schließlich kam es so weit, dass man sich gar nicht mehr schämte, die skandalösesten Zugeständnisse zu machen. „Wir wollen von Prinzipien nichts mehr wissen", sagte Talleyrands Nachfolger, Champagny-Cadore, derselbe Mann, der an der Spitze der Gewalttätigkeiten gegen den Papst und gegen das spanische Königshaus stand. Und doch war dieser Minister außerhalb seiner diplomatischen Sphäre oder besser außerhalb des

196 [Anlass für den Volksaufstand in Madrid war Napoleons Befehl, die zwei Kinder des früheren Königs, welche in der Stadt verblieben waren, außer Landes zu bringen. Um dies zu verhindern, versammelten sich am 2. Mai die Menschen vor dem Madrider Schloss. Die französischen Besatzer gingen gewaltsam gegen die Menge vor, was den Volksaufstand und jahrelangen Krieg zur Folge hatte. *P.S.*]

Einflusses Napoleons einer der sanftesten und gemäßigsten Männer Frankreichs. Auch er kam bald in Ungnade, der sich, wie es schien, kein einziger Minister Napoleons mehr entziehen konnte. Da es nur noch möglich war sich zu halten, wenn man demjenigen schmeichelte, der alle Macht und alle Gunst in Händen hielt, so arbeiteten die Macher der kaiserlichen Politik erneut darauf hin, den Sturz Englands und die Demütigung Russlands vorzubereiten. Denkschriften und Pläne darüber folgten haufenweise unter dem Schilde der geheimen Polizei Desmarests und Savarys, die den Auftrag hatte, für die zur Tagesordnung gehörenden Plänemacher zu bürgen. Der Kaiser erhielt bald von seinen Agenten nur noch Berichte, in denen die Wahrheit der Tatsachen entweder entstellt oder ganz verschwiegen war. Man überschüttete ihn mit aufreizenden Briefen, die voller Vorschläge und Pläne zu Intrigen, Abenteuern und Gewalttaten waren.

Schließlich kam man so weit, dass man gleichzeitig Russland und England zu „bearbeiten" gedachte. Solange ich die Fäden der hohen Polizei in Händen hielt, hatte ich vergebens versucht, den Kaiser auf vernünftigere Ideen hinsichtlich Englands zu bringen. Er schätzte das englische Volk und hasste nicht gerade England, aber er fürchtete die Oligarchie der englischen Regierung. Er glaubte nicht, dass England ihn mit einer solchen Regierung einen dauernden Frieden genießen lassen werde, sondern höchstens einen dreijährigen Waffenstillstand, nach welchem es galt, wieder von neuem anzufangen. Nie gelang es mir, die Vorurteile des Kaisers in dieser Beziehung zu zerstreuen. Andere hingegen bestärkten ihn durch die plumpsten Sophismen in seiner heftigen Leidenschaft gegen die britische Regierung, was ihn von neuem in einen Weltkrieg stürzte.

Bonaparte wollte in der Tat eine Revolution in England. Er glühte vor Verlangen, die Freiheit der Presse und des Parlaments dort zu unterdrücken. Man hatte ihn zu dem Wunsche verleitet, auch diese Insel den Schrecknissen einer politischen Revolution überliefert zu sehen, und er schickte seine geheimen Boten dahin ab, die ihn über den wahren Zustand Englands täuschten. Hundertmal hatte ich ihm gesagt, dass es sowohl infolge seiner öffentlichen Einrichtungen als auch seiner Seemacht ein mächtiger Staat sei, aber er traute seinen egoistischen Auskundschaftern mehr. In der Hoffnung, dass in England innere Spaltungen ausbrechen würden, beschäftigte er sich während des ganzen Jahres 1811 ausschließlich damit, den englischen Handel vom Kontinent auszuschließen. Seine Vertrauensmänner meldeten ihm ernsthafte Unruhen in England und behaupteten, das Land könne nicht lange einen Kriegszustand aushalten, der es mehr als 50 Millionen Pfund Sterling koste.

Wirklich brachen auch in Nottinghamshire unter den Arbeitslosen Unruhen aus. Die Meuterer vereinten sich zu Banden, verbrannten oder zerstörten die neuen Webstühle und begingen alle Arten von Ausschreitungen. Sie behaupteten unter der Führung eines gewissen Ludds[197] zu stehen, einer fingierten Persönlichkeit, woher sie den Namen Luddisten bekamen. Napoleon aber sah in diesen Revolten eine Wunde, die man, wie in Irland, vergrößern müsse. Bald erweiterte sich auch in der Tat dieser Aufstand und verbreitete sich über die benachbarten Gegenden von Derby und Leicester. Im Kabinett Napoleons versicherte man, dass sehr angesehene Persönlichkeiten diesen Bewegungen nicht nur nicht fremd gegenüberständen, sondern sogar die Anstifter davon seien. Im Fall eines ernsthaften Aufstandes und ähnlichen in London selbst vorbereiteten Unternehmungen rechnete man auf die mehr oder minder wirksame

---

197 [Aufrufe englischer Arbeiter gegen die drohende Verelendung durch die beginnende Industrialisierung waren häufig mit dem Pseudonym Ned Ludd unterzeichnet. Proteste gingen oft mit der gezielten Zerstörung von Maschinen einher. Luddisten bzw. Ludditen, wurden so zum Synonym für Maschinenstürmer. *P.S.*]

Mithilfe unserer dortigen Gefangenen, die sich auf 50 000 Mann beliefen. Und das war einer der Hauptgründe, warum Napoleon sich bewogen fühlte, in deren Auswechslung nicht einzuwilligen. Da wir in Frankreich nur 10 000 englische, aber ungefähr 55 000 spanische und portugiesische Kriegsgefangene hatten, willigte der Kaiser scheinbar in einen Vertrag, hingegen nur unter der Bedingung, dass ein Engländer und vier Spanier oder Portugiesen gegen fünf Franzosen oder Italiener ausgewechselt würden. Er war von vornherein sicher, dass England sich weigerte, auf einen derartigen Austausch einzugehen. Und in der Tat empörte schon der bloße Vorschlag dazu das englische Ministerium aufs Höchste. Je näher Napoleon die Niederlage Englands erschien, desto strenger wurde er in seiner Kontinentalsperre. Er verlangte nun auch von Schweden eine vollständige Schließung seiner Häfen und ließ ihm die Wahl zwischen einem Kriege mit England oder Frankreich. Diese so unpolitische Forderung an eine unabhängige Macht hatte zum Teil ihre Ursache in seiner Unzufriedenheit mit Bernadotte, der im Jahre zuvor (21. August 1810) durch den einstimmigen Wunsch der Stände zum königlichen Prinzen und erblichen Thronfolger Karls XIII. proklamiert worden war.[198] Diese plötzliche Erhebung hatte dem Kaiser im Grunde seines Herzens missfallen. Sein Groll gegen seinen ehemaligen Waffengefährten hatte sich seit der Mission, die Bernadotte im Jahre 1809 zur Verteidigung Antwerpens übertragen hatte, noch vermehrt. Er war fest überzeugt, dass damals ein heimliches Einverständnis zwischen Bernadotte und mir bestanden hatte und ich diesen zum Ersten Konsul oder Kaiser ausgerufen haben würde, wenn er, Napoleon, in Deutschland eine bedeutende Niederlage erlitten hätte, nur um ihm für immer die Pforten Frankreichs zu

---

198 Die französisch gesinnte Partei hatte ihn aus dem Grunde gewählt, um Napoleon damit einen Gefallen zu erweisen.

verschließen. Anderseits jedoch sah er Bernadotte gern nach dem Norden abreisen, denn er schätzte sich glücklich, von der Gegenwart eines Mannes befreit zu sein, den Savary und seine Vertrauten ihm als einen Gegner darstellten, der ihm gefährlich werden konnte. Einige Monate lang glaubte er sogar, ihn in Schweden fest in den Bahnen seiner Politik zu halten und richtete Note auf Note und einen Befehl über den andern an die Regierung Karls XIII., dass sie die schwedischen Häfen dem englischen Handel fest verschlossen halten solle. Da man sich dort nicht allzu sehr beeilte, seine Wünsche zu erfüllen, wurde er aufgebracht und ließ alle schwedischen Schiffe kapern, die Kolonialwaren führten. Ferner bestand er auf der Besetzung Pommerns. Auf diese Weise erhoben sich gegenseitige Beschwerden, und Napoleon gab der Regierung, deren Hoffnung und Schiedsrichter Bernadotte geworden war, Grund zu neuen Besorgnissen. Das ganze Jahr 1811 ging so in Zank und Streit zwischen den beiden Staaten hin.

Wie ich den Charakter Bernadottes kannte, war es mir klar, dass er sich schließlich in die Arme Russlands und Englands werfen würde, sowohl um die Unabhängigkeit Schwedens als auch das Erbe einer Krone sicher zu stellen, um die ihn Napoleon beneidete.

Meine früheren Beziehungen zu dem Kronprinzen von Schweden flößten dem Kaiser durch das Einwirken Savarys den Gedanken ein, dass ich Bernadotte heimlich aufhetze, sich gegen das Kabinett von Saint-Cloud störrig zu zeigen. Bald wusste ich auch, ohne im Geringsten daran zweifeln zu dürfen, dass man mich beobachtete und meine Briefe öffnete. Nun frage ich: was hätte man von mir gedacht, wenn ich nicht in der Lage gewesen wäre, die lächerlichen Nachforschungen einer Polizei zu täuschen, deren Schliche ich alle kannte? Ich hatte nichtsdestoweniger von allem Kenntnis, was sich in Stockholm wie im ganzen Norden ereignete, denn in der Umgebung

Bernadottes hielt mich der Oberst V. C. über alles auf dem Laufenden.

Beenden wir mit einigen Bemerkungen über den Krieg in Spanien die Skizze der politischen Ereignisse von 1811, die uns zu dem verhängnisvollen russischen Feldzug leiten. Schon hatte der Widerstand des spanischen Volkes den Charakter eines Freiheitskriegs angenommen, und Napoleon selbst war es, der England dieses Schlachtfeld auf dem Kontinent eröffnet hatte. Seit Beginn des Jahres 1810 hatte sich der Krieg in Spanien bereits dermaßen verwickelt; er bot dem Ehrgeiz und dem Neid der Generale schon so viel Stoff, dass der König Joseph bei seiner Anwesenheit in Paris aus Anlass der Hochzeit des Kaisers ausdrücklich darum bat, er möge entweder alle Truppen aus Spanien zurückziehen oder sie unter seinen unmittelbaren, d. h. unter den Befehl seines Generalstabschefs stellen. Der Kaiser hütete sich wohl, ihm die Zurückberufung der Truppen zu gewähren, aber er beauftragte Joseph mit dem Oberbefehl. Der König nahm daher den Marschall Jourdan von Paris mit nach Spanien, der den Titel „Generalstabschef des Königs von Spanien" erhielt. Die Armeeführer standen unter seinen Befehlen und mussten gleichzeitig dem König Joseph und dem Kaiser Bericht erstatten. Diese Verfügungen brachten indes keine Besserung der Dinge. Es gab immer verschiedene Armeen, und die Generale, die gleichzeitig von Paris und Madrid abhingen, wussten es so einzurichten, dass sie von niemand mehr abhängig waren. Sie wollten vor allem Herren über die Provinzen bleiben, die sie besetzt hielten oder dem Feinde streitig machten.

Inzwischen waren wir zweimal aus Portugal vertrieben worden, wo die englische Armee unermessliche Hilfsmittel und stets eine sichere Zuflucht fand. Alles hätte Napoleon überzeugen sollen, dass man, um Spanien zu unterwerfen, zuerst Lissabon erobern und die Engländer zur Einschiffung zwingen müsse. Dazu hatte er sich in gewisser Beziehung vor ganz Europa verpflichtet. Aber hier wie in anderen entscheidenden Fällen, wo das Feuer und das Gewaltige seines Charakters einer tieferen Einsicht oder wenigstens einer ganz gewöhnlichen Vorsicht hätten weichen müssen, verließ ihn sein Genie. Wie konnte es ihm entgehen, dass er nicht nur die Eroberung des Landes sondern auch seine eigene Existenz aufs Spiel setzte, wenn er in Spanien einen feindlichen militärischen Ruhm aufkommen ließ? Europa hatte genug Soldaten; es suchte nur einen General, der sie zu führen, der den französischen Waffen zu widerstehen wusste, gleichviel wie. Und es ist unglaublich, dass dies dem Scharfblick Napoleons entschlüpft ist. Er setzte eben allzu großes Vertrauen in sich selbst und in sein Glück. Anstatt sich in eigener Person an die Spitze einer großen Armee zu stellen, um Wellington aus Portugal zu vertreiben – die Lage des Kontinents erlaubte ihm das –, schickte er Masséna. Dieser war zwar von allen Offizieren Napoleons der geschickteste, mutigste und kühnste, aber der kühne Erpresser war der geheime Feind des Kaisers, der ihn drei Millionen wieder hatte herausgeben lassen. Ebenso wie Soult wiegte sich Masséna in dem Gedanken, dass auch er sich mit der Spitze seines Degens eine Krone gewinnen könne. Das Beispiel Napoleons, Murats und Bernadottes war ja so verführerisch! Voll Hoffnung setzte sich Masséna an der Spitze von 60 000 Soldaten in Marsch. Mitten in den ersten Schwierigkeiten seines Feldzugs jedoch erfuhr er aus sicherer Quelle, dass der Kaiser bereit sei, dem Hause Braganza Portugal wieder zurückzugeben, wenn England einwillige, ihm selbst Spanien zu lassen, und dass darüber bereits eine geheime Unterhandlung im Gange sei. Masséna fühlte sich dadurch beleidigt und entmutigt, und das Feuer seines militärischen Genies erlosch. Übrigens konnte in einer so entscheidenden Operation niemand Napoleon ersetzen. Er allein hätte es vermocht, 50–40 000 Mann zu opfern, um die bedeutende Schlachtlinie von Torres Vedras zu nehmen, ein wahrer Stahlgürtel, der Lissabon deckte. Und doch hing alles von dem Ausgang dieses Feldzugs von 1810 ab, sowohl für Napoleon als auch für ganz Europa. Diese innig verschmolzenen Wechselbeziehungen nicht zu bemerken, war ein Mangel an Voraussicht und Genie.

Was geschah? Der Feldzug war verloren, Lord Wellington triumphierte. Masséna fiel in Ungnade, kam zurück, um in den Salons der Tuilerien vergeblich auf eine Privataudienz zu warten, in der er die Niederlagen erklären wollte. Erst nachdem er einen ganzen Monat lang darum gebeten hatte, wurde sie ihm gewährt. Kurz, der Krieg auf der spanischen Halbinsel bot trotz mancher schöner Waffentat im Großen und Ganzen nur eine sehr besorgniserregende Aussicht dar. Nur Suchet hinterließ in den östlichen Provinzen den Franzosen das Recht auf unbestreitbaren Ruhm. Ihm gelang die Eroberung des Königreichs Valencia ohne die Hilfe eines anderen. Während er sich dort sozusagen unabhängig machte, spielte Soult, dem es nicht gelungen war, sich zum König von Portugal zu erheben, in Andalusien den Herrscher, und Marmont, der die Reste der Armee von Portugal gesammelt hatte, handelte auf gleiche Weise für sich am Duero und an der Tormes. Mit einem Wort, die Generale Bonapartes regierten militärisch in Spanien, und Joseph war nur ein Scheinkönig. Er konnte sich bereits nicht mehr aus Madrid herauswagen, ohne eine ganze Armee als Eskorte bei sich zu haben. Mehr als einmal war er in Gefahr, von den Guerillas gefangen genommen zu werden. Sein Königreich gehörte nicht ihm; die von uns besetzten Provinzen waren im Grunde genommen nur französische, von unseren Heeren oder den Guerillas verwüstete Gebiete. Für mich steht es fest, dass alle Niederlagen auf der spanischen Halbinsel die Folgen der Fehler waren, die man in dem so falsch aufgefassten und leichtsinnig unternommenen Feldzug von 1810 beging. Gegen

Ende des Jahres 1811 sandte Joseph den Marquis d'Almenara mit Vollmachten nach Paris, um seine Abdankung zu unterzeichnen oder die Unabhängigkeit Spaniens vom Kaiser anerkennen zu lassen. Napoleon jedoch, der jetzt nur noch an Russland dachte, verschob seine Entscheidung über die spanischen Angelegenheiten auf den Ausgang des großen Feldzugs in fernen Ländern, in den er sich zu stürzen gedachte.

13. Kapitel

Die Vorbereitung des russischen Feldzugs

Der Krieg mit Russland war nicht, wie damals das Volk glaubte, ein Krieg um des Kaffees und des Zuckers willen, sondern ein rein politischer Krieg. Der Keim dazu lag im Frieden von Tilsit. Um das zu beweisen, genügt es, hier die unmittelbar darauffolgenden Ereignisse darzulegen: die Errichtung des Königreichs Westfalen für die napoleonische Dynastie; der Beitritt der meisten norddeutschen Fürsten zum Rheinbunde; die Gründung des Herzogtums Warschau, das den Kern zur Wiederherstellung des Königreichs Polen bildete und in den Händen seines Schöpfers ein nach allen Seiten bewegliches Schreckbild war, denn Napoleon konnte es nach Belieben bald gegen Russland, bald gegen Österreich drehen. Ferner die Wiederherstellung der Republik Danzig, deren Unabhängigkeit zwar verbürgt wurde, deren dauernde Gebundenheit jedoch dem Kaiser einen Hafen und eine Festung an der Ostsee gewährte. Endlich die Heeresstraßen, die der französischen Armee zum Durchmarsch durch Preußen überlassen wurden, so dass jede Schranke bis zur russischen Grenze wegfiel. Das waren die Bedingungen, die das russische Kabinett in der Hoffnung unterschrieb, Gebietserweiterungen in der Türkei zu erhalten, was indes nicht in Erfüllung ging.

Da Napoleon jedoch damals seine ehrgeizigen Absichten gegen Süden richtete, so waren Spanien, Portugal und Südamerika die unmittelbaren Gegenstände seiner Habsucht. Daher die Frist gegenüber Russland, die durch einen arglistigen Friedensvertrag gewonnen wurde. Übrigens machte sich Napoleon gar keine Gewissensbisse darüber, die Augen der Menschen durch Schmeicheleien zu blenden, während er im Geheimen auf ihr Verderben sann. Damals wusste ich recht gut, was ich von seinen Absichten hinsichtlich Russlands zu halten hatte, und ich gestehe, dass ich selbst, durch die Größe seiner Pläne geblendet, auf die Wiederherstellung des freien Königreichs Polen hoffte. Als jedoch Napoleon Kosciuszko[199] von sich stieß oder zum mindesten versuchte, ihn in eine Falle zu locken, begriff ich, dass es sich um nichts anderes handele, als seine Herrschaft über die Weichsel hinaus auszudehnen. Und das Beispiel der Verheerung Spaniens bestärkte mich in meinem Urteil.

Während er immer weiter in der Eroberung Spaniens vorschritt, hatte er die letzte Hand an seine Bundespolitik gelegt und ging geradeswegs auf die Universalmonarchie zu. Dazu kam die letzte Niederlage Österreichs, die erzwungene Heirat mit einer Erzherzogin und die in der österreichischen Politik bewirkte Veränderung. Nun verschwand für den europäischen Kontinent jede Hoffnung, das Joch abschütteln zu können, solange noch Alexander mit dem Oberhaupt des Bundesstaats, den man jetzt schon das „Große Reich" nannte, einverstanden sei. Aber man fing in Russland selbst an einzusehen, dass die unmittelbaren Folgen der Kontinentalsperre für jeden Staat, der darauf einginge, außerordentlich verderblich sein würden. Dem Kaiser Alexander wurden endlich, nach einer dreijährigen zweifelhaften und lästigen Allianz, die Augen geöffnet. Er hielt den Zeitpunkt für gekommen, alle Kräfte seines Reichs zu sammeln, um Russlands Unabhängigkeit sicherzustellen. Napoleon, dem seine geheimen Agenten berichteten, dass die antifranzösische Partei oder die Altrussen im Begriff seien, im Petersburger Kabinett die Oberhand zu gewinnen,

199 Der letzte General der Republik Polen. Er wurde 1794 von den Russen entscheidend geschlagen und gefangen genommen. Da alles verloren war, gab er die Hoffnung auf eine Befreiung Polens auf und ging nach Amerika. 1798 kam er nach Frankreich. Napoleon suchte ihn nun für die Wiederherstellung Polens zu gewinnen. Kosciuszko blieb jedoch dem Worte getreu, das er dem Zaren Paul I. gegeben hatte, nie mehr gegen Russland zu kämpfen.

kam nun hinsichtlich Russlands auf seinen Plan von 1805 und 1806 zurück, den er damals nur aufgeschoben hatte, um seine Ausführung umso besser vorbereiten zu können. Dieser Plan aber bestand in nichts geringerem, als in der Zersplitterung oder gänzlichen Vernichtung des russischen Reichs, wenn sich Alexander nicht zu einem schimpflichen Frieden zwingen lassen sollte. Diesem Frieden wäre dann ein Bündnis gefolgt, dessen Basis die Wiederherstellung Polens und die Auflösung der Türkei gewesen sein würde. Endlich hätte ganz Europa seinen Beitritt zur Kontinentalpolitik erklären müssen, die als Deckmantel für Bonapartes Universalherrschaft diente.

Zuerst jedoch musste Russland gewonnen werden, indem man es einschüchterte oder ihm einen Krieg auf Leben und Tod erklärte, um seine Macht zu vernichten oder es nach Asien zurückzudrängen. Langsam beschäftigte man sich damit, die Treue der Polen zu erschüttern, indem man die Gemüter durch dunkle Machenschaften daraufhin bearbeitete.

Als Napoleon beschlossen hatte, alle Sprungfedern seiner Diplomatie im Norden in Bewegung zu setzen, ersetzte er zunächst seinen Minister des Auswärtigen Champagny-Cadore durch einen anderen, denn die Verwickelung so vieler Intrigen und Machenschaften gingen zwar nicht über den Eifer, wohl aber über die Kräfte Champagnys. Napoleon glaubte die Verantwortung so großer Angelegenheiten niemand anderem anvertrauen zu können, als seinem Staatssekretär Maret, d. h., dass alle auswärtigen Angelegenheiten von diesem Augenblick an in seinem eigenen Kabinett erledigt und von niemand außer von ihm selbst beeinflusst wurden. Von diesem Gesichtspunkt aus war Maret das, was der Kaiser brauchte: eine reine offizielle Maschine. Ohne ein schlechter Mensch zu sein, bewunderte Maret seinen Gebieter aufrichtig; er kannte alle Gedanken, Geheimnisse und Neigungen des Kaisers. Außerdem war er sein Geheimschreiber, der es am besten verstand, Napoleons

Ausfälle und politische Improvisierungen in schönen Phrasen zu Papier zu bringen. Maret führte auch das Geheimregister, in das der Kaiser seine Notizen über Menschen aller Länder und Parteien, die ihm von Nutzen sein konnten, und über solche Leute eintragen ließ, die man ihm anzeigte und deren Absichten er vermutete. Niemals kam es dem Staatssekretär in den Sinn, etwas gegen den Willen Napoleons zu tun, deshalb stieg er auch immer höher in seiner Gunst.

Diese Kabinettsgeheimnisse, der ungewöhnliche Ton einiger Noten von 1811, die Anzeichen großer, im Geheimen vorbereiteter Ereignisse, die Umtriebe und Intrigen im Ausland, erweckten endlich Russlands Verdacht.

Der Zar hatte es bereits selbst für geeignet gehalten, Napoleons Absichten zu erforschen. Dazu aber bedurfte er eines anderen als seines Gesandten Kurakin, der in Saint-Cloud allzu sehr verwöhnt wurde und ein großer Anhänger der Kontinentalsperre war. Alexander schickte daher im Januar den Grafen Tschernitscheff in diplomatischer Mission nach Paris. Dieser junge Edelmann, Oberst eines Kosakenregiments der kaiserlich russischen Garde, machte sich sofort am Hofe Napoleons durch seine Höflichkeit und sein ritterliches Benehmen bemerkbar. Er erschien zu allen Empfängen und Festen des Hofes und hatte dort sowie in der übrigen hohen Gesellschaft den größten Erfolg, so dass er bald der Liebling aller Damen wurde, die sich die Herrschaft der Grazie und Schönheit streitig machten. Alle bemühten sich um die Huldigungen des liebenswürdigen und lebhaften Abgesandten Alexanders. Anfangs schien er zu zögern, schließlich aber empfing die Herzogin von Rovigo[200] den Apfel des Paris von der Newa. Diese Liebesintrige machte umso größeres Aufsehen, als der Kaiser selbst und nicht sein Polizeiminister als erster vermutete, dass der

---

200 Madame Savary, Herzogin von Rovigo, die Gattin des Polizeiministers.

russische Abgesandte unter dem Schleier der Galanterie und einem liebenswürdigen oberflächlichen Äußern einen Auftrag politischer Ausforschung verberge. Der Verdacht verstärkte sich, als Tschernitscheff einen Monat nach seiner Abreise bereits mit einer neuen Mission erschien. Savary war tief beschämt, dass ihm sein Herr zuvorgekommen war und ihn zuerst auf die Intrige aufmerksam gemacht hatte. Um Napoleon zu gefallen, beauftragte er daher sein Faktotum Esménard, ein paar spitze, aber versteckte Pfeile auf den Gesandten des Zaren abzuschießen. Schon am Tage nach der Ankunft Tschernitscheffs, (11. April 1811) rückte der halboffizielle Schriftsteller in das „Journal de l'Empire" einen Artikel ein, der auf die zahlreichen Reisen eines russischen Offiziers, namens Bauer, anspielte, welchen Potemkin, der Geliebte Katharinas II., aussandte, bald um einen Tänzer aus Paris, bald Kaviar aus Albanien, Wassermelonen aus Astrachan oder Trauben aus der Krim zu holen. Die Anspielung war klar. Tschernitscheff sah darin eine Beleidigung und beklagte sich in Gemeinschaft mit seinem Gesandten ernstlich darüber. Da es nicht in der Absicht Napoleons lag, einen sofortigen Bruch herbeizuführen, tat er, als wenn ihm diese Satire, zu der er selbst die Veranlassung gegeben hatte, höchst peinlich sei. Um die Sache wiedergutzumachen, sprach er anscheinend die Ungnade Esménards aus, der auf einige Zeit nach Neapel verbannt wurde, wo man ihn jedoch mit Reichtümern und geheimen Gunstbezeugungen überschüttete. Das war sein Verhängnis: zwei Monate später, am 25. Juni 1811, wurde er auf dem Wege nach Fondi von seinen durchgehenden Pferden in einen Abgrund geschleudert und zerschmetterte sich den Kopf an einem Felsen.

Napoleon und seine Minister hörten jedoch nicht auf, sich in Sankt Petersburg über die Wirkung des Ukas vom 31. Dezember zu beklagen, der die englischen Interessen begünstigte und die Einfuhr von Kolonialwaren gestattete.

Auch die Pariser Zeitungen meldeten häufig, dass englische Schiffe in den russischen Häfen zugelassen würden. Von da an war es allen denkenden Leuten klar, dass ein neuer Bruch unvermeidlich sei. Man wusste, dass der angebliche Grund des gereizten Zustandes nur als Deckmantel der politischen Beschwerden diente, die der Gegenstand lebhafter Streitigkeiten zwischen den beiden Mächten geworden waren. Im Herbst 1811 sah sogar England diesen Krieg als nahe bevorstehend an, und das Londoner Kabinett war überzeugt, dass Napoleon seinen Heeren in Spanien nicht mehr die Verstärkungen schicken könne, die sein Bruder Joseph forderte.

Wie alle anderen, so war auch ich damals vollkommen in dem Gedanken an das ungeheure Unternehmen versunken, das Napoleon vorhatte. Von Anfang des Sommers an hegte ich den lebhaftesten Wunsch, mich der Hauptstadt Frankreichs zu nähern. Ich hoffte dort meiner Lage eine andere Wendung zu geben und dadurch imstande zu sein, dem Kaiser, wenn es noch Zeit wäre, einige Beobachtungen mitzuteilen, die ihn entweder von seinen Absichten abbringen oder wenigstens seine Pläne ändern würden, denn eine geheime Ahnung sagte mir, dass er diesmal in sein Verderben renne.

Es zeigten sich dabei ziemliche Schwierigkeiten. Zuvörderst konnte ich mir nicht verhehlen, dass ich dem Kaiser Argwohn und Besorgnis einflößte. Ich wusste, dass der Befehl, mich zu überwachen, mehrmals erteilt worden war. Aber die hohe Polizei hatte dermaßen versagt, dass sie schließlich der Meinung war, die große Entfernung und die Art meines Lebens machten die Überwachung überflüssig. Kurz, ich entschlüpfte ihren Nachforschungen mit unglaublicher Geschicklichkeit. Darauf gründete ich den Erfolg einer direkten Bitte, die ich durch Vermittlung Durocs an den Kaiser richtete und außerdem auf geschickte Weise durch den Grafen von Narbonne befürworten ließ, der sehr in der Gunst Napoleons stand.

Ich stellte ihm vor, dass das südliche Klima meiner Gesundheit nach Aussagen der Ärzte sehr nachteilig und mir außerdem ein Aufenthalt von einigen Monaten auf meinem Schloss Pont-Carré zur Regelung meiner Familienangelegenheiten vonnöten sei. Ich sagte ihm ferner, wie angenehm es für mich wäre, mich auf dieses einsame Gut zurückzuziehen, für das ich jederzeit eine große Vorliebe besessen hätte. Sofort erhielt ich die Erlaubnis dazu, aber Duroc gab mir gleichzeitig den vertraulichen Rat, in Ferrières in der größten Zurückgezogenheit zu leben, um nicht den geringsten Verdacht zu erregen, denn ich hätte die Polizei und die größte Voreingenommenheit gegen mich.

So wechselte ich also meinen Aufenthalt, aber ohne Aufsehen und sozusagen inkognito. In Ferrières lebte ich vollkommen abgeschieden, empfing keinen Menschen und beschäftigte mich scheinbar nur mit der Wiederherstellung meiner Gesundheit, der Erziehung meiner Kinder und der Verbesserung meiner Güter. Anfänglich musste ich unendliche Vorsicht gebrauchen, um aus Paris, dem ich so sehr nahe war, die geheimen Nachrichten zu erhalten, die mir zur unüberwindlichen Gewohnheit geworden waren. In Anbetracht des Ernstes der Umstände fühlte ich sehr bald, dass mir nichts die vertraulichen Unterlagen ersetzen konnte, die ich so gut verstand in die Wege zu leiten, ohne mir jemals einen Missbrauch des Vertrauens vorwerfen zu müssen, das man mir entgegenbrachte. Hier jedoch vermochte ich mir nur verstohlenerweise und nur dann und wann einige heimliche Unterredungen mit sicheren und mir ergebenen Personen zu verschaffen. Wenn sie zu mir kamen, traten sie nie anders als ohne Wissen meiner Dienerschaft und im Dunkel der Nacht durch eine kleine Pforte bei mir ein, zu der ich allein den Schlüssel besaß. In einem Winkel meines Schlosses, wo wir weder gehört noch überrascht werden konnten, empfing ich sie.

Von allen Männern, die Anhänger der Regierung waren oder ein öffentliches Amt bekleideten, war der würdige Malouet der einzige, der den Mut besaß, mich öffentlich und ohne ein Geheimnis daraus zu machen, zu besuchen[201].

Wie tief und innig war unser Gedankenaustausch, obwohl uns manche Meinungsverschiedenheit trennte! Aber in einem fanden wir uns doch auf dem nämlichen Boden, denn wir betrachteten beide die Ausschreitungen einer Gewalt mit denselben Augen. Wir waren von derselben Besorgnis durchdrungen und überzeugt, dass Europa einer der stärksten sozialen Krisen nahe sei, die jemals die Völker bewegt habe. Der als unvermeidlich betrachtete russische Krieg und der außerordentliche Ehrgeiz des Staatsoberhauptes bildeten den Hauptstoff unserer Unterhaltungen und Bemerkungen. Durch Malouet erfuhr ich, dass Napoleon dem Kaiser Alexander vorgeschlagen habe, er möchte seinen Gesandten Kurakin mit Vollmachten versehen, um über die streitigen Punkte zu unterhandeln:

1. Über den Ukas vom 31. Dezember 1810, der nach der Meinung unseres Kabinetts den Friedensvertrag von Tilsit und die ihm folgenden Übereinkommen nichtig gemacht habe.

2. Über den Protest Alexanders gegen die Besitznahme des Herzogtums Oldenburg; denn nach der Ansicht unseres Kabinetts hatte Russland nicht das Recht, sich in die Angelegenheiten eines Rheinbundfürsten zu mischen.

3. Über den Befehl, den der Kaiser Alexander seiner Moldauarmee erteilt hatte, an die Grenzen des Herzogtums Warschau vorzurücken.

Alexander jedoch, dessen Augen bereits über die Folgen seines Bündnisses mit Napoleon geöffnet waren, wich seinem Vorschlage aus, versprach indes, den Grafen von Nesselrode

---

201 Malouet hatte mit Fouché zusammen im Oratorium von Nantes studiert.

nach Paris zu schicken, der den Grafen Romanzoff in seinem Vertrauen ersetzt hatte.

Genau betrachtet waren für uns diese Streitpunkte nur Vorwände, die beide Teile vorausschickten, um die wirkliche Staatsfrage zu verschleiern. Sie hatte ihren Grund in der Macht und Eifersucht der beiden Reiche, die einander zu nahe gerückt waren, um sich nicht den Vorrang auf dem Kontinent streitig zu machen. Obwohl Malouet die Beobachtungen, die ich Napoleon über die Gefahren dieses neuen Krieges in einer Denkschrift vorzulegen gedachte, für unnütz und wirkungslos hielt, versuchte er doch nicht, mir davon abzuraten. Er meinte, es sei immerhin eine Art Protest, den ich meinem Vaterlande, mir selbst und der bedeutenden Stellung, die ich eingenommen hatte, schuldig sei. Außerdem würde das auch zur Beruhigung meines Gewissens beitragen. Ich legte ihm den Entwurf zu dieser Denkschrift vor, und er billigte ihn, jedoch mit der Bemerkung, dass ich mich nicht allzu sehr beeilen solle, denn meine Sorge sei weder offiziell noch durch einen ostensiblen Grund berechtigt, und es würde den Anschein gewinnen, als habe ich das Staatsgeheimnis durchdrungen. Es liege übrigens nur an mir, den geeigneten Augenblick dazu zu erfassen, der aller Wahrscheinlichkeit nicht mehr fern sei. Wir trennten uns, und ich begab mich wieder an meine Arbeit.

In der Absicht, sich seine neuen holländischen Untertanen geneigt zu machen, unternahm Napoleon im September eine Reise längs der Küste. Nach seiner Rückkehr beschäftigte er sich sofort mit den ungeheuren Vorbereitungen für den Krieg in Russland. Der Form halber fanden einige Zusammenkünfte des geheimen Rates statt, denen nur die alleruntertänigsten Werkzeuge der Gewalt beiwohnten. Niemals hatte Napoleon die Staatsgewalt so unumschränkt weder im moralischen noch materiellen Sinne ausgeübt als damals, als er die Minister und den Staatsrat mittels eines Senatsbeschlusses, der von seinem

Kabinett ausging, von sich abhängig machte. Durch Vermittlung des Senats vermochte er sich der Zustimmung der Gesetzgebenden Körperschaft zu entheben und dieser beiden wiederum mittels des Staatsrates, den er noch mehr in seiner Hand hatte. Die Gerüchte von einem Kriege mit Russland gewannen mit jedem Tage größere Wahrscheinlichkeit und wurden der Gegenstand aller Gespräche und Unterhandlungen. Endlich begannen die Maßnahmen der Regierung selbst den Schleier zu lüften. Am 20. Dezember stellte ein Senatsbeschluss 120 000 Mann von dem Jahrgang 1812 zur Verfügung des Kaisers. Die Rede des Sprechers der Regierung und die Berichte der Senatskommission gelangten nicht an die Öffentlichkeit, ein Grund mehr, um alles auf einen nahe bevorstehenden Bruch zurückzuführen.

Der Brennpunkt aller meiner Gedanken waren die Gefahren eines in so fernen Ländern zu führenden Krieges, dem kein anderer verglichen werden konnte. Es war an der Zeit, meine Denkschrift zu übergeben, die ich nur noch ins Reine zu schreiben brauchte. Sie zerfiel in drei Abteilungen. Im ersten Teile schilderte ich, wie ungeeignet es sei, gerade jetzt einen Krieg mit Russland zu unternehmen, wo der Krieg mit Spanien, statt zu erlöschen, im Gegenteil mehr und mehr entflammte. Der zweite Abschnitt handelte von den Schwierigkeiten, die dieser Krieg mit sich brachte, und die ich die inneren Schwierigkeiten nannte. Ich gründete meine Befürchtungen auf die Beschaffenheit des Landes und den Charakter seiner Bewohner sowohl der Großen wie des Volkes. Auch vergaß ich den Charakter Alexanders nicht, denn ich war überzeugt, dass man ihn ganz falsch verstand oder beurteilte. Im dritten Teile endlich behandelte ich die wahrscheinlichen Folgen dieses Kriegs sowohl im Falle eines vollkommenen Sieges als einer gänzlichen Niederlage. Im ersten Falle legte ich klar, dass es ein glänzendes Hirngespinst sei, durch die Eroberung Russlands, das an China grenzte, zur Universalmonarchie gelangen zu wollen. Unstreitig wolle sich der Sieger von Moskau nach Konstantinopel und von da an den Ganges begeben und zwar aus dem gleichen unwiderstehlichen Tatendrang, dem sich ehemals ohne Rücksicht auf Staatsgründe Alexander von Mazedonien und nach ihm noch ein anderes, weit tieferes und besonneneres Genie, Julius Cäsar, überließen.

„Sire", sagte ich darin zu Napoleon, „Sie sind im Besitze der schönsten Monarchie auf Erden; wollen Sie denn ohne Unterlass deren Grenzen erweitern, um einst einem minder starken Arm als dem Ihrigen die Erbschaft eines nie zu beendenden Krieges zu hinterlassen? Die Geschichte lehrt uns, den Gedanken an eine Universalmonarchie zu verwerfen. Hüten Sie sich vor einem allzu großen Vertrauen in Ihr Militärgenie, das Sie vielleicht einst alle Schranken der Natur niederreißen und gegen alle Gesetze der Klugheit verstoßen lässt. Es ist Zeit, dass Sie Halt machen. Sire, Sie sind auf dem Punkte Ihrer Laufbahn angelangt, wo alles, was Sie erreicht haben, weit wünschenswerter ist als das, was Sie durch neue Anstrengungen noch erlangen können. Jede neue Erweiterung Ihrer Herrschaft, die schon alles Maß überschreitet, ist mit einer unvermeidlichen Gefahr, nicht nur für Frankreich, – das vielleicht schon unter der Last Ihrer Eroberungen zusammenbricht – sondern wohlverstanden auch für Ihren Ruhm und Ihre Sicherheit verbunden. Alles, was Ihre Herrschaft an Ausdehnung gewinnen kann, würde sie an Festigkeit verlieren. Halten Sie ein, es ist Zeit! Genießen Sie endlich in Frieden Ihr Geschick, das ohne Zweifel das glänzendste von allen ist, das in modernen Zeiten und in unserer Zivilisation selbst der kühnsten Einbildungskraft zu wünschen und zu erreichen gestattet wurde.

„Und welches Reich wollen Sie unterwerfen? Russland, das an den Nordpol und an ewiges Eis grenzt; das nur ein Viertel des Jahres angreifbar ist und den Angreifenden nichts als das strenge Klima, die Leiden und Entbehrungen eines auf weite Strecken unbewohnten Landes, einer toten und erstarrten Natur bietet? Es ist der Riese Antäus der Fabel, der nicht anders zu besiegen ist, als dass man ihn in seinen eigenen Armen erdrückt! Wie, Sire, wollen Sie in das Innere dieses modernen Skythien eindringen, ohne weder die Härte und Unfreundlichkeit des Klimas, noch die Armut des Landes, noch die Wege, die Seen und Wälder, die allein schon genügen, Ihren Marsch zu hemmen, noch die ungeheuren Strapazen und Gefahren aller Art zu berücksichtigen, welche Ihre Armee aufreiben werden, so groß und stark sie auch immer sein mag? Zweifellos wird Sie keine Macht der Welt hindern können, den Njemen zu überschreiten, in die Wüsten und Wälder Litauens einzudringen, aber Sie werden mit weit größeren Schwierigkeiten zu kämpfen haben, über die Dwina zu gehen, und dann sind Sie immer noch hundert Meilen von Petersburg entfernt. Hier werden Sie zwischen Petersburg und Moskau wählen müssen. Großer Gott, welche Wahl! In einer oder der anderen Hauptstadt wird sich das Schicksal der Welt entscheiden!

„Wie groß auch Ihre Erfolge sein mögen, die Russen werden Ihnen jeden Fuß dieses rauen Landes streitig machen, wo Sie nichts zur Verproviantierung Ihres Heeres finden. Zweihundert Meilen weit werden Sie alles herbeischaffen müssen. Während Sie zuschlagen sollen und vielleicht dreißig Schlachten zu liefern haben, muss die Hälfte Ihres Heeres dazu verwendet werden, die zu schwachen und fortwährend von Kosakenschwärmen unterbrochenen und bedrohten Verbindungen zu decken. Selbst Ihr großes Genie wird unvermögend sein, den Verlust Ihrer Armee zu verhindern, die dem Hunger, den Strapazen, den Entbehrungen und der Härte des Klimas zur Beute fallen wird. Nehmen Sie sich in acht, dass Sie nicht dann noch gezwungen sind, zwischen Elbe und Rhein zu kämpfen! Sire, ich beschwöre Sie im Namen Frankreichs, um Ihres Ruhmes und Ihrer und unserer Sicherheit willen, stecken Sie den Degen wieder in die Scheide! Denken Sie an Karl XII. Freilich konnte dieser Fürst nicht, wie Sie, über zwei Drittel des europäischen Festlandes und über eine Armee von 600 000 Mann verfügen, aber Zar Peter seinerseits hatte auch nicht 400 000 Mann und 50 000 Kosaken! Er hatte, werden Sie einwenden, einen eisernen Charakter, während die Natur dem Kaiser Alexander den sanftesten Charakter von der Welt verliehen hat. Aber täuschen Sie sich nicht, Sire! Sanftmut schließt keineswegs Charakterfestigkeit aus, besonders wenn es sich um wichtige Interessen handelt. Werden Sie übrigens nicht auch seinen Senat, die meisten Würdenträger, die kaiserliche Familie, ein fanatisches Volk, abgehärtete Soldaten und das Kabinett von Saint-James gegen sich haben? Dass Schweden bereits jetzt von Ihnen abfällt, geschieht nur durch den Einfluss englischen Goldes. Nehmen Sie sich in acht, dass diese unversöhnliche Insel nicht die Treue Ihrer Verbündeten erschüttere! Hüten Sie sich, Sire, dass Ihr Volk Sie nicht eines Tages eines allzu unüberlegten Ehrgeizes beschuldige und sich nicht allzu sehr mit dem Gedanken an die Möglichkeit eines großen Unglücks vertraut mache! Ihre Macht und Ihr Ruhm haben viele feindseligen Gefühle eingeschläfert, aber eine unerwartete Niederlage könnte alle Grundfesten Ihres Reiches erschüttern."

Nachdem ich meine Denkschrift beendigt hatte, ließ ich den Kaiser um eine Audienz bitten. Man führte mich in sein Arbeitskabinett der Tuilerien. Kaum hatte er mich erblickt, so sagte er mit zufriedener Mine: „Sie sind es, Herr Herzog? Ich weiß, was sie zu mir führt." – „Wieso, Sire?" – „Ja, ich weiß, dass Sie mir eine Denkschrift zu überreichen haben." – „Das ist nicht möglich." – „Ich weiß es. Aber gleichviel; geben Sie sie mir, ich will sie lesen. Es ist mir jedoch nicht unbekannt, dass der Krieg mit Russland ebenso wenig Ihren Beifall findet wie der Krieg mit Spanien." – „Sire, ich glaube, es wird nicht sehr glücklich sein, dass man sich ohne Gefahr gleichzeitig jenseits der Pyrenäen und jenseits des Njemen schlagen kann. Der Wunsch und die Notwendigkeit, die Macht Eurer Majestät für immer befestigt zu sehen, haben mich ermutigt, Ihnen einige Bemerkungen über die gegenwärtige Krisis zu unterbreiten."

„Es ist keine Krisis, sondern nur ein politischer Krieg. Sie können weder meine Lage noch die Gesamtheit Europas beurteilen. Seit meiner Vermählung glaubt man, der Löwe schlummere; man wird bald sehen, ob er schlummert. Spanien wird fallen, sobald ich den englischen Einfluss in Sankt Petersburg zunichte gemacht habe. Dazu brauche ich 800 000 Mann, und ich habe sie. Ich ziehe ganz Europa hinter mir her; und Europa ist weiter nichts als eine alte verdorbene Hure mit der ich mit Hilfe meiner 800 000 Mann machen kann, was ich will. Sagten Sie mir einst nicht selbst, Sie erkennten das Genie nur daran, dass es nichts für unmöglich hielt? Nun, in sechs oder acht Monaten sollen Sie sehen, was die allerumfassendsten Pläne, verbunden mit der Kraft vermögen, die alles ins Werk zu setzen weiß. Ich richte mich mehr nach der Meinung der Armee und des Volkes als nach der Ihrigen, meine Herren, die Sie zu reich sind und nur deshalb für mich zittern, weil Sie selbst den Zusammenbruch fürchten. Seien Sie ohne Sorge; betrachten Sie den Krieg mit Russland als einen vernünftigen Krieg, der im Interesse der Ruhe und Sicherheit aller geführt wird. Übrigens, was kann ich dafür, wenn ein Übermaß von Macht mich zur Diktatur über die ganze Welt fortreißt? Haben Sie nicht selbst dazu beigetragen, Sie und so viele andere, die mich heute tadeln und gern zu einem schwachen, gutmütigen König machen möchten? Mein Schicksal ist noch nicht erfüllt; ich will vollenden, was eben erst angefangen ist. Wir müssen ein europäisches Gesetzbuch, einen europäischen Kassationshof, gleichen Münzfuß, gleiche Maße und Gewichte, gleiche Gesetze haben. Aus allen Völkern Europas muss ich *ein* Volk und aus Paris die Hauptstadt der

Welt machen. Das ist, Herr Herzog, die einzige Lösung, die mir zusagt. Heute würden Sie mir wohl schwerlich gute Dienste leisten, weil Sie das alles noch für sehr fraglich halten, aber noch ehe ein Jahr vergangen ist, werden Sie mir mit demselben Eifer, mit derselben Begeisterung dienen, wie nach Marengo und Austerlitz. Und Sie werden Größeres erleben als jene Zeit; *ich* sage Ihnen das. Leben Sie wohl, Herr Herzog; spielen Sie weder den in Ungnade Gefallenen, noch den Tadler, und haben Sie ein wenig mehr Vertrauen zu mir."

Ganz erstaunt zog ich mich zurück, nachdem ich mich tief vor dem Kaiser verbeugt hatte, der mir den Rücken zukehrte. Als ich mich von der Bestürzung ein wenig erholt hatte, in die mich diese seltsame Unterredung versetzte, begann ich darüber nachzudenken, wie es wohl gekommen sein mochte, dass der Kaiser so genau von meinem Vorhaben unterrichtet war. Da mir das ganz unbegreiflich war, lief ich zu Malouet, weil ich glaubte, dass vielleicht ein unbeabsichtigtes Wort seinerseits die hohe Polizei oder einen der Korrespondenten des Kaisers auf die Spur gebracht habe. Ich sprach mich ihm gegenüber aus, wurde aber bald durch die Versicherungen des ehrlichsten Mannes im ganzen Reiche überzeugt, dass ihm kein Wort entschlüpft war. Mir erschien der Vorfall umso sonderbarer, als mir durchaus kein Dritter als verdächtig einfiel. Wie also konnte der Kaiser erfahren, dass ich ihm eine Denkschrift überreichen wollte? Man bewachte mich demnach sogar im Innern meines Hauses? Auf einmal ging mir ein Licht auf. Ich erinnerte mich nämlich, dass eines Tages plötzlich ein Herr bei mir eingetreten war, ohne meinem Kammerdiener Zeit gelassen zu haben, ihn anzumelden. Er hatte sich zu dieser Unterhaltung eines Vorwandes bedient. Sogleich schloss ich, nachdem ich mir alle Indizien zusammengestellt hatte, dass das ein geheimer Abgesandter gewesen war. Und als ich in meinem Gedächtnis nochmals alles wiederholte, was wir damals miteinander gesprochen hatten, wurde mein Verdacht nur noch mehr begründet. Ich zog nähere Erkundigungen ein und erfuhr, dass dieser Mensch, namens B., ein zurückgekehrter Emigrant sei, der sich in der Nähe meines Schlosses ein kleines Gut gekauft, es aber noch nicht bezahlt hatte. Er war zwar Gemeindevorsteher, aber allen Anzeichen nach ein Intrigant und Betrüger. Ich verschaffte mir seine Handschrift und erkannte sie als die eines ehemaligen Agenten, der beauftragt war, in London die Bourbonen, die vornehmen Emigranten und die Führer der Chouans zu beobachten. Ich besaß die Nummer seiner Korrespondenz, und mehr bedurfte es nicht, um mir in den Büros die Berichte dieses durchtriebenen Kerls zu verschaffen. Einer meiner ehemaligen Angestellten nahm es auf sich, die Geschichte aufzuklären. Es gelang ihm, und hier folgt, was sich zugetragen hatte.

Nachdem Savary vom Kaiser den ausdrücklichen Befehl erhalten hatte, ihm Bericht darüber zu erstatten, was der Exminister Fouché in seinem Schloss Ferrières treibe, meldete er ihm in einem ersten Rapport, dass er auf der Suche nach einem Agenten begriffen sei, der die erforderliche Geschicklichkeit besitze, den Absichten Seiner Majestät zu entsprechen. Indes verhehlte er dem Kaiser nicht, dass die Ausforschung sehr schwierig sein würde, denn der Exminister sei für keinen Fremden zu sprechen und niemand, selbst nicht die Leute aus dem Dorfe, hätten Zutritt zum Schloss. Nach einigen Nachforschungen warf Savary seine Blicke auf Herrn B. und ließ ihn zu sich kommen. Er war ein großer Mann von angenehmem Äußern und einschmeichelndem, liebenswürdigem Wesen, schlau, gewandt, ein glänzender Redner, der sich durch nichts abschrecken ließ. „Mein Herr", sagte Savary zu ihm, „Sie sind Gemeindevorsteher und kennen den Herzog von Otranto; wenigstens standen Sie ehemals im Briefwechsel mit ihm und müssen sich also eine Vorstellung von seinem Charakter und seinen Gewohnheiten gebildet haben. Sie sollen mir berichten, was er in Ferrières tut. Sie müssen es unbedingt, der Kaiser will es wissen."

„Durchlaucht erteilen mir einen Auftrag", erwiderte B., „der schwer auszuführen ist. Ich halte es sogar für unmöglich. Sie kennen den Menschen; er ist misstrauisch, argwöhnisch, auf seiner Hut und überdies unzugänglich. Wie und unter welchem Vorwand könnte ich Zutritt bei ihm erhalten? Wirklich, ich kann es nicht."

„Hilft alles nichts", erwiderte der Minister, „Sie *müssen* diesen Auftrag übernehmen, denn der Kaiser legt großen Wert darauf, und ich erwarte von Ihnen diesen neuen Beweis Ihrer Ergebenheit für den Kaiser. Reisen Sie ab und kommen Sie nicht ergebnislos zurück; ich lasse Ihnen vierzehn Tage Zeit." In der größten Verlegenheit geht B. und kommt in Ferrières an. Dort zieht er Erkundigungen ein und erfährt auf indirektem Wege, dass einer meiner Pächter wegen rückständigen Pachtzinses von meinem Geschäftsverwalter gerichtlich verfolgt wird. Er geht zum Pächter, heuchelt lebhafte Anteilnahme an seinem Geschick und überlistet ihn schließlich, so dass dieser ihm die nötigen schriftlichen Beweisstücke ausliefert. Mit diesen Papieren besteigt er einen Wagen und erscheint, sorgfältig gekleidet, am Parktor meines Schlosses. Hier meldet er sich beim Hausverwalter als der Vorsteher einer benachbarten Gemeinde an, der großen Anteil an einer unglücklich und ungerechterweise verfolgten Familie nähme. Er schmeichelt meinem Hausverwalter dermaßen, dass dieser ihn bis zur Treppe gelangen lässt. Hier aber wird er von meinem Kammerdiener angehalten, der ihm den Eintritt in meine Wohnung verweigert. B. lässt sich nicht abschrecken; er bittet, fleht, wird dringend und erreicht schließlich, dass er angemeldet wird. In dem Augenblick aber, als mein Kammerdiener die Tür meines Arbeitszimmers öffnet, stößt ihn B. beiseite und tritt ein. Ich saß an meinem Schreibtisch mit der Feder in der Hand.

Verwundert über den plötzlichen Eintritt eines Fremden, fragte ich ihn, was er von mir wolle. „Durchlaucht“, erwiderte B., „ich komme, Sie um eine Gnade, um einen dringenden Akt der Menschlichkeit und Gerechtigkeit zu bitten. Ich flehe Sie an, einen unglücklichen Familienvater vor dem gänzlichen Ruin zu retten.“ Und dann bot er seine ganze Redegabe auf, mich zugunsten seines Schützlings zu rühren, wobei er mir die Sache vorzüglich auseinandersetzte. Nach einigem Zögern stand ich auf, um aus einem Kasten die auf meine Pachtungen bezüglichen Papiere zu holen. Während ich B. den Rücken kehrte und die Schriftstücke suchte, gelang es ihm, obwohl er ununterbrochen mit mir sprach, in meinem Hefte einige Zeilen meiner Handschrift zu entziffern, trotzdem diese ihm verkehrt lag. Was ihm am meisten auffiel, waren die Anfangsbuchstaben: V. M. J. et R. (Votre Majesté Impériale et Royale), die oft darin vorkamen. Daraus schloss er, dass ich mich mit einer Denkschrift für den Kaiser beschäftige. Nachdem ich 2–3 Minuten nach den Papieren gesucht hatte, kehrte ich zu meinem Schreibtisch zurück. Ohne den geringsten Argwohn und von den schönen Worten meines Besuchers verführt, brachte ich dann die Angelegenheit zur Zufriedenheit seines Schützlings ins Reine. Darauf verabschiedete ich ihn und wusste ihm noch obendrein Dank, dass er mich zu einer lobenswerten Handlung veranlasst hatte.

B. entfernte sich und hatte nichts Eiligeres zu tun, als sofort Savary von allem Bericht zu erstatten, was er bei mir gesehen hatte. Savary wiederum beeilte sich darüber dem Kaiser seinen Rapport vorzulegen. Offen gestanden war ich, als ich die Einzelheiten dieser Mystifikation erfuhr, höchst aufgebracht darüber. Ich konnte es mir kaum verzeihen, dass ich mich von einem Kerl hatte hinters Licht führen lassen, der mir lange Zeit seine geheimen Berichte aus London sandte und zu dessen Gunsten ich jedes Jahr 20 000 Franken ausgezahlt hatte. Wie man jedoch später sehen wird, ließ ich mich durchaus nicht von einem allzu großen Rachegefühl beherrschen.

Es war eine erbärmliche Intrige, aus der ich jedoch einen gewissen Vorteil für meine Lage zog. Ich verharrte auf meinem System der Vorsicht und Zurückgezogenheit und gewann dadurch größeres Vertrauen und größere Sicherheit. Es war offenbar, dass der Argwohn Napoleons gegen mich sich vermindert hatte und ich im Augenblick, da er sich ins Innere von Russland begab, nicht mehr zu befürchten brauchte, mit widerlichen Untersuchungs- und Beobachtungsmaßregeln geplagt zu werden. Es war mir bekannt, dass man in einem Kabinettsrat, zu dem der Kaiser nur Berthier, Cambacérès und Duroc berief, die Frage aufgeworfen hatte, ob es für die Regierung von Interesse sei, dass man sich durch eine Verhaftung oder strenge Verbannung der Herren Talleyrand und Fouché versichere. Alles genau erwogen, wurde jedoch dieser Gedanke als unpolitisch und unnütz verworfen; als unpolitisch insofern, weil es die öffentliche Meinung zu sehr erschüttert und die hohen Beamten und Würdenträger für die Zukunft besorgt gemacht haben würde. Unnütz aber wäre es gewesen, weil man uns keine einzige Handlung oder Tatsache vorwerfen konnte, die eine solche einschneidende Maßregel begründen konnte. Endlich war man aber doch gezwungen, zum Teil den Schleier zu lüften, der das Geheimnis der großen feindseligen Vorbereitungen verbarg, deren Schauplatz bereits der ganze Norden von Deutschland war. Der Senat war in außerordentlicher Sitzung einberufen worden, um die Verlesung zweier Berichte zu hören, die von dem Minister der auswärtigen Angelegenheiten und dem Kriegsminister an den Kaiser gerichtet waren, wie man behauptete. Diese zugleich kriegerische und diplomatische Gaukelei hatte keinen anderen Zweck, als den Aufruf zum Kriegsdienst derjenigen Männer zu erlangen, die die Konskription verschont hatte. Ferner wurde die Bildung von Bataillonen des ersten Aufgebots nach einer neuen Organisation der Nationalgarde beschlossen, die unsere männliche Bevölkerung in drei Aufgebote oder in drei Kategorien teilte.

Diesmal war es keine Übertreibung, Frankreich als ein ungeheures Lager zu betrachten, von dem aus sich unsere Phalangen nach allen Seiten hin über Europa wie auf eine Beute stürzten. Aber man bedurfte noch gewisser Vorwände, um den wahren Grund so außerordentlicher Maßnahmen zu bemänteln. Maret sprach im Senat von der Notwendigkeit, England zu zwingen, das Seerecht anzuerkennen, das durch den Frieden von Utrecht festgesetzt und im Frieden von Amiens von Frankreich aufgegeben worden war. Indessen ward die Aushebung des ersten Aufgebots der Nationalgarde durch einen Senatsbeschluss bewilligt und der Regierung hundert Bataillone zur Verfügung gestellt. Es herrschte eine bewunderungswürdige Fügsamkeit und Unterwürfigkeit im Senate!

Zur selben Zeit unterzeichnete man die beiden Bündnis- und Subsidienverträge mit Preußen und Österreich. Es war kein Zweifel mehr, Napoleon wollte Russland nicht nur mit seiner eigenen Heeresmacht, sondern auch mit den Soldaten Deutschlands und aller kleineren Fürsten angreifen, die sich nur noch innerhalb seines Machtkreises bewegen konnten. Der Krieg war bereits unwiderruflich beschlossen, als Napoleon durch seinen geheimen Minister neue Unterhandlungen mit London eröffnen ließ, aber zu spät und auf ungeschickte Weise. Einige Personen, die mit allen Intrigen bekannt waren, versicherten mir damals, das Kabinett bediene sich dieses plumpen Mittels mit Übereinstimmung der vornehmsten Russen der französischen Partei in Petersburg. Da sie voraussahen, aus dem Rate des Zaren ausgeschieden zu werden, bildeten sie sich ein, Alexander würde durch die Möglichkeit einer Annäherung Frankreichs mit England dermaßen Angst bekommen, dass er wieder zur Kontinentalsperre beiträte, um nicht isoliert zu sein, und sich von neuem unter den Willen Napoleons beuge. Sei dem wie es sei, Maret richtete an Lord Castlereagh ein Schreiben, das folgende Vorschläge enthielt: Verzichtleistung auf jede Ausdehnung gegen die Pyrenäen; Unabhängigkeitserklärung der gegenwärtigen spanischen Dynastie und Unverletzlichkeit derselben; dem Hause Braganza die Gewährleistung der Unverletzlichkeit und Unabhängigkeit Portugals, sowie dem König Joachim (Murat) die Bestätigung des Königreichs Neapel und Ferdinand IV. des Königreichs Sizilien. Hinsichtlich der übrigen in Frage stehenden Gegenstände schlage unser Kabinett vor, auf der Basis zu unterhandeln, dass jede Macht das behalten solle, was man ihr durch den Krieg nicht nehmen könne.

Lord Castlereagh antwortete hierauf einfach: wenn man unter der gegenwärtigen spanischen Dynastie den Bruder des Oberhaupts der französischen Regierung und nicht Ferdinand VII. verstehe, so habe er von seinem König den Befehl, frei heraus zu erklären, dass man einen auf diese Basis gestützten Friedensvorschlag nicht annehmen könne. Und dabei blieb es.

Da das alles im Innern des Kabinetts vor sich ging, so wurden die Politiker am meisten dadurch irregeleitet, dass man in sowohl Frankreich wie auch in Russland trotz der ungeheuren Vorbereitungen zum Kriege äußerlich noch immer in gutem Einvernehmen miteinander blieb. Alexander hatte noch immer seinen Gesandten in Paris und Napoleon den seinigen in Petersburg. Ja noch mehr: Alexander ließ noch immer den Grafen Tschernitscheff, seinen vertrauten Diplomaten, in Paris. Dieser liebenswürdige Russe vernachlässigte durchaus nicht mitten in den Zerstreuungen eines glänzenden Hofes und den Geheimnissen von mehr als einer Liebesintrige, die er absichtlich ungeschickt verbarg, die für seinen Herrn so nützliche geheime Mission. Mit Hilfe der teils leidenschaftlich in ihn verliebten, teils intriganten Weiber gelang es ihm, die wahren Absichten Napoleons in Bezug auf einen Einfall in Russland zu durchschauen. Da man den geheimen Zweck seiner Sendung ahnte, wurde er beobachtet und ausspioniert, aber ohne Erfolg. Schließlich ließ Savary gegen ihn einen Polizeimenschen los, der ihm zwar falsche Mitteilungen machte, durch die indes der Verdacht verstärkt wurde. Dank seiner galanten Beziehungen wurde Tschernitscheff rechtzeitig davon benachrichtigt. Er ging nicht in die Falle, misshandelte den Spion und beklagte sich bei Maret, dass er so beleidigenden Maßnahmen ausgesetzt sei. Aber noch am selben Tage entschloss sich der Kaiser, der von Tschernitscheffs Schritt unterrichtet war, ihm die geheimen Berichte mitzuteilen, die ihn beschuldigten. Tschernitscheff jedoch setzte sein Verhalten und die Gründe seiner Beschwerde so klar auseinander, dass er die Prüfung glänzend bestand, und die Polizei erhielt den Befehl, ihn nicht weiter mehr zu beobachten. Nun konnte er mit der größten Freiheit seine Ausforschungen fortsetzen und erreichte endlich seinen Zweck. Ihm lag es vor allem daran, sich die Truppenverschiebungspläne der französischen Armee zu verschaffen. Und dies gelang ihm durch die Vermittlung eines Angestellten vom Stabsbüro, namens Michel. Durch eine Unvorsichtigkeit dieses Angestellten, der auf solche Weise das Geheimnis der Operationen des Kaisers verriet, war die Polizei darauf aufmerksam geworden, und Michel wurde verhaftet. Sofort benachrichtigte man Tschernitscheff davon, und er entfernte sich in höchster Eile von Paris mit seinen kostbaren Aufschlüssen. Vergebens erteilte man durch den Telegraphen den Befehl, sich seiner Person zu bemächtigen; er hatte fünf oder sechs Stunden Vorsprung. Sie genügten ihm, um über den Rhein zu entkommen. Gerade als er die Brücke bei Kehl überschritten hatte, langte der telegraphische Befehl, ihn zu verhaften, in Straßburg an. In der Eile seiner Flucht aus Paris hatte er vergessen, seinen geheimen Briefwechsel zu verbrennen, den er gewöhnlich unter dem Teppich seines Zimmers verbarg. Selbstverständlich wurde dieses Zimmer ganz genau untersucht, und so entdeckten die Polizeibeamten den Briefwechsel Tschernitscheffs.

Alsbald fand man darin den Beweis, dass zwischen diesem russischen Edelmann und mehreren Damen des Hofes Napoleons ein sehr intimes Verhältnis bestanden hatte, unter anderen auch zwischen ihm und der Herzogin von R(ovigo). Sie zog sich, wie man sagt, dadurch aus der Affäre, dass sie angab, sie habe mit Wissen ihres Mannes gehandelt, um dem geheimen Zweck der Mission Tschernitscheffs auf die Spur zu kommen. Unter den aufgefundenen Papieren fand sich auch ein sehr kompromittierender Brief von der Hand Michels, der diesen Verrat mit seinem Kopfe bezahlte. Die Verhandlung brachte eine seltsame Tatsache ans Licht, nämlich dass das russische Kabinett selbst zur Zeit der Zusammenkunft in Erfurt die Möglichkeit eines Bruches mit Frankreich vorausgesehen hatte. Damals hatte Rumianzoff, um seine entgegenkommende Politik zu rechtfertigen, von Napoleon gesagt: „Man muss ihn abnützen."

Die Flucht Tschernitscheffs, die bald in allen Pariser Salons bekannt wurde, machte großes Aufsehen und beschleunigte den Bruch. Des Kaisers Abreise war bereits festgesetzt: Um sich aber beliebt zu machen, besuchte er vorher noch einige Vorstädte von Paris, besichtigte die öffentlichen Arbeiten und spielte bald mit dem Präfekten von Paris, bald mit dem Polizeipräfekten Pasquier ein paar besonders zu diesem Zweck vorbereitete Szenen. Er ging auch öfters auf die Jagd, um sich den Anschein zu geben, als sei er mehr mit seinen Vergnügungen als mit dem großen Unternehmen beschäftigt, das er im Schilde führte. Ich sah ihn in Saint-Cloud, wohin ich mich begab, um ihm meine Aufwartung zu machen. Indes hatte ich nicht die Absicht, um eine Audienz zu bitten oder die Gelegenheit zu einer solchen auszuspähen. Der düstere Anblick des Hofes, die besorgten Gesichter der Höflinge schienen mir mit der sicheren

Haltung des Staatsoberhauptes in scharfem Widerspruch zu stehen. Nie hatte Napoleon sich einer blühenderen Gesundheit erfreut; niemals sah ich auf seiner Stirn, auf seinen an die Antike erinnernden Gesichtszügen die Zeichen einer größeren Geisteskraft und eines sichereren Selbstvertrauens, das er aus dem tiefen Gefühl seiner eigenen Kraft schöpfte. Ich empfand darüber eine unwillkürliche Traurigkeit, die ich mir nicht hätte erklären können, wenn ich nicht von den unangenehmsten Vorahnungen befangen gewesen wäre.

Inzwischen gab das Petersburger Kabinett dem Fürsten Kurakin Befehl, der französischen Regierung eine Vereinbarung vorzuschlagen, auf die der russische Kaiser gewillt sei einzugehen. Man verlangte die Befreiung Preußens, eine Verminderung der Garnison von Danzig und die Räumung von Schwedisch-Pommern. Unter diesen Bedingungen war der Zar geneigt, keine Änderungen in den Ein- und Ausfuhrverboten gegen den direkten Handel mit England vorzunehmen und mit dem französischen Kabinett ein in Russland einzuführendes Lizenzensystem zu vereinbaren.

Kurakins Note blieb vierzehn Tage lang ohne Antwort. Endlich, am 9. Mai 1812, als der Kaiser nach Deutschland abreiste, fragte Maret den Fürsten Kurakin, ob er Vollmachten zum Unterhandeln habe. Kurakin antwortete, die Eigenschaft als Gesandter dürfte wohl dazu genügen. Da er jedoch eine nur ausweichende Antwort erhielt, verlangte er seine Pässe, die man ihm indes unter mancherlei Vorwänden verweigerte. Erst am 20. Juni fertigte man sie ihm von Thorn aus aus. Dieses zweideutige Verfahren hatte zum Zweck, Napoleon Zeit zu lassen, mit seiner ganzen Heeresmacht den Njemen zu überschreiten, um in Wilna seinen hohen Gegner zu überraschen, noch ehe dieser von seinem Gesandten die geringste Nachricht erhalten hatte. Das Los war gezogen! Der Njemen war von 600 000 Mann, der schönsten und größten Armee überschritten, die jemals ein Eroberer der Erde hatte zusammenbringen können! Aber lassen wir Napoleon, lassen wir diesen berühmten Wahnsinnigen in sein Verderben rennen! Ich will ja nicht seine Kriegsgeschichte schreiben.

14. Kapitel

Die Verschwörung des Generals Malet

Betrachten wir zunächst, was man von diesem neuen Unternehmen Napoleons in den Pariser Salons hielt, an deren Zustimmung ihm so sehr viel lag. Man ließ dort Wünsche für seine Erniedrigung und sogar für seinen Sturz laut werden, denn allen schien sein Angriff von der rasendsten Ehrsucht eingegeben zu sein. Auch im Mittelstande und im Volke war die öffentliche Meinung nicht günstiger für ihn, indes war man ihm dort nicht feindlich gesinnt. Man hätte ihn gern vor seinen eigenen Ausschreitungen bewahrt und gewünscht, ihn in mäßigeren Grenzen zu halten. Im allgemeinen nahm man übrigens an, dass er siegen und Beherrscher der Erde bleiben werde.

Durch den Gewinn einer der blutigsten Schlachten moderner Zeiten, der Schlacht bei Borodino[202], in der 100 000 Mann dem Ehrgeiz eines einzigen Menschen zum Opfer fielen, aufs Höchste in seinem Selbstvertrauen befestigt und nicht im Geringsten von dem traurigen und schmerzlichen Anblick seiner Biwaks gerührt, glaubte Napoleon endlich die Vernichtung eines ungeheuren und mächtigen Reichs ebenso leicht bewerkstelligen zu können, als er ehemals den Sturz von Genua, Venedig und Lucca herbeigeführt hatte. Aber die Russen zogen sich mit Fackeln bewaffnet zurück. Sie verbrannten Smolensk, Dorigobni, Wjasma, Gshatsk, Moschaisk, und Napoleon bildete sich dennoch ein, dass sie ihm Moskau unversehrt überlassen würden. Der Brand dieser herrlichen Stadt, der ihn leider zu spät aus seinem Irrtum riss, erleuchtete Frankreich mit seinen Unglücksstrahlen und machte den tiefsten Eindruck. Ich sah darin leider meine Ahnungen

202 Die Schlacht am 7. September 1812, 25 Meilen von Moskau entfernt.

verwirklicht, sah aber auch einen Zweck: dem Sieger ging dadurch ein Pfand verloren und dem Besiegten ein Grund, um Frieden zu schließen!

Was tat Napoleon, der Zeuge dieses großen Nationalopfers war? Er lagerte 40 Tage lang auf der Asche Moskaus in Betrachtung seiner unnützen Eroberung und zweifelte nicht im Geringsten, den Feldzug durch Unterhandlungen beendigen zu können. Er hatte keine Ahnung, dass inzwischen hundert Meilen hinter ihm, bei Borissow, die Vereinigung zweier russischer Armeen vor sich ging; die eine kam aus Livland, die andere aus der Moldau. Er wusste vielleicht nicht, dass Russland, das bei der Eröffnung des Feldzuges keinen einzigen Verbündeten gehabt, soeben Schlag auf Schlag drei Allianzverträge unterzeichnet hatte, nämlich mit Schweden, England und der Regentschaft von Cádiz. Inzwischen hatte auch die Zusammenkunft zwischen dem Kaiser Alexander und Bernadotte bei Abo in Gegenwart Lord Cathcarts[203] stattgefunden. Von dort aus war auch der erste Aufruf an Moreau ergangen, den man seinem Verfolger, dem Manne, den man als den Bedrücker Europas bezeichnete, entgegenzusetzen wünschte. Man überließ Napoleon die Überreste Moskaus, und er begriff noch immer nicht die Politik eines Krieges, der außerhalb des Gebietes seiner Strategie lag. Endlich entschließt er sich doch zum Rückzug, aber die Unglücksstunde hatte geschlagen. Er tritt den Rückmarsch an, und am selben Tage, an dem die verspätete Räumung Moskaus vor sich geht, am 23. Oktober, bricht in Paris die Verschwörung Malets aus. Sie war gleich erniedrigend für das Staatsoberhaupt und seine Anhänger wie für seine Polizei. Er selbst hätte dadurch um ein Haar sein Reich verloren und nur, weil er seiner Eitelkeit genügen und ein paar Dekrete aus Moskau datieren wollte.

203 General Cathcarts war seit 1812 englischer Gesandter in Russland.

Man hat die Verschwörung Malets nie richtig begriffen. Malet war durchaus kein Narr, sondern ein Wagehals. Als General wenig bekannt, wurde er in der sogenannten Senatsverschwörung vom Jahre 1802, von der Bernadotte die Seele, Frau von Staël der Herd und Malet der Hauptagitator war, stark kompromittiert. Der Polizeipräfekt Dubois denunzierte sogar mich selbst als Beteiligten an dieser Verschwörung. Man musste wohl oder übel alle Schuld auf Malet werfen, und er kam ins Gefängnis. Infolge der Amnestie bei Gelegenheit der Krönung Napoleons erhielt er seine Freiheit zurück und wurde im Jahre 1805 bei der Armee in Italien verwendet. Sowohl dort als auch nach seiner Rückkehr nach Paris zettelte er neue Verschwörungen gegen den Kaiser an (1808), stellte bald Brune, bald Masséna bloß, bis man ihn schließlich in den Turm von Vincennes einsperrte. In diesem düsteren Gefängnis dachte er sich seine neue Verschwörung aus, die alle Oppositionsparteien gegen die kaiserliche Regierung vereinen sollte. Aber nicht die ganze Verschwörung entsprang Malets Kopf. Die Idee dazu war royalistisch und die Ausführung republikanisch. In der Tat war ein Erfolg nur dann möglich, wenn sich beide entgegengesetzten Meinungen verschmolzen, die ein gemeinsamer Hass und ein gemeinsamer Drang verband, den Unterdrücker zu stürzen. Alles war für die Verschwörer dieses kühnen Unternehmens günstig. Von dem Augenblick an, wo die Ausführung nur von einem einzigen Menschen abhing, auf dessen Entschlossenheit und Mut man sich verlassen konnte, waren alle Bedingungen für die Wahrscheinlichkeit des Erfolges erfüllt. Das Übrige war dem Zufall überlassen. Wir wollen versuchen, das zu beweisen.

Vorerst aber müssen wir sehen, welchen Händen während der Abwesenheit des Kaisers die Macht des Staates anvertraut war. Ohne Zweifel dem Erzkanzler Cambacérès, einem feigen, mutlosen Mann, einem wahren Sykophanten[204]. Unter den Ministern blähte sich nur einer (Savary) besonders auf, weil er die Polizei in Händen hielt, die jedoch für ihn in Bezug auf Entdeckungen stumm blieb. Dieser steife Gendarmerie-Offizier war in der Politik und in Staatsangelegenheiten eine Null. Folgt an zweiter Stelle der Polizeipräfekt Pasquier, ein ausgezeichneter Beamter für die Regelung der Beleuchtung und Reinigung der Straßen, für die Polizei über Märkte, öffentliche Spielsäle und öffentliche Dirnen, aber ein hohler Kopf und Schönredner, eine Null, was den nötigen Takt zum Ausspionieren betraf. Das wäre die Zivilverwaltung. Gehen wir zur Militärverwaltung über.

Die Waffengewalt lag in der Hand des Generals Hullin, dem Kommandanten von Paris, einem zwar schwerfälligen aber energischen Soldaten, der jedoch in der Politik nicht weniger ungeschickt und unbeholfen war. Fügen wir noch hinzu, dass die meisten hohen Beamten ihre Stellungen ganz mechanisch bekleideten und nichts weiter kannten als einen passiven Gehorsam, dass ferner die Kaiserin Marie-Luise in Saint-Cloud residierte und die Garnison von Paris nicht mehr aus jenen alten fanatischen Soldaten bestand, die für den Kaiser alles mit Feuer und Schwert vernichtet hätten. Man hatte sie, wie erwähnt, durch neu organisierte Bataillone ersetzt, die zum großen Teil von alten patriotischen Offizieren befehligt wurden. Dazu kam schließlich noch, dass die hohen Beamten durch die Unruhe über die Entwicklung des russischen Feldzuges in ihrer Sicherheit schwankend wurden. Paris konnte also sehr wohl, wie man sieht, durch einen geschickt und kräftig ausgeführten

204 [Bürger im antiken Athen, die andere Mitbürger wegen einer Straftat anklagten und dabei eine Eigenart des antiken Rechtswesen nutzten, wonach die fällige Geldstrafe nicht dem Staat, sondern dem Kläger, also dem Denunzianten, zustand. Schon die Drohung mit einer Anklage, machte reiche Bürger mitunter zahlungswillig. *P.S.*]

Handstreich dem ersten besten Angreifer in die Hände fallen. Die ungeheure Entfernung des Kaisers, die Unregelmäßigkeit und häufige Unterbrechung der Kuriere beunruhigten noch mehr die Gemüter und gaben Veranlassung, alle Aussichten in Betracht zu ziehen, die einer haben könnte, der den Augenblick der allgemeinen Bestürzung und des Schreckens benutzen würde. „Der Kaiser ist tot!" Ein Senatsdekret schafft die kaiserliche Regierung ab, eine provisorische Regierung ersetzt sie! Darin bestand der Zweck der Verschwörung, deren Anstifter und Oberhaupt Malet war. Er selbst hätte den Senatsbeschluss abgefasst, der die kaiserliche Regierung abschaffte. Aber, wendet man ein, Sie sehen ja, es gab keinen Senatsbeschluss und keine provisorische Regierung; der Kaiser war am Leben, und der ganzen Verschwörung lag eine Erfindung zugrunde. Wie hätte Malet sie ausführen können, selbst wenn man hätte annehmen können, dass er sich der Hauptstadt bemächtigte?

Es war kein Senatsbeschluss vorhanden, meinen Sie? Aber sind Sie denn so ganz sicher, dass im Senat sich nicht ein Kern von Opposition befand, den man den Umständen gemäß hätte handeln lassen können? Ich nehme als Tatsache an, dass von 130 Senatoren nahezu 60 gewöhnlich unter dem Einfluss des Herrn von Talleyrand, Herrn von Sémonville und dem meinigen standen. Bei der bloßen Kundgabe dieser dreifachen Übereinstimmung würden sie jede Revolution zu einem heilsamen Zweck unterstützt haben.[205] Eine solche Koalition war also weder unwahrscheinlich noch unausführbar. Diese Möglichkeit erklärt die Bildung einer eventuellen provisorischen Regierung, die sich aus den Herren Mathieu de Montmorency, Alexis de Noailles, dem General Moreau, dem Grafen Frochot, Präfekten des Seine-Departements, und einem fünften

205 Ohne Zweifel dieselben Senatoren, die 18 Monate später, am 2. April 1814, den Mut hatten, unter dem Schutze von 200 000 Bajonetten Napoleon des Thrones verlustig zu erklären.

zusammengesetzt hätte, dessen Name nicht genannt wurde. Nun, dieser Fünfte war Herr von Talleyrand, und ich selbst sollte den abwesenden General Moreau ersetzen, dessen Name nur für den Anfang genannt wurde, um zu sehen, ob er der Armee gefalle oder missfalle. Was Malet, das kostbare Werkzeug betrifft, so würde er aus eigenem Antriebe das Kommando von Paris dem Marschall Masséna abgetreten haben, der, wie ich, damals in Ungnade war und sehr zurückgezogen lebte.

Aber, wird man sagen, antworten Sie nun auch auf die stärkste und letzte Einwendung: Der Kaiser war am Leben! Allerdings. Erinnern Sie sich jedoch bitte, wie der Sturz Neros vor sich ging (ohne dass ich darum diese beiden Personen miteinander vergleichen möchte). Nero wurde mit Hilfe falscher alarmierender Gerüchte durch einen ergebenen, plötzlich entfesselten Senat gestürzt. Und wo befand sich Napoleon, als Malet seinen Handstreich ausführte? Er räumte Moskau; er trat seinen verheerenden Rückzug an, den man zwar erst ahnte, der jedoch, sobald er einmal bekannt war, den Abfall von Napoleon entschieden haben würde, wenn fünfzehn oder zwanzig angesehene Männer die ersten Agitatoren der Verschwörung in der Gewalt und zum Wohle Frankreichs ersetzt hätten. Man muss doch bedenken, dass bereits keine Kuriere und keine Bulletins mehr eintrafen, dass auf das 26. und 27. Bulletin, welche die Räumung Moskaus und den Rückzug unter dem 23. Oktober meldeten, nur das 28. vom 11. November folgte. Folglich war man 14 Tage lang ohne Nachricht gewesen, und diese hätten genügt, den Erfolg einer Verschwörung zu sichern, deren Verzweigungen noch lange Zeit unaufgeklärt bleiben werden. Niemals war ein Zeitpunkt günstiger, Napoleons Militärdiktatur zu stürzen, als damals. Nie wäre es leichter gewesen, eine Regierung zu begründen, die uns mit uns selbst und mit ganz Europa ausgesöhnt haben würde. Wie viel neuem Unglück wäre Frankreich entgangen! Prüfen wir nun die Ursachen, weshalb

Malets Unternehmen mitten in seinem Erfolg scheiterte. Soll ich es sagen? Es scheiterte, weil er die Ausführung auf einer allzu menschenfreundlichen Basis aufgebaut hatte. Dies bedarf einer Erklärung. Der Republikaner Malet, der, ebenso wie Guidal und Lahorie, seine Helfershelfer, zur geheimen Gesellschaft der Philadelphen gehörte, fürchtete mit Recht die Rückkehr jener Tage voll Blut und Trauer, an die sich Frankreich nur allzu gut mit Abscheu erinnerte. Dieses moralische Bedenken überwog bei ihm jede andere entscheidende Betrachtung. Statt daher Savary, Hullin und die beiden Adjutanten Doucet und Laborde, die Chefs des Stabs, sofort niederzumachen, glaubte Malet sich auf ihre Verhaftung beschränken zu müssen, ohne dass dabei ein Tropfen Blut vergossen würde. In Bezug auf die Polizei gelang es ihm auch, denn sie war völlig aufgelöst, als Savary und Pasquier sich überrumpeln und schimpflich ins Gefängnis schleppen ließen. Als jedoch Malet durch Hullins Widerstand genötigt war, seine Pistolen abzuschießen, riss ihn sein Zögern ins Verderben, denn er konnte doch nicht gleichzeitig auf Hullin und Laborde abdrücken. Laborde hatte nun Zeit, einige Leute um sich zu sammeln und sich auf Malet zu stürzen; er entwaffnete ihn, nahm ihn gefangen und machte dadurch die Verschwörung zunichte. Malet ging kaltblütig in den Tod und nahm das Geheimnis eines der kühnsten Handstreiche mit ins Grab, die die große Zeit unserer Revolution der Nachwelt hinterlässt.

Die Leichtigkeit, mit welcher die Überrumpelung der Regierungsgewalt bewerkstelligt wurde, scheint ein Beweis zu sein, dass sie nicht unerwartet geschah. Im Stadthaus war bereits alles für die Einsetzung der provisorischen Regierung vorbereitet. Bleich und zitternd und von furchtbarer Unruhe gepeinigt, glaubte der Erzkanzler Cambacérès bis um 10 Uhr morgens, dass jede Minute einer kommen könne, um ihn zu töten oder, dass er wenigstens das Gefängnis Savarys teilen müsse. Was das

Volk anlangt, so tat es freilich nichts für das Gelingen eines Unternehmens, das im Dunkel der Nacht vor sich ging, aber es unterstützte es durch jene Kraft der Untätigkeit, die immer gegen eine schlechte Regierung gerichtet ist. Und obwohl das Komplott scheiterte, so traf es doch das Innerste der napoleonischen Dynastie damit, dass es ein für ihren Gründer, seine Familie und seine Anhänger verhängnisvolles Geheimnis zu Tage beförderte, nämlich die Tatsache, dass Napoleons politische Einrichtungen mit seiner Person zu Ende sein würden! In Smolensk, mitten unter den Schrecknissen seines Rückzugs, erhielt der Kaiser zwischen dem 14. und 16. November die erste Kunde von der Verschwörung und von der schnellen Hinrichtung ihrer Urheber. Er war tief betroffen. „Was wird das für einen Eindruck auf Frankreich machen!" rief er aus. Savary und Cambacérès teilten ihm mit, er solle seine Armee beobachten lassen, in der sich ebenfalls Verschwörungen gegen sein Leben anzettelten. Sogleich werden ungewöhnliche Maßnahmen getroffen. Man bildet aus den ergebensten Offizieren eine ‚Heilige Schwadron', über die Grouchy das Kommando anvertraut wird. Aber diese auserlesene Reiterschar wird bald in die allgemeine Auflösung mit hinein gerissen. Außerordentlich argwöhnisch gegen alles, was seinen Thron bedroht, denkt jetzt Napoleon weit mehr daran, diesen zu schützen, als die Reste seiner Armee vor dem gänzlichen Untergang zu retten, und er übereilt den Rückzug. Dank der ungeschickten Verfolgung Kutusows gewinnt er drei Tagemärsche Vorsprung, langt an der Beresina an, täuscht die Heerführer der Moldauarmee und erreicht unter entsetzlichen Verlusten das gegenüberliegende Ufer. Aber sein ganzes Heer ist aufgelöst. Hier und da sieht man herumirrende gespensterhafte Gestalten, die der furchtbaren Kälte, den Strapazen und den Entbehrungen erliegen. Napoleon ist entschlossen, als Flüchtling einen Feldzug zu beenden, der ihn als General herabwürdigt und ihm seinen Ruf als Staatsmann raubt. Er flieht in einem Schlitten und vertraut sich nur der Treue Caulaincourts an. In höchster Eile schlägt er heimlich seinen Weg nach Paris ein, wo ihn alles um den Verlust der Krone zittern lässt. In Warschau spricht er sich zu seinem Gesandten[206] über seine Lage und den Zustand seines Innern in folgenden Worten aus: „Vom Erhabenen zum Lächerlichen ist nur ein Schritt!" Von steter Angst gepeinigt, Frankreich nicht erreichen zu können, sucht er die Gefahr durch die Schnelligkeit seiner Flucht zu überwinden und durchreist ganz Deutschland im strengsten Inkognito. In Schlesien ist er drauf und dran, von den Preußen aufgehalten zu werden; in Dresden entgeht er einem Komplott zu seiner Festnahme nur dadurch, dass Lord Walpole in Wien sich nicht traute, das Zeichen dazu zu geben. Und es schien, als wollte ihn das Schicksal den Becher bis zum letzten Tropfen leeren lassen, denn er traf endlich am 18. Dezember in den Tuilerien ein, gerade einen Tag später, als das 29. Bulletin bekannt geworden war, das alle Familien in Trauer und Schmerz versetzte. Das war indes von seiner Seite eine neue Falle für die Aufopferung und Leichtgläubigkeit eines edelmütigen Volkes, das, aufs Höchste bestürzt und im Wahn, sein Staatsoberhaupt sei durch die Niederlagen gebessert, glaubt, er werde nun die erste Gelegenheit ergreifen, den Frieden herbeizuführen und den Grundstein zu dem Volkswohl zu legen. So war Frankreich aufs Neue zu den größten Opfern bereit, einen Menschen zu unterstützen, der nichts getan hatte, als auf den Trümmern Moskaus zu stehen und Verwüstung in ein weites Land zu tragen, das er mit einhundertfünfzigtausend Leichen seiner Untertanen und Verbündeten bedeckte und es unter Zurücklassung von einer noch weit bedeutenderen Zahl von Gefangenen, seiner ganzen Artillerie und aller seiner Vorräte

206 Der bereits erwähnte de Pradt, Bischof von Mecheln. Er wurde später einer der erbittertsten Feinde Napoleons.

verließ. Von 400 000 Soldaten, die den Njemen überschritten, kamen fünf Monate später kaum 30 000 wieder zurück, von denen zwei Drittel den Kreml nicht gesehen hatten. Gleich nach seiner Ankunft schloss Napoleon sich mit Cambacérès in sein Kabinett ein und forschte ihn in einer langen geheimen Unterredung aus. Darauf lässt er Savary holen, den er mit Fragen und Vorwürfen überschüttet. Dann empfängt er mehrere Mitglieder seines geheimen Rats und scheint sich immer nur mit der Verschwörung zu beschäftigen, während seine Minister und Agenten sich in höchster Angst befinden. Seine Polizei jedoch, der daran gelegen ist, das Komplott auszuschalten, behauptet, es habe nur im Kopfe Malets bestanden. Und das war auch die Meinung Cambacérès, des Kriegsministers und der geheimen Räte, die sämtlich Napoleon in dem Gedanken bestärken, die größte Gefahr für ihn liege in der Erinnerung des Volkes an die Republik, und davor müsse er sich am meisten hüten. Aufs Höchste aufgebracht gegen den Präfekten des Seine-Departements, der ein Eingeweihter des Tribunen Mirabeau war und sich vor den Verschworenen gebeugt hatte, bricht nun Napoleon über die kleinmütigen Beamten los, die die „Macht der Gesetze und die Rechte des Thrones zerstören".

„Unsere Väter", sagte er, „hatten zum Losungswort: ‚Der König ist tot; es lebe der König!' – Diese wenigen Worte", fügte er hinzu, „enthalten die Hauptvorteile der Monarchie." Bald darauf kamen alle Staatskörperschaften, um ihm ihre gegenwärtige und künftige Treue zu bezeugen. Es handelte sich für Napoleon darum, die vierte Dynastie über die dritte zu erheben und die Krisis zu überstehen. Und ein jeder dachte über die Mittel nach, die Erblichkeit sicherzustellen. Es war von nichts anderem mehr die Rede als von Erblichkeit und von den Rechten der Legitimität. Man müsse, sagte man, auf ausdrückliches Verlangen des Senats den König von Rom krönen, und ein feierlicher Eid solle schon im Voraus das Reich dem Thronerben verbinden. Das war also das Fundament, auf welches sich der Mann stützte, der seine ungeheure Macht allein der Revolution verdankte, diese nämliche Revolution aber nun verleugnete und sich von ihr absonderte. Er fühlte indes doch die ganze Unhaltbarkeit eines Thrones, der sich nur auf seinen Degen stützte.

15. Kapitel

Der Feldzug von 1813

Während Napoleon sich so gegen alle Leute und gegen die Grundsätze der Revolution ereiferte, kam ich ihm wieder ins Gedächtnis zurück, ich, gegen den er so großen Argwohn und so viel Besorgnis gehegt hatte. Konnte er mir übrigens meine missbilligenden Ermahnungen und meine lästigen Prophezeiungen verzeihen? Man benachrichtigte mich, dass ich von seiner Seite einer geheimen Nachforschung in Bezug auf die Verschwörung Malets ausgesetzt gewesen sei, dass aber alle Berichte über mein zurückgezogenes Leben und mein vorsichtiges Benehmen günstig ausgefallen seien. Da er mir selbst nichts anhaben konnte, hielt er sich an meinem Freund Malouet schadlos, dem er es nicht verzieh, dass er mich, während ich in Ungnade war, ganz öffentlich besuchte. Malouet wurde aus dem Staatsrat entfernt und nach Tours verbannt. Seine Ungnade war für mich ein neuer Fingerzeig, mich auch fernerhin mit äußerster Vorsicht gegen eine Regierung zu verhalten, die in ihrer Verzweiflung alle Grenzen überschreiten konnte, wenn es galt, einen Menschen zu bestrafen.

Schon geriet jedoch Napoleons Macht ins Schwanken und geübte Augen bemerkten die Gründe ihres Verfalls. Mit Hilfe seiner geheimen Ratgeber wandte er indes alle möglichen künstlichen Mittel an, um sein Unglück zu bemänteln und dessen unüberwindliche Folgen unseren Blicken zu entziehen. Inzwischen hielt er geheime Räte ab, zu denen nur Cambacérès, Lebrun, Talleyrand, Champagny, Maret und Caulaincourt berufen wurden. Maret, der von Berlin kam, versicherte, er habe von den Ministern und vom König selbst die stärksten Beteuerungen erhalten, dass sie unsere Verbündeten bleiben würden. Er fügte noch hinzu, dass alles dazu beitragen müsse, den Kaiser über die Lage im Norden zu beruhigen. Entweder war Maret wirklich in diesem guten Glauben befangen, oder es war alles Verabredung, um den geheimen Rat anzuspornen, der mehr für den Weg der Unterhandlungen geneigt war. Genug, Napoleon äußerte gleichfalls das größte Vertrauen und sagte, er könne auf Österreich und aller Wahrscheinlichkeit nach auch auf Preußen zählen. Seine Lage sei also durchaus nicht beunruhigend. Übrigens sei Joseph wieder in Madrid, und die Engländer seien aus Portugal verdrängt. Außerdem habe er hundert Bataillone und den im Voraus ausgehobenen Jahrgang von 1815 unter Waffen. Er beschloss also Krieg in Spanien und im Norden gleichzeitig zu führen. Anderseits begann der Briefwechsel Ottos, seines Gesandten in Wien, bekannt zu werden. Man wusste, dass Lord Walpole Österreich die glänzendsten Anerbietungen gemacht, dass er Deutschland als zur Massenerhebung bereit und Frankreich am Vorabend einer Revolution dargestellt hatte. Otto fügte hinzu, man müsse sich auf den Abfall Österreichs gefasst machen. Da aber das österreichische Kabinett bald erfuhr, dass Napoleon wieder die ganze Macht in Händen hielt, von neuem rüste und im Innern Frankreichs sich nicht einmal ein Anschein von einer Krise äußere, beeilte es sich, den Grafen Bubna nach Paris zu schicken.

Nun änderte auch Otto seine Sprache. Seine Berichte stimmten in die Versicherungen Österreichs ein, das nichts sehnlicher erstrebte, denn als Verbündeter für einen allgemeinen Frieden vermittelnd einzutreten.

Voll Vertrauen ließ Napoleon offiziell im „Moniteur" verkünden: „Österreich und Frankreich sind unzertrennlich; keine Macht des Kontinents wird sich von ihm entfernen. Übrigens schrecken 40 Millionen Franzosen vor nichts zurück ... Wenn man die Bedingungen wissen will", fährt er fort, „unter denen ich einen allgemeinen Frieden unterzeichnen könnte, so braucht man nur das Schreiben des Herzogs von Bassano an Lord Castlereagh vor Beginn des russischen Feldzugs zu lesen."

Das wollte so viel heißen als er willige ein, – gerade als wenn er nicht die geringste Niederlage in Moskau erlitten – Sizilien Ferdinand IV. und Portugal dem Hause Braganza zu überlassen, aber sonst dürfe man kein anderes Opfer von ihm verlangen.

Da kam die Kunde von dem Abfall des preußischen Armeekorps unter General York[207]. „Was heute genügt", rief Napoleon, „genügt morgen nicht mehr!" Und alle seine Räte sahen im Augenblick den ganzen Vorteil, den sie aus diesem Ereignis ziehen konnten. Maret verfertigte einen Bericht, der wie gewöhnlich mit Schmähungen gegen die englische Regierung angefüllt war und mit dem Vorschlag zu einer Aushebung von 350 000 Mann schloss. Regnault hat nichts eiligeres zu tun, als im Namen des Kaisers vom Senat die jungen Franzosen der hundert neu ausgehobenen Bataillone zu verlangen, die eigentlich nur zu den Militärübungen im Innern verwendet werden sollten. Aber ein Senatsbeschluss stellt sie der Regierung zur Verfügung. Man ruft die Gesetzgebende Körperschaft zusammen, um über die Steuern abzustimmen. „Der Friede", sagt Napoleon in seiner Eröffnungsrede, „ist der Welt nötig. Aber ich werde nie einen anderen als einen ehrenvollen und der ‚Größe' meines Reichs entsprechenden Frieden schließen." Das Hochtrabendste jedoch war die Darstellung der gegenwärtigen Lage des Reichs durch den Minister des Innern, Herrn von Montalivet: alles gedeiht, sowohl die Bevölkerung, der Ackerbau, die Industrie als auch der Handel, der öffentliche Unterricht und sogar das Seewesen. Darauf folgte die Aufstellung des Budgets vom Staatsrat Grafen Molé. Als würdiger Schüler Fontanes' und voll Bewunderung über all die schönen Dinge rief er am Schluss aus: „Um derartige Wunder hervorzubringen, bedurfte es nur zwölf Jahre Krieges und eines einzigen

207 General York von Wartenburg schloss am 30. Dezember 1812 mit dem russischen General Diebitsch die bekannte Militärkonvention ab.

Mannes!“ Und sofort werden ohne Beratung 1 150 Millionen zur Verfügung dieses *einzigen* Mannes gestellt!

Der öffentliche Abfall Preußens ließ gar keinen Zweifel mehr über den Fortschritt der Koalition. Friedrich Wilhelm hatte plötzlich Berlin verlassen und war unter dem gutmütigen Schutze unseres Gesandten Saint-Marsan, in gewisser Beziehung auch unter dem Schutze des menschlicher gewordenen Augereau nach Breslau geflüchtet. Niemand war langmütiger als unsere Generale und Gesandten seit unseren Niederlagen. Als Napoleon erfuhr, dass der König von Preußen ihm entwischt sei, bereute er, ihn nicht wie Ferdinand VII. und den Papst behandelt zu haben. „Das ist nicht das erste Mal“, sagte er, „dass die Großmut in der Politik ein schlechter Ratgeber ist.“

Er und großmütig gegen Preußen!

Inzwischen strömte die Kriegsflut aus den Trümmern Moskaus mit Windeseile gegen die Oder und Elbe. Eugen, der einige tausend Mann gesammelt hatte, musste sich nach und nach auf die Warthe, die Oder, die Spree und die Saale zurückziehen. Die deutsche Erhebung, angeregt von geheimen Gesellschaften[208], verbreitete sich von Stadt zu Stadt, von Dorf zu Dorf, und täglich schwoll die Zahl der Feinde Napoleons mehr an. Wie sollte man da auf unsere Verbündeten rechnen? Der Abfall Preußens ließ uns noch viele andere Treuebrüche voraussehen. Napoleon, der allem die Stirn bieten wollte, befahl, dass man die Konskribierten von 1814 zu seiner Verfügung stellte, wie ein Verschwender, der schon im Voraus sein Einkommen vergeudet. Mit seinen Vertrauten träumte er noch von einer Armee von 1 000 Bataillonen, die aus 800 000 Mann und 400 Eskadronen oder 100 000 Pferden besteht; im Ganzen eine Million Soldaten zu unterhalten! Mit diesem ungeheuren

208 Besonders dem bekannten Tugendbund.

Trugbild wiegt er sich ein, und schon verlangen seine Minister einen Zuschuss von 300 Millionen Franken.

Da die Vermittlung Österreichs durchaus keinen Fortschritt machte, versuchte Napoleon von neuem eine direkte Unterhandlung mit der englischen Regierung anzuknüpfen. Er sandte dem englischen Minister den Bankier Labouchère, der diesmal ebenso wenig Gehör fand als zu meiner Zeit. Preußen seinerseits, das soeben mit Russland einen Allianzvertrag geschlossen hatte, schlägt ihm einen Waffenstillstand vor, vorausgesetzt, dass Napoleon sich mit der Elblinie begnügen und alle Festungen an der Oder und Weichsel räumen werde. In unserem Kabinett war ein großer Teil der festen Meinung, dass der Friede noch möglich sei. Herr von Talleyrand sagte, man habe es immer noch in der Hand, sich nicht zu schlagen. Lebrun und Caulaincourt waren ebenfalls der Ansicht, Preußen beim Wort zu nehmen und zu unterhandeln. Wie aber sollte man Napoleon dazu bewegen, die Festungen herauszugeben? Er konnte sich nicht entschließen, etwas durch Unterhandlungen abzutreten. „Man mag mir's nehmen", sagte er, „aber ich will nichts aus freien Stücken geben." In seinen Zeitungen lässt er verkünden: „Spanien gehört der französischen Dynastie; keine menschliche Macht kann das verhindern." Als er am 31. März erfuhr, dass die Russen den Elbübergang begonnen hatten, sagte er durch Vermittlung derselben Zeitungen: „Und wenn die feindlichen Batterien auch auf dem Montmartre ständen, so würde es ihnen doch nicht gelingen, dass ich auch nur einen Fuß breit Landes abtrete." Dessen ungeachtet erhielt er von allen Seiten friedliche Ratschläge und nützliche Ermahnungen.

Es ärgerte mich ein wenig, als ich sah, dass Herr von Talleyrand, wenn auch nicht in Gnade aufgenommen, so doch wenigstens wieder in die Räte berufen wurde, während ich in Vergessenheit und Ungnade blieb. Die Ursache davon war mir nicht unbekannt. Ich hatte dieses Vergessen dem Eindruck zu verdanken, den die Verschwörung Malets im Gemüte des Kaisers hinterlassen hatte, denn man hatte diesem Komplott mit Absicht einen republikanisch-liberalen Anstrich gegeben. Aber es konnte auch infolge meiner Vorstellungen gegen den Krieg in Russland sein. Da ich jedoch überzeugt war, man werde früher oder später meines Rates bedürfen, so glaubte ich diesen Zeitpunkt durch einen neuen Schritt beschleunigen zu müssen. Ich wusste, dass man heimlich unter der französischen Bevölkerung eine Erklärung Ludwigs XVIII. aus Hartwell vom 1. Februar verbreitete, in welcher der Senat aufgefordert wurde, „das Werkzeug einer großen Wohltat“ zu sein. Es war mir auch bekannt, dass der Kaiser Kenntnis von diesem Schriftstück hatte, dessen Echtheit man allerdings in Abrede stellen konnte, da es in England noch zu keinen öffentlichen Auseinandersetzungen Anlass gegeben hatte. Ich verschaffte mir daher ein Exemplar, das ich dem Kaiser zusandte, indem ich ihm die Echtheit desselben bewies. In meinem Briefe setzte ich ihm auseinander, dass seine Siege den Faubourg Saint-Germain eingeschläfert, seine Niederlagen es aber wieder aufgeweckt hätten. Man bemerke eine große Veränderung in der öffentlichen Meinung Europas, und sogar in Frankreich sei sie bereits sehr schlecht. Die Anhänger der Bourbonen ständen auf der Lauer und würden sich sofort wieder heimlich zusammentun, sobald die Macht des Staatsoberhauptes ihren Glanz verliere. Man sei im allgemeinen und aus tiefstem Grunde des Krieges müde, und zu unserm und seinem Wohle sei es dringend nötig, entweder Frieden zu schließen oder den Krieg zu einem nationalen zu gestalten. Zuviel Vertrauen in das österreichische Bündnis könne ihn ins Verderben stürzen; man müsse Österreich goldene Brücken bauen und ihm schnell das zurückerstatten, was man ihm nicht verweigern könne. Übrigens glaube ich nicht, dass der Graf Otto der geeignete Mann für derartig verwickelte politische Interessen sei, besonders nicht einem

Diplomaten wie Metternich gegenüber. Ich schlage ihm daher Herrn von Narbonne als allein fähig vor, die wahren Absichten Österreichs zu durchdringen, dessen Benehmen so zweideutig sei. Erst vierzehn Tage oder drei Wochen später erhielt ich den Beweis, dass mein Schreiben seine Wirkung getan hatte: Herr von Narbonne wurde nämlich nach Wien gesandt. Mehr brauchte ich nicht und hatte auch nicht mehr erwartet. Das Übrige musste früher oder später erfolgen. Ich war des Einflusses und der Gunst des Herrn von Narbonne sicher, dessen Sendung von höchster Bedeutung war.

Übrigens wunderte man sich nicht, dass Napoleon sich der besten Verteidigung beraubte und den Krieg nicht zu einem nationalen gestaltete, gerade in dem Augenblick, als Preußen das Massenaufgebot des deutschen Volkes hinter den Linien der Heere des Norddeutschen Bundes zustande brachte und die Befreiung Deutschlands als Hauptzweck des Krieges darstellte. Napoleon wusste nur zu gut, dass er die Begeisterung für einen solchen Krieg dadurch erlangen konnte, wenn er die öffentliche Meinung wieder für sich gewänne und der Freiheit des Volkes Konzessionen mache, die jedem anderen leicht geworden wären, ihn aber mehr als das Leben kosteten, weil sie seinen Stolz verwundet und seiner Macht Zügel angelegt hätten. Ich war daher überzeugt, dass er sich dazu ebenso wenig verstehen würde als zur Herausgabe der Weichsel- und Oderfestungen an Preußen und der Rückgabe Tirols und Illyriens an Österreich. Dem allem glaubte Napoleon durch eine neugebildete Armee von 500 000 Mann und durch die Einsetzung einer Regentschaft im Falle seines Todes Trotz bieten zu können.

Als er diese Regentschaft der Kaiserin Marie-Luise mit der Befugnis übertrug, den verschiedenen Staatsratssitzungen beizuwohnen, hatte er zwei Dinge dabei im Auge: Österreich zu schmeicheln und gleichzeitig einem Komplott für eine provisorische Regierung zuvorzukommen! Da aber die Regentin weder einen Senatsbeschluss unterzeichnen noch irgendein Gesetz erlassen konnte, so beschränkte sich ihre Rolle im Staatsrat auf die einer Figurantin. Übrigens stand sie unter der Vormundschaft Cambacérès, der selbst wieder von Savary bevormundet wurde. Außerdem hatte man dieser Regentschaft den Exminister Champagny als Sekretär beigegeben, der den Auftrag hatte, in ein neues Buch, das man lächerlicherweise das „Staatsbuch" nannte, die entscheidenden Beschlüsse des abwesenden Kaisers einzutragen. Sobald die Regentschaft in Wirkung trat, reiste in der Tat der „Geist" der Regierung nicht minder schnell wie Napoleon, der es nicht daran fehlen ließ, aus allen seinen Hauptquartieren Dekrete nach Paris zu erlassen[209].

Nach einigen kleinen Gefechten schickten sich die Verbündeten an, die Elbe zu überschreiten, als der Kaiser, nachdem er drei Monate lang eine außerordentliche Tätigkeit für seine Vorbereitungen entfaltet hatte, am 15. April Paris verließ und sich an die Spitze seines Heeres stellte.

Vor allem setzt er Europa in Erstaunen über die Schöpfung und das plötzliche Erscheinen einer neuen Armee von 200 000 Mann im Herzen Deutschlands, mit der er imstande ist, die Offensive zu übernehmen. Schlag auf Schlag gewinnt er zwei Schlachten, die eine bei Bautzen in Sachsen, die andere bei Wurschen[210] jenseits der Spree, durch die er den Ruhm seiner Waffen wieder herstellt. Eine Folge davon war, dass der König von Sachsen wieder zurückkehrte und sich Hals über Kopf mit uns verbündete.

---

209 Bekanntlich regelte Napoleon auf seinen Reisen selbst die unbedeutendsten Fragen der Etikette. Seine Minister durften sogar vollkommen belanglose Befehle nicht aus eigenem Antriebe erlassen, so dass wirklich, wie Fouché sagt, der „Geist der Regierung" sich stets auf Reisen befand, wenn Napoleon unterwegs war.

210 Die Doppelschlacht bei Bautzen und Wurschen fand am 20. und 21. Mai 1813 statt. Am 2. Mai hatte Napoleon bereits bei Großgörschen (Lützen) gesiegt.

Die Preußen und Russen, die Napoleon geschlagen hatte, d. h. die Truppen Friedrich Wilhelms und des Kaisers Alexander, verfolgen ihren Rückzug bis an die Oder, und er lässt sich zu ihrer Verfolgung hinreißen. Je weiter er jedoch vorrückt, umso mehr entfernt er sich von seinen Verstärkungen, während die Verbündeten den ihrigen immer näher kommen. Plötzlich verbreitet sich in Paris das Gerücht von einem Waffenstillstand. Napoleon nimmt ihn an, weil er Verstärkungen heranziehen muss und weil er fürchtet, dass Österreich unter dem Vorwand einer Vermittlung mit bewaffneter Macht dazwischen trete.

Er verzichtet auf den Besitz von Breslau, gibt die Oderlinie auf und willigt ein, dass seine Armee sich auf Liegnitz zurückziehe. Der Waffenstillstand wird am 4. Juni 1813 zu Poischwitz[211] geschlossen, und Napoleon schlägt von neuem sein Hauptquartier in Dresden auf.

Das waren die Ereignisse, welche die zwei ersten Monate eines Feldzugs ausfüllten, der das Schicksal Europas entscheiden sollte. Sie hatten sowohl diesseits wie jenseits des Rheins den höchsten Grad von Erwartung und Interesse erregt. Auf Umwegen erwartete ich aus dem Hauptquartier Nachrichten, als mich der Erzkanzler aufforderte, mit ihm über eine wichtige Sache zu beraten. Er wäre, sagte er, von Seiten des Kaisers beauftragt worden, mir eine Mitteilung zu machen. Der Kaiser wolle aufs Neue meine Dienste in Anspruch nehmen und wünsche sich meiner Freundschaft zum König Murat von Neapel zu bedienen. Ich solle, wenn er dem König schreiben werde, mich zu ihm nach Dresden begeben, diesen bewegen, dem Rufe Napoleons so schnell wie möglich Folge zu leisten. Ich solle ihm ferner bemerken, dass es von höchster Eile sei, in Sachsen alle unsre Truppenkräfte und militärischen und politischen Hilfsmittel zu entfalten, um den Feind zu einem für uns ehrenvollen

211 Im Original: Pleßwig. Fouché schreibt viele Namen falsch.

Frieden zu zwingen. Der Erzkanzler ließ mich das Schreiben des Kaisers lesen, zu dem er noch seine eigenen Bitten hinzufügte. Dabei sagte er mir wiederholt, er zweifle durchaus nicht, dass ich sehr bald mit einer Mission betraut werden würde, die sowohl meinen Kenntnissen als auch meiner Stellung Ehre mache. Ich antwortete dem Erzkanzler, dass ich bereit sei, dem Willen des Kaisers nachzukommen und sogleich an den König von Neapel schreiben werde. Ich würde ihm dann meinen Brief übermitteln, damit er darüber Bericht erstatten könne.

Obwohl ich nach dem Vorangegangenen erwarten konnte, bald wieder eine tätige Stellung einzunehmen, so wusste ich doch nicht recht, worauf ich in dieser Hinsicht meine Gedanken richten sollte. Zu einer Mission in Italien, das im Fall der Wiederaufnahme der Feindseligkeiten für mich nur ein ehrenvolles Exil sein würde, hatte ich kein Vertrauen, denn Napoleon hätte sie mir nur infolge seines Misstrauens gegen mich erteilt. Gleichviel! Ich schrieb meinen Brief an Murat, der sich ebenfalls in keiner gewöhnlichen Lage befand.

Joachim Murat, ein kühner und tapferer Feldherr, aber als König ohne irgendwelche Entschlussfähigkeit, hatte sich in Neapel eine gewisse Volkstümlichkeit und militärische Macht erworben. Dadurch war er so geblendet, dass er das Joch Napoleons abzuschütteln gedachte, der in ihm nur einen Vasallen unter seinen Befehlen sah. Nicht ohne Mühe hatte er sich auf Napoleons ausdrücklichen Befehl dazu entschlossen, mit seinem Kontingent von 12 000 Neapolitanern und einem Teil seiner Garde am russischen Feldzug teilzunehmen. Ihm hatte Napoleon, als er fliehen musste, das Kommando über die unglücklichen Überreste seines Heeres übertragen. Joachim jedoch, der die Veränderungen in der Politik Europas voraussah, entschloss sich, in sein Königreich zurückzukehren und zu versuchen, es vor den Folgen eines Zusammenbruchs zu schützen. In Posen verließ er die Armee, und zehn Tage später (am 27. Januar 1813) verkündete der „Moniteur" seine Abreise in folgenden Worten: „Der König von Neapel musste wegen Unpässlichkeit das Heer verlassen, das er dem Vizekönig (Eugen) übergeben hat. Dieser hat mehr Geschick für eine große Verwaltung und besitzt das volle Vertrauen des Kaisers." Dieser öffentliche Tadel verletzte Murat umso tiefer, als der Kaiser ihn im Laufe der beiden vorhergehenden Jahre nur allzu sehr hatte fühlen lassen, dass er weiter nichts als ein Vasall des großen Reiches sei. Da Murat voraussah, dass er das Schicksal seines Schwagers Louis zu fürchten habe, wenn der Kaiser, nachdem er seine Verluste wieder gutgemacht, von neuem die ganze Macht in Händen hielt, suchte er ein Bündnis mit Österreich abzuschließen, das sich damals noch nicht von Napoleon losgesagt hatte. Die ersten Schritte Murats zu einer Unterhandlung mit dem Wiener Hofe wurden vom österreichischen Gesandten in Neapel, dem Grafen von Mier, unternommen. Es fanden auch einige Unterhandlungen mit Lord Bentinck statt, der die englischen Truppen in Sizilien befehligte. Joachim und Lord Bentinck hatten sogar eine heimliche Zusammenkunft auf der Insel Ponza. Aber Napoleon war Murat auf der Spur.

Als man in Neapel erfuhr, dass Napoleon nach den Siegen von Lützen und Bautzen ein zahlreiches Heer in Sachsen aufstelle, schrieb die Königin Karoline an ihren Bruder, er möchte doch ihren Gemahl etwas besser behandeln. Außerdem wandte sie ihren ganzen Einfluss auf den König an, um die übereilten Unterhandlungen mit Österreich und England abzubrechen. Napoleon schrieb daher an Murat, der sich anfangs weigerte, nach Sachsen zu gehen. Darauf ließ der Kaiser ihm einen sehr freundlichen Brief von Berthier schreiben, worin dieser ihn im Namen Napoleons zu bewegen suchte, ins Hauptquartier zu kommen mit der Versicherung, dass der Feldzug wahrscheinlich gar nicht wieder eröffnet würde. Man arbeite bereits am Frieden, und es sei für ihn von sehr großem Nutzen, sich den

Unterhandlungen zu nähern, um dort seine Interessen wahren zu können. Mein Schreiben enthielt ungefähr dasselbe. Ich schmeichelte ihm und fügte hinzu, er werde sich dort Ruhm erwerben können, und um seiner Ehre willen müsse er sich seinen Waffenbrüdern anschließen. Da zögerte Murat nicht länger. Ehe er jedoch meine Depesche hatte erhalten können, traf ein Kurier aus Dresden bei mir ein. Er brachte mir ein Schreiben des Kaisers, der mich in sein Hauptquartier entbot. Sofort schloss ich daraus, dass er meinen Aufenthalt in Paris ebenso sehr fürchtete wie die Anwesenheit Murats in Neapel. Wir waren zwei Geiseln, die er unter seiner unmittelbaren Aufsicht haben wollte, und deshalb berief er uns zu sich. Eiligst traf ich meine Vorbereitungen und begab mich über Mainz nach Dresden.

Die Obhut über Mainz, unsern Hauptschlüssel am Rhein, war Augereau anvertraut, mit dem ich mich gern verständigt hätte. Er war überdies beauftragt, ein Observationskorps am Main aufzustellen. Ich fand bei ihm wenig Glauben an den Frieden. Er tadelte Napoleon und beklagte die armen Mainzer, die durch den Gedanken an eine Belagerung und Verwüstung ihrer reizenden Umgebung noch ganz besorgt und beunruhigt waren. Da ich sah, dass er von allem, was vorgegangen war, unterrichtet war, ließ ich ihn reden. „Unsere schönen Tage sind vorüber“, sagte er. „Wie sich doch Napoleon über die beiden Siege aufbläht, die er mit so viel Geschrei in Paris ausposaunen lässt. Und doch, wie wenig gleichen sie unseren herrlichen Siegen des italienischen Feldzugs, wo ich Bonaparte den Krieg lehrte, mit dem er jetzt nur noch Missbrauch treibt! Welche Mühe kostet es jetzt, um nur ein paar Märsche vorwärts zu kommen! Bei Lützen war unser Zentrum bereits gewichen; mehrere Bataillone lösten sich in Unordnung auf. Vergebens drohten unsere verlängerten beiden Flügel, die Kräfte, die der Feind im Zentrum anhäufte, aufzurollen: ohne die 16 Bataillone der jungen Garde und ohne achtzig Geschütze waren wir verloren! Ich sage Ihnen, er kann nur noch auf die Überlegenheit seiner Artillerie zählen; wir haben unsere Feinde erst gelehrt sich zu schlagen. Nach der Schlacht bei Bautzen hat er den Übergang über die Elbe übereilt und einen Durchbruch im Norden gemacht; aber er musste bei Wurschen, jenseits der Spree, Halt machen. Dort haben wir die Stellungen und das verschanzte Lager nur mit blutigen Opfern genommen. Ich habe Briefe aus dem Hauptquartier; selbst nach dieser entsetzlichen Metzelei haben wir keinerlei Resultat, weder Kanonen noch Gefangene zu verzeichnen. … Was will er jetzt in Dresden? Frieden schließt er sicher nicht; Sie kennen ihn noch besser als ich. Er wird sich von 500 000 Mann umzingeln lassen, denn glauben Sie, Österreich wird ihm nicht treuer sein als Preußen. Ja, wenn er hartnäckig darauf besteht und nicht getötet wird – und das wird er sicher nicht – so müssen wir alle noch daran glauben."

Daraus und aus dem von anderer Seite gehörten konnte ich schließen, dass im Herzen von fast allen Generalen, die ihr Glück bereits gemacht hatten, der Wunsch nach Frieden laut wurde und sie sich alle nach Paris zurücksehnten.

Dresden erschien mir gleichzeitig wie ein großes verschanztes Lager und wie eine Hauptstadt. Die benachbarten Wälder fielen unter der Axt der Pioniere. Als ich ankam, sah ich überall Wälle aufwerfen, Bäume fällen, Gräben anlegen und Palisaden aufrichten. Der Kaiser war beständig unterwegs, teils um die Arbeiten zu prüfen, teils auch, um das Land kennen zu lernen. Fast immer war er von Berthier, Soult und dem Ingenieurgeographen Bacler d'Albe umgeben, und so durcheilte er, mit der Karte in der Hand, alle Zugänge, die in die Ebene von Dresden führten. Auch der Brückenbau, die Anlage der Straßen und Befestigungen und die Auswahl der Lager waren das Ziel seiner Ausflüge und Spaziergänge.

Alle diese Arbeiten, die mit so großem Nachdruck begonnen und verfolgt wurden, offenbarten hinlänglich den Plan Napoleons, seine stärkste Macht in der Gegend von Dresden zu konzentrieren und sich dort zu halten, um die Ereignisse abzuwarten. Ich fand ihn daher höchst beschäftigt mit Unterhandlungen, nachdem er die Gegend von Dresden zu seinem Schlachtfeld und die Elblinie zu seinem Stützpunkt ausgewählt hatte.

Als ich erfuhr, dass der Kaiser ins Marcolinische Palais in der Friedrichstadt[212] zurückgekehrt sei, beeilte ich mich, ihm meine Aufwartung zu machen. Er ließ mich in sein Arbeitszimmer eintreten. Ich fand ihn sorgenvoll.

„Sie kommen spät, Herr Herzog", sagte er. – „Sire, ich habe mich so sehr wie möglich beeilt, den Befehlen Eurer Majestät Folge zu leisten." – „Warum waren Sie nicht hier, ehe ich die große Auseinandersetzung mit Metternich hatte! Sie würden ihn durchschaut haben." – „Sire, das ist nicht meine Schuld." – „Diese Leute wollen, ohne auch nur einen Schwertstreich zu tun, mir Gesetze diktieren. Und wissen Sie, wer mich heute am meisten plagt? Ihre beiden Freunde Bernadotte und Metternich. Der eine führt öffentlich, der andere im geheimen Krieg gegen mich." – „Aber, Sire ..." – „Gehen Sie zu Berthier, er wird Ihnen eine kurze Übersicht aller Angelegenheiten meiner Kanzlei übergeben und Sie über alles in Kenntnis setzen. Dann kommen Sie zu mir, um mir über diese verfluchte österreichische Unterhandlung, die mir entgeht, Ihre Ansicht mitzuteilen. Wir bedürfen Ihrer ganzen Geschicklichkeit, um sie zurückzuhalten. Jedoch will ich nichts unternehmen, was meiner Macht und meinem Ruhm schadet. Diese Leute sind so gierig. Sie möchten, ohne sich zu schlagen, Geld und Provinzen

212 [Das Palais Brühl-Marcolini ist ein ab 1727 errichtetes Gartenpalais, in dem heute das Krankenhaus Dresden-Friedrichstadt untergebracht ist. *P.S.*]

haben, die ich mir erst mit der Spitze meines Degens erworben habe. Was den ersten Punkt betrifft, so habe ich bereits Ordnung geschaffen; Narbonne hat uns darüber aufgeklärt. Sie werden sehen, was er darüber denkt. Setzen Sie sich so bald wie möglich mit Berthier in Verbindung; bringen Sie Ihre Ideen zur Reife; ich erwarte Sie in zwei Tagen."

Darauf zog ich mich zurück. Aber es war mir unmöglich, noch an diesem Tage mit Berthier zu sprechen. Nach Durocs Tode war er zugleich der politische und militärische Berater des Kaisers geworden und verließ diesen kaum mehr, denn er speiste sogar täglich an seiner Tafel. Berthier bestellte mich nun für den nächsten Tag.

Inzwischen setzte mich ein Beamter des Kabinetts provisorisch in Kenntnis von den beiden Zwischen-fällen, die unsern politischen Horizont verdunkelten und die Hoffnung auf Frieden noch unsicherer gestalteten. Ich meine die politische Streitigkeit des Grafen Metternich mit dem Kaiser – von der ich sogleich reden werde – und die an demselben Tage eintreffende Nachricht von der vollkommenen Niederlage unserer spanischen Armee bei Vitoria[213]. Sie machte Wellington zum Beherrscher der Halbinsel und trug den Krieg bis zum Fuße der Pyrenäen. Ein solches Ereignis konnte, sobald es in Prag bekannt ward, nicht verfehlen, einen sehr unangenehmen Einfluss auf die Unterhandlungen hervorzubringen.

Der Kaiser war von diesem neuen Schlage wie betäubt. Er schrieb ihn der Ungeschicklichkeit Josephs und Jourdans zu und suchte nun einen General, der fähig sei, so ungeheure Fehler wieder gutzumachen. Seine Blicke wandten sich auf den Marschall Soult, der damals seine Garde befehligte. Er befahl ihm, sich sofort auf den Weg zu machen, die Truppen

---

213 Lord Wellington siegte am 21. Juni 1813 über die Franzosen unter Joseph Bonaparte und dem Marschall Jourdan.

zu sammeln und Schritt für Schritt den Übergang über die Pyrenäen zu verteidigen. Soult würde nicht gezögert haben, wäre seine Frau, die erst vor kurzem mit großem Gefolge in Dresden angekommen war, nicht übler Laune darüber gewesen. Sie weigerte sich, wieder nach Spanien zurückzukehren, wo man, wie sie sagte, nur Schläge bekäme. Da sie ihren Mann sehr beherrschte, so nahm der gequälte Soult seine Zuflucht zum Kaiser, der sofort die Frau Herzogin zu sich entbietet. Sie erscheint mit stolzer Miene und erklärt in herrischem Ton, dass ihr Mann nicht nach Spanien zurückkehren werde. Er habe dort lange genug Krieg geführt, und es sei jetzt Zeit, dass er sich ausruhe. „Madame!“ schrie Napoleon zornig, „ich habe Sie nicht rufen lassen, um Ihre Vorwürfe anzuhören; ich bin nicht Ihr Gatte, und wenn ich es wäre, so würden Sie sich ganz anders benehmen. Bedenken Sie, dass die Frauen gehorchen müssen. Und nun kehren Sie zu Ihrem Mann zurück und quälen Sie ihn nicht länger.“ Es hieß nachgeben. Pferde und Equipagen wurden verkauft, und traurig machte man sich auf den Weg nach den Pyrenäen.

Im Hauptquartier belachte man die Szene, in der eine stolze Herzogin eine Rolle spielte. Dadurch wurden eine Zeitlang die boshaften Anspielungen unterbrochen, die man in Bezug auf eine unserer schönsten Schauspielerinnen, Fräulein Bourgoing, in Umlauf gebracht hatte. Sie war mit den besten Künstlern der Comédie-Française nach Dresden gerufen und eines Tages zum Diner des Kaisers mit Berthier und Caulaincourt eingeladen worden. Dort hatte sie, anstatt der Melpomene, abwechselnd die Rolle der Hebe, der Terpsichore und der Thais gespielt.

Gehen wir jedoch zu ernsteren Dingen über. Ich sprach endlich mit Berthier, der im Brühlschen Palais eine Wohnung innehatte. Es würde zu langweilig sein, alle Einzelheiten unserer langen Unterredung über die politische und militärische Lage des Kaisers zu jener Zeit Wort für Wort zu berichten. Ich werde hier nur das wesentlich Historische wiedergeben und einige Bemerkungen hinzufügen, die mir noch in der Erinnerung sind.

Beginnen wir also mit der österreichischen Unterhandlung. Narbonne schrieb als erster aus Wien gegen Ende April, dass man wenig auf Österreich rechnen könne, denn er habe Herrn von Metternich das Geständnis entrissen, dass der Bündnisvertrag vom 14. März 1812 aufhöre, auf die Zeitumstände anwendbar zu sein. Er rate daher zu einer ernsten Aufmerksamkeit hinsichtlich der Forderungen und Rüstungen Österreichs. Darauf fasste der Kaiser den Plan, wenigstens das Wiener Kabinett unschädlich zu machen, indem er zwei Unterhandlungen mit ihm anknüpfte. Die eine war offiziell, die andere geheim. Er hoffte den Einfluss der nordischen Koalition sowohl auf seinen Schwiegervater, als auch auf Herrn von Metternich abzuschwächen.

Napoleon hatte sich indes einen falschen Begriff von diesem Staatsmann gemacht, der drei Jahre in Paris als Gesandter gewesen und als erster Minister den Friedens- und Bündnisvertrag von Wien unterhandelt hatte. Ohne Zweifel war er derjenige europäische Minister, der am besten die Regierung und den Hof Napoleons ergründet hatte. Dazu war er ohne alle Mühe infolge seiner hohen Verbindungen gelangt, indem er erst Hortense, dann Pauline und später mit entschiedener Vorliebe der Gattin Murats, der nachmaligen Königin von Neapel, seine eigennützigen Huldigungen darbrachte. Der Kaiser beurteilte allzu oberflächlich einen Diplomaten, der unter dem liebenswürdigen, galanten und vergnügungssüchtigen Äußern des Mannes von Welt einen der besten Denkerköpfe Deutschlands, einen wesentlich europäischen und monarchischen Geist verbarg.

Selbst nach seinen Niederlagen täuschte sich Napoleon noch derart, dass er meinte, die Intrigen würden in Wien über die wichtigsten Staatsrücksichten die Oberhand gewinnen. Aus dieser Quelle entsprangen alle seine Irrtümer. Als er alle Knoten der Politik mit dem Degen auf dem Schlachtfelde bei Lützen und Wurschen durchgehauen zu haben wähnte, glaubte er damit genug getan zu haben, um Österreich wieder zu sich zurückzuführen. Man sandte ihm Herrn von Bubna, der ihm unter allerlei Schmeicheleien doch nicht verhehlte, dass sein Hof in Italien die Illyrischen Provinzen, gegen Bayern und Polen hin eine Ausdehnung seiner Grenzen und endlich in Deutschland die Auflösung des Rheinbundes verlange. Da es Napoleon für Schwäche hielt, durch solche Opfer nur eine Neutralität zu erkaufen, antwortete er auf den handschriftlichen Brief seines Schwiegervaters, er zöge vor, mit den Waffen in der Hand zu sterben als nachzugeben, wenn man meine, ihm Bedingungen vorschreiben zu können. Und so verzögerte sich die Ungewissheit über das Bündnis bis nach dem Waffenstillstand. In dieser Zeit sah man den Grafen Bubna beständig unterwegs von Wien nach Dresden, von Dresden nach Prag, und schließlich verkündete er, dass Russland und Preußen zur Vermittlung seines Hofes beistimmten.

Von diesem Augenblick an war die Rede von einem Kongress in Prag. Narbonne folgte dem österreichischen Hofe dahin; kaum war er in der Nähe von Dresden, als er sich auch schon dorthin begab, um neue Instruktionen einzuholen.

„Nun?“ fragte ihn der Kaiser, „was sagen sie (in Wien) zu Lützen?“ – „Sire“, antwortete der geistreiche Höfling, „die einen sagen, Sie seien ein Gott, die andern behaupten, Sie wären ein Teufel, aber jedermann ist sich darüber einig, dass Sie mehr als ein Mensch sind.“ Der tiefe Beobachter Narbonne täuschte sich übrigens keineswegs über die übernatürliche Macht desjenigen, dessen Kopf er mit einem Vulkan verglich.

Nachdem der Kaiser mit Narbonne gesprochen hatte, entschied er, dass man sich zur Unterhaltung direkt an Herrn von

Metternich wenden und ich nach Dresden berufen werden solle, weil ich lange Zeit die Fäden der geheimen Umtriebe diplomatischer Ausspäherei in Händen gehabt hatte.

Während nun ein Kurier an mich unterwegs ist, trifft Herr von Metternich ein und bringt die Antwort seines Kabinetts auf die dringenden Noten des Ministers der auswärtigen Angelegenheiten. Man muss sich alsbald dazu entschließen, das Bündnis zu lösen, das man für unvereinbar mit der Vermittlung hält. Der österreichische Minister verhehlte gleichfalls nicht, dass sein Hof verlange, sich zwischen die kriegführenden Mächte zu stellen, damit diese nur durch Vermittlung der Wiener Staatskanzlei miteinander in Verbindung träten. Hier nun traten die Schwierigkeiten ein, denn Napoleon wollte von einer so ungebräuchlichen Art von Unterhandlungen nichts wissen. Da überreichte Metternich in einer geheimen Audienz dem Kaiser einen eigenhändigen Brief seines Gebieters, und nun begann der Streit. Zuerst beklagt sich Napoleon, dass man bereits einen Monat verloren habe, dass die Vermittlung Österreichs beinahe feindlich sei und es nicht mehr die Unverletzlichkeit des französischen Kaiserreichs garantieren wolle. Ferner beklagt er sich, dass Österreich seinen (Napoleons) siegreichen Aufschwung dadurch gehemmt habe, dass es von Waffenstillstand und Vermittlung spräche.

„Sie sprechen von Frieden, von einem Bündnis“, sagte er zu Herrn von Metternich, „und alles verwirrt sich immer mehr. Die Koalition zieht ihre Bande immer enger zusammen durch Verträge, die mit englischem Golde verkittet worden sind. Heute, da Ihre 200 000 Mann bereit stehen, kommen Sie zu mir, um mir Gesetze zu diktieren. Ihr Kabinett möchte meine Verlegenheit benutzen, um alles oder wenigstens einen Teil dessen wieder zu erhalten, was es verloren hat, um es von uns zu erpressen, ohne sich schlagen zu müssen. Gut! Wir wollen unterhandeln, ich willige ein, aber man muss sich offen erklären. Was wollen Sie?"

„Österreich", erwiderte Metternich, „will nur eine Ordnung der Dinge wiederherstellen, die durch eine gerechte Verteilung der europäischen Kräfte die Gewährleistung des Friedens unter dem Schutz einer Vereinigung unabhängiger Staaten darstellt." – „Drücken Sie sich deutlicher aus. Ich habe Ihnen Illyrien angeboten, ich habe eine Subsidie bewilligt, damit Sie neutral blieben; meine Armee ist groß genug, um die Russen und die Preußen zur Vernunft zu bringen."

Herr von Metternich gesteht nun, dass, wie die Dinge lägen, Österreich nicht mehr neutral bleiben könne und es gezwungen sei, sich für oder gegen Frankreich zu erklären. In die Enge getrieben, ergreift Napoleon ohne Widerrede eine Karte von Europa und zwingt Metternich sich zu erklären. Da er sah, dass Österreich nicht allein Illyrien, sondern auch die Hälfte von Italien, die Rückkehr des Papstes nach Rom, die Wiederherstellung Preußens, die Räumung Warschaus, Spaniens, Hollands und die Auflösung des Rheinbundes verlangte, konnte er sich nicht mehr halten und rief zornig aus: „Also, um schließlich zur Teilung zu gelangen, reisen Sie von einem Lager zum anderen? Die Zerstückelung Frankreichs wollen Sie? Mit einem Federzug möchten Sie die Wälle der stärksten Festungen Europas zu Fall bringen, deren Schlüssel ich mir nur durch Siege errungen habe? Und Österreich glaubt, mich ohne Schwertstreich dahinzubringen, solche Bedingungen zu unterzeichnen? Und mein Schwiegervater selbst stimmt einer so beleidigenden Forderung bei? Er täuscht sich, wenn er meint, ein verstümmelter Thron könne eine Zuflucht für seine Tochter und seinen Enkel sein. O, Metternich, wie viel haben Sie von England empfangen, um sich zu einer solchen Rolle gegen mich herzugeben? ..."

Auf diese Worte antwortete der beleidigte Staatsmann nur durch stolzes Schweigen. Ein wenig verwirrt, nimmt Napoleon einen etwas ruhigeren Ton an und erklärt, er verzweifle noch nicht vollkommen am Frieden und dringe darauf, dass der Kongress eröffnet werde. Während er Herrn von Metternich verabschiedet, sagt er ihm noch, die Abtretung Illyriens sei nicht sein letztes Wort. Der österreichische Minister verließ Dresden nicht früher, als bis er die Annahme der Vermittlung seines Hofes und die Verlängerung des Waffenstillstandes bis zum 10. August erwirkt hatte. Als man Napoleon fragte, ob die letzten 5 Millionen Subsidien bezahlt werden sollten, antwortete er: „Nein, denn diese Menschen werden uns bald ganz Frankreich abverlangen."

So standen die Dinge bei meiner Ankunft in Dresden. Ich verhehlte Berthier nicht, der ein gesundes Urteil und vernünftige Ansichten hatte, dass ich nicht im Geringsten daran zweifle, Österreich werde der Koalition beitreten, wenn der Kaiser nicht wenigstens Illyrien und Deutschland aufgäbe. Im Fall die Feindseligkeiten wieder eröffnet werden sollten, fügte ich hinzu, würde das das größte Unglück geben, denn seit der Revolution habe gegen unsern Staat noch nie ein so kompaktes Koalitionssystem bestanden.

Berthier teilte meine Ansichten vollkommen. „Aber", sagte er, „Sie können sich nicht vorstellen, welche Vorsicht ich dem Kaiser gegenüber anwenden muss. Durch einen offenen Widerspruch würde ich ihn zum Zorn reizen, ohne ihn von seiner Meinung abzubringen. Wenn er mich nicht direkt dazu auffordert, bin ich gezwungen, zu Winkelzügen meine Zuflucht zu nehmen. Seit z. B. Österreich uns Gesetze diktieren will, besprechen wir oft miteinander Feldzugspläne in der Voraussicht eines Bruches. Und da bin ich auf meinem Gebiet. Können Sie es jedoch für möglich halten, dass ich es nicht wagte, in ihn zu dringen, dass er die Elblinie aufgebe, um sich methodisch der Rheinlinie zu nähern? Dadurch wären wir mit allen unseren verfügbaren Kräften gedeckt gewesen. Was tat ich? Ich billigte unter der Hand den Plan eines sehr befähigten Offiziers, einen Plan, der darin bestand, alle Truppen jenseits der Elbe zurückzurufen, alle entsendeten Korps zu vereinigen und sich dann auf die Saale und auf den Rhein zurückzuziehen. … Aber nichts machte Eindruck auf den Kaiser. „Großer Gott!" rief er aus, „zehn verlorene Schlachten würden kaum vermögen mich in die Lage zu versetzen, in die Sie mich jetzt bringen wollen. Sie befürchten, dass ich im Herzen Deutschlands allzu sehr in der Luft hängen bleibe? Befand ich mich nicht bei Marengo, Austerlitz und Wagram in einer weit kritischeren Lage? Nun: Ich habe bei Wagram, Austerlitz und Marengo gesiegt! Wie, Sie glauben, ich hinge in der Luft, ich, der ich einen Stützpunkt an allen Elbfestungen und an Erfurt habe? Dresden ist der Punkt, auf den ich zu manövrieren gedenke, um allen Angriffen zu widerstehen. Von Berlin bis Prag entwickelte sich der Feind in einem Kreisbogen, dessen Zentrum ich besetzt halte. Glauben Sie, dass so viele verschiedene Nationen lange ihren Zusammenhalt in so ausgedehnten Operationen bewahren werden? Früher oder später werde ich sie auf falschen Bewegungen ertappen. In den Ebenen Sachsens muss sich Deutschlands Schicksal entscheiden. Ich wiederhole Ihnen: die Lage, in der ich mich befinde, bietet mir derartige Vorteile, dass der Feind als Sieger von zehn Schlachten nicht imstande sein wird, mich über den Rhein zurückzuwerfen, während ich als Sieger eines einzigen Schlachttages sofort nach der feindlichen Hauptstadt marschieren, meine Garnisonen an der Oder und Weichsel freimachen und die Verbündeten zu einem Frieden zwingen werde, der meinen Ruhm unangetastet lässt. Außerdem habe ich alles genau berechnet; die Vorsehung wird das übrige tun. Was aber Ihren Rückzugsplan betrifft, so kann er mir nicht gefallen. Übrigens verlange ich gar keinen Feldzugsplan von Ihnen; also machen Sie auch keinen solchen. Begnügen Sie sich damit, sich mit meinen Gedanken vertraut zu machen, damit

Sie die Befehle, die ich Ihnen erteile, gut ausführen können.“ … Es war nicht meine Absicht, mich mit Napoleon in eine militärische Unterhaltung einzulassen, ja nicht einmal in eine tiefere politische Auseinandersetzung. Ich wusste ohnehin, dass er mir dazu infolge seiner lebhaften Art zu sprechen, seiner fortwährenden Fragen und seines gebieterischen Willens keine Zeit lassen würde. Während meiner ersten Audienz war es mir klar geworden, dass ihn besonders zwei Menschen wesentlich beschäftigten: Bernadotte und Metternich. Woran ich mich in Bezug auf den letztgenannten zu halten hatte, wusste ich; mich aber mit Bernadotte zu beschäftigen, war für mich viel schwerer. Und doch musste es sein. Man hatte mich versichert, dass bei der Zusammenkunft in Abo (im September 1812) der Kaiser von Russland zu ihm gesagt hatte: „Wenn Bonaparte der Angriff auf mein Reich nicht gelingt und infolge seiner Niederlage der Thron Frankreichs frei wird, so wüsste ich niemand, der geeigneter wäre, ihn zu besteigen, wie Sie.“ Waren diese Worte, die das Verhalten Bernadottes am besten erklären, nicht viel mehr ein Reizmittel als der Ausdruck innerer Überzeugung von Seiten des hohen Herrn? Im Innern Frankreichs war damals für ein solches Ereignis durchaus nichts vorbereitet. Welcher Glücksfälle hätte es bedurft, um es wahrscheinlich zu machen? Nach dem Missgeschick in Moskau konnte in den europäischen Kabinetten nicht mehr die Rede davon sein, von neuem ein militärisches Oberhaupt an die Spitze der Regierung Frankreichs zu setzen. Man begann sich bereits zu erinnern, dass es eine bourbonische Dynastie gab. Moreaus nahe Ankunft auf dem Festland im Gefolge Bernadottes erklärte vieles, was bisher dunkel geblieben war. Die erste Waffentat Karl Johannes, der noch vor dem Waffenstillstand mit dem schwedischen Armeekorps bei Stralsund gelandet war, bestand in der Wiedereroberung Pommerns. Was war wohl seine Politik? Man sagte, er sei stets von dem englischen General Stewart, dem österreichischen

General Baron von Vincent, dem russischen General Pozzo di Borgo[214] und dem preußischen General von Krusemarck begleitet, ja beinahe bewacht. Ein großer Teil misstraute ihm, andere wieder umgaben seine Person mit Hoffnung. Fast alle Parteien hatten ihre Vertreter in seinem Hauptquartier, sogar die Partei der Unzufriedenen, deren Seele Frau von Staël war.

Napoleon hatte soeben erfahren, dass Karl Johann den Waffenstillstand benutzt hatte und in Reichenbach, dem Hauptquartier des Kaisers Alexander und des Königs von Preußen, gewesen war, um sie in dem Entschluss zu bestärken, nicht eher den Frieden zu unterzeichnen, als bis kein einziger französischer Soldat sich mehr auf dem rechten Rheinufer befände. Man stelle sich vor, in welcher Stimmung ich Napoleon antreffen musste. Ich sah mich vor und begab mich in den Garten des Marcolinischen Palais. Wenige Augenblicke später wurde ich vorgelassen und fand den Kaiser von Karten und Plänen umgeben. Kaum gewahrte er mich, als er sich erhob und mich mit den Worten empfing: „Nun, Herr Herzog, kennen Sie unsere Lage?“ – „Ja, Sire.“ – „Werden wir uns zwischen zwei Feuern befinden, nämlich zwischen den Granaten Ihres Freundes Bernadotte und den Bomben meines großen Freundes Schwarzenberg?“ – „Meiner Meinung nach ist nicht im mindesten daran zu zweifeln, sofern Österreich nicht zufriedengestellt wird.“ – „Das werde ich nicht tun. Ich werde mich doch nicht berauben lassen ohne mich zu schlagen. Ich weiß, man entfesselt gegen mich allen Ehrgeiz und alle Leidenschaften. Ihr Bernadotte zum Beispiel kann uns viel Schaden zufügen, wenn er unsere Feinde in unsere Politik und in die Taktik unserer Heere einweiht.“ – „Aber, Sire, hat Ihr Kabinett nicht versucht, ihn zu einer weniger feindseligen Politik zu bringen?“ – „Durch

214 Pozzo di Borgo, ein Landsmann Napoleons, war einer seiner erbittertsten Feinde. Er trat 1803 als Staatsrat in russische Dienste und unterstützte alle Bestrebungen, Napoleon zu stürzen.

welche Mittel? Er steht in englischem Solde. Dessen ungeachtet ließ ich ihm schreiben und habe in seiner Umgebung einen zuverlässigen Mann; aber der Weihrauch und die Freundschaft der legitimen Herrscher ist ihm zu Kopf gestiegen." – „Sire, das alles erschien mir so ernst, dass auch ich dem Kronprinzen von Schweden geschrieben habe, um ihm die Augen zu öffnen. Es steht ihm zwar frei, in Deutschland Parade zu machen, aber auf keinen Fall darf er gegen Frankreich Krieg führen." – "Unsinn! Frankreich! Frankreich bin ich." – „Geruhen Eure Majestät mir zu sagen, ob Sie meinen Brief billigen? Ich beweise darin dem Kronprinzen von Schweden, dass er sich zum Werkzeug Russlands und Englands gebrauchen lässt, um Ihre Macht zu stürzen und die Sache der Bourbonen wieder ins Leben zu rufen." – Dabei überreichte ich dem Kaiser meinen Brief, den er aufmerksam las. – „Es ist gut. Aber auf welche Weise wollen Sie ihm den Brief zukommen lassen?" – „Ich denke, Eure Majestät können sich der Vermittlung des langjährigen Freundes und Waffengefährten des Kronprinzen von Schweden, des Marschalls Ney, bedienen, der seine persönlichen Bitten mit den meinigen für den gleichen politischen Zweck vereinigen und zugleich ermächtigt werden könnte, den Obersten T. als Überbringer zu wählen." – „Nein, dieser Offizier war Jakobiner." – „Sire, dann könnte man vielleicht den Gendarmerieleutnant L. dazu verwenden, dessen Ergebenheit und Klugheit Eure Majestät kennen." – „Gut, ich werde ihm meine Instruktionen zukommen lassen und ihn an Ney abfertigen."

Nach einem Schweigen von einigen Minuten nahm der Kaiser plötzlich wieder das Wort: „Haben Sie über die Mittel nachgedacht, die geheimen Unterhandlungen mit Österreich zu verfolgen?" – „Ja, Sire." – „Haben Sie mir eine Note vorbereitet?" – „Ja, Sire; hier ist sie." – (Nachdem sie der Kaiser gelesen): „Was! Alles scheint Ihnen unwirksam? Sie sehen in meinen Mitteln nur oberflächliche, halbe Maßnahmen? Sie stellen sich mit Ihrer Meinung auf die Seite derjenigen, die mich gern entwaffnet und zur Macht eines Dorfschulzen herabgewürdigt sehen möchten? Glauben Sie mir, Herr Herzog, Sie finden keinen sichereren Schutz als den meinigen." – „Sire, davon bin ich so vollkommen überzeugt, dass dies gerade ein Hauptgrund ist, warum ich so sehnlich wünsche, den Thron Eurer Majestät nicht mehr dem Zufall der Schlachten ausgesetzt zu sehen. Aber ich darf es nicht verhehlen: die Reaktion Europas, die durch die glorreichen Siege Eurer Majestät so lange verhindert wurde, dürfte jetzt durch nichts mehr aufgehalten werden können, als durch neue Triumphe, die indes viel schwerer zu erringen sind. Dieselben Minister, die jederzeit bereit waren, mit Ihrem Kabinett zu unterhandeln und die Sie so leicht zu entzweien und in Furcht zu setzen vermochten, rühmen sich jetzt, dass ihre Stimme im Rat der Könige nicht mehr durch eine engherzige und kurzsichtige Politik erstickt werde. Sie behaupten, es handele sich für sie um das Heil Europas." – „Gut! Für mich aber handelt es sich um das Heil Frankreichs, und gewiss werde ich mich nicht zu der Rolle verstehen, die sie nicht mehr spielen wollen." – „Aber die Sache muss doch zum Abschluss kommen. Wenn Sie Österreich nicht entwaffnen oder es nicht in Ihr Lager übergeht, werden Sie ganz Europa gegen sich haben, das diesmal unabänderlich vereinigt ist. Das Beste wäre der Frieden. Er ist möglich, wenn Sie entweder Deutschland aufgeben, um Italien zu behalten, oder Italien abtreten, um ein Stück in Deutschland zu behalten. Böse Ahnungen, Sire, beschäftigen mich. Um des Himmels, um des Ruhmes und der Dauer des schönen Reiches willen, das ich Ihnen errichten half, bitte ich Sie, vermeiden Sie den Bruch und beschwören Sie – noch ist es Zeit – einen allgemeinen Kreuzzug gegen Ihre Macht! Erwägen Sie, dass diesmal, bei der geringsten Niederlage Ihrer Waffen, alles ein anderes Ansehen bekommen wird und Sie den Rest Ihrer Verbündeten verlieren werden, die bereits wankend sind. Wenn Sie eine nationale Verteidigung, den einzigen Schutz gegen Niederlagen, verschmähen, so werden sich Ihre Feinde diesen passiven Widerstand zunutze machen, der einer sich isolierenden Macht verhängnisvoll ist. Dann werden alte, längst eingeschläferte Hoffnungen wieder erwachen; England, das beständig auf der Lauer liegt, wird sofort seine geheimen Boten nach Bordeaux, in die Vendée, in die Normandie, in das Morbihan senden, um bei dem geringsten günstigen Ereignis die Sache der Bourbonen wieder aufleben zu lassen. Ich beschwöre Sie, Sire, im Namen unserer Sicherheit und Ihres Ruhmes, lassen Sie es nicht dazu kommen, durch einen letzten Trumpf alles, Ihre Krone und Ihre Macht, aufs Spiel zu setzen! Was würde dann geschehen? Fünfhunderttausend Soldaten, in zweiter Linie von einer ganzen aufständischen Bevölkerung unterstützt, würden Sie zwingen, Deutschland zu verlassen, ohne Ihnen Zeit zu lassen, neue Unterhandlungen anzuknüpfen."

Bei diesen Worten warf der Kaiser stolz den Kopf zurück und nahm eine kriegerische Haltung an. „Noch kann ich ihnen", erwiderte er, „zehn Schlachten liefern, aber eine einzige genügt mir, um sie alle miteinander aufzulösen und zu zerschmettern. Es ist schade, Herr Herzog, dass eine unglückliche Neigung zur Mutlosigkeit gerade die besten Köpfe beherrscht. Es ist nicht mehr die Rede von der Aufgabe dieser oder jener Provinz; es handelt sich um unsere politische Überlegenheit, wovon unsere Existenz abhängt. Wenn meine materielle Macht groß ist, so ist meine Macht der Meinung noch viel größer; sie grenzt an Zauberei. Hüten wir uns, ihren Zauber zu brechen. Warum so große Aufregung? Lassen wir die Ereignisse an uns herantreten. Was Österreich anlangt, so darf sich niemand täuschen lassen. Es will aus meiner Lage Nutzen ziehen, um mir große Vorteile zu entreißen. Im Grunde genommen bin ich eigentlich beinahe dazu entschlossen, aber ich kann mir nicht vorstellen, dass es zugibt, mich vollkommen zu Boden zu werfen und sich auf diese Weise selbst der Allmacht Russlands überliefert. Das ist meine Politik. Ich erwarte von Ihnen, dass Sie mir mit allen Ihren Mitteln beistehen werden. Ich habe Sie zum Generalgouverneur von Illyrien ernannt, und Sie werden es wohl auch sein, den ich mit der Übergabe an Österreich beauftrage. Reisen Sie; gehen Sie nach Prag, knüpfen Sie dort Ihre Fäden für die geheime Unterhandlung an, und begeben Sie sich von dort aus nach Graz und Laibach[215], von wo Sie die Geschäfte weiter verfolgen sollen. Beeilen Sie sich, denn der arme Junot, den Sie ablösen, ist sicher schon halb verrückt[216], und Illyrien bedarf einer klugen und festen Hand." – „Ich bin völlig bereit, Sire, dem Vertrauen zu entsprechen, mit dem Sie mich beehren. Aber wenn ich es wagen dürfte, so möchte ich noch bemerken, dass, unabhängig von der Zurückgabe der Provinzen, ohne Frage die Aussicht auf die Regentschaft, so wie sie Eure Majestät in ihrem ganzen Umfange organisiert haben, eine der Haupttriebfedern der geheimen Unterhandlungen sein wird." – „Ich verstehe! Nun gut! Sagen Sie alles, was Sie darüber zu sagen wünschen; ich erteile Ihnen unbeschränkte Vollmacht dazu."

215 [deutscher Name (veraltet) für die kroatische Stadt Ljubljana. *P.S.*]

216 Jean Andoche Junot, Herzog von Abrantès (1771–1813), war damals Gouverneur der Illyrischen Provinzen. Er war geisteskrank geworden. [Seine Gattin Laure Junot verfasste Memoiren unter dem Titel „Mémoires" (18 Bände, 1831–1834) *P.S.*]

16. Kapitel

Der Generalgouverneur der Illyrischen Provinzen

In der Voraussetzung eines neuen Bruchs dachte ich an nichts anderes, als zum Wohle des Staates aus meiner neuen Stellung Nutzen zu ziehen. Übrigens schien mir die geheime Unterhandlung mit Österreich gegenstandslos, solange der Kaiser diesem Kabinett keine Konzessionen machte, ohne welche er es nicht für seine Interessen erhalten konnte. So war also meine Sendung hinsichtlich Österreichs weiter nichts als ein Köder und in Bezug auf mich selbst nur ein Vorwand, um mich während der Krise von dem Mittelpunkt der Geschäfte zu entfernen. Der Kaiser verfolgte aber noch zwei andere Zwecke dabei. Zunächst wollte er den österreichischen Hof solange wie möglich hinhalten und zugleich dort eine Partei schüren, die sofort bereit war, sich ihm zu nähern, wenn es ihm im Falle eines Bruches gelänge, die nordische Koalition infolge großer Niederlagen aufzulösen. Zweitens lag es ihm besonders am Herzen, mich das ganze österreichische Land von einem Ende zum anderen durchreisen zu lassen, weil er genau wusste, dass ich nicht umsonst ein wachsames Auge auf alles, was der Beobachtung wert war, hatte. Wenigstens gestand mir Berthier, dass das die Absicht des Kaisers sei und er sogar wünsche, ich möchte mich solange wie möglich in Prag aufhalten, um mich mit Narbonne zu verständigen und die weiteren Absichten Österreichs zu ergründen. Ich sah jedoch ein, dass es mir weniger wie jedem anderen zukomme, meinen Aufenthalt in Prag unnötig zu verlängern und meine Beobachtungen über die Grenzen der Notwendigkeit hinaus auszudehnen.

Gleichwohl wollte ich mir einen vernünftigen und nützlichen Plan festlegen, denn ich kenne nichts Schlimmeres als so ins Blaue hinein zu handeln. Da ich über den bestehenden politischen Zustand nichts vermochte, dachte ich über eine wahrscheinliche Zukunft nach. Der Kaiser, sagte ich mir, *muss* einem Bündnis, an dem alle teilnehmen, erliegen. Er kann mit den Waffen in der Hand zugrunde gehen, aber auch durch ein Absetzungsdekret infolge neuer Niederlagen seiner Macht enthoben werden. Trotz der Selbstsucht, Verblendung und Feigheit der höchsten Beamten des Staates ist es doch nicht unmöglich, dass in einigen maßgebenden Köpfen von Paris gewisse Ideen von Aufrechterhaltung der Monarchie keimen sollten. Das aber kann eine jener Revolutionen herbeiführen, die nur durch den Ernst der Umstände und die Forderungen der öffentlichen Meinung entschieden werden. Sie kann sehr rasch vor sich gehen, denn wenn England, die Seele dieser neuen Koalition, die politische Leitung übernimmt, so wird sich das Glück zugunsten der Bourbonen wenden. Ich brauche nicht erst zu sagen, dass meine Vergangenheit mir nicht erlaubte, mein Augenmerk nach dieser Seite hin zu richten, selbst wenn ich den Sturz des Kaiserreichs als sicher annahm. Und vielleicht wird man mich einer allzu großen Aufrichtigkeit beschuldigen, wenn ich gestehe, dass die Bourbonen während der letzten sechs Monate des Jahres 1813 in den höheren Staatsstellen nur sehr wenige einflussreiche Beamte gefunden haben würden, auf die sie vernünftigerweise hätten zählen können. In der Tat mussten alle Interessen der Revolution, die sich vom Kaiser absonderten, sogar die Royalisten, die sich der kaiserlichen Regierung angeschlossen hatten, sogleich versuchen, sich unter der Macht der Regentschaft zu vereinigen, deren Grundlagen Napoleon für den Fall einer Niederlage selbst festgelegt hatte.

Natürlich war es klar, dass man nicht warten durfte, bis alle Hoffnung verloren sein würde. Österreich hatte großes Interesse daran, eine Regentschaft unter dem Schutze einer Erzherzogin errichten zu sehen, um eine Politik aufrechtzuerhalten, die es nicht nur mit dem auf seine natürlichen Grenzen beschränkten und mit Europa ausgesöhnten Frankreich verband, sondern ihm zugleich erlaubte, die große Überlegenheit, die Russland im Begriff war zu erlangen, im Gleichgewicht zu halten. Auf diesen Grundlagen baute ich meine Ideen auf und legte sie in einer Denkschrift nieder, worin ich die Möglichkeit einer wirklichen Regentschaft aufstellte. Nach meinem Plan mussten in dem Regentschaftsrat alle Interessen vertreten werden. Natürlich war auch ich Mitglied dieses Rates, ebenso wie Herr von Talleyrand, Narbonne, Macdonald, Montmorency und zwei andere Personen, die ich nicht zu nennen brauche. Der Ehrgeiz der Marschälle wäre durch die Errichtung großer Militärgouvernements befriedigt worden, in die sie sich hätten teilen können und die ihren Einfluss im Staate noch vermehrt haben würden. Mit einem Wort, die Regentschaft hätte nach meinem Plane alle Interessen und Meinungen miteinander ausgesöhnt. Aus der Regierung wäre anstatt einer Bedrückerin eine Beschützerin geworden, und ihrer Form nach wäre es eine gemäßigte Monarchie gewesen, indem man die vernünftige Aristokratie und die repräsentative Demokratie miteinander vereinte. Dieser Plan war zweifellos für die Wichtigkeit der Umstände der geeignetste, weil er Frankreich vor der doppelten Gefahr eines feindlichen Einfalls und der Zerstückelung bewahren konnte.

Ich hatte mehr als allen Grund zu glauben, dass er von dem Staatsmanne, der damals die Leitung der österreichischen Politik in Händen hatte, nämlich von Herrn von Metternich genehmigt würde. Ich kannte seinen festen Charakter und den tiefen Blick seiner Ansichten. Sein Wohlwollen für mich datierte noch von der Kriegserklärung Österreichs im Jahre 1809 her. Zu jener Zeit befahl mir der Kaiser, Herrn von Metternich gegen allen diplomatischen Anstand durch eine Gendarmerieabteilung verhaften und unter ihrer Begleitung bis an die österreichische Grenze bringen zu lassen. Zugleich verschärfte er diesen Befehl durch alle möglichen Härten, die ihn nur noch schimpflicher gestalteten. Da mich eine so unerhörte

Behandlung empörte, nahm ich es auf mich, die Formen ein wenig zu mildern. Ich verlangte nach meinem Wagen und fuhr zum Gesandten, dem ich die Ursache meines Besuches erklärte und gleichzeitig sagte, wie leid mir das alles täte. Bei dieser Gelegenheit kam es zu einem gegenseitigen Austausch der Ansichten, die hinreichten, dass wir uns vollkommen verstanden. Nachdem ich vom Marschall Moncey einen Gendarmeriehauptmann erbeten hatte, der durch sein höfliches und anständiges Benehmen das Beleidigende seines Auftrags zu mildern wusste, befahl ich ihm, in der Postchaise des Gesandten Platz zu nehmen. Herrn von Metternich gewährte ich alle erforderliche Frist für seine Reise. Als wir uns trennten, sagte er mir, wie sehr gerührt er von der Aufmerksamkeit und Schonung sei, die ich ihm bei dieser Gelegenheit bewiesen habe. Nachdem ich, wie man gesehen hat, mit meinen Ideen im Reinen war, begab ich mich auf Drängen des Kaisers und Berthiers hin mit Herrn von Chassenon, Auditeur[217] bei der Generalintendantur der Armee, auf die Reise und verfügte mich nach Prag. Ehe ich Dresden verließ, machte ich noch dem erlauchten Souverän von Sachsen meine Aufwartung, der sich mit so bewunderungswürdiger Beharrlichkeit der französischen Sache gewidmet hatte. Es war mir nicht entgangen, wie sehr die Sachsen darüber jammerten, ihren König so tief in die Interessen Napoleons verwickelt zu sehen. Sie erwarteten das größte Unglück davon.

Ich langte gerade in dem Augenblick in Prag an, als der Kongress eröffnet werden sollte, auf den ich nicht die mindeste Hoffnung setzte. In meinen Augen war er weiter nichts als eine jener diplomatischen Schaustellungen, die man aufführt, um den Gebrauch der Gewalt zu rechtfertigen. Herr von Metternich und die Bevollmächtigten Russlands und Preußens waren soeben eingetroffen, und die ganze österreichische Staats-

217 [Militärjustizbeamter *P.S.*]

kanzlei hatte bereits ihr Lager dort aufgeschlagen. Von den beiden französischen bevollmächtigten Gesandten war Narbonne der einzige, den ich antraf. Er erwartete Caulaincourt und hatte Befehl, nichts ohne seinen Kollegen zu unternehmen. Schon waren der Versammlung des Kongresses einige Schwierigkeiten vorangegangen. Napoleon hatte sich soeben gegen die Ernennung des russischen Bevollmächtigten, Herrn von Anstett, erklärt, der ein geborener Franzose aus dem Elsass war und den Napoleon im „Moniteur" als einen sehr „tätigen Kriegsagenten" bezeichnete. Abgesehen von diesen Zänkereien, glaubte man, dass die Frage über die Form der Unterhandlungen gleich in den ersten Tagen den Gang der Geschäfte unterbrechen würde. Napoleon hatte sich Narbonne gegenüber im gleichen Sinne wie gegen mich ausgesprochen. Die einzige direkte Instruktion, die er mir erteilte, war, dass Narbonne versuchen solle, Österreich nicht in eine feindliche Stellung zu bringen. Ich unterrichtete ihn von den Absichten des Kaisers in Bezug auf die geheime Unterhandlung, und er hegte hierüber keine günstigere Meinung als ich.

In Prag befand ich mich in einer ganz neuen Sphäre und auf einem mir unbekannten Boden. Man wusste, dass ich nur auf der Durchreise war, und ich musste gewisse Vorsicht anwenden, um mich mit dem Chef der österreichischen Kanzlei mündlich zu besprechen. Überall fand ich das gleiche Misstrauen gegen Napoleon und mehr oder weniger begründete Beschwerden. So versicherte man mich, dass er seit November 1812 sich erboten habe, nicht nur Italien und die Illyrischen Provinzen, sondern auch die oberste Gewalt in Deutschland an Österreich abzutreten und den Wiener Hof in seinem alten Glanz wieder herzustellen. Sobald er sich jedoch imstande gesehen habe, einen neuen Feldzug zu eröffnen, habe er alles zu umgehen gewusst und sich nur auf ganz unbedeutende Abtretungen beschränkt.

Augenscheinlich wollte das Wiener Kabinett aus der Schwäche unserer Macht Nutzen ziehen, um das wieder zu erlangen, was es durch die beiden Frieden von Pressburg und Schönbrunn verloren hatte. Es legte wenig Gewicht auf die Abtretung Illyriens, das ohnehin beim ersten Kanonenschuss mit seinem unermesslichen Reiche wieder vereinigt werden würde.

In Prag erfuhr ich, dass die nordische Koalition sich soeben gegen den Rheinbund erklärt habe und dass der Marschall Kutusow durch eine am 25. März in Kalisch erschienene Proklamation die Auflösung des Rheinbundes bekannt gemacht habe[218]. Ferner erfuhr ich, dass die Reichenbacher Konferenzen bereits wieder in Trachenberg begonnen, dass, außer dem Kaiser von Russland, dem König von Preußen, dem Kronprinzen von Schweden, auch Herr von Stadion für Österreich und Lord Aberdeen für England, sowie alle Heerführer der verbündeten Armeen daran teilnehmen würden. In diesen Konferenzen bestimmte man die Streitkräfte, welche die verbündeten Mächte in dem furchtbarsten aller Kriege gegen Napoleon aufbieten sollten und setzte die Marschbewegungen und den Angriffs- und Verteidigungsplan fest.

Inzwischen hatte man sich entschlossen, den Kongress zu eröffnen, aber nur, um Napoleon in den Kreis des Popillius[219] einzuschließen. Obgleich England nicht offiziell zu den Konferenzen zugelassen war, bildete es doch die Seele des Ganzen und leitete alle Unterhandlungen. Unter solchen Umständen

---

218 Der Marschall Kutusow führte 1813 den Oberbefehl über das vereinigte russisch-preußische Heer. In der genannten Proklamation rief er Europa gegen Napoleon zu den Waffen. Er starb jedoch bei Beginn des Feldzugs.

219 [Im Jahr 169 v. Chr., nach einer siegreichen Schlacht, überbrachte der römische Politiker Popillius dem Gegner das römische Ultimatum. Als dieser zögerte und um Bedenkzeit bat, zeichnete Popillius mit seinem Stock einen Kreis in den Sand und forderte ihn auf, sich vor dem Verlassen des Kreises zu entscheiden. Seitdem steht der Kreis von Popillius für erpresserische Dreistigkeit. *P.S.*]

konnte man nicht mehr zweifeln, dass Österreich im Begriff war, seinen Beitritt zum nordischen Bunde durch Zuführung von 200 000 Mann auserlesener Truppen zu erklären. Auf alle unsere vertraulichen Versuche hin, es davon abzubringen, erhielten wir zur Antwort, es könne in Napoleon kaum die Sicherheit finden, nicht wieder neuen Beraubungen ausgesetzt zu sein, während der gegenwärtige Zustand der Dinge ihm mehr verspräche.

Alle meine Bemühungen, die geheime Unterhandlung wieder anzuknüpfen, waren fruchtlos. Hinsichtlich meiner persönlichen Absichten in Bezug auf die künftige Gewährleistung unseres politischen Zustands gab man mir zu verstehen, dass der Plan einer Regentschaft im Interesse Österreichs allerdings auf seine politischen Entschlüsse Einfluss haben könne, aber nur wenn die Voraussetzungen sich in Wirklichkeit verwandelt haben würden. Alles, was ich erreichte, war die Versicherung, dass man nur mit der Zerstörung der äußeren Macht Napoleons beginnen und Österreich sich weigern würde, zu irgendwelchem Umsturzprojekte im Innern die Hand zu bieten.

So verließ ich Prag, unstreitig über vieles aufgeklärt, aber ohne auch nur die mindeste Garantie für die Zukunft gefunden zu haben. Im Gegenteil, ich nahm die traurige Überzeugung mit mir, dass eine Million Soldaten das Schicksal Europas entscheiden, und es in diesem ungeheuren Kampfe sehr schwer sein würde, zur rechten Zeit für die Interessen einzutreten, an die noch keine Diplomatie gedacht hatte.

Als ich Österreich durchreiste, um mich nach Illyrien zu begeben, gewährte mir diese Reise, trotz ihrer Schnelligkeit, doch mehr als eine Belehrung. Zunächst überzeugte ich mich, dass dieses große Reich, das aus so verschiedenen Staaten zusammengesetzt war, doch besser regiert und verwaltet wurde, als man allgemein annahm. Ich fand, dass es von einer treuen und geduldigen Bevölkerung bewohnt und verteidigt wurde. Seine Politik schloss eine Art Langmut in sich, die geeignet war, über alle Schicksalsschläge zu triumphieren. Kurz, es war augenscheinlich, dass Österreich durch die vollkommene Entwicklung seiner Macht ein entscheidendes Übergewicht in der Waagschale Europas haben werde.

Über Graz, die Hauptstadt Steiermarks, reiste ich durch die Steirischen Alpen nach Laibach, der ehemaligen Hauptstadt des Herzogtums Krain, damals Hauptort unserer Illyrischen Provinzen. Ende Juli langte ich dort an und ließ mich sofort in der Eigenschaft als Generalgouverneur nieder. Meine Ankunft machte umso größeres Aufsehen, als mein Name als Polizeiminister bereits dort bekannt war und ich einen Adjutanten, einen Vertrauten des Kaisers, nämlich Junot, den Herzog von Abrantès, in seinem Amte ablöste. Und eben hatte man den armen Junot auf einer Art wahnsinnigen Anfalls ertappt, wobei ihm folgendes passiert war: Die starke Wirkung des rauen russischen Klimas auf seine in Portugal erhaltene Wunde, ferner häusliche Verdrießlichkeiten und der Kummer, nicht zum Reichsmarschall ernannt worden zu sein, hatten seine Nerven dermaßen angegriffen, dass er bereits sechs Wochen vor meiner Ankunft öffentliche Beweise von Wahnsinn gab. Eines Tages ließ er seinen Adjutanten in einen von sechs Pferden bespannten Wagen steigen, vor dem eine Abteilung Kavallerie als Eskorte ritt. Er selbst setzte sich, über und über mit Orden und Auszeichnungen behangen, mit der Peitsche in der Hand auf den Kutscherbock. Auf diese Weise fuhr er zum großen Erstaunen der Einwohner mehrere Stunden lang von einem Ende der Stadt Görz zum anderen spazieren. Am nächsten Tage diktierte er die ungereimtesten Briefe und Befehle, die er alle mit der Formel beschloss: „Und nun, Herr Kommandant, bitte ich die Heilige Kunigunde, Sie in ihren würdigen Schutz zu nehmen." Da noch andere bedauernswürdige Auftritte folgten, wurde der arme Junot nach Frankreich gebracht, wo er vierzehn Tage später starb, weil er sich in einem Wutanfall im Schloss seines Vaters aus dem Fenster stürzte.

Das war also der Mann, den ich als Generalgouverneur der Provinzen ersetzen sollte, die noch auf dem Fuße eines eroberten Landes regiert wurden. Allerdings fand ich in dem Generalleutnant Baron Fresia, der unter meinen unmittelbaren Befehlen zum Kommandanten ernannt worden war, eine große Stütze. Er war Piemontese und hatte sich in der französischen Armee durch Scharfsinn und Fähigkeit ausgezeichnet. In der großen Armee bei Dresden befehligte er eine Kavalleriedivision, als ihn der Kaiser kurz darauf in die Illyrischen Provinzen schickte. Als ich mich in Dresden vom Kaiser verabschiedete, sagte er mir, Illyrien sei in seinen Händen eine Vorhut im Herzen Österreichs, ganz geeignet, es in Schranken zu halten; eine Schildwache an den Toren Wiens! Es sei übrigens nie seine Absicht gewesen, Illyrien zu behalten. Er habe es nur zum Unterpfand genommen, um es anfangs gegen Galizien auszutauschen, jetzt aber böte er es seinem Schwiegervater an, damit dieser sein Verbündeter bliebe. Übrigens merkte ich, dass er hinsichtlich dieses Illyriens mehr als einen Plan haben müsse, denn er wechselte öfter mit seinen Ideen. Ferner sagte er mir, dass er auf jeden Fall dem Vizekönig Eugen Befehl erteilen werde, sich an der italienischen Grenze bereitzuhalten, um die Erbstaaten im Herzen anzugreifen, wenn der Wiener Hof sich gegen uns erklären sollte. Er fügte hinzu, er werde gleichzeitig der bayerischen Armee, dem Observationskorps des Marschalls Augereau und dem Kavalleriekorps des Generals Milhaud befehlen, das Unternehmen des Vizekönigs zu unterstützen, dem er Anweisung geben werde, bis nach Wien vorzudringen. Konnte Napoleon sich wirklich noch über seine riesenhaften Ideen täuschen? Und warum hatte er sie nicht früher ausgeführt, um Österreich im Zaume zu halten?

Kaum war ich in meinem Gouvernement angelangt, als ich mir selbst Rechenschaft ablegen konnte, dass es mit den kühnen Ideen vorbei sei, und man nicht länger an offensive Operationen denken dürfe. Wir hatten in Illyrien nur schwache Truppenabteilungen, und seit dem Missgeschick des russischen Feldzugs waren die militärischen Streitkräfte des Königreichs Italien fast null. Dennoch erhielt der Vizekönig den bestimmten Befehl, aufs Schnellste eine neue Armee zu bilden. Infolgedessen beauftragte man ihn, die Aushebung der Soldaten in den Departements vorzunehmen, die dem Königreich am nächsten lagen. Die Rekrutierung ging ziemlich rasch vonstatten, aber kaum begannen die Kader sich zu füllen, – die Armee, die 10 000 Mann stark sein sollte, besaß weder Material noch Organisation – als mir Narbonne in einem Briefe aus Prag die Auflösung des Kongresses meldete. Österreich hatte dort endlich am 7. August das entscheidende Wort gesprochen.

Es verlangte: die Auflösung des Herzogtums Warschau und seine Teilung zwischen Österreich, Russland und Preußen; die Wiederherstellung der Unabhängigkeit der Hansestädte; die Wiederherstellung Preußens mit der Elbgrenze; endlich die Abtretung aller Illyrischen Provinzen samt Triest an Österreich. Die Frage über die Unabhängigkeit Hollands und Spaniens verschob man auf den allgemeinen Frieden.

Napoleon brachte den ganzen 9. August mit Beratschlagungen zu. Endlich entscheidet er sich zu einer ersten Antwort, in welcher er einen Teil der Bedingungen annahm und den anderen verwarf. Der 11. August ging in der Erwartung der Wirkung hin, die diese Antwort hervorbringen würde. Aber bald erfährt er, dass der Kongress im Laufe des Morgens aufgelöst worden sei. Am selben Tag, als Österreich sein Bündnis mit uns aufgab, um ein anderes mit unseren Feinden einzugehen, marschieren russische Truppen in Böhmen ein. Zu spät nimmt Napoleon jetzt die von Herrn von Metternich vorgeschlagenen

Bedingungen an. Diese Zustimmung jedoch, die am 10. noch den Frieden herbeigeführt haben würde, vermag dies nicht mehr am 12. Österreich erklärt den Krieg und schiebt dadurch die Frage über die Wiedereröffnung des Kongresses weit hinaus. Als ich diesen Brief empfing, zweifelte ich nicht mehr daran, dass der Angriff auf Illyrien beginnen würde.

Auf meiner Durchreise durch die Erbstaaten hatte ich eine große Bewegung unter den österreichischen Truppen bemerkt. Es war mir mitgeteilt worden, dass der Feldmarschall-Leutnant Hiller in Agram[220] erwartet wurde, dass dort bereits die Generale Frimont, Fenner und Marschall eingetroffen seien und Hillers Heer sich auf 40 000 Mann belaufen solle. Alle im österreichischen Kroatien befindlichen Regimenter waren bereits auf Kriegsfuß gesetzt. Sofort bei meiner Ankunft machte ich dem Vizekönig Mitteilung davon. Alle Berichte meldeten mir geheime Umtriebe unter der Bevölkerung des französischen Kroatiens und eine dumpfe Gärung, die durch österreichische Agenten diesseits der Save bewirkt wurde. Sie bereiteten dort einen Aufstand vor, der den Überfall erleichtern sollte. Wirklich setzten sich am 17. August, am Tage nach dem Ablauf des Waffenstillstands, zwei österreichische Kolonnen in Marsch und überschritten, ohne vorausgehende Kriegserklärung, bei Sissek[221] und Agram die Save und marschierten auf Karlstadt[222] und Fiume.

Mich wunderte das Betragen der Kroaten unter diesen Umständen durchaus nicht. Ihre Anhänglichkeit an die österreichische Regierung war mir bekannt.

Und beinahe alle übrigen Teile der Illyrischen Provinzen folgten dem Beispiel Kroatiens. Bald darauf wurden sogar

---

220 [deutscher Name (veraltet) für die kroatische Stadt Zagreb. *P.S.*]
221 [deutscher Name (veraltet) für die kroatische Stadt Sisak. *P.S.*]
222 [deutscher Name (veraltet) für die kroatische Stadt Karlovac. *P.S.*]

die Städte Zara, Ragusa und Cattaro, die die Generale Roise, Montrichard und Gauthier mit schwachen italienischen Garnisonstruppen und einigen französischen Beamten verteidigten, von österreichischen Truppen belagert, denen sich dalmatinische Banden anschlossen. Bei der ersten Nachricht von diesen Bewegungen hatte ich die Schlösser Laibach und Triest in Verteidigungszustand setzen lassen. Auch teilte ich dem Vizekönig mit, dass der österreichische General Hiller den größten Teil seiner Streitkräfte bei Klagenfurt vereinigte, um Villach und Tarvis zu stürmen und von da durch das Drautal in Tirol einzudringen. Schon hatte er seine Armee auf Illyrien in Marsch gesetzt, aber durch die Ankunft der italienischen Division des Generals Pino in Laibach war ich in der Lage, den Feindseligkeiten zu begegnen.

Ich täuschte mich jedoch keineswegs. Hiller operierte mit 40 000 Mann und hatte die ganze Bevölkerung für sich. So kam es, dass ohne große Mühe Fiume und Triest genommen wurden, die jedoch der General Pino bald wieder eroberte. Auch Villach wurde genommen und wiedererobert, aber die einzige kräftige Waffentat war die Wegnahme des Lagers von Feistritz durch den Generalleutnant Grenier.

So verging der September. Wie der Kaiser gesagt hatte, sollte in Deutschland das Los Italiens entschieden werden. In Dresden hatte der Bruch bei weitem wichtigere militärische Ereignisse zur Folge.

Aber die Schlacht bei Dresden, die unter den Anhängern des Kaisers so viel Freude verbreitete, war für sie nur ein Hoffnungsstrahl. Plötzlich wurden sie von neuem in Ungewissheit und Sorge versetzt. Die Nachrichten von den Niederlagen an der Katzbach, bei Großbeeren und Kulm fingen an in Paris und Mailand bekannt zu werden. Durch meine Korrespondenten erfuhr ich, dass man achtzehn Tage lang in Paris keine Kuriere erhalten hatte. Bald begannen die Gerüchte Frankreich in

Trauer zu versetzen, und der Kaiser verlor das Vertrauen seines Volkes. Man benachrichtigte mich, dass die Intrigen der Royalisten in der Vendée und in Bordeaux wieder anfingen, und dass man sich in den engeren Kreisen und Salons in Paris ganz leise zuflüstere: „Das ist der Anfang vom Ende!"

Dasselbe konnte man von unserem schönen Italien sagen. Seit den letzten Nachrichten aus Deutschland zeigten die österreichischen Generale, die gegen uns kämpften, immer mehr Zuversicht. Auf unserer Seite hingegen bewiesen die italienischen Truppen nicht mehr den gleichen Eifer. Einer ihrer Befehlshaber, der General Pino, der anfänglich unter meinen Augen für die Verteidigung Illyriens tätig war, benutzte die heimliche Entmutigung, die sich in allen Graden zu zeigen begann, und verließ ganz plötzlich die Armee, um sich in Mailand niederzulassen und dort das Ergebnis des Feldzugs abzuwarten.

Ich begab mich zum Vizekönig, um mit ihm die gegenwärtige Lage der Dinge zu besprechen. Er selbst war in großer Unruhe, aber noch immer dem Kaiser ergeben. Der Bruch machte ihm viel Sorge, und er hatte nicht mehr dasselbe Vertrauen in Napoleons Glück. „Es wäre besser gewesen", sagte er mir, „der Kaiser hätte ohne allzu großen Verlust die beiden ersten Schlachten zu Beginn des Feldzugs verloren; er würde sich dann noch rechtzeitig hinter den Rhein zurückgezogen haben." Ich verhehlte Eugen nicht, dass ich dem Kaiser diesen Rat in Dresden gegeben habe, dass aber nichts auf ihn Eindruck gemacht habe. „Und es ist umso schlimmer", sagte ich, „da bei der ersten Schlacht, die er persönlich verliert, man ohne ihn über die Wiederherstellung Europas verhandeln wird." Eugen war durch diese Bemerkung aufs Höchste betroffen, und vielleicht bedachte er zum ersten Mal in seinem Leben die Hinfälligkeit seiner politischen Stellung. Da ich aber wenig Vertrauen zu seiner Umgebung hatte, eröffnete ich mich ihm nicht näher für diesmal.

Er gestand mir schließlich, was ich bereits ahnte, dass er infolge sehr zwingender Gründe annehme, Bayern stehe im Begriff sich von unserm Bündnis loszusagen, denn die bayrische Armee habe an der österreichischen Grenze noch nicht den geringsten Schritt getan, um die Österreicher aufzuhalten, die zwar langsam, aber mit Macht durch das Drautal nach Tirol vorrückten. Da er das deutsche Italien nicht länger verteidigen könne, zöge er sich hinter den Isonzo zurück, um die Engpässe zwischen sich und dem Feind zu haben. „Wenn Sie sich gegen alle Erwartung“, sagte ich, „dort nicht behaupten können, so versuchen Sie wenigstens, – denn ich habe mehr Vertrauen zu Ihren Fähigkeiten als zu Ihren Soldaten – so lange wie möglich das Land zwischen der Piave und der Etsch dem Feinde streitig zu machen, um den Ereignissen Zeit zu lassen sich zu entwickeln. Es wäre viel getan, wenn Sie während des nahen Winters Mantua, Verona, Mailand und die Mündungen des Po decken könnten.“

Sofort traf er Maßnahmen für seinen Rückzug, und ich meinerseits räumte Laibach, nachdem ich im Schloss eine Scheingarnison zurückgelassen hatte, die zum großen Teil aus Rekonvaleszenten bestand und von Oberst Léger befehligt wurde. Ich folgte der Armee, die die Isonzo-Linien besetzt hielt. Da an demselben Tage die Österreicher sich mit einer großen Truppenmacht vor Triest gezeigt hatten, räumte der General Fresia auf meinen Befehl die Festung und ließ nur eine kleine Garnison zurück, welche der Oberst Rabié befehligte. Sie kapitulierte erst einen Monat später nach einer glänzenden Verteidigung.[223]

Aus dem Hauptquartier von Gradisca schickte ich dem Kaiser meine Berichte und setzte ihm die Lage des Vizekönigs

223 Fouché zeigte bei der Verteidigung Illyriens glänzende organisatorische Fähigkeiten und bot alles Menschenmögliche auf, um die Provinzen Napoleon zu erhalten.

auseinander. Am Schluss meines Briefes bat ich ihn, eine andere Verfügung in Bezug auf meine Person zu treffen, da meine Mission hier zu Ende sei; ich erwarte darüber seine Befehle. In Italien blieb alles in Ungewissheit. Plötzlich erhalte ich vom Vizekönig aus dem Hauptquartier ein Billett mit folgenden Worten: „Weil er gar nichts hat abtreten wollen, hat er alles verloren!" Man denke sich meine Bestürzung und meine Ungeduld, den ganzen Umfang der Ereignisse kennen zu lernen! Schon am folgenden Tage verbreiteten sich unheilvolle Gerüchte über die verhängnisvollen Tage bei Leipzig, die Napoleon über den Rhein zurückwarfen, während ganz Europa in Waffen ihn verfolgte. Nun verwirklichten sich meine Ahnungen, meine Voraussagungen! Was aber würde aus uns werden? Und was wird das Los dieses schwankenden Reiches sein? Es war leicht vorauszusehen, dass die ungeheure Macht, die der Kaiser sich angeeignet hatte, ihm, wenn auch nicht ganz genommen, so doch zum mindesten geschmälert werden würde. Anderseits wieder täuschte ich mich nicht über die Art des Widerspruchs, auf den er im Innern des Landes stoßen könne. Mir waren alle Bestandteile der öffentlichen Gewalt bekannt, ebenso wusste ich alle mehr oder minder einflussreichen Männer zu würdigen und nach ihrem Mut und ihrer Tatkraft zu schätzen. Es bedurfte eines kühnen Mannes, und es gab nur Feiglinge! Der einzige Mann, der infolge seiner Fähigkeiten und seines geschmeidigen Geistes die Ereignisse hätte meistern und die Revolution retten können[224], besaß keine politische Kraft und fürchtete für seinen Kopf. Was mich anlangt, dem es gewiss nicht an Entschlussfähigkeit gefehlt hätte, so war ich zu weit von dem eigentlichen Herde entfernt, sei es nun durch Zufall oder infolge von lange vorbereiteten Berechnungen.

---

224 Wahrscheinlich Talleyrand.

Ich zitterte vor Ungeduld und war entschlossen, allem Trotz zu bieten, um in die Hauptstadt zurückzukehren und dort die geheimen Fäden eines Komplotts wieder aufzunehmen, das uns zu einem heilsamen Ziele geführt haben würde. Ich war bereits unterwegs, als ein Brief des Kaisers aus Mainz als Antwort auf meinen letzten Bericht mir befahl, das Gouvernement von Rom zu übernehmen, von dem ich bisher nur den Titel geführt hatte[225]. Ich sah den Schlag kommen, aber kein Mittel ihm auszuweichen: der Mann, der das Reich dem Untergang weihte, befand sich mit den Trümmern seiner Militärmacht noch in Sicherheit! Nun reiste ich langsamer, um zu sehen, wie die Ereignisse sich gestalten würden. Außerdem erwartete ich von meinen Pariser Vertrauten bestimmte Nachrichten über den Eindruck, den die plötzliche Rückkehr des Kaisers nach dieser neuen Niederlage gemacht habe. Aber, wie gut kannte ich das Terrain und wie richtig hatte ich die Menschen beurteilt! Kaum zwanzig Senatoren gab es, die nicht glaubten, das Land sei außer Gefahr, weil der Kaiser gerettet war! Nicht *ein* hoher Würdenträger hielt es für möglich, dass die europäischen Heere über den Rhein setzen würden! Und trotz aller Bestürzung, die in allen Klassen herrschte, schuf die Verblendung sich noch Illusionen zugunsten der Macht Napoleons. Hiervon muss man indes ohne Zweifel *einen* Mann ausnehmen, den ich hinreichend bezeichnet habe. Er schien mit versteckter Schlauheit und Ironie auf den Augenblick des Sturzes zu lauern, dessen Zeit für ihn noch nicht gekommen zu sein schien.

225 Napoleon wollte natürlich Fouché von Paris fernhalten.

17. Kapitel

Fouchés Sendung nach Italien

In Italien hatte sich jedoch manches geändert. Der Vizekönig hatte seine Stellungen am Isonzo, am Tagliamento, an der Piave und der Brenta verlassen, war wieder über die Etsch gegangen und hatte in Verona sein Hauptquartier aufgeschlagen. Die österreichische Armee marschierte unaufhörlich vorwärts. Nachdem sie Verstärkungen erhalten hatten, besetzte sie Vicenza, Bassano und Montebello und blockierte bereits Venedig, Palmanova und Osoppo. In den geheimen Unterhandlungen, deren Fäden ich in der Hand gehabt hatte, war man übereingekommen, die Räumung der venezianischen Staaten bis an die Etsch als eine der Präliminarien zu dem Frieden mit Österreich festzusetzen. Wo aber waren heute die Grenzen der Forderungen, die diese Macht stellen konnte? So standen sich die beiden Heere wie in Winterquartieren gegenüber.

Aller Blicke waren jetzt auf Süditalien gerichtet. Von dorther erwartete man die politischen und militärischen Entscheidungen, die die beiden sich beobachtenden Armeen an der Brenta und an der Etsch aus der Untätigkeit erlösen sollten. Murat, der nach der Schlacht bei Leipzig Napoleon als vollkommen verloren betrachtete, hatte sich beeilt, nach Neapel zurückzukehren, um dort seinen Plan wieder aufzunehmen, mittels dessen er sich auf dem Throne zu halten hoffte, selbst nach dem Sturze desjenigen, der ihn darauf erhoben. Während einer Zusammenkunft mit dem Grafen Mier im Hauptquartier zu Ohlendorf in Thüringen, am 23. Oktober, hatte er sozusagen seinen Beitritt zur Koalition und seinen Frieden mit Österreich angedeutet. Ich besaß zwar noch keine bestimmten Nachrichten über den Entschluss Murats, aber ich sah den Wechsel in seiner Politik voraus. Indes hatte ich folgendes erfahren: Als Murat von Leipzig über Mailand in Lodi anlangte, wurde er von einigen vornehmen Italienern, die beim Pferdewechsel seinen Wagen umringten, gefragt, ob er bald dem Vizekönig zu Hilfe kommen werde?

„Ohne Zweifel", antwortete er mit gaskognischer[226] Aufschneiderei, „binnen eines Monats werde ich Euch mit 50 000 tüchtigen Kerlen zu Hilfe kommen!" Und fort war er. Daraus folgerte ich, dass er gerade das Gegenteil gesagt hatte, was er dachte. Bei meiner Ankunft in Rom fand ich den General Miollis und den Landesverweser Janet voll Misstrauen und Verdacht gegen das Verhalten Murats, der, wie sie sagten, sich ganz offen der Koalition nähere und eine neue Armee aufstelle. Dieses Heer bestand zum Teil aus Neapolitanern, italienischen Überläufern, Korsen und Franzosen. Alle Nachrichten aus Neapel meldeten, dass er in seinen Staaten die Kontinentalsperre abschaffe und den Schiffen aller Nationen Eintritt in seine Häfen gestatte. Man versicherte ferner, er unterhandle nicht allein mit dem Wiener Hofe, sondern auch mit Lord Bentinck[227], um einen Separatfrieden mit Großbritannien abzuschließen. Auch der Vizekönig teilte die Befürchtungen des Militärgouverneurs von Rom. Er sandte sogleich seinen Adjutanten Gifflenga nach Neapel, um die Gesinnungen des Königs zu erforschen. Man versicherte ihn der friedlichsten und freundschaftlichsten Absichten, womit sich der junge Offizier, der mit den Intrigen dieses Hofes wenig vertraut war, zufrieden gab.

Als Murat sich für die Unabhängigkeit Italiens erklärte, fand er in den Römischen Staaten unter den Karbonari und

---

226 [Murat stammte aus der historischen Provinz Gascogne im Südwesten Frankreichs. *P.S.*]

227 Lord Bentinck war Oberbefehlshaber der britischen Streitkräfte im Mittelmeer.

Krivellari[228], einer Art politischer Illuminaten, die sich aus hohen Adligen, Rechtsgelehrten und römischen Prälaten zusammensetzten, eine kräftige Stütze. Der Priester Battaglia hatte soeben die Dörfer in der Nähe von Viterbo in Aufruhr gebracht und sich an die Spitze einer Bande Aufständischer gesetzt. Sie bemächtigten sich der öffentlichen Kassen und legten allen Leuten, die sich zur französischen Partei bekannten, Kontributionen auf. Gleichzeitig wurden aufrührerische Schriften und Proklamationen in Menge im Kirchenstaat[229] verbreitet. Miollis[230] hatte sehr bald durch die bewaffnete Macht diese Banden von Aufwieglern zerstreut. Battaglia wurde verhaftet und nach Rom gebracht. Seine Aussagen erwiesen, dass er ein Agent des neapolitanischen Konsuls Zuccari war, dem sein Hof aufgetragen hatte, Aufstände gegen die französische Herrschaft zu erregen. Ich hielt es für angebracht, den neapolitanischen Umtrieben sehr viel Vorsicht und Klugheit entgegenzubringen und ja nichts zu übereilen.

Inzwischen begann Murat seine Truppen gegen Oberitalien in Bewegung zu setzen. In den ersten Tagen des Dezembers marschierte eine neapolitanische Division Infanterie und eine Brigade Kavallerie mit 16 Geschützen in Rom ein. Diese Truppen waren vom General Carascosa befehligt. Obwohl der Kaiser den Befehl erteilt hatte, den König von Neapel wie einen Verbündeten zu behandeln, der geneigt sei, den besten Willen zu zeigen, und obwohl die Bewegung seines Armeekorps im Einverständnis mit dem Vizekönig geschah, so nahm doch Miollis

228 Diese Partei, die mit dem Freimaurerbund zusammenhing, bekämpfte aufs Hartnäckigste alle reaktionären Bestrebungen. Sie verlangte nationale Unabhängigkeit und eine vollkommen liberale Regierung. Später griff die Bewegung auch nach Frankreich über.

229 Der Kirchenstaat war 1809 durch Napoleon aufgehoben und das Land dem französischen Kaiserreich und dem Königreich Italien einverleibt worden.

230 Der General Miollis war Gouverneur von Rom.

die Neapolitaner mit Misstrauen auf. Er ließ Civitavecchia und die Engelsburg in Verteidigungszustand setzen und dort die öffentlichen Kassen und alle wichtigen und kostbaren Effekten hinschaffen. Drei oder vier neapolitanische Divisionen folgten, die gleichzeitig ihren Marsch über die Abruzzen auf Ancona und über Rom auf Toskana, Pesaro, Rimini und Bologna einschlugen. Nach der letztgenannten Stadt hatte Murat den Fürsten Pignatelli-Strongoli gesandt, weniger um seiner Armee den Weg zu weisen, deren Zweck zu sein schien, die Österreicher am Po aufzuhalten, als vielmehr, um alle Freunde der Unabhängigkeit Italiens zu veranlassen, ihn in seinem Unternehmen zu unterstützen. Pignatelli hatte den Auftrag, ihm Anhänger zu werben.

Inzwischen erhielt ich vom Kaiser den Auftrag nach Neapel zu gehen, um Murat von seinem Vorhaben, sich gegen Napoleon zu erklären, abzubringen. Meine Instruktionen schrieben mir vor, ihn sehr schonend zu behandeln und die größte Geschicklichkeit bei dieser Unterhandlung anzuwenden. Ich sollte ihm sogar mit der Aussicht schmeicheln, dass man ihm Fermo und Ancona abtreten würde, Reste des Kirchenstaates, die er schon längst zu besitzen wünschte. Drei Schreiben des Kaisers an Joachim waren mir vorausgeeilt. Eines davon kündigte ihm meine Ankunft als Bevollmächtigter Napoleons an. Mitte Dezember traf ich am Hofe von Neapel ein.

Das war ein seltsamer Hof, der Hof Joachim Murats, und sein Königreich zitterte wie der Vesuv selbst! Murat besaß großen Mut und wenig Geist. Keine hohe Persönlichkeit unserer Zeit hat das Lächerliche in Kleidung und Putz und das Gesuchte in der Prachtentfaltung so weit getrieben wie er. Seine Soldaten nannten ihn deshalb auch den König „Franconi“[231].

231 [Die berühmte Kunstreiter-Familie Franconi leitete den Cirque Olympique in Paris, eine Zirkus-Institution im 19. Jahrhundert. *P.S.*]

Napoleon täuschte sich zwar nicht hinsichtlich des Charakters seines Schwagers, aber er irrte, wenn er sich einbildete, seine Schwester, die Königin Karoline, eine ehrgeizige und hochmütige Frau, würde ihren Gemahl leiten, und Murat könne ohne sie nicht König sein. Joachim jedoch merkte gleich im Anfang seiner Regierung die Herrschaft, der man ihn als Ehemann unterwerfen wollte, und strebte eifrig danach, sich ihrer zu entledigen. An einem Hofe, wo die Politik nur in Arglist, die Galanterie nur in Ausschweifungen, die äußere Repräsentation nur in einem theatralischen Pomp bestand, kam ich mir – wenn der Vergleich nicht gar zu anmaßend wäre – ungefähr wie Plato am Hofe des Dionysios vor. Gleich bei meiner Ankunft wurde ich von Intriganten beider Nationen umlagert, unter denen ich unter der Maske einer gewissen Harmlosigkeit die geheimen Sendlinge aus Paris erkannte. Es gab deren auch im Staatsrat des Königs, und ich misstraute besonders einem gewissen Marquis de Gallo[232]. Bei meinen ersten Zusammenkünften mit Murat musste ich große Vorsicht beobachten. Ich tat, als hätte ich keinerlei Instruktionen, und bat den König, mich mit seiner politischen Lage bekannt zu machen. Er gestand mir, dass sie sehr kritisch sei und er sich in der größten Verlegenheit befände. Einesteils stehe er zwischen seinem Volke und seiner Armee, die jeden Gedanken an ein Fortbestehen des Bündnisses mit Frankreich verabscheuten, andernteils befände er sich zwischen dem Kaiser Napoleon und den verbündeten Herrschern. Napoleon lasse ihn ohne jede Unterstützung und strafe ihn mit Verachtung, und die Verbündeten verlangten von ihm dringend, dass er seinen völligen Beitritt zur Koalition erkläre. Von dritter Seite endlich forderten ihn die Führer der italienischen Patrioten auf, die Unabhängigkeit des Vaterlandes zu erklären, wäh-

232 Marquis de Gallo, Minister der auswärtigen Angelegenheiten des Königreichs Neapel.

rend der Vizekönig sich gegen alle diese, für die Unabhängigkeit Italiens günstigen Maßnahmen widersetze, teils auf Befehl des Kaisers, teils aus eigener Anschauung. „Schließlich", fügte der König hinzu, „habe ich mich auch noch gegen die Umtriebe des Lord Bentinck zu wehren, der von Sizilien aus die Kalabresen aufwiegelt und in meinem ganzen Königreich die Karbonari durch Geld und Versprechungen unterstützt." Ich sagte dem König, es komme mir nicht zu, ihm einen Rat zu geben. An ihm sei es, einen Entschluss zu fassen. Ich könne mich nur darauf beschränken, ihn dazu zu veranlassen, und wenn er ihn einmal gefasst habe, unabänderlich darin zu verharren.

Am Schluss der Unterredung gestand mir der König, er habe bereits einen Monat früher dem Kaiser seine Besorgnis mitgeteilt, dass eine Abteilung Österreicher an die Mündung des Po vorrücken könne; er habe ihn bei dieser Gelegenheit gebeten, aus freien Stücken auf den Besitz Italiens zu verzichten und durch die Unabhängigkeitserklärung sein Verdienst um das Land zu vervollständigen. Ich erwiderte dem König, schwerlich könnte man annehmen, dass der Kaiser aus der Not eine Tugend machen werde, denn ich selbst hätte ihn vergeblich gebeten, in Frankreich den Krieg zu einem Volkskrieg zu gestalten.

Meine übrigen Zusammenkünfte mit Murat waren ebenso überflüssig. Der König war bereits auf der Bahn, wo man ihn haben wollte; seine Ratgeber trieben ihn mehr und mehr in die Arme der Koalition. Das war nun freilich eine politische Lage, die sich mit seinen Unabhängigkeitsplänen für Italien nicht vertrug. Ich ließ ihn das merken, aber vergebens. Nun beschränkte ich mich darauf, ihm in einer geheimen Unterredung dringend zu empfehlen, seine Armee zu vermehren und gute Soldaten heranzubilden. Um jeden Preis aber solle er die Sekte der Karbonari für seine Sache zu gewinnen suchen. Es sei unpolitisch von ihm gewesen, sie zu verfolgen, denn gerade sie scheine mir immer festeren Boden zu gewinnen, je ernster die Ereignisse selbst sich gestalteten. Ich schloss damit, dem König zu raten, dass er ja nicht zu viel auf einen Haufen neapolitanischer fürstlicher Hoheiten rechne, sondern sich lieber mit Leuten umgeben möge, die mehr als die bloße „Exzellenz" ihres Namens besäßen, und auf deren Entschlossenheit er sich verlassen könne.

Meine Sendung nach Neapel war übrigens nicht ohne Annehmlichkeit. Mitten im Winter lebte ich unter dem schönsten Himmel Europas an einem glänzenden Hofe, an dem man mich wohl aufnahm und hoch achtete. Aber alle meine Gedanken waren nach Frankreich gerichtet. Es war vom feindlichen Einmarsch bedroht; die fremden Truppen standen bereits an seinen Grenzen. Was würde der Kaiser tun? Was würde aus ihm werden? Ich war überzeugt, er werde nicht genügend Seelengröße besitzen, um sich ganz mit dem Volke eins zu fühlen. Und blieb der Kaiser jetzt allein, so war sein Sturz gewiss. Aber sein Fall von Stufe zu Stufe konnte noch lange Zeit für das Vaterland verhängnisvoll werden.

Da ich keine direkten Nachrichten mehr erhielt und über den Zustand von Paris nur ungenaue Kenntnisse hatte, machte ich mich eilig auf den Weg nach Rom, wo mich meine Briefe erwarteten. Ich hielt es umso angebrachter, den Hof Murats zu verlassen, da ich wusste, dass man dort als österreichischen Bevollmächtigten den Grafen Neipperg[233] erwartete, um den Beitrittsvertrag abzuschließen. Ich würde mich unter diesen Umständen nur in einer schiefen Lage befunden haben. Sobald ich nach Rom zurückgekehrt war, hatte ich nichts Eiligeres zu tun, als meine Pariser Depeschen zu öffnen. Man teilte mir mit, dass man täglich die Verletzung der Neutralität der Schweiz

233 Der Feldmarschall-Leutnant Graf von Neipperg heiratete im Jahre 1821 die ehemalige Kaiserin Marie-Luise, die Gemahlin Napoleons.

durch die Verbündeten und ihren Einbruch in unser Gebiet von Osten her erwarte. Der Kaiser könne in dem kurzen Zeitraum von einem Monat zwischen Straßburg und Mainz kaum 60 000 Mann aufstellen, so sehr hätten Seuchen und Unordnung seine Armee zugrunde gerichtet. Dessen ungeachtet habe er sich geweigert, das Ultimatum der Verbündeten aus Frankfurt anzunehmen, wiewohl Talleyrand ihn ernstlich zum Frieden zu bringen suche. Er mache ihn immer wieder darauf aufmerksam, dass er sich in der Kraft seines Volkes täusche; es werde seine Sache nicht unterstützen, und eines Tages werde er allein dastehen.

Napoleon hatte nur taube Ohren für solchen Rat. Worauf sann er in dieser Krise? Auf einen Staatsstreich, durch den er sich zum Diktator ausrufen lassen würde. Er, der aus den Parteien und Stürmen der Revolution hervorging, wo große Worte viel Gewalt hatten, war überzeugt – und zwar infolge der Verwirrung der Ideen, die in seinem Kopfe über die Geschichte der Alten herrschte –, dass der Name eines Diktators von großer Wirkung sein würde. Nichtsdestoweniger verzichtete er endlich auf Talleyrands und Cambacérès' Vorstellungen hin darauf. Sie sagten ihm, er könne das ja alles tun, ohne die Dinge beim Namen zu nennen, ja sogar die Schlüssel des Senats in seine Tasche stecken, ohne dass er dazu eines anderen Titels bedürfe. Und das tat er denn auch. Von dieser Zeit an wurde der Senatspalast nicht aus den Augen gelassen.

Das ungefähr waren die Nachrichten, die ich durch meine Briefe erhalten hatte. Noch unter dem Eindruck, den sie in mir zurückgelassen hatten, schrieb ich dem Kaiser folgendes:

„Ich habe mich vom König von Neapel verabschiedet und darf Eurer Majestät keine der Ursachen verhehlen, die die gewohnte Tätigkeit dieses Fürsten gehemmt haben.

Erstens war es die Ungewissheit, in der Sie ihn hinsichtlich des Oberbefehls über die Armee von Italien gelassen haben.

Der König hat Eurer Majestät in den beiden letzten Feldzügen so große Beweise von Aufopferung und militärischen Fähigkeiten gegeben, dass er von Ihnen dieses Zeichen von Vertrauen erwarten durfte. Er fühlt sich sowohl durch Ihr Misstrauen als durch den Gedanken erniedrigt, sich auf die gleiche Stufe wie Ihre Generale gestellt zu sehen.

Zweitens sagt man unaufhörlich zum König: wenn Sie, um dem Kaiser Italien zu erhalten, Ihr Königreich von Truppen entblößen, werden die Engländer Landungen unternehmen und Aufstände erregen, die umso gefährlicher werden können, als die Neapolitaner sich laut über den Einfluss von Frankreich beklagen. In welchem Zustand, fügt man hinzu, befindet sich das Land? Ohne Armee, entmutigt durch einen Feldzug, den seine Feinde keineswegs für das Ende seiner Leiden halten, weil der Rhein keine Schutzwehr mehr bildet und der Kaiser, weit entfernt, Italien zu beschützen, genug zu tun hat, sich selbst an der deutschen, schweizerischen und spanischen Grenze zu verteidigen. Von Paris aus schreibt man an den König: denken Sie an sich selbst und zählen Sie auf niemand als auf sich selber. Der Kaiser vermag nichts mehr, selbst nicht mehr für Frankreich. Wie sollte er da Ihre Staaten beschützen können? Wenn er in der Zeit seiner höchsten Macht den Gedanken hatte, Neapel mit Frankreich zu vereinigen, welches Opfer würde er jetzt geneigt sein, für Sie zu bringen? Er würde Sie heute um den Preis einer Festung aufgeben.

Drittens setzen Ihre Feinde der Schilderung von Frankreichs Lage die unermesslichen Vorteile entgegen, die sich dem König durch den Beitritt zur Koalition darbieten: er befestigt dadurch seinen Thron und erweitert seine Staaten. Anstatt dem Kaiser seinen Ruhm und seine Krone unnützerweise zum Opfer zu bringen, kann er über beide den stärksten Glanz verbreiten, wenn er sich als Verteidiger Italiens und als Bürge seiner Unabhängigkeit erklärt. Erklärt er sich hingegen für Eure Majestät, so verlässt ihn seine Armee, und sein Volk empört sich. Trennt er seine Sache von der Sache Frankreichs, so eilt ganz Italien unter seine Fahnen. – Das ist die Sprache der Leute, die Ihrem Throne und Ihrer Regierung sehr nahe stehen. Vielleicht täuscht man sich dabei nur in den Mitteln, Eurer Majestät zu dienen. Der Frieden ist der ganzen Welt notwendig: und in den Augen dieser Leute scheint es eben das sicherste Mittel zu sein, Sie zum Frieden zu bringen, wenn man den König dazu bestimmt, sich an die Spitze Italiens zu stellen.

Ich traf am 18. in Rom ein. Hier, wie in ganz Italien, hat das Wort ‚Unabhängigkeit' eine magische Kraft erhalten. Ohne Zweifel vereinigen sich unter diesem Banner sehr verschiedene Interessen, aber alle Länder wünschen eine einheimische Regierung. Jeder beklagt sich, dass er, um der geringfügigsten Beschwerden willen, genötigt sei, sich nach Paris zu wenden.

Sire, als Eure Majestät auf der höchsten Stufe des Ruhmes und der Macht standen, hatte ich den Mut, Ihnen die Wahrheit zu sagen, weil es das einzige war, das Ihnen fehlte. Heute bin ich Ihnen diese Wahrheit auf gleiche Weise schuldig, nur mit mehr Schonung, weil Sie sich im Unglück befinden. Ihre Rede in der Gesetzgebenden Körperschaft würde einen tiefen Eindruck auf Europa gemacht und alle Herzen gerührt haben, wenn Eure Majestät zu dem Wunsche des allgemeinen Friedens noch hinzugefügt hätten, dass Sie auf Ihr früheres System der Universalmonarchie verzichteten. So lange Sie sich über diesen Punkt nicht aussprechen, werden die verbündeten Mächte glauben oder sagen, Sie hätten diese Politik nur weiter hinausgeschoben und warteten nur die Ereignisse ab, um daraus Nutzen zu ziehen. Das französische Volk selbst wird nicht früher ruhig werden. Mir scheint, dass, wenn Sie Ihre ganze Macht zwischen den Alpen, Pyrenäen und dem Rhein zusammenzögen, wenn Sie eine offene Erklärung abgäben, sie wollten diese natürlichen Grenzen nie überschreiten, alsdann sich das ganze Volk zu Ihrer Verfügung stellen wird, um Ihr Reich zu verteidigen. Und wahrlich, dieses Reich würde dann noch das schönste und mächtigste der Erde sein; es würde Ihrem Ruhm und dem Glücke Frankreichs genügen! Ich bin fest überzeugt, dass Sie nur um diesen Preis zu einem wahren Frieden gelangen können. Aber ich fürchte der einzige zu sein, der diese Sprache zu Ihnen spricht. Trauen Sie den Lügen Ihrer Höflinge nicht; die Erfahrung wird Sie gelehrt haben, sie kennen zu lernen. Diese Leute sind es, die Ihre Armeen nach Spanien, Polen und Russland getrieben, die Ihre treuesten Freunde von Ihnen entfernt haben und Sie erst noch kürzlich davon abhielten, den Frieden in Dresden zu unterzeichnen. Sie sind es auch, die Sie noch heute betrügen und über Ihre Macht täuschen. Es bleibt Ihnen noch genug, um glücklich zu sein und Frankreich ruhig und reich zu machen. Aber sonst bleibt Ihnen nichts weiter, und ganz Europa ist davon überzeugt. Es wäre sogar unnütz, es darüber täuschen zu wollen, denn es lässt sich nicht mehr betrügen.

Ich beschwöre Eure Majestät, meine Ratschläge nicht zu verwerfen. Sie kommen aus einem Herzen, das nie aufgehört hat, Ihnen ergeben zu sein. Ich besitze nicht den lächerlichen Dünkel, besser zu sehen als ein anderer, aber wenn ein jeder die gleiche Offenheit hätte wie ich, so würde er mit Ihnen ebenso reden. Er würde nach dem Frieden von Tilsit, nach dem Frieden von Wien, vor dem Kriege mit Russland und noch zuletzt in Dresden ebenso wie ich zu Ihnen gesprochen haben.

Für die Ehre des Menschen ist es bedauerlich, wenn ich der einzige sein sollte, der es wagt, Ihnen zu sagen, was er denkt. Wenn Eurer Majestät daher neues Missgeschick widerfährt, so brauche ich mir wenigstens nicht vorzuwerfen, dass ich jemals aufgehört hätte, Ihnen die Wahrheit zu sagen. Um des Himmels willen machen Sie dem Kriege ein Ende! Sorgen Sie endlich dafür, dass die Menschen einen Augenblick Ruhe finden!“

Mein Brief war kaum abgegangen, als Napoleon seinen letzten Staatsstreich vollführte: die Auflösung der Gesetzgebenden Körperschaft. Ich täuschte mich so wenig über unsere wahre Lage, dass ich sofort dem Kaiser ein zweites Schreiben zugehen ließ, um meine Rückkehr nach Paris zu beschleunigen und meiner Mission in Italien ein Ende zu machen. Ich stellte ihm vor, wie sehr es unter seiner Würde sei, mich als Generalgouverneur in Rom zu lassen, während es die Neapolitaner mit ihren Geschützen besetzt hielten. Außerdem sei es unmöglich, Rom, Toskana und Genua länger zu halten, wenn der König von Neapel der Koalition beiträte. Meiner Ansicht nach verlange es die Politik, sich mit Murat zu verständigen und ihm die provisorische militärische Besetzung derjenigen Länder zu überlassen, die wir selbst nicht länger halten und verteidigen könnten. Daraus würden wir den doppelten Vorteil ziehen, unsere Garnisonen zu retten und auf indirekte Weise den König von Neapel für die französischen Interessen zu verpflichten. Übrigens fände ich meine Würde in Rom erniedrigt, wo mein Ansehen keinerlei Gewicht mehr hätte; ich begäbe mich daher nach Florenz, wo ich seine Instruktionen erwarte.

Florenz war, wie das übrige Italien, voll Ungewissheit und Unruhe, und die Meinungen über die Bewegung Murats gegen Oberitalien waren geteilt. Die Anhänger Napoleons versicherten, dass die Neapolitaner, seiner Sache getreu, in keiner anderen Absicht an den Po marschierten, als unsere Angriffe auf den gemeinsamen Feind zu unterstützen, und Murat werde sie in eigener Person befehligen. Die Anhänger der Freiheit hingegen sahen in dem Marsch der Neapolitaner nur die nahe Ankunft von Hilfstruppen, die sie unterstützen würden, das Joch der Franzosen abzuschütteln. Andere wieder erblickten nicht ohne Besorgnis in Oberitalien eine neue Armee, die in ihren Augen nur ein Haufen Plünderer und Lumpen war, mit Gewalt angeworben und vollkommen ohne Manneszucht.

Die toskanische Regierung war umso besorgter um ihre Zukunft, als die Engländer am 10. Dezember 1813 bei Viareggio eine Landung gemacht und sich vor Livorno gezeigt hatten. Die gute Haltung der französischen Garnison hingegen hatte sie veranlasst, sich wieder einzuschiffen. Es schien indes ihrerseits nur ein Erkundungsversuch zu sein.

Während diese Ereignisse vor sich gingen, traf ich am Hofe der Großherzogin Elisa von Toskana, der Schwester Napoleons ein, die mich ganz vorzüglich aufnahm. Ich fand in ihr eine sehr eigenartige Frau, die ich diesmal Zeit hatte, gründlich zu studieren. Elisa war weder schön noch reizvoll, doch nicht ohne Geist. Die ersten Aufwallungen ihres Herzens waren immer gut, aber ein unheilbarer Mangel an Urteilskraft und ihre Neigungen zu einem ausschweifenden Leben stürzten sie in Verirrungen und Tollheiten. Sie hatte eine förmliche Manie, alle Gewohnheiten ihres Bruders nachzuahmen, wie z. B. sein barsches Wesen, den gesuchten Aufwand des Hofes, sowie den ganzen militärischen Apparat. Dabei vernachlässigte sie die Künste, ja sogar die Wissenschaften, zu deren Beschützerin sie sich doch einst aus Vorliebe gemacht hatte. In einem Lande, wo der Ackerbau und der Handel so außerordentlich geblüht hatten, beschäftigte sie sich mit nichts anderem, als sich einen glänzenden, servilen Hof zu bilden, Bataillone aus Konskribierten zusammenzustellen und Generale ein- und abzusetzen. Mit einem Wort: Elisa war gefürchtet, aber nicht beliebt. Ich hingegen hatte mich nicht über sie zu beklagen. Gegen mich war sie zuvorkommend, liebenswürdig, ja, ich fand sie sogar auf alle Schläge gefasst, die ihr drohten. Sie gab gern meiner Erfahrung und meinem Rate nach. Von diesem Augenblick an ward ich der Leiter ihrer Politik. Vor mir machte sie kein Hehl aus ihrem Verdruss, dass Napoleon nahe daran sei, durch seinen Starrsinn vielleicht nicht nur sein Reich zu verlieren, sondern auch ohne Bedenken die Throne zu opfern, die in den

Händen seiner Brüder und Schwestern waren. Da erriet ich alle ihre Besorgnisse und begriff, wie sehr sie über den Ungewissen Zustand Toskanas in Unruhe war.

Unterdessen langten die verschiedenen Korps der Armee Murats nach und nach an ihren Bestimmungsorten, in Rom und den Marken, an. Murats Adjutant, der General Lavauguyon, der sich mit 5 000 Neapolitanern in Rom befand, erklärte sich plötzlich als Kommandant der römischen Staaten und nahm das Land in Besitz. General Miollis, der nur 1 800 Franzosen bei sich hatte, warf sich in die Engelsburg. Vergebens forderte ihn Lavauguyon auf, sich zu ergeben; da ließ er die Festung einschließen und schlug Miollis eine Unterredung vor, die dieser jedoch rund abwies.

Bald darauf hielt Murat selbst, der am 23. Januar von Neapel aufgebrochen war, seinen Einzug in Rom mit jenem ihm eigenen Pomp und wurde von den Unabhängigen mit Beweisen von großer Zufriedenheit aufgenommen. Er ließ dem General Miollis und dem General Lasalcette, der Civitavecchia mit 2 000 Mann verteidigte, den Vorschlag machen, mit ihren Garnisonen nach Frankreich zurückzukehren. Beide Generale weigerten sich indes, und der König beauftragte ein Observationskorps, die beiden Festungen zu blockieren. Gleichzeitig hatte er die Belagerung der Zitadelle von Ancona beginnen lassen, wohin sich der General Barbou zurückgezogen hatte. Offenbare Feindseligkeiten waren bis jetzt allerdings noch nicht vorgefallen, aber Murats zweideutiges Benehmen und das Vorrücken der Truppen gegen Parma und Toskana ließen keinen Zweifel mehr über seinen nahen Abfall. Am 1. Februar war Joachim in Bologna eingezogen, und am selben Tage schickte er den General Minutulo mit 800 Mann ab, um Toskana in Besitz zu nehmen. Zum Gouverneur ernannte er den General Joseph Lecchi. Diese Nachricht brachte die größte Bestürzung am Hofe der Großherzogin hervor, die sich bitter beklagte, auf diese Weise von ihrem Schwager beraubt zu werden. Da ich wusste, dass das Volk überall den neapolitanischen Truppen entgegenkam, riet ich der Großherzogin, dem Sturme nachzugeben und sich entweder nach Livorno oder nach Lucca zurückzuziehen. Als sie diesen Entschluss gefasst hatte, trug sie ihrem Gemahl, dem Fürsten Felix Baciocchi auf, die militärische Räumung Toskanas zu bewerkstelligen. Während die Großherzogin und ich uns nach Lucca geflüchtet hatten, hielt Baciocchi noch die Zitadelle und die Forts von Florenz und Volterra besetzt.

Von Tag zu Tag erwartete ich die von mir erbetenen Vollmachten, Toskana und die römischen Staaten militärisch zu räumen. Auch die Großherzogin wünschte Toskana von französischen Truppen befreit zu sehen, denn sie hoffte mit Murat ein Übereinkommen zu treffen, dessen Zukunft ihr mehr Glück zu verheißen schien als die ihres Bruders Napoleon. Indessen gab sich Murat, der bereits alle Provinzen besetzt hielt, die größte Mühe, ganz Italien mit seinem Namen zu erfüllen. Er schrieb mir Briefe über Briefe, worin er immer wieder wiederholte, dass sein Bündnis mit der Koalition ihm das einzige Mittel scheine, seinen Thron zu erhalten. Außerdem forderte er mich auf, dem Kaiser die reine Wahrheit über den wirklichen gegenwärtigen Zustand Italiens zu sagen. Ich antwortete, dass ich den Kaiser in dieser Hinsicht bereits benachrichtigte, und er habe es gar nicht nötig gehabt, mich zu ermutigen, Napoleon die Wahrheit zu sagen. Ich hätte immer geglaubt, es sei Verrat an den Fürsten, sie ihnen zu verschweigen. Übrigens bestand ich ernstlich darauf, dass es für den König von Neapel höchst notwendig sei, sich eine gute Armee zu bilden als Mittel, sich Einfluss auf die Koalition zu verschaffen. Ganz besonders empfahl ich ihm, alle Unentschlossenheit zu verbannen, denn das geringste Schwanken könne ihm höchst gefährlich werden[234]. Übrigens könne er seinem Vaterland einen großen Dienst leisten, wenn er zu einem allgemeinen Frieden beitrage und die Würde der Throne und die Unabhängigkeit der Völker herstelle.

Murats Truppen waren am südlichen Ufer des Po angelangt. Durch die Besitznahme Toskanas und der päpstlichen Staaten hatte er sich gegen den Kaiser, seinen Schwager, zugunsten Österreichs erklärt. Er war gebunden, aber man war es nicht gegen ihn, denn der Vertrag, den er am 11. Januar in Neapel mit dem Grafen Neipperg geschlossen hatte, war nicht ratifiziert worden. In Anbetracht der ernsten Ereignisse hielt ich es für geraten, mich noch einmal mündlich mit Murat zu besprechen und hatte daher in Modena eine geheime Zusammenkunft mit ihm. Da er nun einmal einen entscheidenden Entschluss gefasst hatte, ließ ich ihn fühlen, dass er sich nun auch erklären müsse. „Wenn Sie“, sagte ich zu ihm, „ebenso große Charakterfestigkeit hätten als Ihr Herz treffliche Eigenschaften in sich schließt, so würden Sie in Italien stärker als die Koalition sein. Sie können sie hier nur durch große Begeisterung und Offenheit beherrschen.“

Noch schwankte er. Da teilte ich ihm meine neusten Nachrichten aus Paris mit. Dadurch endlich wurde er bestimmt und setzte mich von dem Entwurf einer Proklamation oder besser Kriegserklärung in Kenntnis, für die ich ihm einige Abänderungen vorschlug, die er annahm. Die aus Bologna datierte Proklamation war folgendermaßen abgefasst:

„Soldaten! So lange ich glaubte, dass der Kaiser Napoleon für den Frieden und das Gedeihen Frankreichs kämpfte, habe ich an seiner Seite gefochten. Jetzt aber ist es mir nicht mehr erlaubt, mich noch länger zu täuschen. Der Kaiser will nichts als Krieg! Ich würde die Interessen meines ehemaligen Vaterlandes,

234 Fouché rät also Murat ganz offen zum Verrat.

meiner eigenen Staaten und die Euren schlecht vertreten, wenn ich nicht auf der Stelle meine Waffen von den seinigen trennte, um sie mit den Waffen der Verbündeten zu vereinigen, deren großmütige Absicht es ist, die Würde der Throne und die Unabhängigkeit der Völker wieder herzustellen.

Ich weiß, dass man den Patriotismus der Franzosen, die in meiner Armee sind, durch falsche Ansichten von Ehre und Treue irre zu leiten sucht. Als wenn die Ehre und Treue darin bestehe, die Welt der wahnsinnigen Ehrsucht Napoleons zu unterwerfen! Soldaten! Es gibt nur noch zwei Banner in Europa. Auf dem einen steht geschrieben: Religion, Moral, Gerechtigkeit, Mäßigung, Gesetze, Frieden und Glück! Auf dem andern aber leset Ihr: Verfolgung, Arglist, Gewalttätigkeit, Tyrannei, Krieg und Trauer in allen Familien! Also wählet!“

Ich hatte mit Murat auch noch über eine Privatangelegenheit zu unterhandeln. Als Generalgouverneur der Römischen Staaten und später von Illyrien hatte ich nämlich rückständiges Gehalt zu bekommen, das sich auf 170 000 Franken belief. Er gab sofort den Befehl dazu, und wenn die Sache sich auch verzögerte, so konnte ich doch vor meinem Abgang aus Italien sagen, dass ich dort den Krieg nicht auf meine Kosten geführt hatte.

Wenige Tage später erhielt ich vom Kriegsminister eine Depesche mit Instruktionen vom Kaiser, dass ich die Räumung der Römischen Staaten und Toskanas vornehmen könne. Diesen Instruktionen lag ein Brief an den König von Neapel bei, den ich ihm persönlich überreichen sollte. Gleichzeitig wurde mir befohlen, ihm gewisse vertrauliche Eröffnungen zu machen, die ich je nach der Lage, in der sich Murat befinde, ändern könnte. Ich begab mich daher sogleich nach Bologna, wo sich Murat aufhielt. Bis Florenz fand ich keine Schwierigkeiten, aber dort bedeutete man mir, ich dürfe weder meine Reise fortsetzen noch in Florenz bleiben, sondern müsse in Prato die Antwort des Königs abwarten. Sogleich fertigte ich einen Kurier an den König ab und ging nach Lucca zurück, wo ich vorzog zu bleiben, weil Prato bereits im Aufstand war. Schnell erhielt ich die Antwort des Königs, die mir den Befehl ankündigte, den er seinen Generalen erteilt hatte, um mit mir die Räumung der Römischen Staaten und Toskanas abzuschließen.

Die Vollmachten des Kaisers kamen gerade zur rechten Zeit, und die Räumung ging, wenn auch nicht ohne Schwierigkeiten, so doch verhältnismäßig gut vonstatten. Und damit endigte meine Mission in Italien, deren Ende ich ungeduldig herannahen sah, um in mein Vaterland zurückkehren zu können. Es befand sich damals in einem sehr beklagenswerten Zustand. Die feindlichen Truppen hatten es überschwemmt und rückten der Hauptstadt immer näher. Napoleon sah sich bereits genötigt, die Zugänge von Paris zu verteidigen. Aus der Ferne war ich doch ein wenig in Verlegenheit, mir den Lauf gewisser Ereignisse zu erklären. Zum Beispiel, warum wohl die beiden vereinigten Armeen der Alliierten sich aufs Neue getrennt hatten, nachdem sie Napoleon bei La Rothière[235] geschlagen, statt unverzüglich zusammen auf Paris loszumarschieren? Dadurch würde man die Ereignisse, die erst Ende März stattfanden, um zwei Monate früher herbeigeführt haben. Und das hätte unstreitig viel Unheil und viel unnütz vergossenes Blut erspart. Aber die Verbündeten hatten damals noch gar nichts in Paris bereit, und die Kabinette, die eben nicht sehr für eine Regentschaft waren, verlängerten, sicher nicht ohne Bedauern, die Leiden des Kriegs, um zu einem anderen Ergebnis zu gelangen. Dem Kongress von Châtillon weissagte ich denselben Ausgang wie dem Kongress zu Prag. Alles wies darauf hin, dass die Lösung des großen Dramas nicht mehr lange auf sich warten lasse.

235 1. Februar 1814

Ehe ich den Weg nach Frankreich einschlug, begab ich mich noch einmal nach Volta ins Hauptquartier des Vizekönigs, der seinen Rückzug auf den Mincio[236] bewerkstelligt hatte. Nachdem ich Eugen noch einige Ratschläge erteilt hatte, machte ich mich auf den Weg nach Lyon. Hinter mir ließ ich Italien sozusagen als Beute in den Klauen von vier verschiedenen Armeen zurück, nämlich der französischen, der österreichischen, der neapolitanischen und der englischen. Diesmal nämlich war Lord Bentinck wirklich in Livorno gelandet. Von dort aus hatte er Elisa zu verstehen gegeben, dass er weder die Macht Napoleons noch die ihrige als Großherzogin anerkenne. Darauf hatte er sich mit den Neapolitanern vereinigt, die Bologna, Modena und Reggio besetzt hielten, und nun diktierte er dem Großherzogtum Toskana Gesetze.

---

236 [linker Nebenfluss des Po in Oberitalien, der eine wichtige strategische Verteidigungslinie mit den Festungen Peschiera und Mantua bildet. *P.S.*]

18. Kapitel

Unter der Herrschaft der Bourbonen

Ich ließ Italien in einem Ungewissen und unsicheren Zustand zurück. Um jene Zeit waren unsere Besitzungen jenseits der Alpen im höchsten Grade gefährdet. Weder der Vizekönig noch Murat, denen es doch beiden gewiss nicht an Mut mangelte, verfügten über genügend politische Fähigkeiten, um die Reste unserer Macht in Italien zu erhalten. In den Augen der Italiener aber besaßen sie nicht einmal genügendes Ansehen, und dazu kam noch, dass sie beide ganz entgegengesetzte Ziele verfolgten. Übrigens war ich über den beunruhigenden Zustand Frankreichs weit mehr in Sorge als über die schwankende Lage des Vizekönigs und selbst Murats. Im Grunde genommen hing ja das Schicksal Italiens von dem Ausgang des Kampfes ab, der sich in diesem Augenblick zwischen Napoleon und den Verbündeten entsponnen hatte. Der Gegner bemühte sich, den Kaiser zwischen der Seine und der Marne einzuschließen.

Während diese Ereignisse vor sich gingen, traf ich in den ersten Tagen des Monats März in Lyon ein. Alles war dort in Verwirrung und Ungewissheit wegen des Ausgangs des Feldzuges. Der Präfekt, der Generalpolizeikommissar und einige Generale von geringer Bedeutung wollten Lyon verteidigen, weil sie der Meinung waren, dass Paris ebenfalls verteidigt würde.

Noch in der Nacht meiner Ankunft wurde ich zu den Beratungen der höchsten Behörden hinzugezogen, die jeden Abend beim Marschall Augereau stattfanden. Ich bemerkte sogleich, dass alle in der Verzweiflung gemachten Vorschläge nur noch von dem Präfekten, von einigen Generalen und von dem Generalpolizeikommissar Saulnier gebilligt wurden. Im Laufe der Unterredung teilte ich ihnen offen mit, dass der König Murat von Neapel abgefallen und eine Million Mann im Begriff seien, sich auf Frankreich zu stürzen; das Land sei nur durch eine politische Maßregel von großer Bedeutung zu retten.[237] Ich sah wohl, dass meine Meinungen und Enthüllungen die Beamten ärgerten, die aus Begeisterung für den Kaiser selbst vor den Gräueln einer Belagerung nicht zurückschreckten. Sie verhehlten es nicht, wie peinlich ihnen meine Anwesenheit war, und ich bemerkte bald, dass sie in Bezug auf meine Person geheime Instruktionen erhalten hatten. Augereau, der von dem einzig möglichen Vorschlage einer Befreiung im Sinne der Revolution[238] nichts wissen wollte, obgleich er selbst ein eifriger und aufrichtiger Anhänger der Revolution war, willigte schließlich in den Beschluss des Präfekten und des Generalpolizeikommissars ein, mich zur Abreise von Lyon zu zwingen. Ich sollte mich vorübergehend in Valence aufhalten. Obwohl ich nur ungern nachgab, machte ich mich doch nach der Dauphiné auf den Weg. Dabei warf ich einen ungeduldigen Blick auf die Straße nach Paris, die ich am liebsten mit Windeseile zurückgelegt hätte.[239] In Valence erfuhr ich die Ankunft des Grafen von Artois in Vesoul, ferner die Nachricht, dass Napoleon in großem Schrecken über das Aufflammen des Royalismus in Troyes in der Champagne war. Wenige Tage später trafen Schlag auf Schlag neue Nachrichten ein: die Ankunft des Herzogs von Angoulême im Hauptquartier Lord Wellingtons; Soults Verlust der Schlacht von Orthez[240], Napoleons Niederlage bei Laon[241] und der Einzug des Herzogs von Angoulême in Bordeaux.

237 Man sieht, wie geschickt auch hier Fouché seine Wühlarbeit gegen Napoleon fortsetzt.

238 Wahrscheinlich handelt es sich um den Lieblingsplan Fouchés: Absetzung des Kaisers, Ernennung Napoleons II. und Errichtung einer Regentschaft unter dem Vorsitz Fouchés.

239 Fouché hätte nach Paris durch das Operationsgebiet reisen müssen.

240 Orthez liegt im französischen Département Pyrénées-Atlantiques. Die Schlacht wurde am 27. Februar 1814 von Wellington gewonnen.

241 Blücher schlug am 9. und 10. März Napoleon entscheidend bei Laon.

Wie sehr bedauerte ich es jetzt, mehr als hundert Meilen von der Hauptstadt entfernt zu sein, wo nach so vielen Niederlagen notwendigerweise eine politische Revolution ausbrechen musste. Da kurze Zeit darauf Lyon von den Österreichern besetzt wurde und der Marschall Augereau sein Hauptquartier nach Valence zurückverlegte, so begab ich mich nach Avignon, um die Ereignisse abzuwarten. Ich war bereit, mich auf die erste Nachricht hin nach Paris zu begeben. Da ich von verschiedenen Armeekorps umgeben und infolge des Auffangens der Kuriere auf Vermutungen und unbestimmte Gerüchte angewiesen war, so schwankte ich zweifellos zu lange, bis ich zu einem endgültigen Entschluss kam. Wie sehr habe ich später bereut, dass ich mich nicht heimlich mitten durch Frankreich nach Paris begab, da es damals noch nicht vom Feinde besetzt war. Ein einziger Grund vermochte mich zurückzuhalten. Ich fürchtete, dass jedem Präfekten persönlich geheime Weisungen in Bezug auf meine Person zugegangen waren.

Ich befand mich in Avignon, ohne irgendeinen politischen Auftrag zu haben und bewohnte die gleichen Zimmer, in denen ein Jahr später der unglückliche Brune ermordet wurde. Die öffentliche Meinung war in dieser Stadt dermaßen gegen Napoleon aufgebracht, dass ich öffentlich bekanntmachen konnte, ich würde alle Behörden empfangen, um ihnen den bevorstehenden Sturz der kaiserlichen Regierung anzuzeigen. Zu gleicher Zeit verkündigte ich, dass Murat in Oberitalien für die gute Sache tätig sei. In Avignon zeigte sich der Wille der Bevölkerung noch entschlossener als in Lyon und Valence, Napoleon entthront und durch eine andere Regierung ersetzt zu sehen.

Endlich erhielt ich die Nachricht von den Ereignissen des 31. März (1814). Da ich gezwungen war, einen großen Umweg über Toulouse und Limoges zu machen, so traf ich erst Anfang April in Paris ein, aber es war bereits zu spät. In Paris hatte sich eine provisorische Regierung gebildet, der ich als Mitglied hätte angehören müssen. Napoleon war ohne mein Zutun abgesetzt worden, während ich doch den Ehrgeiz gehabt hatte, diese Absetzung auszusprechen. Man hatte die Bourbonen zurückberufen, deren Rückkehr ich mich widersetzt haben würde, um den Plan einer Regentschaft durchzuführen, der mein Werk war. Alle meine Pläne scheiterten auf diese Weise, und ich wurde dadurch in politischer Hinsicht zur Bedeutungslosigkeit verdammt, noch dazu bei Fürsten, die ich beleidigt hatte. Ich hatte zwar den Eindruck, dass ihre Gnade mit der Güte ihres Herzens in Einklang stehen könne, aber ich fühlte ebenso sehr, dass sie mit dem Grundsatz der Legitimität unvereinbar war.

Seit dieser Zeit habe ich oft die Doppelfrage aufwerfen hören: Wäre der Herzog von Otranto Mitglied der provisorischen Regierung geworden, wenn er sich in Paris befunden hätte? Und, bei der Annahme dieser Hypothese, wie wäre in diesem Fall die Revolution des 31. März ausgefallen? Hier bin ich meinen Zeitgenossen einige Aufklärung in Bezug auf die geheimen Umstände schuldig, die ich in meiner Darstellung nicht stückweise einflechten wollte, um sie desto besser in ihrem ganzen Umfang berichten zu können. Es gibt Geständnisse, die erst durch die Ereignisse gerechtfertigt werden können. Ich will daher zunächst gestehen, dass ich bereits damals von der Notwendigkeit überzeugt war, eine Reaktion in Europa zu verhindern und Frankreich aus eigenen Kräften zu retten. In diesem Gedankengang betrachtete ich die Ereignisse des Jahres 1809, das heißt also den Krieg mit Österreich und den englischen Angriff auf Antwerpen als die ersten Schritte zu einer Revolution, die den Zweck verfolgte, den Kaiser zu entthronen. Ich will auch zugeben, dass ich die Seele dieses Plans war, der uns allein mit Europa versöhnte und zu einer vernünftigeren Regierung zurückgeführt hätte. Es bedurfte dazu der Unterstützung zweier Staatsmänner, von denen der eine das Wiener

Kabinett und der andere das von Saint James leitete. Ich meine den Fürsten Metternich und den Marquis von Wellesley, dem ich zu diesem Zwecke Herrn von Fagan gesandt hatte. Fagan war Offizier gewesen und durch seinen geschmeidigen Charakter für einen solch schwierigen Auftrag besonders geeignet.

Ehe ich jedoch zu diesen Verhandlungen schritt, hatte ich nichts versäumt, mich in Frankreich dem einzigen Manne zu nähern, dessen Mitwirkung unbedingt notwendig war. Man errät leicht, dass es sich um den Fürsten Talleyrand handelte. Unsere Versöhnung hatte in Suresnes bei der Fürstin Vaudémont stattgefunden. Nach den ersten Auseinandersetzungen zeigte es sich, dass unsere Ansichten in politischer Hinsicht übereinstimmten, und es kam bald in Bezug auf unsere Zukunftspläne zu einer Art Vertrag. Trotzdem hatte ich dabei den spöttischen Sticheleien meines neuen edlen Verbündeten nicht entgehen können, denn als er von seinen Vertrauten nach der Zusammenkunft über meine Person befragt wurde, antwortete er: „Ja, ich habe Fouché gesehen. Er ist ein Buch mit Goldschnitt!"

Man verfehlte nicht, mir diese Äußerung zu hinterbringen. Ich zeigte mich jedoch nicht beleidigt, denn mein persönlicher Stolz blieb bei mir stets politischen Rücksichten untergeordnet.

Ferner hatte ich es nicht minder für notwendig gehalten, mich mit Herrn von S.[242] in Verbindung zu setzen, der einer der einflussreichsten Senatoren war und durch Vermittlung Marets[243], seines ehemaligen Gefährten in der Gefangenschaft, in vertrauten Beziehungen zu dem Staatssekretariat stand. Eine derartige Eroberung war für mich umso kostbarer, als ich seit

242 Fouché meint wahrscheinlich Sémonville.

243 Maret, Herzog von Bassano, war mit Bourrienne zusammen Sekretär der Konsuln gewesen. Nach der Ungnade Bourriennes wurde er Staatssekretär und Kabinettschef. Im Jahre 1811 ernannte ihn Napoleon zum Minister des Auswärtigen. Seine Ernennung zum Herzog war bereits 1809 erfolgt.

der Ungnade Bourriennes im Staatssekretariat nur noch Unterbeamte zur Verfügung hatte, die in meinem Interesse arbeiteten. Sie vermochten jedoch die Fäden der großen Intrigen nicht in Händen zu halten. Wie sollte ich mir aber einen Mann geneigt machen, der seit langem zu meinen erklärten Widersachern gehörte? Der Senatorsitz von Bourges war inzwischen frei geworden, und ich sah darin sogleich ein Mittel zur Versöhnung. Infolgedessen bemühte ich mich darum, so dass S. ihn erhielt. Seitdem hatte ich einen Freund mehr im Senat und ein ständig offenes Auge im Kabinett Napoleons.

Ein Mann fehlte mir noch: der Marschall M.[244], der Befehlshaber der Gendarmerie. Bis jetzt war er immer mein Feind gewesen. Als er das Kommando eines Armeekorps in Katalonien erhielt, fehlte es ihm an Geldmitteln, um ins Feld zu gehen, obgleich er stets hohe Stellungen innegehabt hatte. Da ich seine Verlegenheit kannte, so ließ ich ihm auf den Rat eines Freundes die Summe von 80 000 Franken zukommen, über die ich verfügen konnte. Der Kaiser erteilte mir dazu seine Zustimmung. Auf diese Weise machte ich mir in einem Zeitraum von wenigen Monaten alle meine Feinde zu Freunden. Zwei Ministerien standen unter meinen Befehlen: das des Innern und der Polizei. Die Gendarmerie war zu meiner Verfügung und außerdem eine Schar von Spionen. Ferner verfügte ich in der öffentlichen Meinung über den ungeheuren Anhang der alten Republikaner und der hartnäckigen Royalisten, die in meinem Ansehen einen Schutz für sich selbst sahen.

Aus diesen Bestandteilen setzte sich meine Macht zusammen, als Napoleon in den Doppelkrieg mit Spanien und Österreich verwickelt war und von nun an als unverbesserlicher Ruhestörer galt. Er schien mir damals in einer derart unentwirrbaren Lage zu sein, dass ich den Plan fasste, den ich soeben

---

244 Der Marschall Moncey. Er war seit 1801 Inspektor der Gendarmerie.

enthüllt habe. Sei es nun, dass sein Instinkt mich durchschaute, oder dass sein Argwohn durch unbedachte, dem französischen Charakter eigene Indiskretionen erregt wurde, denn verraten wurde ich keinesfalls. Meine fast unmittelbar erfolgte Kaltstellung, die ich bei dem Bericht der Ereignisse des Jahres 1809 darstellte, schob den Sturz des kaiserlichen Throns um fünf Jahre hinaus.

Unter solchen Erinnerungen überraschten mich die Ereignisse des 31. März. Dabei hatte ich mich stets auf die öffentliche Meinung stützen können, die mich weder während des Kaisers Ungnade noch in der Verbannung im Stich ließ. Ich besaß den Ruf eines Staatsmanns, der mit kalter und prophetischer Sicherheit den Sturz Napoleons vorausgesagt hatte. Wäre ich damals in Paris gewesen, so hätten mein Einfluss und meine genaue Kenntnis der Parteigeheimnisse diesen außerordentlichen Ereignissen eine ganz andere Richtung geben können. Meine Überlegenheit und meine schnelle Entschlusskraft würden über den geheimnisvollen und langsamen Einfluss Talleyrands den Sieg davongetragen haben. Ich hätte ihm alle Einzelheiten meines politischen Plans enthüllt, und es wäre uns trotz der niederträchtigen Polizei Savarys, der lächerlichen Regierung Cambacérès, der Generalstatthalterschaft des Strohmanns Josephs und der Feigheit des Senats gelungen, dem Leichnam der Revolution neues Leben einzuhauchen. Dann hätten diese verkommenen Patrizier nur noch daran gedacht, wie es später der Fall war, ihre eigene Person in Sicherheit zu bringen. Auf unsere Anregung hin wäre vor dem Eingreifen der Fremden die Absetzung Napoleons ausgesprochen und der Regentschaftsrat eingesetzt worden, so wie ich den Plan festgesetzt hatte. Dies war die einzige Möglichkeit, die Revolution und ihre Grundsätze zu retten. Das Schicksal aber hatte es anders bestimmt.

Napoleon konspirierte gegen sein eigenes Blut. Welche Verschlagenheit seinerseits! Welche Vorwände wurden da gebraucht, um mich von der Hauptstadt fernzuhalten, wo er sogar die Anwesenheit seines Sohnes und seiner Frau fürchtete! Denn man gebe sich keiner Täuschung hin: der Cambacérès zurückgelassene Befehl, die Kaiserin und den König von Rom sofort nach Blois zu bringen, wenn die Verbündeten erschienen, hatte keinen anderen Zweck, als dadurch eine Revolution abzuwenden, die infolge der Errichtung einer nationalen Regentschaft entstehen konnte. Nachdem er sich vom Kaiser Alexander sozusagen seine Hauptstadt hatte entwenden lassen, wollte er seine letzte Zuflucht zur Regentschaft nehmen, aber es war zu spät. Die Berechnungen des Herrn von Talleyrand trugen den Sieg davon, und als eine provisorische Regierung bereits vollständig zusammengesetzt war, kam ich, um mich der Restauration zur Verfügung zu stellen.

Welche Lage, großer Gott! Das Bewusstsein, Anrecht auf Teilnahme an der Regierung zu haben, und Gewissensbisse, die mich davon abhielten, riefen in mir eine unbeschreibliche Aufregung hervor. Ein Schauspiel, das der neuen Generation ganz neu war, machte einen großen Eindruck auf mich: der Einzug jenes Sohnes von Frankreich, der fünfundzwanzig Jahre lang ein Spielball des Schicksals gewesen war und nun unter dem Jauchzen und der Freude des Volkes die mit den königlichen Fahnen und Abzeichen geschmückte Hauptstadt seiner Ahnen wiedersah. Das Bild der königlichen Güte aber, das muss ich gestehen, rührte mich, und so wurde ich unter dem Einfluss der Freude der Royalisten mitgerissen. Ich verhehlte weder mein Bedauern noch meine Reue[245]. Ich gab sie selbst im Senate kund, und forderte ihn auf, eine Abordnung an Seine Königliche Hoheit zu senden, da ich unwürdig sei, daran teilzunehmen und vor dem Vertreter des Monarchen zu erscheinen. Mit aller Kraft wandte ich mich gegen jene Kollegen, die die Bourbonen in ihrer Macht beschränken wollten.

245 Wegen des Königsmords.

Der Monat war noch nicht verflossen, als ich unter dem Eindruck einer geheimen Unruhe, die die Nachbarschaft Napoleons auf der Insel Elba in mir hervorrief, die Feder ergriff und ihm folgenden Brief sandte, den ich der Geschichte zur Beurteilung überlasse:

„Sire, als Frankreich und ein Teil Europas zu Ihren Füßen lagen, wagte ich es stets, Ihnen die Wahrheit zu sagen. Jetzt, wo Sie sich im Unglück befinden, befürchte ich eher, Ihre Empfindlichkeit zu verletzen, wenn ich aufrichtig zu Ihnen spreche. Aber ich bin es Ihnen schuldig, weil es Ihnen nützlich und sogar notwendig sein wird.

Sie haben als Zufluchtsort die Insel Elba gewählt. Ich beachte genau alles, was in Bezug auf die Herrschaft über diese Insel gesagt wird. Daher halte ich es für meine Pflicht, Ihnen zu versichern, dass die Lage dieser Insel in Europa für Sie nicht günstig ist, und dass der Titel eines Herrschers über einige Morgen Landes noch weniger dem Manne geziemt, der vorher ein unermessliches Reich besessen hat.

Die Insel Elba ist nur wenig von Afrika, Griechenland und Spanien entfernt. Sie stößt beinahe an die Küsten Italiens und Frankreichs. Das Meer, die Winde und eine kleine Feluke können Sie von dieser Insel aus sehr schnell nach den Ländern bringen, die am meisten der Gärung und der Revolution ausgesetzt sind. Nirgends ist vollkommene Ruhe eingetreten. Da die Völker noch sehr erregt sind, so kann ein Genie, wie Sie, stets bei den europäischen Mächten Unruhe und Verdacht erregen. Sie können angeklagt werden, ohne schuldig zu sein, und Sie können Unheil anrichten, ebenfalls ohne schuldig zu sein, denn die Furcht vor Unruhen gehört sowohl für die Regierungen als auch für die Völker zu den größten Übeln.

Der König, der den französischen Thron einnimmt, will einzig und allein durch die Gerechtigkeit regieren. Sie wissen jedoch, wie viel Leidenschaften es um einen Thron gibt, und wie geschickt der Hass der Verleumdung den Schein der Wahrheit verleiht. Die Titel, die Sie beibehalten, vermögen Ihren Schmerz nur bitterer zu gestalten, denn sie erinnern Sie stets an das Verlorene. Sie setzen Sie sogar größeren Gefahren aus, ohne Ihnen Ehre einzubringen. Man wird sagen, dass Sie die Titel nur aus dem Grunde beibehielten, weil Sie Ihre Ansprüche aufrecht erhalten. Ferner wird man behaupten, dass Sie die Insel Elba nur als Stützpunkt benützen werden, um von neuem die Welt in Flammen zu setzen.

Gestatten Sie mir, Ihnen meine volle Meinung zu sagen. Es wäre rühmlicher und tröstlicher für Sie, als einfacher Privatmann zu leben. Augenblicklich sind aber die Vereinigten Staaten von Amerika der sicherste und, für einen Mann wie Sie, der angenehmste Zufluchtsort. Sie werden dort Ihr Leben unter einem noch jungen Volke neu beginnen können, das Ihr Genie bewundert, ohne es fürchten zu müssen. Sie werden im Vaterlande Franklins, Washingtons und Jeffersons unter dem Schutz unparteiischer und unverletzlicher Gesetze leben können. Sie werden den Amerikanern beweisen, dass Sie wie sie gedacht und gehandelt haben würden, wenn Sie in ihrer Mitte geboren wären, und dass Sie ihre Tugenden und ihre Freiheit der Herrschaft der Welt vorgezogen hätten.“[246]

Dieses Schreiben, das mir meiner Ansicht nach zur Ehre gereicht, wurde später von den Royalisten dem Grafen von Artois vorgelegt, zu gleicher Zeit mit dem folgenden Brief, den ich Seiner Königlichen Hoheit sandte:

---

246 Dieser Brief, der in seiner Geschraubtheit den Fouchéschen Stil unverfälscht wiedergibt, wurde wahrscheinlich nicht an seine Adresse gesandt. Er war ja auch nur dazu bestimmt, die Aufmerksamkeit der Royalisten auf den ehemaligen Polizeiminister zu lenken. Übrigens bediente sich Fouché einige Jahre später dieses Briefs, um Jérôme zu zeigen, wie sehr ihm damals das Schicksal Napoleons am Herzen gelegen habe. Dass Fouché aber wieder einmal richtig geurteilt hatte, musste Ludwig XVIII. bei der Rückkehr Napoleons erfahren.

„Königliche Hoheit!

Ich habe dem Kaiser Napoleon, dessen Minister ich zehn Jahre lang gewesen bin, einen letzten Dienst erweisen wollen. Ich glaube Eurer Königlichen Hoheit das Schreiben übermitteln zu müssen, das ich ihm soeben gesandt habe. Seine Interessen können für mich nicht gleichgültig sein, da sie das edle Mitleid der Mächte erregt haben, die ihn besiegten. Das größte Interesse Frankreichs und der anderen Staaten nach so vielen Umwälzungen und nach all diesem Unglück ist die Ruhe der Völker, und diesem Interesse muss alles geopfert werden. Selbst wenn diese Ruhe auf fester Grundlage aufgebaut wäre, so würde sie doch nie hinlänglich gesichert sein und wir können sie nie vollkommen genießen, solange sich der Kaiser Napoleon auf der Insel Elba befindet. Napoleon würde auf diesem Felsen für Italien, für Frankreich, ja für ganz Europa das sein, was der Vesuv für Neapel ist. Nur in der Neuen Welt und in den Vereinigten Staaten vermag er keine Unruhen herbeizuführen."

Der Prinz, dessen Scharfblick nicht angezweifelt werden kann, konnte aus diesem Brief schließen, was er vielleicht nur unvollkommen wusste, dass man mich nämlich nicht zu den Anhängern Napoleons rechnen konnte. Als ich von den Höflingen und Ministern über die einzunehmende Haltung befragt wurde, wiederholte ich ihnen mehrmals: „Bewahrt über alles erlittene Unrecht Stillschweigen. Verteidigt das Gute, das in den letzten fünfundzwanzig Jahren geschaffen worden ist. Wenn der König sich nicht auf das Volk stützt, so wird sich sein Ansehen schwächen, und seine Höflinge werden gezwungen sein, ihm leere Huldigungen darzubringen, die ihn zugrunde richten. Hütet Euch, die Farben der Kokarde und der Fahne anzutasten. Diese Frage ist bisher noch nicht recht verstanden worden. Sie ist nur scheinbar geringfügig, in Wirklichkeit aber ist sie entscheidend. Es hängt von der Fahne ab, welcher Partei, welcher Regierung sich das Volk anschließen wird. Dieses Opfer ist für den König das Heinrichs IV. mit der Messe[247]."

Man kann daraus ersehen, dass ich bei all meinen Ratschlägen nicht davor zurückscheute, den König zum Haupt der Revolution zu machen, denn dies war für ihn eine sicherere Garantie als die Verfassungsurkunde. Ich trat nun mit mehreren bedeutenden Persönlichkeiten des Hofes in Briefwechsel, unter anderen mit meinem Freunde Malouet, den der König aus seiner Verbannung in Tours berufen hatte, um ihn zum Marineminister zu ernennen.[248] Alle Briefe, die ich ihm schrieb, wurden dem König vorgelegt. Ich empfahl ihm darin, doch ja nicht den Kampf zwischen den alten und neuen Meinungen, zwischen dem Volk und den Emigranten, wieder aufleben zu lassen. Aber die Regierung Ludwigs XVIII. war nicht stark genug, meinen Ratschlägen zu folgen; sie ließ sich vom Strome mitreißen.

Gegen Ende Juni befahl der König Herrn von Blacas[249], sich mit mir zu beraten. Als dieser Minister mich besuchte, empfing ich ihn mit sichtlicher Kälte, denn ich wusste, dass er von mir feindlich gesinnten Leuten umgeben war, die in der öffentlichen Meinung nicht das geringste Ansehen besaßen, z. B. Savary, Bourrienne, der ehemalige Polizeipräfekt Dubois, und eine gewisse Frau P., die sehr verschrien und verrufen war. Es war mir wohl bekannt, dass sie alle vereint sich bemüh-

---

247 [Anspielung auf den Übertritt zum Katholizismus von Heinrich IV., dem Anführer der Hugenotten, wodurch seine Krönung zum König ermöglicht wurde. Dieses „Opfer" soll er gerechtfertigt haben mit dem Satz: „Paris ist eine Messe wert." *P.S.*]

248 Malouet war vor der Revolution Marineintendant gewesen. Er wanderte im Jahr 1792 aus, kehrte jedoch unter dem Konsulat wieder zurück. Napoleon verwendete ihn wieder in der Marine und ernannte ihn zum Staatsrat und zum Baron. 1812 wurde er unter dem Verdacht, Royalist zu sein, nach Lothringen verbannt.

249 Der Herzog von Blacas war Haus- und Staatsminister Ludwigs XVIII. Er galt als der vertraute Berater des Königs.

ten, Herrn von Blacas zu überlisten und irre zu leiten. Infolge seines wenig geschmeidigen Charakters, seiner Unerfahrenheit in der Politik und der Abneigung, die mir seine Umgebung einflößte, kam es zwischen uns zu keiner Verständigung. Da jedoch Ludwig XVIII. erfahren würde, dass ich in der Unterredung mit seinem Minister zurückhaltend und misstrauisch gewesen war, so ergriff ich die Feder und schrieb an Herrn von Blacas einen ausführlichen Brief, in der Überzeugung, dass der König bald Kenntnis davon erhalten würde. Ich teilte ihm darin mit, dass die Unruhe in Frankreich folgende Ursachen habe: das Volk fürchte die Wiedereinführung der Feudalrechte, die Besitzer der Emigrantengüter fürchteten für ihr Eigentum, die Anhänger der Republik und Bonapartes für ihre persönliche Sicherheit, das Heer aber bedauerte das Scheitern so vieler Hoffnungen, den Verlust so vielen Ruhms und Glücks; die Konstitutionellen endlich seien von der Verfassungsurkunde enttäuscht, die der König zu einem ihm erblich zustehenden Recht machen wollte.

Unter diesen Ursachen war gerade jene die gefährlichste, die der König und seine Minister mit all ihrer Klugheit am wenigsten ahnen und verhindern konnten: ich meine die Unzufriedenheit der Truppen. Ich schrieb unter anderem, dass ein Heer, besonders wenn es durch die Konskription aufgestellt sei, stets den Volksgeist in sich aufnimmt und infolgedessen zufrieden oder unzufrieden ist, je nach der Stimmung des Volkes. Dann fügte ich hinzu, dass außer dieser Unzufriedenheit noch der Geist Bonapartes seine Wirkung täte. „Ein Volk", bemerkte ich weiter, „das sich seit fünfundzwanzig Jahren in einer solchen Gärung befand, dass es die ganze Welt erschütterte, kann nicht auf einmal ruhig und friedlich werden. Man darf daher seine Tätigkeit nicht einzudämmen versuchen, sondern muss dieser verzehrenden Tatkraft andere Wege weisen. Man muss allen Industrien, allen Handelszweigen, allen Künsten und Wissenschaften die Wege ebnen. Das 19. Jahrhundert hat kaum begonnen. Wie das 17. den Namen Ludwigs XIV. trug, so soll das 19. Jahrhundert das Zeitalter Ludwigs XVIII. heißen."

Mein Brief endete mit folgenden Worten: „Viele Franzosen, die den Bourbonen in ihrem Unglück im gleichen Maße treu geblieben sind wie in der Zeit ihrer Macht, sind mit der Dynastie ihrer Könige zurückgekommen. Sie können nicht verlangen, in den Besitz ihrer Güter zu gelangen, ohne dass es zu heftigen Reibungen oder gar zum Bürgerkrieg käme. So soll denn einer der Minister den beiden Kammern vorschlagen, eine jährliche Summe auszusetzen, um damit den Unglücklichen und Bedürftigen beizustehen, die würdig sind, dass eine heldenhafte und feinfühlende Nation sie unterstützt. Ich stehe dafür ein, dass ein solcher Vorschlag in den Kammern einstimmig zum Gesetz erhoben werden wird."[250]

Derartige Ratschläge mussten jedoch zwecklos bleiben, solange sie von einem Manne ausgingen, der nicht zur Regierung gehörte. Ich muss allerdings zugeben, dass ich von einer großen royalistischen Partei, deren Einfluss sich bis auf den Hof erstreckte, unterstützt und gedrängt wurde. Man hatte mir zu verstehen gegeben, dass es für mich möglich sei, Minister zu werden, um die Verhältnisse zu beherrschen. Aber Blacas, der unter dem hinterlistigen Einfluss Savarys stand, war gegen mich. Savary jedoch, der sich an Bonaparte verkauft hatte, zitterte davor, dass mir die Pforte zu dem Rate des Königs geöffnet werden könnte. Außerdem hatte ich zu sehr mit

250 Fouché zeigte in diesem Falle wieder seine ganze Geschicklichkeit und seine einzig dastehende Gabe des Voraussehens der Ereignisse. Seine Ratschläge waren in diesem Falle recht vernünftig und zeichneten sich durch jene Mäßigung aus, die ihm oft den Zorn Napoleons zugezogen hatte. Man kann wohl ohne Übertreibung behaupten, dass die Bourbonen 1814 vielleicht Frankreich nicht hätten verlassen müssen, wenn sie Fouchés Pläne ausgeführt hätten.

Erinnerungen, Interessen und den Ansprüchen von Nebenbuhlern zu kämpfen. Dabei verhehlte ich mir nicht, dass ich den Haupteinwand, den man gegen mich vorbrachte, nicht zu widerlegen vermochte[251]. Nachdem ich meine Lage erwogen hatte, reiste ich mit meiner Familie auf mein Schloss Ferrières und nahm mir vor, von hier aus die Ereignisse zu beobachten.

Im Voraus war ich überzeugt, dass die schwachen oder unfähigen Menschen, die das Staatsruder in den Händen hatten, auch fernerhin nach falschen politischen Grundsätzen regieren und der Politik eine falsche Richtung geben würden.

Welch ernste Gedanken drängten sich mir auf, wenn ich die zweideutige und sonderbare Stellung der neuen Regierung betrachtete! Einem Staatsmann, wie mir, konnte es nicht entgehen, dass sich eine Restauration ohne Revolution vollzogen hatte, denn der ganze Apparat der kaiserlichen Regierung war geblieben. Nur die Individualität der Regierung – wenn ich mich so ausdrücken darf – hatte sich geändert. Gab es tatsächlich etwas, das in den zwanzig Jahren unberührt geblieben war? Nichts hatte sich der Umwälzung entziehen können, weder die Geistlichkeit, noch der Adel, noch die Gesetze, Behörden und großen Vermögen. Als die Bourbonen den Thron bestiegen, fanden sie wohl in den Herzen, aber nicht in den Interessen eine Stütze. Frankreich war in zwei Lager von Anhängern und Gegnern der Revolution geteilt. Ludwig XVIII. regierte ein Volk, das uneinig war und unter den Verhältnissen litt. Alle Anhänger der kaiserlichen Herrschaft, sowie alle bedeutenden Männer der Revolution fürchteten, die Ehrenstellen mit dem alten Adel teilen zu müssen. Sie hatten Garantien verlangt und sie auch erhalten, oder wenigstens glaubten sie sie in der Erklärung zu besitzen, die der König vor seinem Einzug in die Hauptstadt erlassen hatte.

---

251 Nämlich den Königsmord, den man Fouché sein ganzes Leben lang vorwarf.

Andernteils waren die Niederlagen Napoleons in so rascher Folge eingetreten, dass die Besitzer der hohen Ämter und großen Vermögen keine Zeit gefunden hatten, ihren Luxus einzuschränken. Als die Bourbonen zurückgerufen wurden, waren sie auf sich allein angewiesen und mussten infolgedessen plötzlich ihre unsinnigen Ausgaben einstellen. In den hohen Ständen rief dieser Umstand große Unzufriedenheit und Erbitterung hervor. Ein anderer Grund, der die Sicherheit der neuen Regierung sehr in Frage stellte, lag darin, dass man die Armee nicht entlassen hatte, und das war ein ungeheurer Fehler, denn alle alten Soldaten sowie die zurückgekehrten Gefangenen waren der Restauration feindlich gesinnt und den Interessen des Ex-Kaisers ergeben.

Der König aber hatte die Charte[252] aufgezwungen, statt sie entgegenzunehmen, und dies war für die Franzosen ein neuer Grund zur Unzufriedenheit. Dazu kam ferner die Beunruhigung, die der Wiener Kongress verursachte. Der Kongress wollte nämlich in der Absicht, Europa neu aufzubauen, diejenigen Staaten, welche man als den Hort der Revolution betrachtete, einem gegenrevolutionären Regierungssystem unterstellen. So fürchteten alle für ihre Interessen, die aus Unruhen von fünfundzwanzig Jahren Dauer hervorgegangen waren.

Auf diese Weise wurde die Möglichkeit der Rückkehr Napoleons, die man anfänglich für ein Hirngespinst gehalten hatte, der Lieblingsgedanke des Heeres. Man bildete Komplotts und machte sich über die königliche Polizei lustig. Selbstverständlich beobachtete ich alle Verschwörungen, die angezettelt wurden.

---

252 [Ludwig XVIII. hatte die „Charte constitutionnelle“ genannte Verfassung anlässlich seiner Thronbesteigung am 4. Juni 1814 auf Grundlage seiner monarchischen Macht erlassen. Die Verfassung beruhte also nicht mehr auf der Souveränität des Volkes oder einer Vereinbarung zwischen Volk und Monarch, aber der König hat seine Macht an die Verfassung gebunden, die Gleichheit vor dem Gesetz, individuelle Meinungs-, Presse- und Religionsfreiheit garantierte. *P.S.*]

Um diese Zeit erhielt ich von einer Persönlichkeit, die viel Einfluss gehabt hatte, einen Brief, worin ich aufgefordert wurde, mich an einem geheimen Komitee zu beteiligen, das einen Umsturz plante. Ich schrieb auf die Einladung selbst jene Antwort, die nicht unbekannt geblieben ist: „Es ist nicht meine Gewohnheit, im Trüben zu fischen; ich will nichts tun, was das Tageslicht zu scheuen hat!“

Inzwischen wurden überall Verbindungen gebildet. Einflussreiche Persönlichkeiten schlossen politische Übereinkommen ab. Bald darauf schien es mir offenbar zu sein, dass der Staat einer Krise entgegenging und die Anhänger Napoleons sich zusammengetan hatten, um sie zum Ausbruch zu bringen. Aber ohne meine Unterstützung war kein Erfolg möglich. Ich war jedoch nichts weniger als entschlossen, sie einer Partei zu gewähren, gegen die ich einen so großen Groll hegte. Man versuchte es mehrmals bei mir, und es wurden mir verschiedene Pläne vorgelegt. Alle gingen darauf aus, den König zu entthronen und dann entweder einen Prinzen einer anderen Dynastie zu wählen oder eine provisorische Republik auszurufen. Eine Militärpartei schlug mir vor, die Diktatur Eugen Beauharnais zu übertragen. Da ich glaubte, dass die Sache bereits eingeleitet sei, so schrieb ich an Eugen. Ich erhielt jedoch nur eine unbestimmte Antwort. In der Zwischenzeit begannen sich die Interessen der Revolution um meine Person und um Carnot zu vereinigen. Die Affäre Exelmans[253] trug dann noch dazu bei, dass man zu der Überzeugung kam, eine starke Partei, deren Sitz Paris sei, trüge sich mit der Absicht, Napoleon und die kaiserliche Regierung wieder herzustellen.

---

253 Der General Exelmans hatte an Murat, der damals von den Mächten nicht als König von Neapel anerkannt wurde, einen Brief geschrieben. Er wurde daher wegen Spionage und Verbindung mit dem Feind vor ein Kriegsgericht gestellt.

19. Kapitel

Die Hundert Tage

Als ich zu Beginn des Winters 1814/15 in die Hauptstadt zurückkehrte, hatte ich den Eindruck, als sei die königliche Herrschaft von zwei Feinden der Legitimität untergraben und stehe nun hilflos da. Der König hatte in seiner großen Weisheit beschlossen, Herrn von Blacas durch den Herzog von Havré für die vertraulichen Unterredungen mit mir zu ersetzen. Der edle Charakter dieses Mannes sowie seine Offenheit erwarben ihm mein volles Vertrauen. Ich erschloss ihm mein Herz und legte ihm meine innersten Gefühle so offen dar, wie ich es nie für möglich gehalten hätte. In meinem ganzen Leben hatte ich mich nicht durch meine innere Bewegung dermaßen fortreißen lassen; nie war meine Sprache so überzeugend und mein Mitgefühl so tief, als in dem Augenblick, da ich die Umstände berichtete, durch die ich unglücklicherweise genötigt gewesen war, für den Tod Ludwigs XVI. zu stimmen. Ich kann es offen sagen. Diese Beichte, die meinem Herzen entrissen wurde, ward mir sowohl durch meine Gewissensbisse als durch meine innere Überzeugung diktiert. Selbst jetzt noch bin ich bewegt, wenn ich daran denke, wie der edle Herzog, ein echter Vertreter des alten französischen Adels ohne Falsch, dabei Tränen vergoss.

Unsere politischen Unterredungen wurden alle niedergeschrieben, um dem König vorgelegt zu werden. Aber die Wunden des Staates waren unheilbar, und eine entscheidende Tat schien notwendig zu sein. Ich stand zwischen zwei Parteien: die eine waren die Bourbonen. Sie schenkten mir nur halbes Vertrauen, und ihre Politik verschloss mir den Weg zu Ämtern und Würden. Ihnen gegenüber befand ich mich in einer schiefen Lage und hatte überdies nicht die geringste Verpflichtung. Der anderen Partei hingegen verdankte ich mein Glück; gemeinschaftliches Interesse und gleiche Überzeugungen trieben mich zu ihr, und das in einem Augenblick, wo ein längeres Zögern meinerseits mir beide Parteien verscherzen konnte, so dass ich allein dagestanden hätte. Daher schloss ich mich vollkommen der letzteren Partei an. Innerlich wollte ich keineswegs die Bourbonen, sondern nur das Dogma der Legitimität bekämpfen. Dennoch störte mich eine bonapartistische Partei in meinen Plänen, da sie sich ihres ganzen Einflusses im Heere bediente und uns alle unter ihre Gewalt zwang. Mein ehemaliger Kollege Thibaudeau[254] enthüllte mir als erster die Fortschritte der Verschwörung auf der Insel Elba, deren wichtigster Bevollmächtigter er war. Ich sah, dass man keine Zeit mehr zu verlieren hatte. Übrigens glaubte ich, dass vor allen Dingen die Armee sich um Napoleon scharen würde. Hierauf[255] konnte man ihn jedoch stürzen, was mir umso leichter erschien, als der Kaiser in meinen Augen nur noch ein verbrauchter Mann war, der seine frühere Rolle nicht ein zweites Mal zu spielen vermochte. Ich gab daher meine Zustimmung, dass Thibaudeau mit den Vertrauten Napoleons in Unterhandlungen treten solle. Zu den Beratungen ließ ich folgende Personen zu: Regnault, Cambacérès, Davoust und wenige Auserwählte. Ich verlangte jedoch Zugeständnisse und Garantien und weigerte mich, mich der Partei anzuschließen, wenn das Staatsoberhaupt nicht den Despotismus aufgäbe und eine liberalere Regierung schüfe. Unser Bund wurde durch das Versprechen besiegelt, dass die Regierungsgewalt in gleicher Weise verteilt werden würde, sowohl im Ministerium, als auch in der provisorischen Regierung bei Ausbruch der Bewegung. Nach dem mit Thibaudeau

254 Thibaudeau war gleichfalls Mitglied des Konvents gewesen. Napoleon ernannte ihn 1803 zum Präfekten der Gironde und verlieh ihm den Grafentitel. Nach der zweiten Restauration wurde er verbannt und lebte wie Fouché und andere aus Frankreich Verwiesene in Österreich.

255 Das heißt nach seiner Landung in Frankreich und der Vertreibung der Bourbonen.

gefassten Plan beeilte ich mich, meinen Agenten J.[256] an Murat zu senden, um ihn aufzufordern, sich so schnell wie möglich zum Herrn Italiens zu machen. Zu gleicher Zeit schickte das große Komitee den Doktor R. nach der Insel Elba. Lyon und Grenoble wurden im Süden die Hauptpfeiler des Unternehmens. Im Norden sollte eine Truppenbewegung unter der Leitung Erlons[257] und Lefebvre-Desnouettes[258] die Flucht oder die Aufhebung der königlichen Familie veranlassen. Dies hätte zur Bildung einer provisorischen Regierung führen müssen, deren Mitglieder außer mir Carnot, Caulaincourt, Lafayette und N. gewesen wären. Mein Plan war nun, in der allgemeinen Verwirrung die höchste Regierungsgewalt an mich zu reißen. Unter einem trügerischen Vorwand griff Murat, der sich mit Napoleon wieder aussöhnen musste und Herr Italiens zu bleiben hoffte, als erster zu den Waffen, obgleich er der Verbündete Österreichs war. Diese Schilderhebung, die sich scheinbar gegen Ludwig XVIII. richtete, rief im Rate des Königs die größte Bestürzung hervor. Sofort wurden 30 000 Mann nach Grenoble und den Alpen gesandt, oder vielmehr man warf sie Napoleon entgegen. Die Feinheit dieser Taktik wurde nicht durchschaut. Mittlerweile erfolgte in Cannes die Landung Napoleons, ein Beweis dafür, dass wir kein Verschwörervolk sind, denn seit vierzehn Tagen sprachen alle Parteien öffentlich von dem bevorstehenden Sturze der Bourbonen. Der Hof allein verharrte darin, das nicht zu sehen, was nur für ihn noch verhüllt war.

Bevor ich die Ereignisse des 20. März berichte, möchte ich einen Blick nach rückwärts werfen. Man hat gesehen, dass ich anfänglich gar nicht die Absicht hatte, mich der aufständischen

256 Der bereits erwähnte Julian.
257 General Drouet, den Napoleon zum Grafen Erlon ernannte.
258 Nicht zu verwechseln mit Marschall Lefebvre, Herzog von Danzig.

Partei anzuschließen. Ich wollte bloß das Kabinett der Tuilerien veranlassen, sich der Zügel der Revolution zu bemächtigen und sie dadurch in der Hand zu halten, dass sie sie mit kräftiger Faust durch alle Hindernisse hindurch leitete. Ohne allzu große Anmaßung glaube ich behaupten zu können, dass ich der einzige war, der an der Spitze einer derartigen Regierung hätte stehen können. Am Hofe, in Paris und in der Provinz verlangte man überall, dass ich diesen kühnen Versuch machen solle[259]. Aber ich hatte mit Nebenbuhlern zu kämpfen, denen meine Vergangenheit eine Waffe in die Hand gab, gegen die nicht anzukommen war. Bis zum letzten Augenblick suchte ich einen Ausweg zu finden, einen Weg zur Versöhnung, der das verzweifelte Mittel einer Rückkehr des Kaisers überflüssig machen würde. Man hat gesehen, dass ich schließlich nur der Notwendigkeit nachgegeben habe. Erst im Augenblick der Landung Napoleons wurde es mir vollkommen klar, welcher verhängnisvolle Plan ihn an unsere Küsten zurückgeführt hatte. Er bestand aus drei Teilen: der Rückkehr Napoleons nach Paris, der Aufhebung des Königs und der königlichen Familie sowie der Flucht Marie-Luises und ihres Sohnes, die beide in Wien zurückgehalten wurden.

Der erste Teil des Plans war am leichtesten auszuführen, da die Truppen überall zum Abfall geneigt waren. Anders stand es mit der Gefangennahme des Königs und der königlichen Familie. In diesem Fall hätte ein Heer in aller Eile auf die Hauptstadt marschieren müssen, wodurch jedoch das Geheimnis aufgehoben worden wäre. Daher scheiterte auch das Unternehmen

259 Die Aussöhnung der Revolution mit dem Kaisertum oder den Bourbonen war stets der Lieblingsgedanke Fouchés. Als er scheiterte, kam er immer wieder in Form des Planes einer Regentschaft oder einer provisorischen Regierung zum Vorschein. Die Ausführung dieses Planes wäre sicher für Frankreich von großem Nutzen gewesen, obgleich Fouché ihn eigentlich nur aus egoistischen Gründen vorbrachte.

Lefebvre-Desnouettes'.[260] Die Flucht Marie-Luises und ihres Sohnes wurde ebenfalls versucht, und sie wäre auch beinahe gelungen. Mit Entsetzen schreckte ich vor dem Gedanken zurück, dass die Familie eines Monarchen, die mir so viel Achtung erwiesen hatte, meine Ratschläge anzuhören, einem militärischen Handstreich geopfert werden sollte.

Sobald ich erfahren hatte, dass Napoleon auf Lyon marschierte, ließ ich daher den König um eine Audienz bitten. Diese Unterredung wurde mir nicht gewährt; der König sandte mir jedoch zwei Edelleute, um meine Mitteilungen entgegenzunehmen. Ich setzte sie von der Gefahr in Kenntnis, die Ludwig XVIII. drohte, und machte mich anheischig, das Vordringen des Flüchtlings der Insel Elba zu verhindern, wenn der Hof in meine Bedingungen einwillige. Meine Vorschläge entsprachen den Ereignissen, die soeben vor sich gingen. In aller Eile war eine patriotische Partei gebildet worden, die dem kaiserlichen Despotismus nicht minder feindlich gesinnt war als ich. Ihre Führer waren Broglie, Lafayette, d'Argenson, Flaugergues, Benjamin Constant usw. Sie kamen überein, vom König folgendes zu verlangen: Rücktritt der Minister, Ernennung von vierzig neuen Mitgliedern der Pairskammer[261] aus

---

260 Als Fouché die Nachricht von der Landung Napoleons erhalten hatte, log er dem General Lallemand vor, dass die königliche Regierung das Komplott Drouet-d'Erlons entdeckt habe, verschwieg ihm jedoch, dass der Kaiser bereits auf französischem Boden sei. Der General Drouet setzte daraufhin seine Regimenter auf Paris in Marsch. Fouché verfolgte die Absicht, die königliche Regierung zu stürzen und selbst ihr Erbe anzutreten, um eine provisorische Regierung auszurufen und den Kaiser zu verhindern, den Thron von neuem zu besteigen. Das Unternehmen scheiterte jedoch, da es verfrüht war, und die Truppen kehrten daher zurück. Als der Kaiser in Paris angekommen war, stellte Fouché das militärische Unternehmen Drouets als sein Werk hin, das er zugunsten Napoleons unternommen habe. Er trieb also in diesem Fall nicht nur ein doppeltes, sondern ein dreifaches Spiel.

261 [Die Chambre des Pairs (Pairskammer) wurde mit der Verfassung des Königreichs Frankreich vom 4. Juni 1814 eingeführt und war das Ober-

der Elite der Revolutionsmänner, Übergabe des Kommandos der Nationalgarden an Lafayette. Ferner schlug man vor, patriotische Kommissare in die Provinzen zu senden, um den Abfall der Truppen zu verhindern und in ihnen vaterländische Begeisterung anzufachen.

Ich war an der Tätigkeit dieser Partei nicht unbeteiligt, und durch sie sollte ich sofort zum Ministerium gelangen. Dennoch fühlte ich, dass alle Anhänger der Revolution sich zusammentun mussten, um geschlossen dem Säbelregiment entgegenzutreten. Als die königlichen Minister mich um ein Mittel befragten, das ich für geeignet hielt, um den Marsch Napoleons auf Paris zu verhindern, weigerte ich mich, es ihnen mitzuteilen, da ich es nur dem König selbst enthüllen wollte. Ich versicherte jedoch, dass ich des Erfolgs gewiss sei. Die beiden Hauptbedingungen, die ich stellte, waren folgende: Ernennung des ersten Prinzen von Geblüt zum General-Statthalter, Übergabe der Regierung in meine Hände und die meiner Partei. Man weigerte sich jedoch, diesen Versuch zu machen, und so sahen wir uns gewissermaßen gezwungen, jene Partei zu begünstigen, die wir eigentlich hatten kaltstellen wollen. Übrigens glaubte ich imstande zu sein, die Regierung, die Napoleon wieder einrichten wollte, durch eine volkstümlichere zu ersetzen.

Da der Schrecken in den Tuilerien von Stunde zu Stunde größer wurde, im selben Maße, wie Napoleon vorwärts kam, richtete der Hof von neuem seine Blicke auf mich. Einige Royalisten vermittelten mir wenigstens eine Unterredung mit dem Bruder des Königs. Ich verlangte nur, man möge mir erlauben, mich in der Nacht heimlich ins Schloss zu begeben,

---

haus des französischen Parlaments, dessen Angehörige waren geistliche Pairs (Bischöfe der katholischen Kirche) und weltliche Pairs. Letztere hatten den Sitz auf Lebenszeit. Die Chambre des Pairs verfügte zeitweise über rechtsprechende Befugnisse. So verhängte sie z. B. das Todesurteil gegen Feldmarschall Michel Ney wegen Hochverrats. *P.S.*]

da das Bekanntwerden eines solchen Schritts meinem Einfluss in meiner Partei schädlich werden könne. Der Graf von Artois ließ nicht lange auf sich warten. Nur der Graf von Escars begleitete ihn. Die Leutseligkeit des Prinzen, seine huldvolle Aufnahme, sein liebenswürdiger Empfang, wobei sich die Sorge über das Schicksal Frankreichs und seiner Familie zeigte, seine edlen und rührenden Worte machten Eindruck auf mich, und ich bedauerte es doppelt, dass man sich zu spät zu einer solch wichtigen Unterredung entschlossen hatte. Mit großem Schmerz erklärte ich dem offenherzigen und biederen Prinzen, dass es zu spät sei und es mir nun unmöglich wäre, der Sache des Königs zu dienen. Am Ende dieser Unterredung, die ich nie vergessen werde, rief ich unter dem Eindruck des Zaubers eines solchen Vertrauens aus: *„Retten Sie den König, ich nehme es auf mich, die Monarchie zu retten!“* Dann nahm ich Abschied von dem Prinzen.

Wer hält es nun für möglich, dass nach derartigen wichtigen Mitteilungen beinahe unmittelbar nachher eine Art Komplott gegen mich geschmiedet wurde? An diesem Komplott waren natürlich der König und sein edler Bruder vollkommen unbeteiligt, denn es entsprach durchaus nicht den wirklichen Absichten eines großmütigen Herrschers. Ich werde jedoch die Namen der Anstifter nennen. Ich befand mich gerade in meinem Hause, ohne das geringste Misstrauen zu haben, als einige Beamte der Pariser Polizei, die man soeben Bourrienne übertragen hatte, in Begleitung von Gendarmen erschienen, um mich zu verhaften. Da ich rechtzeitig gewarnt war[262], traf ich in aller Eile Maßnahmen zur Flucht. Die Polizeibeamten begannen bereits eine eifrige Untersuchung in meiner Wohnung, als einige Gendarmen zu mir kamen, um den Befehl des

262 Der Bericht ist ungenau. Fouché wurde im Wagen auf offener Straße von den Polizeibeamten angehalten.

neuen Präfekten auszuführen. Diese Leute, die mir so lange Gehorsam geleistet hatten, wagten es jedoch nicht, Hand an mich zu legen und begnügten sich damit, mir den Haftbefehl auszuhändigen.

Ich nehme das Schriftstück in die Hand, öffne es und tue so, als läse ich es. Gleich darauf sage ich mit sicherer Stimme: „Der Befehl ist nicht der Vorschrift entsprechend ausgefertigt[263]. Bleiben Sie einen Augenblick hier, ich werde dagegen Verwahrung einlegen!" Ich gehe in mein Arbeitszimmer, dessen Türe offen steht, setze mich an meinen Schreibtisch und schreibe. Dann erhebe ich mich mit einem Schriftstück in der Hand, mache eine schnelle Wendung, schlüpfe durch eine Tapetentür und laufe in aller Eile in meinen Garten. Hier finde ich eine Leiter, die an die Mauer der Besitzung der Königin Hortense, meiner Nachbarin, angelehnt war. Schnell klettere ich hinauf, einer meiner Diener hebt die Leiter hoch, ich ziehe sie hinauf und lasse sie an der anderen Seite der Mauer wieder hinunter. Dann klettere ich an der Leiter mit noch größerer Eile hinab und treffe als Flüchtling bei Hortense ein, die mich bei sich aufnimmt. Und, gleich einem Wunder in einem arabischen Märchen, sehe ich plötzlich, dass ich mich unter der Elite der Bonapartisten befinde, im Hauptquartier einer Partei, die in freudigster Stimmung ist, und wo meine Gegenwart einen Freudensturm hervorruft.

Dieser unvorhergesehene Umstand zerstreute das letzte Misstrauen, das diese Partei gegen mich hegte, und diejenigen, die mich bis jetzt für einen ergebenen Anhänger der Bourbonen gehalten hatten, betrachteten mich von nun an als einen Feind der Bourbonen, der von ihnen geächtet war.

Man muss jedoch wissen, dass bei meiner Verhaftung keine politischen Gründe mitspielten. Seine Königliche Hoheit, der

263 Der Haftbefehl war natürlich echt. Die Verhaftung erfolgte wegen der Weigerung Fouchés, den König zu retten. Man traute ihm eben nicht.

Graf von Artois, ging sogar so weit, einflussreichen Mitgliedern der zweiten Kammer zu sagen, dass der Versuch, mich zu verhaften, ohne seine Einwilligung geschehen sei. Er stehe für die Sicherheit meiner Person ein.

Dieses Unternehmen war auf Grund einer Abmachung zwischen Savary, Bourrienne und B. erfolgt. Der 20. März mochte ausfallen, wie er wollte; für dieses „Triumvirat", oder vielmehr für jene drei Hasardspieler kam es nur darauf an, dass ihnen die Ausbeutung der Spiele überlassen bliebe. Sie waren daher der festen Überzeugung, dass sie mich opfern müssten, damit ihr gieriger Ehrgeiz dadurch eine Art Garantie und Sicherheit erlange. Meine Lage war so eigenartig, dass mir erst die Abreise Ludwigs XVIII. und die Ankunft Napoleons meine völlige Freiheit wiedergeben konnten. Ich war einer der ersten, der erfuhr, dass die Tuilerien geräumt seien. Zu gleicher Zeit erhielt ich die Nachricht, dass Lavalette einen Kurier nach Fontainebleau, wo Napoleon soeben eingetroffen war, gesandt hatte, um ihn von der Abreise des Königs in Kenntnis zu setzen. Frau Ham[264], die bei dieser Umwälzung so viel intrigiert hatte, war sehr ärgerlich, dass man ihr auf diese Weise zuvorkam. Sie sandte daher einen eigenen Kurier ab, der den anderen überholen sollte, so dass ihr das Verdienst der ersten Meldung zukommen musste.

Von den Soldaten und einigen Volkshaufen geleitet, nahm Napoleon von neuem Besitz von den Tuilerien. Seine Anhänger bekundeten dabei laute Freude. Ich befand mich nicht unter der Zahl der übrigen Staatswürdenträger, mit denen er zuerst wegen der politischen Lage sprach. Napoleon ließ mich jedoch rufen. „Man hat Sie also gefangen nehmen lassen", sagte er zu mir, als ich auf ihn zutrat, „um Sie zu verhindern, Ihrem Lande

---

264 Wahrscheinlich Frau Hamelin. Sie war unter dem Direktorium eine Freundin Josephines gewesen und durch ihr galantes Leben bekannt.

nützlich zu sein? Nun, ich gebe Ihnen Gelegenheit, ihm neue Dienste zu leisten. Die Zeit ist zwar sehr schwer, aber unser beider Mut ist der Krise wohl gewachsen. Übernehmen Sie noch einmal das Polizeiministerium."

Ich stellte ihm vor, dass das Portefeuille des Ministeriums der auswärtigen Angelegenheiten mehr als alles andere Gegenstand meines Ehrgeizes sei, da ich die Überzeugung habe, in dieser Stellung meinem Vaterlande mehr Dienste leisten zu können als auf einem anderen Posten.

„Nein", erwiderte er, „übernehmen Sie nur die Polizei. Sie können die öffentliche Meinung richtig beurteilen und die Ereignisse ahnen, vorbereiten und leiten. Sie kennen die Taktik, die Hilfsquellen und die Ansprüche der Parteien: die Polizei ist Ihr Fach."

Es war also nicht mehr möglich zurückzutreten. Ich erklärte ihm nun die Gefahr der jetzigen Lage in ihrer ganzen Tragweite. Er gab mir dann die Versicherung, dass Österreich und England insgeheim seine Flucht und seine Rückkehr nach Frankreich gebilligt hätten, um das Übergewicht Russlands auszugleichen. Es kam mir so vor, als ob er mich mit dieser Nachricht mehr auf seine Seite ziehen wollte. Ohne dem viel Glauben zu schenken, nahm ich das Ministerium an.

Am folgenden Tage erfuhr ich von Regnault, der mir sehr ergeben war, dass Bonaparte immer noch gegen mich Argwohn und Misstrauen hegte und mich zunächst nicht in der Regierung Fuß fassen lassen wollte. Schließlich hatte er dem Drängen Bassanos, Caulaincourts, Regnaults selbst und seiner treuesten Anhänger nachgegeben, die ihn durchblicken ließen, dass sie mir gegenüber Verbindlichkeiten eingegangen wären und es für ihn wichtig sei, aus meiner Beliebtheit Nutzen zu ziehen und meine Partei zu gewinnen.

Cambacérès, der den verhängnisvollen Ausgang dieses neuen Zwischenspiels ahnte, nahm erst nach langem Zögern das

Justizministerium an. Das Kriegsministerium erhielt Davoust, der mehr auf sein eigenes Glück als auf das Napoleons bedacht war.

Caulaincourt weigerte sich zunächst, das Ministerium des Äußern zu übernehmen, in der Überzeugung, dass man doch keine Beziehungen mit den Mächten würde anknüpfen können. Napoleon bot es Molé[265] an, der nichts davon wissen wollte und sogar das Ministerium des Innern ausschlug. Da Caulaincourt dem Kaiser zu sehr ergeben war, als dass er ihn ohne Minister gelassen hätte, übernahm er das Auswärtige schließlich doch.

Das Ministerium des Innern endlich fiel in die Hände Carnots, und man betrachtete diese Wahl als eine nationale Garantie. Das Marinewesen wurde wieder dem zynischen und brutalen Decrès und das Staatssekretariat Bassano gegeben, der dafür bekannt war, nur nach den Ideen Napoleons zu handeln und alles nur mit dessen Augen zu sehen. Um der öffentlichen Meinung zu gefallen, überging man Savary. Da sich jedoch Moncey[266] geweigert hatte, die Gendarmerie zu übernehmen, so übertrug man sie Savary. Hier war er wenigstens an seinem Platz. Champagny und Montalivet[267], die in der Zeit, als Napoleon nahezu der Herr der Welt war, auf dem Gipfel ihres Glücks und mit den höchsten Ehrenstellen bekleidet gewesen waren, mussten sich mit ganz bescheidenen Posten begnügen. Dem einen wurde die Verwaltung der Gebäude, dem andern

---

265 Er war Präfekt, Generaldirektor der Brücken und Chausseen und Justizminister gewesen. Man rechnete ihn zu den bedeutendsten Juristen Frankreichs.

266 Der Marschall Moncey, Herzog von Conegliano, war ein Gegner der Eroberungspolitik Napoleons gewesen und hatte daher in den Feldzügen 1812 und 1813 die Inspektion der Heimatarmee inne. Er zeichnete sich 1814 bei der Verteidigung von Paris besonders aus.

267 Er war Direktor der Brücken und Chausseen und Minister des Innern gewesen. Montalivet führte einige der schönsten Bauwerke der Stadt Paris aus.

die der Zivilliste übertragen. Bertrand, der ebenfalls liebenswürdig, einnehmend und ergeben war, ersetzte Duroc in seiner Tätigkeit als Großmarschall des Palastes[268]. Napoleon setzte alle Kammerherrn, Stall- und Zeremonienmeister wieder in ihre Ämter ein, die vor seiner Abdankung zu seinem Gefolge gehört hatten. Er war von seiner unglücklichen Leidenschaft für die alten Grandseigneurs wenig geheilt worden, und er brauchte sie unbedingt. Er hätte sich in einer Republik geglaubt, wenn er nicht von dem alten Adel umgeben gewesen wäre.

Und dennoch behaupteten jene, die ihm zur Rückkehr die Hand gereicht hatten, dass er ebenso sehr die Absicht gehabt habe, die Republik oder das Konsulat als das Kaiserreich wieder herzustellen. Ich wusste jedoch, was ich davon zu halten hatte. Wie hatte ich seine Anhänger bestürmen müssen, ihn zu zwingen, seine Unterdrückungspolitik aufzugeben und für die Freiheiten des Volkes zu bürgen. Seine Dekrete von Lyon waren nicht freiwillig gewesen. Er hatte sich darin verpflichtet, Frankreich eine Verfassung zu geben. „Ich komme zurück", hatte er darin gesagt, „um die Interessen der Revolution zu schützen und zu verteidigen. Ich will Euch eine unverletzliche Verfassung geben, und sie soll das Werk des Volkes und mein Werk sein." In der Nacht seiner Ankunft in den Tuilerien ließ er darüber beraten, ob er nicht durch einen Einfall in Belgien die Kriegsfackel wieder auflodern lassen solle. Er musste jedoch seinen Plan aufgeben, als er die Abneigung seiner Umgebung sah. Durch ein Dekret vom 24. März, das die Zensur und die Überwachung des Buchhandels abschaffte, vollendete er jenen Vorgang, den man die kaiserliche Restauration genannt hat. Die Freiheit der bei uns so aufwieglerischen Presse, die aber nichtsdestoweniger die Mutter aller unserer Freiheiten ist, war wiedererobert. Ich hatte dazu nicht wenig beigetragen, und zwar in

268 Duroc war im Feldzuge des Jahres 1813 gefallen.

Gegenwart ihres größten Feindes. Napoleon machte mir gegenüber die Einwendung, dass einesteils die Royalisten sich ihrer bedienen würden, um die Sache der Bourbonen zu unterstützen, anderenteils aber würden auch die Jakobiner Nutzen daraus ziehen, um seine Gesinnung und seine Pläne zu verdächtigen. „Sire", antwortete ich ihm, „die Franzosen brauchen entweder Siege oder Freiheit." Ich bestand daher auch darauf, dass seine Verordnungen nur noch mit dem Titel „Kaiser der Franzosen" unterzeichnet werden würden, und brachte ihn dahin, die „et cetera" wegzulassen, die man nicht ohne Beunruhigung in seinen Lyoner Dekreten bemerkt hatte.[269]

Aber er sträubte sich gegen den Gedanken, den Patrioten seine Rückkehr in die Tuilerien zu verdanken. „Einige Parteiführer", sagte er bitter zu mir, „möchten sich das Verdienst zuschreiben und für ihre eigene Rechnung arbeiten. Sie behaupten jetzt, mir den Weg nach Paris gebahnt zu haben. Ich weiß, wem ich es zu verdanken habe, nämlich dem Volke, den Soldaten und den Leutnants, die alles getan haben. Ihnen allein verdanke ich alles." Ich merkte wohl, was er damit meinte und dass er auf mich und meine Partei anspielte. Man kann sich daher wohl vorstellen, dass er bei dieser Denkweise eine andere Polizei als die meinige brauchte. Er lässt daher Réal zu sich kommen, den er eben zum Polizeipräfekten ernannt hatte, und nachdem er ihn durch schöne Versprechen und wirkliche Geschenke geködert hatte, bringt er ihn mit Savary zusammen, um sich mit ihm über die Mittel und Wege zu verständigen, meine Pläne zu verfolgen und zu durchkreuzen. Aber ich war auf meiner Hut.

Inzwischen erfuhr Napoleon zu seinem Leidwesen, dass Ludwig XVIII. an der belgischen Grenze bleiben wollte, um

---

269 Fouché spielt hier auf die zahlreichen Titel des Kaisers, König von Italien usw. an und meint, dass die Beibehaltung dieser Titel das Volk glauben ließ, Napoleon habe die Absicht, seine Eroberungen zu behalten, was nur durch neue Kriege geschehen konnte.

die Ereignisse abzuwarten. Noch etwas anderes bereitete ihm Kummer. Ney, Lecourbe und andere Generale wollten ihm ihre Dienste nur gegen Entschädigung anbieten und auf diese Weise gegen ihn Erpressung ausüben. Das empörte ihn. Der Ausgang des königlichen Scharmützels beruhigte ihn ein wenig. Er war erstaunt über den Mut, den der Herzog von Angoulême[270] in Drôme und besonders Madame Royale[271] in Bordeaux bewies. Er bewunderte die Unerschrockenheit der heldenmütigen Prinzessin, die sich selbst durch den Abfall eines ganzen Heeres nicht hatte beugen lassen. Am folgenden Tage kam im Rat die Frage zur Sprache, ob man verlangen solle, den Herzog von Angoulême gegen die Krondiamanten, die vierzig Millionen wert waren, auszutauschen. Ich riet dem Kaiser, Herrn von Vitrolles ebenfalls auszuliefern, falls man in die Rückgabe der Diamanten willigte. „Nein", erwiderte Napoleon zornig, „er ist ein Intrigant und ein Agent Talleyrands. Man hat ihn dem Kaiser Alexander gesandt, und er hat den Verbündeten die Tore von Paris geöffnet. Dieser Mann wurde in Toulouse verhaftet, als er gegen mich arbeitete. Man hätte ihn erschießen lassen sollen."

Ich stellte ihm jedoch vor, dass Frankreich bald in Blut getaucht sein würde, wenn man auf beiden Seiten mit militärischen Hinrichtungen begänne. Die Politik schriebe ihm in jeder Beziehung Schonung vor, und wenn er dem Herzog von Angoulême die Freiheit schenke, so könne er sie auch Vitrolles gewähren, der nichts weiter als der anerkannte Vertreter der

---

270 Louis Antoine de Bourbon. Herzog von Angoulême, der Sohn des Grafen von Artois. Er hatte den Kampf mit den Truppen Napoleons aufgenommen, wurde jedoch von seiner Armee im Stich gelassen und von dem Marschall Grouchy gefangen genommen.

271 Marie-Thérèse Charlotte, Herzogin v. Angoulême, Tochter Ludwigs XVI. Napoleon nannte sie „den einzigen Mann in der Familie Bourbon."

Bourbonen sei. Er willigte endlich ein, und ich leitete sogleich eine Unterhandlung zu diesem Zweck ein.[272]

Napoleon ließ alsdann durch Hortense an den Kaiser von Russland und den Fürsten Metternich schreiben. Durch seine Schwester, die Königin von Neapel, ließ er außerdem noch einen Brief an Metternich richten, denn er hoffte, dadurch die Hiebe aufzuhalten, die er noch nicht parieren konnte. Gleichzeitig beauftragte er Eugen und Stephanie von Baden, ja nichts zu versäumen, um sie[273] von der Koalition abzuziehen. Ferner ließ er durch einen Agenten, den ich ihm vorschlug, mit dem Londoner Kabinett Verhandlungen beginnen, und da er das englische Parlament und Volk für sich gewinnen wollte, schaffte er durch eine Verordnung den Sklavenhandel ab.

Unterdessen waren alle Verbindungen mit dem Ausland durch die Befehle der Kabinette unterbrochen.

Was auf dem Wiener Kongress vorging, war für die Tuilerien ein Gegenstand ängstlicher Erwartung. Auch wir erhielten endlich die sichere Nachricht, die das Volk bereits kannte, nämlich den Beschluss des Kongresses vom 13. März, der Napoleon für vogelfrei erklärte. Frankreich fürchtete nun das Unheil, das ihm in der Zukunft drohte; es jammerte, wegen eines einzigen Menschen von neuem einem feindlichen Einfall ausgesetzt zu sein. Napoleon tat jedoch, als ob dies ihn gar nicht berühre. Er sagte vor versammeltem Rat: „Diesmal werden sie aber fühlen, dass sie es nicht mit dem Frankreich von 1814 zu tun haben. Wenn sie Erfolge erringen, so wird dadurch der Krieg nur desto mörderischer und hartnäckiger sein. Wenn mich jedoch das Glück begünstigt, so werde ich wieder genauso gefürchtet sein wie ehemals. Habe ich nicht Belgien und die Provinzen diesseits des Rheins auf meiner Seite? Mit einer Proklamation

272 Vitrolles war der Vertraute des Grafen von Artois und später – Fouchés.

273 Nämlich Württemberg und Baden, Stephanie von Beauharnais war mit dem Großherzog von Baden verheiratet.

und der Trikolore will ich sie in vierundzwanzig Stunden zum Aufstand bringen."

Ich war weit davon entfernt, mich durch dergleichen Aufschneidereien betören zu lassen. Kaum hatte ich von jener Erklärung des Kongresses Kenntnis erhalten, als ich nicht einen einzigen Augenblick zauderte, um den König durch einen sicheren Vertrauensmann bitten zu lassen, er möge geruhen, mir die Erlaubnis zu geben, mich seinem Dienste zu weihen, sobald die Zeit dafür gekommen wäre. Ich verlangte dafür nur, dass ich mich ruhig im Besitz meines Vermögens auf mein Gut Pont-Carré zurückziehen könne. Alles wurde von Lord Wellington, der damals vom Wiener Kongress nach Gent kam, angenommen und mir zugesichert. Dieser Vertrag war bereits zwischen dem Fürsten Metternich, dem Fürsten Talleyrand und dem Generalissimus der Verbündeten geschlossen worden.

Es wäre nicht unangebracht, an dieser Stelle jenes Wohlwollen zu erklären, das ich in der Familie Wellesley fand, und zwar nicht nur bei dem Marquis von Wellesley, sondern auch bei Lord Wellington. Es rührte daher, dass ich mich während meines zweiten Ministeriums außerordentlich bemüht hatte, ein Mitglied jener ehrenwerten Familie, das auf Grund der strengen Befehle Napoleons in Frankreich gefangen gehalten wurde, zu befreien.

20. Kapitel

Das Oberhaupt der provisorischen Regierung

Der Vertrag vom 25. März (1815), in dem sich die Verbündeten verpflichteten, die Waffen nicht niederzulegen, solange Napoleon auf dem Thron sei, bildete nichts weiter als eine natürliche Folge der Urkunde des 13. März. Alle indirekten Unterhandlungen waren vollständig gescheitert. „Keinen Frieden, keinen Waffenstillstand mit diesem Mann!“ hatte Alexander der Königin Hortense geantwortet: „Alles, nur ihn nicht!“

Ich wurde für Napoleon immer mehr ein Gegenstand des Misstrauens, umso mehr, als ich keine Gelegenheit versäumte, mich seinem despotischen Wesen und seinen revolutionären Maßregeln zu widersetzen. Seine Vertrauten nannten mich nur noch den „Genter Minister“. Seine neuen Beschwerden hatten folgende Ursache: Herr von Blacas, der allen Warnungen gegenüber taub geblieben war und es so zum 20. März hatte kommen lassen, vergaß infolge der Verwirrung bei seiner überstürzten Abreise eine große Menge Papiere, die viele ehrenwerte Bürger hätten bloßstellen können.[274] Da ich davon unterrichtet war, so beauftragte ich in vorsehender Weise den Notar Lainé, der Oberst der Nationalgarde war, alle Papiere des Herrn von Blacas zu ordnen und jene zu vernichten, die die Absender hätten beunruhigen können. Savary und Réal waren mir in dieser Angelegenheit auf die Spur gekommen, so dass der Kaiser mir die Papiere abverlangte, die ich ihm auch in einem Paket überreichte. Da er nur unbedeutende Stücke vorfand, verdächtigte er mich, die Papiere, die man suchte, an mich genommen zu haben. Am 25. März hatte Napoleon durch eine Verordnung die Royalisten, Anführer der Vendée, königliche

274 Besonders Fouché selbst, wie man im 19. Kapitel gesehen hat.

Freiwillige und Gardisten dreißig Meilen von Paris verbannt. Da ich dieser allgemeinen Maßnahme feindlich gesinnt war, so ließ ich die vornehmsten zu mir kommen, bezeugte ihnen den Anteil, den ich an ihrer Lage nähme, und erklärte ihnen, welche Anstrengungen ich gemacht hätte, um ihre Verbannung zu verhindern. Dann erlaubte ich nahezu allen von ihnen, in Paris zu bleiben. Die Ränke der Royalisten und mein Streben, alles zu mildern, machten Napoleon dermaßen ärgerlich, dass er sein berühmtes Dekret erließ, wonach er folgende Herren in Anklagezustand setzen und ihre Güter beschlagnahmen ließ: Talleyrand, Ragusa[275], Dalberg, Montesquiou, Jaucourt, Beurnonville, Lynch, Vitrolles, Alexis de Noailles, Bourrienne, Bellard, Larochejacquelein und Sosthène de Larochefoucauld. Ich sprach mit allem Nachdruck im Rat über diese neue Ächtungsliste, bei der jede Beratung vermieden worden war. Dabei betonte ich, dass es sich hier um einen Racheakt handelte, der einen Bruch der gemachten Versprechungen darstelle und in der Öffentlichkeit Beschwerden hervorrufen würde. Und man murrte selbst in den Tuilerien bereits dagegen.

In der Zwischenzeit wäre ich beinahe in der stärksten Weise durch Österreich bloßgestellt worden. Der Fürst von Metternich hatte mir einen geheimen Agenten gesandt, der sich jedoch durch einige unbedachte Äußerungen verriet, so dass der Kaiser Réal Befehl erteilte, ihn zu verhaften. Man ermangelte nicht, ihn zu erschrecken, um ihm ein Geständnis zu erpressen. Er erklärte, dass er mir ein Schreiben des Fürsten übergeben habe, ferner ein Erkennungszeichen, das für den Agenten bestimmt war, den ich nach Basel schicken sollte, um mit einem gewissen Werner, einem Vertrauten Metternichs, in Verbindung zu treten. Der Kaiser ließ mich daraufhin zu sich rufen, als hätte

275 Der Marschall Marmont, Herzog von Ragusa, der die berüchtigte Militärkonvention des Jahres 1814 abgeschlossen hatte.

er mit mir über Staatsangelegenheiten zu sprechen. Sein erster Gedanke war, meine Papiere beschlagnahmen zu lassen, aber er gab diese Idee bald auf, da er überzeugt war, ein Mann wie ich würde sich nicht dadurch kompromittieren.

Da ich nicht die geringste Ahnung hatte, dass der Agent Metternichs verhaftet worden war, so zeigte ich weder Verlegenheit noch Unruhe. Der Kaiser schloss aus meinem Stillschweigen in Bezug auf jene geheimen Beziehungen, dass ich ihn verriete. Er ließ daher seine Vertrauten zu sich kommen und sagte ihnen, ich sei ein Verräter, er habe Beweise dafür und werde mich erschießen lassen. Dagegen wurden jedoch tausend Einwände erhoben, und man gab ihm zu verstehen, er müsse Beweise haben, die klarer als der Tag seien, um zu einer Tat zu schreiten, die in der Öffentlichkeit das größte Aufsehen hervorrufen würde. Als Carnot sah, dass er darauf bestand, sagte er: „Es steht in Ihrer Macht, Fouché erschießen zu lassen, dann aber werden Sie im gleichen Augenblick selbst ohne Macht dastehen."

„Was!" rief da der Kaiser.

„Jawohl, Sire", erwiderte Carnot, „wir haben keine Zeit mehr zur Verstellung. Die Männer der Revolution lassen Sie bloß unter der Bedingung regieren, dass Sie ihre Freiheiten achten! Wenn Sie Fouché, den jene als ihren hervorragendsten Bürgen betrachten, hinrichten lassen, so seien Sie versichert, dass Sie morgen Ihren Einfluss auf die öffentliche Meinung vollkommen verloren haben. Falls Fouché wirklich schuldig ist, so müssen überzeugende Beweise beschafft werden; dann kann man ihn öffentlich anklagen und ihm in aller Form den Prozess machen." Dieser Meinung traten alle bei, und es wurde beschlossen, zu versuchen, das Komplott zu ergründen. Zu diesem Zweck sollte ein Agent nach Basel gesandt werden, der den Auftrag erhielt, alle erforderlichen Beweise zu sammeln, damit man mich überführen könne. Der Kaiser vertraute diese Mission seinem Sekretär Fleury[276] an. Mit allen Erkennungszeichen versehen, reiste er sofort nach Basel und setzte sich mit Werner in Verbindung, als ob er von mir gesandt worden wäre. Man kann sich wohl vorstellen, dass er sich zunächst danach erkundigte, welche Mittel die Verbündeten anzuwenden gedächten, um sich Napoleons zu entledigen. Werner antwortete, dass in dieser Hinsicht noch nichts bestimmt worden sei, dass die Verbündeten nur im äußersten Falle gewillt seien, Gewalt anzuwenden und vielmehr wünschten, ich möge ein Mittel finden, Frankreich ohne neues Blutvergießen von Napoleon zu befreien. Fleury erwiderte darauf, seiner Rolle getreu: „Es bleiben dann nur zwei Wege übrig, nämlich entweder ihn zu entthronen oder zu ermorden."

„Zu ermorden!" rief da Werner mit Entrüstung aus, „daran haben weder Herr von Metternich noch die Verbündeten gedacht." Trotz all seiner Kniffe und verfänglichen Fragen konnte Fleury keine anderen Beweise gegen mich aufbringen als den, dass Metternich die Überzeugung habe, ich hasse den Kaiser, und dass dieser Glaube ihn auf den Gedanken gebracht hätte, mit mir in Verbindung zu treten. Ich hatte nämlich Metternich so wenig meine Gedanken in dieser Hinsicht verheimlicht, dass ich ihm sogar ein Jahr vorher 1814 in Paris den Vorwurf machte, Bonaparte nicht auf eine Festung gebracht zu haben, wobei ich ihm gleichzeitig voraussagte, dass er von der Insel Elba zurückkommen und neue Verheerungen in Europa anrichten würde. Hierauf nahmen Werner und Fleury voneinander Abschied, der eine, um nach Wien, der andere, um nach Paris zurückkehren und sich dort mit neuen Instruktionen zu versehen. Sie hatten einander versprochen, sich innerhalb acht Tagen wieder in Basel zu treffen.

---

276 Fleury de Chaboulon, einer der ergebensten Anhänger Napoleons. Er hat recht interessante Memoiren hinterlassen.

Kaum hatte jedoch Fleury seine Reise nach Basel angetreten, als ein zweiter direkt gesandter Bote mich warnte und von allem unterrichtete, was vorging. Ich legte nun den Brief des Fürsten Metternich in mein Portefeuille. Nachdem ich mit dem Kaiser gearbeitet hatte, tat ich plötzlich so, als wenn ich mich an etwas erinnerte: „Ach, Sire“, sagte ich im Tone eines Mannes, dem soeben etwas einfällt, das er lange vergessen hat, „wie bin ich doch mit Arbeiten überhäuft! In meinem Kabinett werde ich förmlich bestürmt. Ich wollte bereits vor mehreren Tagen Eurer Majestät diesen Brief des Fürsten Metternich vorlegen. Es hängt von Eurer Majestät ab zu entscheiden, ob ich ihm den Agenten schicken soll, den er verlangt. Was er wohl bezwecken mag? Ich zweifle nicht daran, dass die Verbündeten Sie zur Abdankung zugunsten Ihres Sohnes zu bewegen suchen, um die Leiden eines allgemeinen Kriegs zu vermeiden. Ich bin überzeugt, dass dies besonders der Wunsch des Herrn von Metternich und, ich wage es zu sagen, auch der meinige ist. Ich habe es Ihnen nie verhehlt und bin auch jetzt noch der Meinung, dass es Ihnen unmöglich ist, ganz Europa Widerstand zu leisten.“

Von seinem Gesicht las ich ab, dass zwei Empfindungen in seinem Innern miteinander stritten: er ärgerte sich über meine Offenheit und war zufrieden, dass das Rätsel meiner Haltung auf diese Weise gelöst wurde. Als Fleury zurückkam, sandte ihn der Kaiser zu mir, um mir alles zu gestehen. Napoleon stellte die Angelegenheit so dar, als ob er mich hatte auf die Probe stellen wollen. Es fiel mir jedoch nicht schwer, den jungen Mann, der voller Feuer und Eifer war, hinters Licht zu führen. Er suchte mit der ernstesten und wohleinstudiertesten Feinheit zu verhindern, dass ich sein zweites Zusammentreffen in Basel erriet. Ich ließ ihn abreisen. Er kam dort mit großem Eifer an, und das Ergebnis war, dass er die Mühe der Reise vergebens gehabt hatte.

In meiner Lage durfte ich nichts versäumen, um mir die herrschende öffentliche Meinung zu erhalten. Meine Rundschreiben und antiroyalistischen Berichte trugen genügend dazu bei, mich beliebt zu machen. Bald aber lastete eine schwerwiegende Angelegenheit auf mir: nämlich der unzeitgemäße Aufstand in der Vendée, der alle meine Berechnungen über den Haufen warf. Hier gingen meine Ansichten mit den Interessen Napoleons Hand in Hand. Diese neue Gärung des alten Sauerteigs war ihm im höchsten Grade unangenehm und ärgerte ihn. Ich beruhigte ihn dadurch, dass ich ihm versicherte, den Aufstand bald zu unterdrücken. Er möge mir nur unbeschränkte Vollmachten erteilen und mir zwölftausend Mann der alten Truppen zur Verfügung stellen. Da er überzeugt war, dass ich sie nicht den Bourbonen opfern würde, ließ er mir vollkommene Handlungsfreiheit. Es kostete mich wenig Mühe, diese Idioten der royalistischen Partei, die ich ganz in meiner Gewalt hatte, zu überreden, dass dieser Krieg einiger Tollköpfe sehr ungelegen sei und Maßregeln veranlasse, die von neuem die Schreckensherrschaft und die Entfesselung der Revolutionäre herbeiführen würde. Man müsse um jeden Preis einen Befehl des Königs an diesen Haufen Aufständischer erwirken, da die große Frage an den Grenzen und nicht im Innern des Landes entschieden würde. Sofort schickte ich drei Unterhändler, Malartie, Flavigny und Laberaudière mit Instruktionen und dem Auftrage ab, mit denjenigen Anführern zu unterhandeln, die gern einen guten Vorwand benützen würden, um die Ereignisse abzuwarten. Die ganze Angelegenheit wurde zur Zufriedenheit erledigt. Nach einigen Scharmützeln war alles beendet, und im entscheidenden Augenblick war die Vendée im Zaume gehalten und fast gleichgültig.

Die Schilderhebung Murats verursachte mir eine Unruhe ganz anderer Art, die umso größer war, als weder der Kaiser noch ich ein wirksames Mittel besaßen, ihn zu unterstützen oder zu leiten. Unglücklicherweise ging der Antrieb dazu auch noch von uns aus, denn man musste doch, wie man zu sagen pflegt, „der Katze die Schelle anhängen“. Wirklich ging Murat in dem Sturm unter, den er heraufbeschworen hatte. Gegen Ende Mai landete er als Flüchtling im Golf von Juan. Diese Nachricht wurde als ein verhängnisvolles Vorzeichen aufgefasst und setzte die ganze Umgebung des Kaisers in die größte Bestürzung[277]. Das offensichtliche Betonen der Beliebtheit Napoleons hatte ihn bisher in der Meinung des Volkes bis zu dem Augenblick beschützt, wo er die Zusatzakte zu der Verfassung des Reichs verkünden ließ. Napoleon betrachtete die Verfassung als das Eigentum der Krone, und wenn er sie vernichtet hätte, so würde er geglaubt haben, eine neue Regierung zu beginnen. Er, der sich nur an Tatsachen halten konnte, zog es vor, in lächerlicher Weise Ludwig XVIII. nachzuahmen, der die Verhältnisse nach dem Grundsatz der Legitimität beurteilte.

Von diesem Augenblick an betrachtete man Napoleon nur noch als einen unverbesserlichen Despoten. Ich aber sah in ihm nur einen Narren, der, an Händen und Füßen gebunden, der Gnade Europas preisgegeben war. Er war so weit gesunken, dass er jene Art des öffentlichen Beifalls brauchte, wie ihn Savary und Réal zu veranstalten gewohnt waren. Er ließ nämlich Leute aus dem Pöbel zusammenkommen, damit sie unter den Rufen „Es lebe der Kaiser!“ unter den Balkonen der Tuilerien vorbeizogen. Dort verkündete er dem Gesindel in eigener Person, dass er sich an die Grenzen des Reiches begeben werde, wenn die Könige es wagen würden ihn anzugreifen. Dieser erniedrigende

277 Murat hatte nach der Landung Napoleons die Feindseligkeiten gegen Österreich eröffnet. Er wurde bei Tolentino entscheidend geschlagen und verließ als Flüchtling Neapel. Nach der Schlacht bei Waterloo floh er nach Korsika und unternahm von dort aus einen Versuch, sein Königreich Neapel wiederzuerobern. Er wurde jedoch gefangen genommen und auf Befehl seines Rivalen erschossen.

Auftritt empörte sogar die Soldaten. Nie hatte dieser Mann den Purpur, den er mit so vielem Glanz trug, so herabgewürdigt. In den Augen der Patrioten war er nur noch ein Komödiant, der auf das Geschrei des niedrigsten Pöbels angewiesen war. Als wir die Überzeugung gewonnen hatten, dass an eine freiwillige Abdankung Napoleons, entweder zugunsten einer Republik oder einer Regentschaft Napoleons II., nicht zu denken war, mussten wir darauf gefasst sein, dass der Krieg in vollem Maße von neuem beginnen würde. Ich wurde immer ungeduldiger und arbeitete daran, die Ereignisse zu beschleunigen. Davoust hatte Napoleon vergeblich zu verschiedenen Malen darauf aufmerksam gemacht, dass seine Anwesenheit bei der Armee notwendig sei. Er war jedoch seiner Hauptstadt zu wenig sicher, als dass er sie ohne Misstrauen auf längere Zeit verlassen hätte. Daher entschloss er sich nicht früher nach Belgien abzureisen, als bis alles für einen großen Schlag vorbereitet war. Er hoffte nämlich, mit einem Triumph zu beginnen und seine Beliebtheit durch einen Sieg wiederzuerlangen. Er reist ab. Er reist ab, sage ich, und lässt Réal viel Geld zurück, damit dieser die Föderierten „Napoleon oder der Tod“ schreien lassen kann. Ferner ließ er für die Offensive einen Feldzugsplan zurück, dessen Geheimnis mir von Davoust mitgeteilt wurde.

In einem so entscheidenden Augenblick wurde meine Stellung äußerst peinlich und schwierig. Ich wollte von Napoleon nichts mehr wissen, denn wenn er siegreich gewesen wäre, hätten wir uns alle unter sein Joch beugen müssen. Anderenteils hatte ich gegenüber Ludwig XVIII. Verpflichtungen. Ich war zwar nicht gezwungen, ihn wieder auf den Thron zu bringen, aber die Klugheit erforderte, dass ich mir für die Zukunft Sicherheiten schaffte. Außerdem hatten meine Agenten Herrn von Metternich und Lord Wellington Wunderdinge versprochen, und der Generalissimus erwartete zum mindesten, dass ich ihm den Feldzugsplan ausliefern würde.

Im ersten Augenblick ...! aber die Stimme meines Vaterlandes, der Ruhm der französischen Armee, der in meinen Augen der Ruhm des Volkes war, die Stimme der Ehre ließen mich vor dem Gedanken zurückschaudern, dass der Name des Herzogs von Otranto als der eines Verräters gebrandmarkt werden sollte. Mein Entschluss blieb rein. Was sollte aber ein Staatsmann, der nie ohne Hilfsquellen bleiben darf, unter solchen Umständen tun? Ich beschloss folgendes: Es war mir bestimmt bekannt, dass der unerwartete Schlag des Heeres Napoleons spätestens zwischen dem 16. und 18.[278] stattfinden musste. Napoleon wollte zunächst die Preußen über den Haufen rennen und hierauf der englischen Armee am 17. eine Schlacht liefern. Er durfte umso gewisser das Gelingen seines Planes erhoffen, als Wellington durch falsche Berichte irregeleitet war und die Eröffnung des Feldzugs auf den 1. Juli zu verschieben gedachte. Der Erfolg Napoleons war also auf eine Überrumpelung gegründet. Danach traf ich meine Maßregeln. Am Tage der Abreise Napoleons sandte ich Frau D. mit chiffrierten Notizen ab, die den Feldzugsplan enthielten. Zu gleicher Zeit veranlasste ich, dass ihr bei der Überschreitung der Grenze Schwierigkeiten gemacht wurden, so dass sie erst nach der Schlacht im Hauptquartier Wellingtons anlangen konnte.[279] Dies gibt die Erklärung für die unbegreifliche Sicherheit, die der Generalissimus zeigte. Man wunderte sich allgemein darüber und sprach die verschiedensten Vermutungen darüber aus.

Dass Napoleon unterlag, dafür soll er sein Schicksal verantwortlich machen. Der Verrat war jedenfalls nicht die Ursache davon. Er selbst hat alles getan, was er tun musste, um zu siegen, aber er krönte seinen Sturz nicht in würdiger Weise. Wenn man

278 Juni 1815. In den Memoiren Fouchés fehlen fast sämtliche Daten.

279 Diese Intrige ist eine der typischsten Fouchés. Er verstand es ausgezeichnet, ein doppeltes Spiel zu treiben und das Verdienst für etwas einzuheimsen, das ihm gar nicht zukam.

mich fragte, was er hätte tun sollen, so würde ich antworten wie der alte Horaz: … sterben!

Die Patrioten hatten ihn nur unter der Bedingung unterstützt, dass er als Sieger aus dem Kampfe hervorgehen würde. Er war geschlagen, und sie hielten nun den Vertrag für null und nichtig. Ich erfuhr zu gleicher Zeit Napoleons Ankunft im Élysée. Nach der Niederlage hatte ihm Maret in Laon den Rat gegeben, das Heer zu verlassen und sich nach Paris zu begeben, um einer plötzlichen Wendung der Dinge zuvorzukommen. Ferner erfuhr ich, dass Lucien ihn dazu drängte, die Diktatur an sich zu reißen, sich nur mit Offizieren zu umgeben und die Kammern aufzulösen. Jetzt sah ich die Notwendigkeit ein, alle Hilfsmittel meiner Stellung und Erfahrung in Tätigkeit zu setzen. Die Niederlage des Kaisers, seine Anwesenheit in Paris, die allgemeine Entrüstung hervorrief, verschafften mir die günstigste Gelegenheit, ihm eine Abdankung abzuzwingen, die er früher verweigert hätte, als sie ihn noch retten konnte.

Ich setzte alle meine Freunde, Anhänger und Agenten mit einem Losungswort in Bewegung. Dann trat ich persönlich mit dem Rate und der Elite aller Parteien in Unterredung. Den beunruhigten, misstrauischen und argwöhnischen Mitgliedern der Kammer sagte ich: „Es muss gehandelt werden; man soll wenig Worte machen und zu den Waffen greifen. Er ist wütend zurückgekommen und entschlossen, die Kammern aufzulösen und die Diktatur an sich zu reißen. Ich denke, dass wir die Rückkehr der Tyrannei nicht dulden werden.“ Den Anhängern Napoleons aber sagte ich: „Wissen Sie nicht, dass die Gärung gegen den Kaiser unter einem großen Teile der Abgeordneten auf dem Gipfel angelangt ist? Man verlangt seine Absetzung, man verlangt seine Abdankung! Wenn Sie entschlossen sind, ihn zu retten, so bleibt Ihnen nur ein einziges sicheres Mittel: nämlich den Kammern energisch die Stirne zu bieten, ihnen zu zeigen, welche Macht er noch besitzt und dass es ihn nur ein einziges Wort kostet, um die Kammern aufzulösen." Ich ging also auf ihre Reden und Ansichten ein, so dass sie sich mir gegenüber ganz offen verhielten. Nun konnte ich den Führern der Patrioten, die sich um mich scharten, sagen: „Sie sehen wohl, dass seine besten Freunde kein Geheimnis daraus machen. Die Gefahr ist dringend. In wenigen Stunden gibt es keine Kammern mehr! Es wäre unverantwortlich, wenn Sie den einzigen Augenblick versäumen würden, sich ihrer Auflösung zu widersetzen."

Nachdem sich der Rat versammelt hatte, ließ Napoleon durch Maret das Bulletin der Schlacht von Waterloo vorlesen. Er erklärte uns zum Schluss, dass er zur Rettung des Vaterlandes einer großen Gewalt, einer Diktatur von beschränkter Dauer bedürfe. Er könne sie zwar mit Gewalt an sich reißen, aber er hielt es für nützlicher und dem Willen des Volkes entsprechender, wenn die Kammern sie ihm übertragen würden. Ich überließ es meinen gleichgesinnten Kollegen, diesen Vorschlag, der bereits verworfen und im Keim erstickt war, zu bekämpfen.

Hierauf machte Lafayette, der von den Vorgängen im Rate unterrichtet war, den Vorschlag, die Kammern in Permanenz zu erklären, da er sicher war, die Mehrheit für sich zu haben. Dieser Antrag brachte die ganze Militärpartei außer Fassung, bewirkte aber gleichzeitig, dass sich die patriotische Partei zusammenschloss, so dass der Antrag dadurch außerordentlich an moralischer Kraft gewann. Bei dem Angriff der Kammern wagte Napoleon keinen Entschluss zu fassen. Er sondiert Davoust[280], um die Auflösung militärisch zu bewirken, aber dieser weigert sich, es zu tun.

---

280 Davoust war bereits in der geschicktesten Weise von Fouché bearbeitet worden, und obgleich er den glühendsten Hass gegen die Bourbonen hegte, wurde er durch die Intrigen Fouchés zum unfreiwilligen Werkzeug der Restauration.

Am folgenden Tage manövrierten wir alle, um ihm seine Abdankung zu entreißen. Eine Menge Leute kamen und gingen; es gab Unterhandlungen, Einwände, Erwiderungen, kurz Evolutionen aller Art. Nach einem heißen Tage ergab sich endlich Napoleon vor versammeltem Rat, in der Überzeugung, dass jeder längere Widerstand fruchtlos sei. Dann wandte er sich zu mir und sagte mit gezwungenem Lachen: „Schreiben Sie diesen Herren, sie könnten sich beruhigen, sie würden zufriedengestellt werden." Lucien ergriff nun die Feder und schrieb unter dem Diktat Napoleons Abdankungsurkunde, wie sie bekannt wurde. Nun änderte sich die Szene. Wer würde wohl das Feld behaupten, da die Macht nicht mehr in Händen Napoleons war?

Bald erkannte ich die geheimen Absichten des Kabinetts: ich entdeckte, dass die bonapartistische Partei, die damals von Lucien geführt wurde, die unmittelbare Proklamation Napoleons II. und die Errichtung einer Regentschaft als logische Folge der Abdankung betrachtet wissen wollte. Das bedeutete jedoch den Sieg des feindlichen Lagers. In der Tat wäre ich durch diese Regentschaft, die so lange das Ziel meiner Berechnungen und Wünsche war, von der Regierung ausgeschlossen gewesen, wenn sie unter einem anderen Einfluss als dem meinigen zustande kam. Ich musste dann zu neuen Plänen meine Zuflucht nehmen, um mit derselben Geschicklichkeit sowohl die Regentschaft als auch die Wiedereinsetzung der Bourbonen zu verhindern. Ich kam auf den Gedanken, eine provisorische Regierung ins Leben zu rufen, die nach meinen Angaben errichtet und infolgedessen nach meinen Ansichten geleitet werden sollte. Aus diesem Grunde erschien ich in der Kammer, um sie aufzufordern, fest zu bleiben und die Grundsätze und Gesetze der Revolution zu verteidigen. Da die Kammer die Abdankung Napoleons angenommen hatte, ohne überhaupt die darin enthaltene Klausel zu erwähnen, so gab Lucien sich die erdenklichste Mühe, die Proklamation Napoleons II. durchzusetzen. Er hatte die Föderierten[281], die Armee, den Pöbel und einen großen Teil der Pairskammer auf seiner Seite. Ich hingegen verfügte über die Mehrheit der Deputiertenkammer, über einen Teil der Pairskammer, über die Nationalgarde, die Mehrzahl der Generale und die Royalisten, die mir in der Hoffnung schmeichelten, dass ich die Ereignisse zugunsten der Bourbonen entscheiden würde.

Lucien hatte bereits Réal ins Élysée kommen lassen, um die Föderierten unter den Fenstern Napoleons zu versammeln. Nur mit großer Mühe erhielt man dazu Napoleons Erlaubnis, und es gelang erst, nachdem man ihm mitgeteilt hatte, dass meine Partei seine Abdankung als bedingungslosen Verzicht auf die Krone betrachtete; wenn er nicht wenigstens einen Schein von Macht behielte, so könne man weder seine Flucht noch den Transport seiner Reichtümer gewährleisten. Ferner machte man ihn darauf aufmerksam, dass die Abdankung zugunsten seines Sohnes Österreich bestimmen werde, ihm eine bessere Behandlung von Seiten der Verbündeten zu verschaffen. Réal setzt sich also sogleich in Bewegung und wiegelt in den Champs-Élysées das ganze Gesindel von Paris auf. Lucien aber besteigt seinen Wagen, fährt zur Pairskammer und ruft in einer wohl vorbereiteten Rede aus: „Der Kaiser ist tot; es lebe der Kaiser! Wir wollen Napoleon II. proklamieren!“ Die Mehrheit scheint diesem Vorschlag beizutreten. Lucien kehrt triumphierend nach den Champs-Élysées zurück, belehrt dort die von Réal in der Nähe des Palastes zusammengerotteten zwei- bis dreitausend Banditen und nimmt ihnen das Versprechen ab, sich nach der Deputiertenkammer zu begeben, um die Proklamation Napoleons II. zu entscheiden. Hierauf kehrt er ins Élysée

281 Die Föderierten waren eine Art Miliz, oder vielmehr ein bewaffneter Volkshaufen, der lärmende Kundgebungen zugunsten Napoleons veranstaltete.

zurück und führt seinen Bruder auf die Terrasse. Napoleon, dessen Gesicht bereits Spuren der Niedergeschlagenheit aufwies, gibt mit der Hand einige Zeichen und grüßt die Bande der Heißsporne, die unter dem Rufe: „Es lebe der Kaiser und sein Sohn, wir wollen keine anderen!“ an ihm vorbeiziehen.

Diese Kundgebungen und auf Befehl erfolgten Bezeugungen der Treue beunruhigten mich wenig. Ich überwachte die geringsten Bewegungen, und der Faden, von dem alles abhing, befand sich in meiner Hand. Ich hatte übrigens die Initiative an mich gerissen, und gerade in dem Augenblick, wo dieser lächerliche Lärm geschah, wählten die Kammern eine provisorische Vollziehungskommission, zu deren Präsident ich ernannt wurde. Inzwischen hatte Réal den Föderierten das Losungswort erteilt, damit sie vor dem Palast der Gesetzgebenden Körperschaft defilierten. Sie begaben sich unter großem Tumult dahin, aber es war bereits zu spät. Die erschreckten Gesetzgeber hatten soeben den Saal verlassen, nachdem sie die Kommission ernannt hatten. Die Nacht zerstreute den Volkshaufen, der durch die Straßen von Paris zog und unter den Bürgern dadurch Schrecken verbreitete, dass er seine Gewehre abschoss und alle laut mit dem Tode bedrohte, die nicht Napoleon II. anerkennen wollten.

Die Erregung des Tages lief in nächtlichen Unterhandlungen aus, die wiederum das Vorspiel zu einer der lebhaftesten Sitzungen des folgenden Tages waren. Bereits am frühen Morgen hatte ich mit meinen Kollegen Caulaincourt, Carnot, Quinette und dem General Grenier[282] die Regierung

282 Die Zusammensetzung dieser Kommission charakterisiert recht gut die provisorische Regierung. An der Spitze Fouché, dessen politische Gesinnung überwiegend revolutionär war, zwei bonapartistische Generale und zwei Republikaner, die wie Fouché Königsmörder waren. Mit einer solchen Regierung musste eine Wiederkehr der Bourbonen ausgeschlossen sein.

angetreten. Wir begannen zunächst mit der Verteilung der Arbeiten. Dann erfuhr ich, dass der Abgeordnete Bérenger bei der Eröffnung der Sitzung den Antrag gestellt hatte, dass die Kommissionsmitglieder gemeinschaftlich verantwortlich sein sollten. Dieser Vorschlag bezweckte zweifellos, sie zu veranlassen, dass sie meine Entschlüsse nicht billigten und mich überwachten, da die bonapartistische Partei mir Misstrauen entgegenbrachte. Als hätte er damit noch nicht genug gesagt, fügte er noch hinzu: „Wenn diese Männer unverletzlich wären, so stände kein Mittel zur Verfügung, sie zu bestrafen, sobald einer seinen Pflichten untreu würde.“ Ich fürchtete jedoch die versteckten Angriffe nicht, denn wie ich bereits sagte, meine Partei war die stärkere.

Der Staatsrat Boulay de la Meurthe, einer der überspanntesten Anhänger Napoleons, hielt hierauf eine heftige Rede, worin er die Orléanistische Partei[283] denunzierte. Damit machte er die Freunde der Bourbonen und die Bonapartisten darauf aufmerksam, dass eine dritte Partei auf dem Plane erschien, die den Grundsätzen der am Ruder befindlichen Regierung freundlich gesinnt war, welche wir seit drei Monaten dem Prinzip der Legitimität entgegenstellten.

Als ich sah, dass eine neue Partei auftrat, die mehr mit meinen Grundsätzen einverstanden war, fühlte ich mich geneigt sie zu unterstützen, vorausgesetzt, dass die Kabinette sich nicht zu sehr abgeneigt zeigten. Bei den beiden anderen Parteien konnte es sich doch nur um die Errichtung einer unumschränkten Regierung oder aber um das Einsetzen der Gegenrevolution handeln. Ich fühlte jedoch, dass es nun unmöglich sei, Napoleon II. den Thron zu erhalten. Die Rede Boulays

283 [Anhänger des Hauses Orléans. Ludwig Philipp II. Joseph, Herzog von Orléans (1747–1793) stand wegen seiner konstitutionellen Ideen in Opposition zur Königsfamilie und wurde vom Volk Philippe Égalité genannt. Er war Vater des späteren Bürgerkönig Louis-Philippe I. *P.S.*]

hatte nämlich hauptsächlich den Zweck, Napoleon II. durch die Kammer zum Kaiser proklamieren zu lassen. Da der Kampf bereits stark im Gange war, so bedurfte es großer Geschicklichkeit, dem Angriff auszuweichen. Manuel[284] übernahm den kitzlichen Auftrag in einer Rede, welche alle Stimmen gewann, und in der man den Stempel meiner Politik zu erkennen glaubte. Er beantragte am Schluss seiner Rede, dass niemand von der Familie Bonaparte Mitglied der Regentschaft werden dürfe. Das war der entscheidende Punkt, und damit hatte ich die Schlacht gewonnen. Die Genehmigung der Kammer bildete für die Regierungskommission eine neue Garantie und gab mir in meiner Eigenschaft als Präsident in der Politik ein unbestrittenes Übergewicht.

284 Manuel war Mitglied der Deputiertenkammer und ein Freund Fouchés. Die von ihm gehaltene Rede stellte übrigens ein Meisterstück Fouchéscher Niedertracht dar. Dabei war im Grunde genommen Manuel selbst ein Opfer des Ministers, denn er hegte einen leidenschaftlichen Hass gegen die Bourbonen.

21. Kapitel

Der Minister Ludwigs XVIII.

Seit dem 23. Juni (1815) hatten wir die Regierung angetreten. Unsere erste Handlung war die Erklärung des Volkskriegs und die Entsendung von fünf Unterhändlern[285] in das Hauptquartier der Verbündeten. Sie hatten den Auftrag erhalten, über den Frieden in Unterhandlung zu treten und die Ernennung jeder Regierung zu genehmigen, mit Ausnahme jener der Bourbonen. Ihre geheimen Instruktionen wiesen sie an, die Krone statt Napoleon II. dem König von Sachsen[286] oder dem Herzog von Orléans antragen zu lassen, dessen Partei seitdem durch eine große Anzahl Abgeordneter und Generale verstärkt worden war.

Ich muss gestehen, dass ich auf diese Weise den Parteiführern viel freie Hand gelassen hatte, und dass ich im Grunde genommen stark daran zweifelte, zum Ziele zu gelangen. Ich hatte sogar umso mehr Grund zu der Annahme, dass die Sache der Bourbonen keineswegs verzweifelt stehe, als einer meiner Geheimagenten mir die Nachricht von dem Einzug Ludwigs XVIII. in Cambrai ankündigte und mir die Erklärung des Königs überbrachte. Daher wurden unsere Bevollmächtigten zunächst mit ausweichenden Antworten hingehalten. Man stelle sich meine Lage vor! Die Partei Napoleons, die in ständiger Tätigkeit war, verstärkte sich um etwa 80 000 Mann, welche unter den Mauern von Paris zusammengezogen wurden, während die verbündeten Heere auf die Hauptstadt marschierten. Ich musste zu gleicher Zeit die Föderier-

---

285 Es waren Lafayette, Laforêt, Pontécoulant, d'Argenson und Sébastiani. Fouché entfernte auf diese Art in geschickter Weise den republikanischen General Lafayette, der einer Wiedereinsetzung der Bourbonen feind war, vom Schauplatz seiner Tätigkeit.

286 Der König von Sachsen war einer der treuesten Verbündeten Frankreichs.

ten im Zaume halten und mich der Generale versichern, um die Armee in der Hand zu haben. Dann war ich genötigt, die neuen Pläne Bonapartes zu vereiteln, die auf nichts Geringeres abzielten, als sich wieder an die Spitze der Truppen zu stellen. Schließlich musste ich die Royalisten in Schranken halten, die trotz der entfesselten Leidenschaften Ludwig XVIII. die Tore von Paris öffnen wollten. Daraus konnten die schrecklichsten Wirren entstehen.

Ich will an dieser Stelle nicht die vielen kleinen Intrigen, nebensächlichen Einzelheiten, Unannehmlichkeiten und Anfeindungen berichten, die mich während dieses Sturms alle Widerwärtigkeiten der Macht empfinden ließen. Vor der Abdankung war ich von den ergebensten Anhängern Napoleons wie Maret, Thibaudeau, Boulay de la Meurthe und selbst Regnault ständig belauert und musste stets auf meiner Hut sein. Jetzt hatte ich mich den Forderungen einer anderen Partei zu erwehren. Sogar das Misstrauen meiner eigenen Kollegen musste ich bekämpfen, wie z. B. Carnots, der aus einem Republikaner ein so eifriger Anhänger Napoleons geworden war, dass er in meiner Gegenwart heiße Tränen weinte, nachdem er allein vergeblich gegen die Abdankung gestimmt hatte.

Man kann sich wohl denken, dass ich dem Haufen von hohen Beamten, Marschällen und Generalen den Mund dadurch stopfte, indem ich ihnen sozusagen bei meinem Kopfe die Sicherheit ihrer Person und ihres Vermögens gewährleistete. Dadurch erlangte ich eigentlich erst die unbeschränkte Vollmacht für die Unterhandlungen. Zunächst sandte ich meinen Freund G., einen rechtschaffenen Mann, der mein ganzes Vertrauen besaß, in das Hauptquartier Wellingtons. Er überbrachte zwei in seinem Rockkragen eingenähte Briefe, von denen der eine für den König, der andere für den Herzog von Orléans bestimmt war. Bei der andauernden Ungewissheit über die Absichten der Verbündeten durfte man bis zum letzten

Augenblick kein Mittel vernachlässigen, um zum Ziele zu gelangen. Mein Bote wurde sogleich bei Lord Wellington eingeführt und äußerte den Wunsch, dem Herzog von Orléans vorgestellt zu werden. „Er ist nicht hier", erwiderte der Generalissimus, „aber Sie können sich an Ihren König wenden." Er machte sich auch wirklich auf den Weg nach Cambrai und begab sich zum König.

Als ich sah, dass er nicht zurückkam, sandte ich zu dem gleichen Zwecke den General T. ab und beauftragte ihn ausdrücklich, die Absichten Lord Wellingtons zu erforschen und ihm meine besondere Lage auseinanderzusetzen. Er sollte ihm mitteilen, dass die Menschen äußerst erbittert und die Leidenschaften dermaßen entflammt seien, dass ich Frankreich nicht vor neuen blutigen Unruhen bewahren könne, wenn man sich darauf versteife, die Bourbonen wieder auf den Thron zu setzen. Ich erbot mich, auf jeder anderen Grundlage direkt mit ihm zu unterhandeln. Diesmal war die Antwort des Generalissimus bestimmt und zwar verneinend. Er erklärte, dass er Befehl habe, nur auf der Grundlage der Wiedereinsetzung Ludwigs XVIII. zu unterhandeln. Der Herzog von Orléans würde, wie Wellington sich ausdrückte, nichts anderes sein, als ein Usurpator aus guter Familie. Diese Antwort, die ich meinen Kollegen sorgfältig verheimlichte, machte meine Stellung noch weit schwieriger. Von diesem Augenblick an suchte ich nur noch die Ereignisse so zu lenken, dass es zu einer für das Vaterland und für mich günstigen Lösung kommen musste. Ich hatte einen Waffenstillstand verlangt und zu diesem Zwecke Kommissare an die verbündeten Feldherren abgesandt, die bereits mit der Einschließung der Hauptstadt begannen. Blücher und Wellington wiesen alle Vorschläge dieser Art ab und erhoben mehr als bloße Einwände gegen die Regierung Napoleons II. Sie sprachen von Ludwig XVIII. als dem einzigen Herrscher, der alle Eigenschaften in sich vereinige, um Europa zu verhindern,

Bürgschaften für seine Sicherheit zu verlangen. Sie beklagten sich lebhaft darüber, dass sich Bonaparte trotz seiner Abdankung immer noch in Paris aufhielt.

Als ob das Schicksal diesen Menschen dazu getrieben hätte, sich selbst in den Abgrund zu stürzen, bestand er darauf, im Élysée und dann in Malmaison zu bleiben, statt so schnell wie möglich einen unserer Häfen aufzusuchen. Er nährte immer noch die Hoffnung, wenn auch nicht als Kaiser, so doch als General wieder die Gewalt an sich zu reißen. Als ihn einige fanatische Freunde antrieben, ging er sogar so weit, uns in aller Form diesbezüglich ein Gesuch zu unterbreiten. Vor dem versammelten Rate der Kommission rief ich damals aus: „Der Mann ist zweifellos verrückt. Will er uns denn in seinen Untergang mit hineinziehen?" Und ich muss gestehen, die ganze Kommission, selbst Carnot, schloss sich mir für einen bestimmten Entschluss hinsichtlich seiner Person an. Er wurde von nun an beobachtet, und Davoust war entschlossen, ihn bei dem geringsten Versuch, die Armee zu verführen, verhaften zu lassen. Es war umso nötiger, wegen seiner Person eine Entscheidung zu treffen, als die feindliche Kavallerie, die Streifzüge bis in die Gegend von Malmaison unternahm, ihn von einem Augenblick zum anderen gefangen nehmen konnte. Man würde jedoch nicht verfehlt haben, mich der Teilnahme an einem solchen Ereignis zu bezichtigen.

Wir mussten über seine Abreise beraten und ihm für die Unterhandlungen in diesem Sinne einen General senden, der das Ganze leitete.[287] Diese kurze Erklärung der Tatsachen wird genügen, um die Beschuldigungen der verblendeten und leidenschaftlichen Verleumder zu widerlegen, die eine gewisse Ähnlichkeit der Gefangenschaft Napoleons mit der des mazedonischen Königs Perseus zu erkennen glauben und

287 Es war der General Beker.

des Kaisers Gefangennahme auf niederträchtige Pläne zurückführen, wodurch er unter genauer Berechnung der Tage und Stunden durch geschickt geleitete, geheime Anordnungen den Engländern überliefert worden sei.[288]

Wir hofften nach der Abreise Napoleons einen Waffenstillstand zu erlangen, aber es wurde nichts daraus. Um diese Zeit hatte ich auch einige nächtliche Unterhandlungen mit Herrn von Vitrolles, dem ich die Freiheit geschenkt hatte, sowie mit anderen bedeutenden Royalisten und zwei Marschällen, die auf der Seite der Bourbonen standen. Dann sandte ich gleichzeitig Boten an den König, an den Herzog von Wellington und an Herrn von Talleyrand. Ich wusste, dass Talleyrand Wien verlassen und sich über Frankfurt nach Wiesbaden begeben hatte, um von dort aus leichter entweder mit Gent oder mit Paris in Unterhandlungen treten zu können.

Obgleich er gegen Napoleon sehr aufgebracht war, so glaubte er doch nach seiner Ankunft in Paris sich mit mir verständigen zu müssen. Er versprach mir seinerseits, sich bei den Bourbonen für mich zu verbürgen. Ich glaubte ihn damals in der Umgebung des Königs und wusste, dass er die Entfernung des Herrn von Blacas verlangen würde, um an der Spitze der Regierungsgeschäfte zu bleiben. Nach diesen Umständen manövrierte ich nun. Es war jedoch unvermeidlich, dass ich das Misstrauen meiner Kollegen hervorrief. Da alle meine Schritte beobachtet wurden, so musste ich einen wahren Hagel von Vorwürfen und bitteren Ausfällen von Seiten einiger revolutionärer und bonapartistischer Parteiführer über mich ergehen lassen. Ich lehnte jedoch ihre Anschuldigungen kalt ab. Meine Lage war

---

288 Ich habe die Intrigen Fouchés bei der Gefangennahme des Kaisers ausführlich in dem ersten Kapitel meines Werks „Napoleons letzte Freundin, Sankt Helena-Erinnerungen der Betso Balcombe“ dargestellt. (Georg Müller, München, 1919. Mit siebzehn Illustrationen nach zeitgenössischen Stichen.)

so, dass ich mit allen Parteien unterhandeln und alle Meinungen sowohl in meinem eigenen als auch im Interesse des Staats versöhnen musste. Dabei verhehlte ich mir jedoch nicht, dass diese Haltung, die in mancher Beziehung etwas lichtscheu war, und die mir die Benutzung geheimer Wege vorschrieb, allen Argwohn und allen Hass der in ihren teuersten Hoffnungen verletzten Parteien gegen mich erregen musste. Der Augenblick würde fürchterlich sein, wo dieses Chaos so verschiedener und entgegengesetzter Intrigen sich endlich aufklärte.

Da in aller Eile über die militärische Lage beraten werden musste, so holte die Kommission auf meinen Vorschlag die Meinung der in der Kriegskunst erfahrensten Männer ein. Die bedeutendsten Generale wurden in die Versammlung der Präsidenten und der Ausschüsse der beiden Kammern berufen. Carnot erklärte, dass das linke Ufer vollkommen entblößt sei und den Oberfeldherren der beiden Armeen, welche dort bereits ihre Hauptmacht zusammenzogen, ein weites Feld zu ihren Unternehmungen darböte. Wir befanden uns in einem verzweifelten Zustande. Der Schatz war leer, der Kredit erloschen und die Regierung am Ende ihrer Kräfte angelangt. Wenn unter solchen Umständen die Hauptstadt mit stürmender Hand genommen wurde, so hatten wir weder eine Kapitulation, noch einen Vertrag, noch Zugeständnisse zu erwarten. In einem einzigen Tage wären die Interessen der Revolution in Strömen französischen Blutes untergegangen. Das aber wollten gerade die Rasenden einer in den letzten Zügen liegenden Partei.

War es in einer solchen Krise nicht ein Verdienst, Frankreich ohne Blutvergießen wieder unter die Herrschaft Ludwigs XVIII. zu bringen? Durften wir übrigens warten, bis uns die verbündeten Heere an Händen und Füßen gebunden unseren Gegnern überlieferten? Es gelang mir mit Hilfe von schönen Worten und Versprechungen, eine Anzahl Männer, die bisher unzugänglich gewesen waren, zu anderen Ansichten zu veranlassen.[289] Es wurde beschlossen, die militärische Frage in der folgenden Nacht einem Kriegsrat vorzulegen, der von dem Marschall Davoust einberufen werden sollte, um über die Verteidigung der Hauptstadt zu beraten. Die Debatten waren feierlich. Auf die einstimmige verneinende Antwort des Rates bestimmte die Kommission, dass Paris nicht verteidigt und die Stadt den Verbündeten übergeben werden sollte, da sie nur unter dieser Bedingung die Feindseligkeiten einstellen wollten.

Nachdem der Pariser Vertrag unterzeichnet und der Herzog von Wellington in Kenntnis gesetzt worden war, dass ich ihn zu sprechen wünschte, erklärte er sich bereit, mit mir über die Ausführung des Vertrags zu unterhandeln. Die Regierungskommission widersetzte sich dieser Zusammenkunft nicht, die im Schloss von Neuilly stattfand. Dort sprach ich mich offen dem Generalissimus der Verbündeten gegenüber aus. Ich wusste, dass Worte der Mäßigung und Milde dieses großmütige Herz zu gewinnen vermochten, und vertrat die Ansicht, dass der wiederhergestellte Thron nur durch vollständiges Vergessen des Vergangenen befestigt werden könne. Alsdann verlangte ich die Ausführung der beiden Erklärungen Englands und Österreichs, worin sie ihren Willen kundgaben, den Krieg nicht aus dem Grunde fortzusetzen, um Frankreich die Bourbonen oder eine andere Regierung aufzuzwingen. Der Generalissimus erklärte mir jedoch, dass wir die Verbündeten durch unser Eintreten zugunsten Napoleons von dieser Erklärung entbunden hätten. Dieser Sophismus ließ mir keinen Zweifel mehr, dass man mit uns ein Spiel getrieben hatte. Lord Wellington erklärte mir ohne Umschweife, die Mächte hätten sich förmlich zugunsten Ludwigs XVIII.

289 Fouché hatte z. B. den Marschall Davoust, den unversöhnlichen Gegner Ludwigs XVIII., für die Bourbonen gewonnen.

erklärt und dieser Herrscher würde am 8. Juli seinen Einzug in Paris halten.

Ich bestand nun auf einer allgemeinen Amnestie und verlangte Garantien. Unter diesen Bedingungen erklärte ich mich bereit, dem Könige zu dienen und selbst eine Bürgschaft zu leisten, die mit meinem Rufe und meiner Ehre vereinbar war. Der Generalissimus erwiderte mir hierauf, dass Herr von Blacas entfernt und ich mit Herrn von Talleyrand Mitglied des Rates sein würde, denn der König habe geruht, mir das Polizeiministerium zu belassen. Er verhehlte mir jedoch nicht, dass alle Maßnahmen getroffen seien, um Napoleon als Geisel den Händen der Verbündeten zu überliefern. Von mir fordere man nur, dass ich nichts unternehme, um seine Flucht zu begünstigen. Ebenso verlange man, dass die Armee sich dem König unterwerfe, und dass einige der Führer bestraft werden würden, um ein Exempel zu statuieren. Ich verwahrte mich heftig dagegen und sagte, die Krise sei unvermeidlich gewesen, auch wenn Bonaparte nicht gekommen wäre. Alle meine Einwände scheiterten an dem einmal gefassten Beschluss. Der Herzog kündete mir hierauf an, dass er mich am folgenden Tag Seiner Majestät vorstellen oder wenigstens in seinem Wagen nach dem Schloss Arnouville führen werde. Ich erwiderte ihm, dass ich die Absicht habe, einen bereits vorbereiteten Brief an den König zu richten.[290] Das Schreiben wurde noch am gleichen Tage Seiner Majestät übermittelt.

Bei meiner Rückkehr erklärte ich der Kommission, dass die Wiedereinsetzung Ludwigs XVIII. unvermeidlich wäre, da die verbündeten Mächte es beschlossen hätten. Der Einzug sei auf

---

290 In diesem Schreiben legte Fouché dem König die Lage Frankreichs dar und beschwor ihn, rechtzeitig Zugeständnisse zu machen, um sich das Vertrauen des Volkes zu erringen. Fouché dachte dabei hauptsächlich an seine eigene Person, denn eine Reaktion musste ihm zuerst gefährlich werden. Der Brief war übrigens von äußerster Kühnheit.

den übernächsten Tag festgesetzt. Ich verhehlte ihr jedoch, dass ich das Ministerium der Generalpolizei behalten würde. Diese Ernennung wäre von ihnen nämlich nicht als eine Garantie für die Patrioten und als eine Art Übergang von der tatsächlichen zur legitimen Regierung betrachtet worden, sondern als Lohn meines Verrats, während es in Wirklichkeit doch nur der wirklich verdiente Dank für die Rettung der Stadt Paris war. Noch am selben Abend wurde jedoch die Sache ruchbar, und dieselben Menschen überhäuften mich in ihren Reden mit Beleidigungen und Verwünschungen. Nur die Royalisten allein wünschten mir Glück, ja die Royalisten! – und unter den bedeutenden Schriftstellern dieser Partei befanden sich mehrere, die gestanden, dass man überall gerufen habe, es gäbe ohne mich weder Sicherheit für den König noch Heil für Frankreich! Alle Parteien wären damit einverstanden gewesen, dass ich zum Minister ernannt wurde.

Am anderen Tage begab ich mich nach Saint-Denis und fand mich im Schloss Arnouville ein, um meine erste Audienz beim König zu haben. Ich wurde in sein Kabinett durch den Präsidenten des Rats eingeführt, der sich auf meinen Arm stützte[291]. Ich bat den König inständig, die Gemüter dadurch zu besänftigen, dass er jedem seine persönliche Sicherheit gewährleiste. Eine vollständige und bedingungslose Amnestie erschiene mir als das einzige Mittel, dem Staate Festigkeit und der Regierung Bestand zu verleihen. Ich betonte, dass ich unter einer Amnestie außer dem vollständigen Vergessen der angetanen Beleidigungen auch die Beibehaltung der Ämter, Vermögen, Ehren und Würden verstände. Meine Rede schien auf den König, der mir ununterbrochen aufmerksam zuhörte, Eindruck zu machen. Ludwig XVIII. fühlte, wie viel Geschick

291 Wie Chateaubriand sagt: „Die Sünde, die sich auf das Verbrechen stützt." Der Präsident des Rats war Talleyrand.

und Ruhe wir brauchten, um die Elemente wieder zu sammeln, die die Zeit und die Umstände zerstreut hatten. Ich glaubte zu bemerken, wie sehr er die Notwendigkeit fühlte, die begangenen Fehler zu vergessen und durch außerordentliche Mäßigung und Biederkeit das Vertrauen des Volkes zu erwerben. Um das Ende unserer Zerwürfnisse und Leiden zu zeigen, bemühte ich mich, diese Unterredung an die Öffentlichkeit zu bringen.

Ich beschränkte mich jedoch keineswegs auf bloße Bitten. Ich wagte es, den König darauf aufmerksam zu machen, dass sich Paris in der heftigsten Gärung befinde und es für ihn gefährlich sei, sich vor den Toren der Hauptstadt mit der weißen Kokarde und nur in Begleitung der Emigranten aus Gent zu zeigen. Mein Plan bestand darin, den König zu veranlassen, die Kammern beizubehalten, die dreifarbige Kokarde anzustecken und sein ‚maison militaire'[292] aufzulösen. Mit einem Worte, ich wollte, wie ich es immer gewünscht hatte, dass Ludwig XVIII. sich an die Spitze der Revolution stellte und sie befestigte.

Über diese verschiedenen Dinge verhandelte man hierauf im Rate. Meine Vorschläge wurden jedoch verworfen, allerdings nur mit einer Stimme Mehrheit. Übrigens blieb der König unerschütterlich und erklärte, dass er dann eher vorzöge, nach Hartwell[293] zurückzukehren. Sein ‚maison militaire' wurde also nicht aufgelöst, und man beschloss, am folgenden Tage die Deputiertenkammer auseinanderzujagen.

Noch am Abend des 7. Juli drangen mehrere Bataillone preußischer Truppen durch die Tore der Tuilerien und bemächtigten sich der Höfe und Zugänge des Palastes. Die Regierungskommission, die nun ihrer Freiheit beraubt war, stellte hierauf ihre Tätigkeit ein und gab dies in einer Botschaft kund. Ein besonderer Vorfall ereignete sich bei dieser Trennung von

---

292 Eine aus Edelleuten bestehende königliche Leibwache.

293 Ludwig XVIII. hatte lange Zeit in Hartwell in der Verbannung gelebt.

meinen Kollegen. Carnot, der am meisten darüber aufgebracht war, dass ich Minister blieb, und dass er sozusagen unter meiner Aufsicht stand, wartete darauf, bis man ihm einen Aufenthaltsort anwies. Er schrieb mir nun folgenden Zettel: „Wohin soll ich gehen, Verräter?“ Worauf ich ihm ebenso lakonisch antwortete: „Wohin Du willst, Dummkopf.“ Ich muss hier erzählen, dass ich im Rate mehr als einmal Streit mit Carnot hatte, der es mir nie verzeihen konnte, dass ich ihn ein altes Weib genannt hatte.

Am folgenden Tage morgens um acht Uhr erschienen die Abgeordneten, um sich in ihren Sitzungssaal zu begeben. Da sie jedoch die Türen verschlossen und von Wachen und Gendarmen besetzt fanden, so zogen sie sich wieder zurück. Der König hielt seinen Einzug in Paris, und nichts störte den Freudentaumel der Royalisten, die ihrem Monarchen entgegeneilten. Damit war die Zeit der Hundert Tage zu Ende, und eine Regierung begann, die in ihrem ersten Jahre unterbrochen worden war. Aber unter welchen Anzeichen ging dieser neue Regierungsantritt vor sich! Alle Leidenschaften und Rachegelüste brachen sich Bahn. Unter derartig beklagenswerten Umständen wollte ich meine Anstrengungen und Arbeiten meinem Vaterlande nicht entziehen.

Die Gefangennahme Bonapartes[294], die allmähliche Unterwerfung aller Städte und Provinzen zeigten bald, dass Frankreich in jeder Beziehung zur Ruhe gebracht war. Es konnte aber nur vollkommen sein, wenn alles vergessen wurde, wenn alle extremen Meinungen unterdrückt wurden, ganz gleich, ob sie aus den höchsten Kreisen herrührten. Alle Parteien mussten sich des Schutzes der Gesetze mit der gleichen Gewissheit und Sicherheit erfreuen.

---

294 Napoleon bestieg am 15. Juli 1815 das englische Kriegsschiff „Bellerophon“ in der Erwartung, in England eine Zuflucht zu finden. Er wurde jedoch als Gefangener betrachtet und nach Sankt Helena gesandt.

Diese Ratschläge der Mäßigung und Milde gab ich Ludwig XVIII., wie ich sie Napoleon erteilt hatte. Aber in und außerhalb des Rates teilte man nicht meine Meinungen. Man wollte Exempel statuieren und Bestrafungen vornehmen. Seit vierzehn Tagen gehörte ich dem Ministerium des Königs an. Da erschien die Verfügung des 24. Juli, wonach siebenundfünfzig Menschen ohne richterliches Verhör verurteilt wurden. Man wird fragen, wie ich einen derartigen Befehl gegenzeichnen konnte, der Männer verurteilte, die größtenteils dasselbe wie ich getan hatten. Seit dem 8. Juli hatte die Sucht zu ächten alle Klassen der royalistischen Partei ergriffen, und Tausende von Namen wurden dem Polizeiministerium gemeldet, um in eine allgemeine Verbannungsmaßregel eingeschlossen zu werden. Man verlangte von dem Polizeiminister als Beweis seiner aufrichtigen Anhänglichkeit an die Sache des Königs verschiedene Hinrichtungen. Es blieben mir nur zwei Wege übrig: entweder mich zum Mitschuldigen der Rachgierigen zu machen oder auf das Ministerium zu verzichten. Für den ersten Weg konnte ich mich nicht entschließen; was den zweiten betrifft, so war ich schon zu weit gegangen, um verzichten zu können. Ich fand daher einen Ausweg, der darin bestand, dass ich die Listen auf eine kleine Anzahl von Namen reduzierte, die unter den Personen gewählt waren, welche eine besonders tätige Rolle in den Ereignissen gespielt hatten.[295] Ich fand übrigens im Rate

295 [Die Verfügung listete ursprünglich 300 Personen namentlich auf, die von der allgemeinen Amnestie ausgenommen werden sollten, weil sie 1815 maßgeblich die Rückkehr und die Herrschaft der Hundert Tage von Bonaparte unterstützt hatten. Volker Hunecke gibt an, von den in der Verfügung vom 24. Juli 1815 letztlich „genannten neunzehn Personen, die vor ein Kriegsgericht gestellt werden sollten, wurden lediglich drei zum Tod verurteilt *und* hingerichtet“ (Napoleons Rückkehr – Die letzten hundert Tage – Elba, Waterloo, St. Helena. Stuttgart 2015, S. 213). Darunter der Oberst Charles de La Bédoyère, der durch den Übertritt mit seinem Regiment zu Napoleon vor Grenoble die massenhafte Meuterei ausgelöst hatte. Er wurde am 19. August 1815 in Grenoble füsiliert.

des Königs, und besonders in den ganz französischen Gesinnungen des Monarchen die größte Bereitwilligkeit, die übertrieben strengen Maßregeln zu mildern und die Zahl der Opfer einzuschränken.

Aber der Strom der Reaktion drohte alle Dämme fortzureißen, die man ihm entgegensetzte. Ich hatte mir vorgenommen, zwischen dem König und den Patrioten vermittelnd zu wirken. Bald musste ich jedoch die Feststellung machen, dass man sich meiner nur bedienen wollte, um eine königliche Regierung wieder herzustellen, die vollkommen absolut war. Die beiden Kabinettsordern über die Wahlmannskörper und die Wahlen, die Frankreich die Kammer des Jahres 1815[296] verschafften, ließen mir nicht mehr den geringsten Zweifel hierüber. Man hat geglaubt, dass ich mir bei der Bildung der Wahlmannskörper eine sträfliche Sorglosigkeit zuschulden kommen ließ, und hat behauptet, dass ein in der Politik

---

Der ehemalige Marschall Michel Ney, der sich weigerte, Frankreich zu verlassen, wurde am 6. Dezember wegen Hochverrats zum Tode verurteilt und am darauffolgenden Tag hingerichtet.
Einigen gelang die Flucht, wie Jean-Baptiste Drouet d'Erlon, der rechtzeitig nach Bayern ging und bis zur Amnestie vom 28. Mai 1825 in der Nähe von Bayreuth lebte.
Antoine Marie Chamans, comte de Lavalette (1769–1830), Offizier und Vertrauter von Napoleon I., unterstützte in seinem Amt als Generalpostdirektor Napoleons Rückkehr von Elba und wurde deshalb zum Tode verurteilt. Am Abend vor der Hinrichtung gelang es ihm, in Frauenkleidung das Gefängnis zu verlassen und ins Ausland zu fliehen. 1822 wurde er begnadigt und kehrte aus dem bayerischen Exil nach Frankreich zurück.
Lazare Carnot, der 1815 als Innenminister wie Fouché der Regierung der Hundert Tage angehörte und auch als „Königsmörder" galt, musste nach Preußen flüchten, wo er 1823 in Magdeburg verstarb.
Der Marschall Bertrand Clausel floh nach Amerika, wurde am 11. September 1816 in Abwesenheit zum Tode verurteilt, konnte aber 1819 wieder nach Frankreich zurückkehren. *P.S.*]

296 Die berühmte aus Ultra-Royalisten zusammengesetzte „Chambre introuvable", die Fouchés Sturz herbeiführte.

ergrauter Staatsmann wie ich einen solchen Politischen Fehler nicht begehen durfte. Meine Grundsätze und meine frühere Haltung hätten mich jedoch vor einer solchen Beschuldigung schützen müssen. Diese leichtsinnige Unvorsichtigkeit und verhängnisvolle Gleichgültigkeit in einer so ernsten Lage muss lediglich dem liebenswürdigen Egoismus und der nachlässigen Sorglosigkeit des Präsidenten des Rats zugeschrieben werden, der sich sinnlichen Illusionen hingab und den Ministersessel als ein Ruhebett betrachtete. Ich wachte jedoch. Dann erschienen meine an die verbündeten Mächte gerichteten Noten und meine für den König bestimmten Berichte, die ich vor versammeltem Rate vorlas.[297] Ich hatte sie auf Verlangen der Herrscher geschrieben, um ihnen den Zustand Frankreichs klarzulegen. Die Verbreitung dieser Dokumente machte bei den aufgeklärten Köpfen tiefen Eindruck, erregte aber die Wut der Ultra-Royalisten[298] im höchsten Grade. Sie glaubten ihren Einfluss für immer verloren, wenn diese Enthüllungen einen Wechsel in der Politik herbeiführten. Der König selbst sah mit Missfallen, dass diese Berichte, die eigentlich vertraulicher Natur waren, an die Öffentlichkeit kamen. Aber ich hatte meine Lage richtig beurteilt. Vitrolles, den ich erst in das Kabinett des Königs gebracht hatte, betrog mich, und der Präsident des Rates, den die Vergangenheit nicht nötigte, die Gegenwart zu opfern, ließ mich im Stich. Ich sah, dass mein Sturz unvermeidlich war, wenn es mir nicht gelang, meinen Plänen zum Siege zu verhelfen.

Soll ich es gestehen? Ja …, ich habe versprochen, nichts zu verheimlichen. Meine Noten, meine Berichte verfolgten das

---

297 Die Affäre der Berichte machte großes Aufsehen. Fouché griff darin aufs Schärfste die Verbündeten wegen ihres Verhaltens im besetzten Frankreich an. Zugleich tadelte er in den härtesten Ausdrücken die Reaktionsbestrebungen der extremen royalistischen Partei. Man muss den Mut, den Fouché bei dieser Gelegenheit zeigte, wirklich anerkennen.

298 Der Polizeiminister hat sich zum ersten Mal dieses Ausdrucks bedient, der seitdem gang und gäbe ist.

Ziel, die aufgelösten und durch die Revolution gleichsam zerstreuten Parteien zu sammeln und zu einigen. Besonders aber wollte ich Europa mit einem nationalen Aufstand einschüchtern. Ich hoffte es durch die Folgen eines derartigen Ausbruchs so in Schrecken zu setzen, dass es uns das zugestehen würde, was ich seit dem Prager Kongress ständig gefordert hatte: nämlich die napoleonische Dynastie, die Gegenstand unserer geheimen Forderungen, unserer Wünsche und Anstrengungen war. Die Annäherung zweier mächtiger Herrscher brachte diese begründeten Hoffnungen zum Scheitern. Der Geschichte bleibt es überlassen, die Ereignisse, deren Enthüllung nicht meine Aufgabe sein kann, zu sammeln und zusammenzustellen. Ich glaube mein Leben in die Worte zusammenfassen zu können, dass ich für die Revolution siegen wollte, die Revolution aber in mir besiegt wurde.

Nachwort des Herausgebers

Die Geschichte hat ihr Urteil inzwischen gesprochen. Zahllose Dokumente sind ans Tageslicht gekommen, die die Aussagen Fouchés entweder ergänzen oder widerlegen. Das ganze Material ist so umfangreich und des Interesses würdig, dass es mehr als genügend Stoff für ein neues Werk über Fouché bietet. Wer die Memoiren des Polizeiministers gelesen hat, wird noch mehr von dieser intriganten Persönlichkeit wissen wollen, denn die Erinnerungen Fouchés sind nicht erschöpfend.

Eine restlose Lösung der Fouché-Frage kann man daher nur in einer umfassenden Biographie des Polizeiministers finden, zu der jedoch die Memoiren stets eine wertvolle und unentbehrliche Ergänzung bleiben werden. Diese Biographie zu schreiben soll meine nächste Aufgabe sein. Die Memoiren enthalten die Tragödie der Revolution und Napoleons; die Biographie soll das Drama Fouchés zum Gegenstand haben.

Paul Aretz (1920)